U0022284

心理學

溫世頌 著

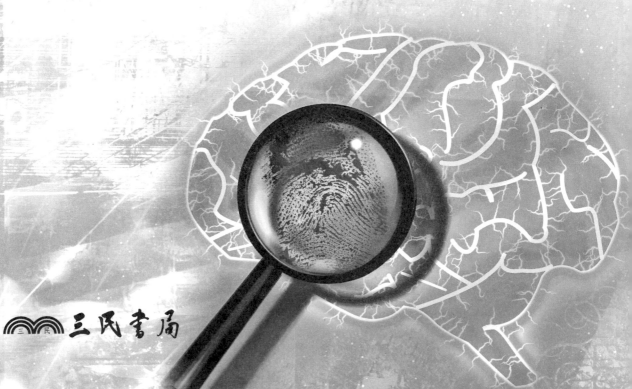

三民書局

國家圖書館出版品預行編目資料

心理學／溫世頌著.－－初版七刷.－－臺北市：三
民，2008
　　面；　公分

　ISBN 978-957-14-3226-7　（平裝）

　1.心理學

170　　　　　　　　　　　　　　　　89006332

ⓒ 心　理　學

著作人　　溫世頌
發行人　　劉振強
著作財　　三民書局股份有限公司
產權人　　臺北市復興北路386號
發行所　　三民書局股份有限公司
　　　　　地址／臺北市復興北路386號
　　　　　電話／(02)25006600
　　　　　郵撥／0009998-5
印刷所　　三民書局股份有限公司
門市部　　復北店／臺北市復興北路386號
　　　　　重南店／臺北市重慶南路一段61號
初版一刷　2000年10月
初版七刷　2008年6月
編　　號　S 170150
定　　價　新臺幣700元
行政院新聞局登記證局版臺業字第○二○○號

ISBN　978-957-14-3226-7　（平裝）
http://www.sanmin.com.tw　三民網路書店

自　序

令人最高興見到的是，愈來愈多的心理學書籍在許多學者與出版界的努力下與社會大眾見面。這不僅提升了大家對心理學的興趣，加深了對心理學的瞭解，也使心理學更深遠地影響人們的生計。心理學是研究行為及心理歷程的一門科學，它是異常複雜的研究對象。欲將千千萬萬的研究報告有組織地與有意義地寫成一本入門的「心理學」，讓讀者對它有個清晰、完整而透徹的瞭解，是一種艱巨的挑戰。這就是我決定寫這本書的動機，也是這本書所欲達成的目的。

我教書與寫書非常重視正確觀念的理解與溝通，因此在陳述觀念之後，盡量列舉適當的例子予以闡釋。這樣一來，既可使概念或原則易於理解，亦可使例子成為協助記憶的指引。本書的撰寫試圖將讀者應瞭解的心理學知識予以合理地組織，並以系統化的方式與讀者溝通。同時，讀書不僅要滿足認知的需求，而且要使閱讀本身成為有趣的歷程，而引起興趣的一個有效方式是切身。本書的寫作盡量使讀者感到所學的東西既切身又有用。希望你閱讀本書時能理解、能記憶、覺得有趣、並感到實切有用。在這個原則之下，我採取與讀者「對談」的方式寫作，以避免使用第三者方式陳述時所產生的平淡乏味之感。

本書的另一特點是材料的新穎。今日的心理學是非常迅速發展的科學。在美國，許多心理學的著作每三、四年便有新的修訂版出現，不然就乏人問津。雖然有許多新知的出現不一定否定舊知的正確性，但它們的確修訂、補充與增富不少舊知，使許多知識單元更為完善；也有許多新知是嶄新的，是過去所沒有的，也滿足新時代與新社會對心理學的需求。希望本書的新穎內容對你在瞭解心理學或相關科學的路途上，作出

一些貢獻。

　　本書共十七章，其次序的安排盡量配合心理學各單元之間的自然聯繫。當然由於不同讀者或教學領域的需求，在次序上作彈性的調整或許更為恰當。同時，每章之後有內容摘要，以協助讀者檢測與複習所學，以增強記憶。書末列舉大量的參考資料，顯示本書取材的豐富與客觀撰寫的科學態度，也希望有助於有意進一步探索的讀者。

　　本書之所以能夠相當順利地完稿，我必須感謝以下諸位的支持：三民書局董事長劉振強先生在創意與撰寫上的鼓勵與協助，本人任教大學文學院長Dr. Dollye Robinson在寫作時間上的慷慨支持，妻子張天保女士無私的從旁協助，與三民書局編輯部工作同仁的辛勞。最後，願以本書獻給賦予我天資，教養我，令我時刻緬懷的已故雙親。

溫世頌謹序

公元2000年7月

目　次

第四章　知覺歷程

第六章　基本學習歷程

第七章　記　憶

第八章　思考與語言

第九章　智力與智力的評量

第十章　生長與發展

第十一章　行為的動機

第十二章　情　緒

第十三章　心理壓力與健康

第十四章　人格與人格評量

第十五章　社會心理

第十六章　心理異常

第一章
認識心理學

　　人類最可貴之處是對本身的心理與行為有尋求瞭解的好奇。可不是嗎？例如，我們不難聽到許多有關自己與他人的行為而發的問題：「為什麼兩姐妹來自同一父母，一個那麼好動，一個卻那麼愛靜？」「為什麼兒童文庫裡的許多植物、動物、雲彩、石頭在彼此交談？」「昨夜我把第六章念得滾瓜爛熟的，怎麼今早已忘了一大半？是笨還是緊張？」「老張總是說他吃得不多，卻愈來愈胖，是真的嗎？怎麼吃不多還會發胖呢？」「把一個正在夢遊的人叫醒了，會有危險嗎？」「情人眼裡，真出西施嗎？」「我到底跟一般人一樣先戀愛後結婚，還是先結婚後戀愛？」「他為什麼一天到晚緊張兮兮呢？」「胃潰瘍是否因緊張而導致的？」「天災人禍是否是人們的最大心理壓力來源？」「我老爸愛吸煙，我屢勸無效，還有更好的方法嗎？」「當我與一好友分別租房子時，個別都保持得很乾淨；等到一起合住時，房子便難得乾淨。為什麼？」我在提筆寫本書時也好奇地自我問道：「我能使讀者讀了本書後對心理學會有更濃厚的興趣嗎？」「我的撰寫方式會使心理學更易於理解與記憶嗎？不然，幹嘛多此一舉？」幸好，我們對行為與心理歷程所發的諸如此類的問題，有一門科學在不斷地探討，研究，並試圖解答。這門科學就是本書所欲介紹的「心理學」。為了使你對心理學有個概括的認識，本章將分別討論：

・心理學的本質是什麼？研究心理學的目的何在？

・心理學有哪些門類別？

· 心理學有幾種研究法?

· 心理學專業人員應有哪些倫理與道德的操守?

· 心理學是如何發展而來的?

· 如何學習心理學?

第一節　心理學的性質

不少人談起「心理學」，從未涉及「行為」這一面，把焦點放在「心裡」（不是心理）的那一面，覺得這是一套相當主觀、非常玄妙、難以瞭解的學問。因為如此，心理學一詞常被廣泛地誤用，總以為愛用「心機」的人懂得心理學，或把心理學只看作一種「思想遊戲」罷了。其實今天的心理學是一門科學，為了使你對它有個正確的認識，本節將介紹心理學的定義與目前心理學所存在的幾個不同觀點。

一、心理學的定義

心理學(psychology)　是研究行為與心理歷程的一門科學。這一簡短但被普遍使用的定義包括三個要素：「行為」、「心理歷程」與「科學」。

1.行　為(behavior)

由於許多心理學家將心理學定義為「研究行為的科學」或「行為的科學性研究」。這一定義中的「行為」一詞，被一些心理學家（如行為主義學派）視為僅限於「可觀察與可測量」的外顯動作或言行；但被另外一些心理學家看作是包括「外顯行為與內在心智歷程」的所有心理活動。本書為避免「行為一詞到底何指」的混淆，因而在其心理學的定義中，將行為與心理歷程分別標示。可知本定義中的行為一詞，是指所有可觀

察與可評量的外顯活動與言行。

2.心理歷程(mental processes)

由於外顯行為多數是內在心智活動的結果或其具體表象,若只研究可見的「果」而不明其內在的「因」,則心理學的研究便將十分浮淺與不全。人類有豐富的認知活動(如意識、理解、資訊處理、記憶、推理、思考、判斷、解決問題等),隱含的情緒活動(感觸、感情、態度、信仰等),與許多不同的行為動機(如好奇、興趣、需求等)。這些活動雖然一直活躍得很,但是顯現在外的具體行為只是代表其中的一部分而已。例如,你剛讀過的這些文字,只是我的思考歷程與其內容的代表性思維;你不會假定我寫了這些,只因我只想到這些。可見心理歷程是研究現代心理學不可或缺的重要領域。如果心理學的研究能包括「行為」與「心理歷程」,則它可以把人類的所有心理活動都包括在內了。

3.科 學(science)

今日的心理學已經是在科學的範疇裡。心理學雖然源自哲學,但自馮德(Wilhelm Wundt, 1832–1920)於1879年在德國萊比錫大學設立首座心理實驗室以來,心理學家歷經一百多年的努力,它已茁壯地成為科學性的學科。一切學問只要採取「科學方法」去研究,便配稱為「科學」。目前的科學工具與方法,雖未能對所有高度複雜的人類行為與心理歷程作精確的觀察與評量,只要大家繼續耕耘,心理學將有更為輝煌的成就。

既然心理學所研究的行為與心理歷程大多複雜,經常有同一心理現象卻有眾多不同的解釋,這就牽涉到心理研究經驗的累積與研究者本身的學術背景與觀點的差異了。到目前為止,我們可以從一百多年來心理學的研究成果中歸納出下列六種不同的心理學觀點。

二、從不同觀點看心理學

行為觀點(behavioral approach)專注於可觀察行為的研究。持這一觀

點的人希望正確地回答「行為是如何習得的?」,「如何安排最有效的學習情境?」,與「如何系統地、有效地改變行為?」他們將行為看作「反應」,將引起反應的環境因素或安排看作「刺激」。可見他們重視「可觀察行為」與「影響行為的環境因素」。

心理分析觀點(psychoanalytic approach)對「與生俱來的本能」有深入探索的興趣。此一觀點認為「潛意識」與「早期兒童的發展經驗」可以充分解釋個人的行為及其異常現象。「本我」的各種行為不外是調解「慾我」與「超我」間彼此衝突的結果。可見這一觀點與前述「行為觀點」幾乎是站在相反的立場,它重視先天的內在動力,也因此有人稱此一觀點為**心理動力觀**(psychodynamic approach)。

人本觀點(humanistic approach)認為人人生而具有「自我實現」的需求,追求「自我決定」的自由,與保持「積極向善」的取向。由此觀點出發,心理學便應揚棄環境控制行為的行為觀點,並專心研究個人的「自我需求」、「主觀經驗」、「自我瞭解」與「自我實現」。

認知觀點(cognitive approach)特別重視認知歷程對個人適應環境的作用。在認知論者看來,個人所特有的選擇性注意(不是對什麼我都同等注意)、概念的形成、知覺經驗、資訊處理歷程、思考、創新、解決問題等,雖然極其複雜,卻是應該深入研究的問題。個人對外界的認知是主動的,是根據既有認知系統而進行的,也是富含意義的。

生物觀點(biological approach)偏重生理學在心理學中所擔負的基本角色。於心理學而言,生物觀點強調遺傳的影響,關注神經系統(尤其是大腦)與內分泌的功能,並探討情緒與動機(如饑、渴、性慾等)的生理基礎。近年來,大量的研究不僅發現心理異常與遺傳的關聯,同時證實許多藥物對行為的影響,致使採取生物觀點的心理學家顯得特別振奮與活躍,畢竟沒有身體便沒有心理可言。

社會與文化觀點(sociocultural approach)將個人的行為與心理歷程看作社會文化的產物。社會文化不僅塑造其成員的基本行為特性(如東方社會的重家庭和諧與西方社會的重個人價值),社會文化也為個人行為賦

予意義（如謙虛在東方是美德，在西方則被視為缺乏自信）。由於近年來世界經濟與文化的交流快速增加，個人如何適應社會文化的變遷，與不同社會文化間如何化解衝突，已成為許多心理學家研究的專題。美國心理學會也不斷呼籲社會大眾重視跨文化(cross-cultural)方面的心理學研究。

　　我們列舉上述六大觀點，旨在說明心理學家在研究行為與心理歷程所可能抱持的觀點。每一觀點各有其特色與適用性。雖說一些心理學家只採取某一特定觀點，也有不少心理學家兼採不同的觀點，更有許多心理學家主張不偏不倚的中庸之道。希望你念完本書時，開始對自己的心理學觀點有個認識。

第二節　研究心理學的目的

　　不論從哪一種觀點研究心理學，心理學者對其研究總有相當清楚的目的。本節將討論研究心理學的目的與心理學者的生涯。

一、研究心理學的目的

1. 敘　述

　　正確地陳述一行為或心理歷程對研究心理學而言是異常重要的。心理學對許多辭彙下定義，是希望對代表行為與心理歷程的辭彙予以正確的敘述，以避免溝通上產生誤差或誤會。例如，美國心理學會所修訂的 DSM–IV (Diagnostic and Statistical Manual of Mental Disorders–IV, 1994) 就是希望藉正確地敘述異常行為，以協助心理學家作有效的診斷。如果我隨意地說某人有「神經病」，便是「模糊」或「不正確」的敘述。

2. 解　釋

合理地解釋行為與心理歷程是研究心理學的核心。「為什麼狗會聞鈴聲而生唾液反應」是俄國生理學家巴夫洛夫盡心研究以求解釋的。「為什麼美國兒童的數學平均成就要低於亞洲兒童?」「為什麼人會作夢呢?」「為什麼胃裡缺食物不算是餓的主因呢?」「為什麼減肥不容易成功呢?」等等是心理研究所欲解釋的幾個例子。也許你要問：事實擺在眼前，就是如此這般，為什麼還要費神解釋呢?

我們知道，萬事皆有因果關係，也就是我們常說的「理」或「法則」。科學研究試圖為宇宙裡的萬象尋找其恆常的因果關係，如此我們方能「從因尋果」或「由果溯因」。知道「因果關係」，我們便可以從控制「因」而規範其「果」。例如，我們相當肯定地發現，吸煙可能導致肺癌，因此我們可以由禁煙來減少肺癌。同理，若發現美國兒童的低數學成就是由於缺乏「數學的推理習慣」，動不動就說「管它是多少」(What ever!)，就可以從小培養兒童的數學推理習慣；若發現低數學成就的另一原因是缺乏應有的「純熟練習」，則增加練習時間與次數可以提高數學成就。

3. 預　測

兩事物間若有因果或相關關係，則可以彼此相互推測。經由心理學者的不斷研究與分析，許多變項(variables)之間的因果或相關關係已被尋找出來。例如，學力性向測驗的結果與在校的學習成就之間有相當程度的相關；一般智力測驗得分與在校學業成就之間有高相關；同卵雙生兒之間的智力有極高的相關；練習時間與技術純熟度有高相關；閱讀理解能力與字彙廣度有高相關；性別與空間能力(spatial ability)有高相關；以及學業成就與學業自我觀有高相關等等。不論高相關的來源如何，它使得兩變項可以相互推測，或者令一變項成功地預測另一變項。

4.控　制

　　「控制」一詞一時聽來似乎有些強求之意，好像只有那些愛管閒事或喜歡管制他人言行者才愛控制。事實上，在此使用控制一詞，旨在積極地獎勵良好行為的發生，與消極地防止不良行為的發生。心理學不僅要瞭解行為與心理歷程的基本原理原則，它還要根據已知的原理原則去改變行為與心理歷程。理想的行為應該如何維持，不合理的行為應如何去改善，都是許多心理學者所深深關切的，研究應用心理學的人更是如此。例如，如何改善學習以增強記憶，如何減少焦慮，如何有效地面對心理壓力，如何戒煙、戒酒，如何與人相處，與如何增加自我信心等，是許多心理學者所欲提供方策以便解決的。

　　雖然我們將研究心理的目的分成敘述、解釋、預測、控制四方面，這並不意味每一個研究心理學的人都要完成上述四個目的：有的偏重敘述，有的善於分析與解釋，有的喜歡從事預測，有的專門進行控制工作。大體言之，前二者偏重心理學理論的發現、建立、或修正，後二者偏重心理學的實際應用與問題解決。也因此，有人將心理學的研究目的分為理論與應用兩方面。

二、心理學者的生涯

　　心理學者若是具有學士學位者，由於已經具備心理學的基本知識，因此可以協助進行文教、保健、諮商、社會服務、買賣、人事管理與訓練等工作。具有碩士或博士學位的心理學者，其工作便更為專精，其就業機會也因而更加廣闊。在美國，心理學者約34%在大學等學術機構從事教學、研究、服務等工作，約24%在醫院或診所從事諮商、心理治療、保健等工作，約22%開私人診所或自我執業，約12%在工商界從事於有關工業及組織心理學方面的業務，約4%在公私立中小學裡擔任教育或學校心理學家，其餘4%則在不同領域裡從事與心理學有關的工作。由此看來，心理學在一個工商業極為發達與人民重視心理健康的社會裡蓬勃地發

展；心理學人員所面臨的挑戰與其對社會的可能貢獻也因而大大地提高。

第三節　心理學的門類

　　從上述心理學者的生涯中，不難看出心理學是有許多不同的門類。由於近年來心理學的快速發展，其門類有不斷分化或增添的趨勢。在此，僅列述比較常見的心理學門類。

一、實驗心理學

　　實驗心理學(experimental psychology)以實驗法證驗或發現行為或心理歷程在變項上的因果法則。由於實驗過程要求對所研究的變項作嚴密與系統的操縱與控制，因此其結果比較可靠。實驗心理學常以動物作研究對象，但嬰兒或大學生也常在被研究之列；實驗並不局限於實驗室裡，只要操控良好，在許多場所亦可進行；其研究範圍也相當廣泛，例如學習、記憶、感覺、知覺、認知、動機、情緒、藥物作用等。

二、生理心理學

　　生理心理學(physiological psychology)與實驗心理學在方法上非常近似，都採取實驗法進行研究。不過，前者偏重生理與心理的相互影響關係的研究，例如行為的遺傳因素是什麼，神經系統（尤其是大腦）及內分泌腺如何與行為相互影響，與藥物如何左右個人的認知、情緒、行為等。

三、發展心理學

　　個人的生命自卵子受精，出生，到老死，是一段充滿神奇而有序的生長與發展的歷程。**發展心理學**(developmental psychology)欲探究遺傳與

環境對個體生長與發展的互動影響，觀察不同時期身體的生長與認知、語言、情緒、社會各方面的發展歷程，瞭解生長與發展的一般原則與特殊現象，並希望提供理想的發展指南。

四、人格心理學

「人心不同各如其面」是人格心理學所要探討的主題。**人格心理學**(personality psychology)研究個人與他人所不同的、相當持久性的行為特徵或組型。人格心理學家對人格的研究包括：人格的形成、結構及其發展，影響人格發展的遺傳與環境因素，人格評量工具的發展、修訂與使用，與人格理論的建立等。

五、社會心理學

社會心理學(social psychology)著重研究在社會情境下的個人心理歷程與行為，如態度、社會認知、人際關係、社會影響、領導、利他行為、群眾行為等。我們知道，個人獨處與群處在行為上經常有很大的差異。一個人單跑跟幾個人競跑，在動機上與速度上便相差很多。研究社會心理有助於個人瞭解其人際關係，省察其涉世的態度，並且有效地控制個人的社會行為。

六、認知心理學

認知心理學(cognitive psychology)對於內在的與隱含的「心理歷程」特別感到興趣。目前它所涉及的題材包括注意、認知、心像、訊息處理、記憶、解決問題、推理、語言理解、智力、專家知能等。由於電腦的高速度與精確的模擬能力，加上掃描大腦生理活動方面的快速進步，近年來認知心理學已有很大的進展。

七、教育與學校心理學

教育心理學(educational psychology)旨在研究如何提供最理想的教

學環境與教學計劃，以獲得最佳的學習結果；**學校心理學**(school psychology)則關切在學習與學校適應上有困難的學生。受教者的身心發展階段、教學目的、學習歷程與記憶、影響教學效果的個人與環境因素、教學模式與策略、學習能力與成就的評鑑、個別差異的適應教學等，都是教育心理學所關心與研究的課題。至於，如何甄別因生理、心理、情緒等因素而遭遇學習與適應困難的學生，並提供適當教學對策，則為學校心理學家的職責。

八、臨床與諮商心理學

臨床心理學(clinical psychology)研究如何提供心理異常者最適當的診斷與最有效的治療；**諮商心理學**(counseling psychology)則研究如何對有輕微的適應困難者予以必要的諮商與指導。臨床心理學家診療的對象非常廣，從恐懼、焦慮、抑鬱、厭食、性無能……至精神分裂症。諮商心理學家所服務的領域也很大，諸如青少年問題、學生升學與就業問題、婚姻問題、社交與人際問題、以及其他非嚴重的心理問題。

九、工業與組織心理學

工業與組織心理學(industrial and organizational psychology)所關切的是如何改善工作環境、增進工作效率、提高產品質量等。工商業界的人事招選、訓練、派任、升遷、雇主與雇員之間的衝突與排解、職工的工作與生活滿意度、產品廣告、推銷與買賣等，都是屬於工業與組織心理學的研究與服務範圍。

十、其他心理學門類

前面所介紹的只是比較常見的心理學門類，他如**神經心理學**(neuropsychology)、**社區心理學**(community psychology)、**法律心理學**(forensic psychology)、**保健心理學**(health psychology)、**復健心理學**(rehabilitation psychology)、**婦女心理學**(psychology of women)、**跨文化心理學**(cross-cultural psychology)、運動心理學(sport psychology)等，也各是心理學大家庭中的一份子。

第四節　心理學研究法

前述各類心理學之所以能夠不斷地成長、充實、進步，乃是由於它們採用精確、客觀、實證、系統的科學方法的結果。科學方法有幾個明顯的特點，有一定的程序，也有不同的方法可資採用。本節依次討論：科學方法的特點、科學研究的一般程序、心理學的研究方法、心理學研究的倫理與道德規範。

一、科學方法的特點

科學家們最可貴之處是他們所持的科學態度。科學態度的核心是「合理的懷疑」，因此科學家們事事要求精確、實證、客觀、系統、可重覆性。

1. 精確性

科學方法的一大特色是精確，因此它要求將所有被研究的事物屬性予以量化並加以評量。所有屬性之間的差異，即使極為微小，也予以精細地區辨開來。科學化的評量結果保證我們對事物屬性的精確認知。

2. 實證性

人們相信科學，因為它講求實證。科學方法是實證的方法——從取樣、蒐集資料、到分析資料都是以實證的資料作根據，讓擺在眼前的事實來解除疑惑，用確鑿的事實去證驗理論。如果事實俱在，人們還能不相信嗎？

3.客觀性

身為科學家，單憑事實是不夠的。事實有「有關」與「無關」之分；有關事實又有「正」與「反」之別。人們頗能區辨有關與無關事實，但是由於主觀意識的潛在影響，往往只見正面事實而忽略反面事實。科學方法歸納大家的看法作結論，以維持結論的客觀性，避免個己主觀因素的左右。

4.系統性

雖說有些知識的發現是偶然的，絕大多數知識的發現卻是經由系統嚴明的科學方法獲得的。科學方法因為重視系統，不僅知識獲取的歷程可以經得起考驗，而且個別知識在整個系統中也產生其應有的意義與功能。

5.可重覆性

一知識經過精確、客觀、系統地證驗之後，並不能毫無保留地被接受，因為知識必須經過一再地重覆證驗才算堅實可靠。科學方法的另一特點是，它允許已被證驗的事實重新經歷嚴密的證驗歷程而予以肯定。

二、科學研究的一般程序

談到科學方法，我們會不期然地想起那些從事科學研究的人。他們從早到晚，或在閱讀既存的相關報告以便建立可證驗的理論，或進行實驗、觀察以蒐集資料，或做必要的統計分析，或解釋研究結果，或撰寫研究報告。這些活動代表一序列典型的科學研究程序或步驟。

1.建立理論或假設

宇宙萬象雖然複雜多變，其背後卻有相當簡明而恆常的「道」與「理」在主導。科學家跟哲學家或宗教家一樣，試圖自萬象中找出真理來；所

不同的是，科學家偏重可以證驗的真理。代表真理的理論一旦被發現、被證實，它便被用來組織、解釋、指導相關的事實或經驗。可知，建立理論或假設是科學家欲敘述、瞭解、預測、控制變項的第一步。

然而，理論或假設的形成有許多不同的來源：常識、經驗、直覺、或知識。一般而言，科學家在形成其理論或假設時，以既存知識為主，以常識、經驗、或直覺為輔。在知識突飛猛進的今天，千千萬萬的科學家仍然在研究、在證驗、在發現。要想與現有知識作同步的研究，甚至超越現有知識，科學家必須熟悉既存的相關知識。因此，科學家們經常閱讀與評析有關書籍、報告、專刊，加上自己的特有經驗與見解，適宜的理論或假設便得以形成與提出，以供證驗。

2. 蒐集與分析資料

蒐集與分析資料是證驗假設（或理論）的主要工作。在採取科學方法時，資料的蒐集與分析是完全根據有待證驗的假設而為，這與非科學性地用手上已有的資料去套上某一理論並不相同。也因為如此，資料的蒐集從取樣、實驗、觀察、評量、整理、到統計分析，都遵循一定的原則與步驟進行。蒐集資料應該真實、客觀，分析資料必須精確、合適，其結果才能為有待證驗的假設「說話」。

3. 證驗假設

資料分析的結果必須對有待證驗的假設作一個明確的選擇：支持或拒絕。假設一旦受到資料的支持，它便暫時成為可被接受的理論。我用「暫時」一詞，旨在強調理論的成立必須經過重覆的證驗。若假設被資料所拒絕，則暫且指明支持該假設的事實並不存在，假設便有被揚棄或修正的需要。從科學觀點看，一假設被資料所拒絕，並不意味該研究的失敗；它可能暗示假設有瑕疵，或資料蒐集欠當。若是假設有瑕疵，則應作必要的修正；若是資料蒐集欠當，就應該檢討取樣、觀察、操控、或評量上有無缺失，於重新證驗時予以改善。

三、心理學的研究方法

研究行為與心理歷程所常採用的方法有：個案研究法，觀察法，調查法，相關法，與實驗法等。前三者由於偏重對事象的敘述，因此又統稱為敘述法。每個方法雖然都遵循科學研究應有的程序，但因各有不同的資料蒐集方式，其採用與否要由研究的目的來決定。

1.個案研究法

對一個人或少數幾個人的行為或心理歷程作深入的研究便是**個案研究法**(case study)。個案研究的結果，對被研究的個人行為或心理歷程可以作相當完整的敘述、預測、或控制。然而，由於個別差異的存在，由個案研究所獲得的心理學知識是否能作普遍的類推，是一個大疑問。因此許多心理學家常藉個案研究所獲得的啟示，作為研究一般心理現象的出發點。佛洛伊德從研究少數精神病患者而創立其心理性慾人格論，皮亞傑從研究其子女的思考發展的變化而建立其認知發展論，這些便是傑出的典型個案研究成果。

2.觀察法

對欲研究的行為或心理屬性予以系統地觀察與記錄便是**觀察法**(observational methods)。「觀察」與「看看」不同，前者有清楚的目的，有受過訓練的觀察與記錄技巧，有明確的觀察對象，與有系統的觀察程序及時間。一般人對行為的萬象看得不少，但是對某些特定行為作系統觀察的就不多了。觀察的主旨是敘述，不是解釋。若進行觀察時試圖解釋所觀察的行為，不僅容易摻入自己的主見，而且常常影響次一行為的觀察。

觀察行為可以在「控制的」或「自然的」兩種不同情境中進行。例如，研究猩猩的育嬰行為，可在動物園裡進行，亦可在猩猩聚集的野外進行。在特別布置的或控制的動物園裡，許多影響育嬰的環境因素都可

以有效地控制，以便系統地觀察與記錄某一特定的育嬰行為；在猩猩聚集的野外樹叢裡，所有天然環境以及該環境中的猩猩育嬰行為可以予以觀察並記錄下來。控制觀察可以使被觀察的行為易於出現以便觀察，這是它的優點；但是在控制情境下出現的行為往往缺乏自然，甚至做作。反之，自然觀察可以獲得珍貴的自然行為資料，這是優點；但是在自然情境中要等待行為出現以便觀察與記錄，經常費時又費事。從心理學的立場看，不論採用何種觀察法，愈是自然的行為愈有研究與類推的價值。

3.調查法

要求特定的研究對象報告其行為或意見便是**調查法**(survey methods)。在一些情況下，直接觀察某些行為（如選舉投票，或性生活等）有實際困難或無法進行時，調查法可以作為補救。採取調查法時，若選擇足以代表母群(population)的樣本對象，使用設計良好的問卷，獲得高度的問卷回收率，採用適當的統計分析，則此法可以得到相當有用的資料。例如金賽(Alfred Kinsey)對性行為的調查，蓋洛普調查(Gallup poll)對政治與社會意見的調查，是典型的大規模調查。然而使用調查法時應該注意到：調查對象的報告真誠度，問卷文字的可能誤導程度，與樣本對母群的代表性。

4.相關法

以統計方法研究一變項與另一變項之間的相互消長或連帶關係，稱為**相關法**(correlational methods)。例如，我們可以研究個人的收入與快樂的相關，研究職工的生活滿意度與其工作表現的相關，亦可研究觀看暴力電視節目與侵略行為的相關。相關有正負之分與程度之別。若個人在兩變項上同具高分或同具低分，則兩變項有正相關；反之，若個人在一變項上具高分，卻在另一變項上具低分，同一個人在兩變項上的表現呈相反的趨勢，則兩變項有負相關。典型的正相關有智商與學業成就的關係；典型的負相關有練習時數與錯誤比率的關係。相關的程度從0到1.0

不等，由0代表完全無相關，由1.0代表完全相關，多數相關居於0到1.0之間。

代表相關程度的統計指數是**相關係數**(correlation coefficient)。它除了表明兩變項的相關程度外，其最大的用處在於預測。若國中（初中）學科成績與高中學科成績之間有很高的相關係數，則我們可以使用國中學生的既有學科成績去預測其高中學科成績。但須記住，除非兩變項有高度相關，否則有預測欠確的情況發生。

相關法的普遍使用導致許多變項間關係的發現或肯定，但也不免引起一些錯誤的推論，誤將兩變項之間的「相關關係」當作兩變項之間的「因果關係」。例如，自信心與學科成績有顯著的正相關，也就是說自信心愈高的學生其學科成績愈好，自信心愈低的學生其學科成績愈差。但我們不能藉相關而推論為「自信心影響學科成績」，因為學科成績好也能提高自信心啊！可知，兩變項間有高的相關係數，只是指明相關的存在，不在說明為什麼。

採用相關法除了有關自身（如性別、年齡、教育、家庭背景等）的資料外，常以不同的評量（如智力、人格屬性、學業成就、工作表現等）蒐集代表屬性的資料，以便進行統計分析。相關統計的效度，端賴評量工具的信度（穩定性或內部一致性）與效度（評量目的達成程度），因此編製或選擇高信度與高效度的評量工具非常重要。

5.實驗法

為瞭解行為，除了使用上述幾種研究法之外，許多心理學家選用實驗法。**實驗法**(experimental method)系統地探索與證驗變項間的因果關係(cause and effect)。我們都知道，行為是一連串因果交互反應的歷程。因果關係依循可能探知的一定法則進行。行為的因果法則一旦被發現，我們便可由因而求其果，或由果而溯其因。

實驗的設計與進行，均假定依變項值(果)的改變是由自變項值(因)的改變所引起的。因此，所謂實驗，乃是系統地「操縱」自變項(independent variable)，以觀察它對依變項(dependent variable)所施的影響。於此同時，為了排除非實驗的無關因素的可能干擾，乃將無關因素予以「控制」，以突顯操縱變項的效果。可見，操縱與控制是實驗法的兩大任務。變項的操縱可以有「量」的改變，亦可以有「質」的改變。例如，若實驗研究酒精對視覺反應速度的影響，則對酒精的操縱可能是喝不同量的酒，也可能是喝不同種類的酒（例如由白酒改為紅酒）。至於無關變項的控制策略，可以採取隔離方式，維持恒常不變，或另設「控制組」以便與「實驗組」比較。

　　設立控制組可採兩種不同方式：　一是個體自我比較(within-subject comparisons)，另一是個體間的比較(between-subject comparisons)。所謂個體自我比較，實際上只使用一組個體，它於實驗之前被當作控制組，實驗操控開始時便成為實驗組。待實驗後，用依變項在前測(pre-test)與後測(post-test)的差異量來推論實驗的效果。此法的優點在於實驗與控制都在同一組個體上，可以說是最佳的匹配，避免人際間相比時許多變項互異而產生的影響。但其缺點在於個體的生長與發展因素可能影響依變項的變化，甚至其影響被誤解為來自自變項的結果。個體間的比較是將所有取樣所得的個體隨機分派成實驗組與控制組。實驗組個體接受自變項的操縱，控制組個體則接受無關但類似自變項的操縱（又稱「安慰劑」或「充數作業」），實驗後兩組在依變項上的比較便成為推算實驗結果的依據。此法的優點是，它避免生長或發展因素混淆實驗；其缺點則是，若受試個體人數太少，則很難達成等組分派的要求。

　　實驗法本身的科學優越性是不容置疑的，但是加入實驗者以及受試者的「人」的因素，其結果的客觀性便值得注意了。即使是忠於科學的實驗者，也不易在價值、態度、動機、情緒各方面完全保持中立，以保持實驗的客觀性。這種人為因素的介入，常使實驗結果受到扭曲而不察。不僅實驗者偏見(experimenter bias)影響實驗效度，受試者對實驗的無關反應（例如，感到特別興奮或不快）也足以左右實驗的結果。為了同時避免實驗者與受試者雙方的不當影響，實驗研究可以採用使雙方都不知

研究目的之雙掩法(double-blind method)。值得一提的是，實驗法要對行為或心理歷程以因果法則作「最基本的解釋」，因此實驗結果的類推與應用必須十分謹慎。

四、心理學研究的倫理與道德規範

心理學研究的最終目的是為人類謀福利。不幸的是，過去有許多被研究的對象（尤其是動物），為了一些專題的研究而作很大的犧牲，甚至受到殘酷的對待。例如，為了研究個體對體罰的反應，乃施以「電擊」，並觀察個體對「痛」的容忍能力；為了研究藥物對個體的作用，乃將藥物注入體內，以觀察個體的反應歷程。雖說心理學研究對個體身體的「入侵」或「干預」遠不如生理或藥理在醫學院裡的研究廣闊與深入，但它在心理方面的傷害，卻難以衡量。有鑒於此，美國心理學會(American Psychological Association)自1953年起發表並且修訂《心理學家倫理準則》(*Ethical Principles of Psychologists*, 1992)，以規範心理研究人員與心理執業人員的專業活動。我們先看看它們的主要內容。

1. 免於傷害

雖然多數研究對個體沒有絲毫的傷害可言，但有不少研究涉及個人的身體、心智、情緒、人格、社交等行為。研究工作所引起的勞累、困乏、心智灼傷、心理壓力、焦慮、挫折、攻擊等可能對一些人產生短期或長期的傷害。對人的傷害可能由受試者以適當途徑反應出來；受害者若是動物，便「有口難言」，只好由「動物保護組織」出面代為申屈或示威抗議。因此，設計研究的首要工作是使個體免於傷害；如果不能完全避免傷害時，應告知受試者以便警戒，並應設法將它減到最低程度。即使研究所得對人類的效益超過傷害所帶給的損失，也不應該因而為傷害辯護。

2. 隱　私

隱私是個人應有的權利。做心理研究更應尊重個人的隱私權，因它常涉及不願他人知曉的個人秘密。欲瞭解個人及其家庭背景，研究或調查可能問及個人的生日、種族、籍貫、性取向、處世態度、宗教信仰、政治意識，以及父母的身世、教育、職業、收入、甚至婚姻等。有些人對透露此類資料的部分或全部有難言的苦衷。研究人員為尊重個人的隱私權，可以允許個人迴避參與，或向個人保證守密。為了鼓勵參與，為受試者保密是常用的措施，以免個人事後受窘或憂慮。一般而言，守密的具體措施有：匿名（不要求受試者填寫姓名），採用代碼，收藏原始資料於安全地點，發表結果時隱匿真實個人姓名或團體名稱。

3. 簽署同意書

心理學研究界有個戲言：最常參與研究的是老鼠、學生、囚犯。老鼠的權益與安全全要靠研究者保護；學生與囚犯則於被告知研究的目的與可能的傷害後，決定是否參與研究。因此，所有心理研究都要求個人於正式參與研究之前，在瞭解參與研究的可能後果後，決定簽署同意書，或婉拒參加。若於簽署同意書後或參與研究之際，感到事違初願，仍得中途退出，不應受到任何懲罰。

4. 隱瞞研究目的

作心理研究，若把真正的研究目的予以隱匿，並以更能被接受的目的取代之，通稱隱瞞。此種做法旨在防止受試者因知曉某些研究目的而作出不適宜的反應，如馬虎應付、蓄意作假、或故意投合研究者的意願。例如，將調查初中生的「男女間私交情形」技巧地隱藏在一般社交行為內涵裡，並將目的陳述為瞭解初中生的「社會行為」。隱瞞是為維護研究效度的權宜措施，若能以簽署同意書的方式鼓勵自願參加，則隱瞞的需求可以大大地減少。然而自願參加的最大缺陷是，其研究結果的解釋只

能局限於自願者，缺乏普遍性。

5.事後簡報

研究完成並有了結果之後，應將研究的原意及結果對參與者作簡扼的報告。如果當初有隱瞞的措施，此舉可讓受試者體諒其需要而冰釋所疑。一研究既已求得受試者的合作，又從受試者獲得寶貴的資料，事後簡報可說是一種負責的互惠行為，也可避免使研究被看作剝削行為。

大學與研究機構都設置有審核研究計劃的內部評審委員會(Internal Review Board)，旨在審核研究計劃是否遵守研究的倫理準則，以對參與研究的個人或動物盡保護之責。任何有關心理的研究計劃必須通過該委員會的核可，方得進行研究或向外申請研究經費。

第五節　心理學發展的回顧

前面所介紹的心理學的定義、心理學的不同觀點、研究心理學的目的、心理學的門類、心理學的研究法等，並非一蹴而成，而是心理學不斷發展與改變的結果。心理學原是哲學的一支，偏重對心靈與意識的主觀研究，因而長期周旋於一個爭論：到底法國笛卡兒(Rene Descartes, 1596–1650)的「先驗論」與英國洛克(John Locke, 1632–1704)的「經驗論」孰是孰非。直到1879年，馮德(Wilhelm Wundt, 1832–1920)於德國萊比錫大學創建首座心理實驗室，心理學才踏進科學的領域裡，也因而有快速的進展。百餘年來，科學心理學能夠不斷地茁壯發展，受歷史上多位心理學家的努力、主張、及其反響的重大影響。本節從歷史發展的觀點簡介結構論、功能論、行為論、完形心理學、心理分析論、人本論、認知論。

一、結構論的創立

　　馮德本人是結構論的大師，主張以自我內省法分析意識內容的結構。他認為，人的意識內容包括感覺、意像、感情三部分。其弟子鐵欽納(E. B. Titchener, 1867–1927)將馮德的結構論介紹至美國，並繼續研究、分析意識的構成元素。

二、功能論的反響

　　當結構論開始盛行之際，美國哈佛大學的詹姆斯(William James, 1842–1910)於1890年出版《心理學原理》(*Principles of Psychology*)以提倡他的功能心理學論。雖然詹姆斯也認同意識為心理學的焦點，但他主張研究持續的意識流在適應環境中的功能，堅決反對將意識分析成不同的個別元素。無疑的，重視意識功能的心理學受到達爾文(Charles Darwin, 1809–1882)「物競天擇」的演化論的啟示，將意識看作力求「適者生存」的心理「工具」。詹姆斯在美國創設心理實驗室，加上他對心理學的貢獻，乃被尊為美國心理學之父。

三、行為論的興盛

　　不論是結構論或功能論，兩派心理學的研究仍然捧著不易捉摸的意識而不放。有鑒於此，研究動物的美國心理學家華森(John B. Watson, 1878–1958)於1913年出版他《行為論者眼中的心理學》(*Psychology As the Behaviorist Views It*)的講演稿，開創他只研究可觀察與可測量「行為」的新學派，強烈反對主觀的內省法與無法被客觀觀察的心靈或意識。這一講求客觀方法與可觀行為的行為論，使心理學從意識的科學躍進到「行為的科學」──研究「刺激與反應的關聯」。這種革命性的主張迅速地吸引許多追隨者，因為它試圖把心理學帶進自然科學裡。

　　在華森的眾多追隨者與護衛者中，最有成就也最負盛名的首推美國的史金納(B. F. Skinner, 1904–1990)。他於1938年出版《個體的行為》(*The*

Behavior of Organisms)一書，將他的行為論以「行為的實驗分析」闡釋出來， 並將他所研究的操作行為(operant behavior)與俄國巴夫洛夫(Ivan Pavlov, 1848–1936)所研究的制約反射(respondent reflex)區辨開來， 強調「增強」對學習的重要性。史金納認為人類的行為都經由增強而習得，因此心理學家的主要任務是提供行為塑造與修正的最佳條件。由於行為論有廣泛的應用價值，它至今仍是心理學的主流之一。

四、完形心理學的警惕

結構論將意識分析為構成因素，行為論只專心研究可觀察的外顯行為，這與德國心理學家魏泰其(Max Wertheimer, 1880–1943)、柯勒(Wolf-gang Kohler, 1887–1967)、考夫卡(Kurt Koffka, 1886–1941)等氏的「完形」(Gestalt)觀是相衝突的。根據完形學派的觀點，意識不是它的構成因素的總和，整體行為也不是個別行為的聯結。人的知覺是有組織的，其整體大於部分的總和；人的行為是內外貫通的，只瞭解外顯行為是不完整的；學習不是盲目的嘗試與錯誤(trial and error)，而是意義的發現與領悟。換言之，整個情境或「場」(field)賦予個別知覺或行為以意義，因此「斷章」便不能「取義」。

五、心理分析論的震撼

行為論不僅受到完形心理學者的圍攻，也遭到以奧國精神醫生佛洛伊德(Sigmund Freud, 1856–1939)為主的心理分析論的挑戰。佛洛伊德根據自己對精神病患者的診療經驗與分析，認為影響個人行為的最主要動力是來自潛意識，它對個人的影響從出生至六歲已底定。研究個人行為必須使用自由聯想或夢分析，以找出壓抑在潛意識裡的真正動因。因此，一個重視本能的、潛意識的心理學理論便與重視學習經驗的行為論彼此格格不入。確認潛意識的存在與其在人格發展中的角色，是劃時代的創見，雖然它的觀點有待進一步的科學證驗，心理分析論仍然深受一些精神醫師的鍾愛。

六、人本論的啟示

行為論的「環境決定觀」與心理分析論的「病理觀」在美國心理學家羅哲斯(Carl Rogers, 1902–1987)與馬斯洛(Abraham Maslow, 1908–1970)看來是對「人」的價值的貶抑。他們認為，心理學的研究必須「以人為本」。瞭解人的行為必須從個人的主觀知覺經驗、需求、自我觀念、自我實現潛能等著手。心理學的研究必須跳出傳統的動物模式，去探索與人生切近的愛情、感觸、快樂、真諦、友誼、關懷、創意等。人本論的興起，令許多心理學家從研究人去瞭解人，不再輕易地從動物去看人了。然而人類行為的複雜性，使目前的科學方法有頗感不足之嘆。

七、認知論的崛起

行為論固然在外顯行為的外在因素研究上貢獻良多，但對促動行為的內在因素從不予過問，使許多行為的解釋與控制發生困難；心理分析論又過分強調潛意識的功能，無助於瞭解常人意識所及的行為；人本論強調主觀知覺與自我實現，但其研究所得難以滿足嚴格的、科學實證的要求。基於此，重視認知的學者乃從不同的角度分別研究個體的「內在」心智活動，其主要的活動有：(甲)系統地觀察認知在解決問題時所呈現的共同屬性；(乙)以電腦模擬行為歷程，並推論其相關或同步的認知歷程；(丙)對正在執行特定思考活動的大腦予以「透視」或「掃描」，以觀察大腦各部位的活動功能與先後程序；與(丁)觀察幼兒或猩猩的學習，以確定他們的行為是否由概念作主導。認知論的最大收穫是：使認知成為可以「觀察」與「實證」的研究對象；對認知歷程（如資訊的選擇、編碼、儲存、提取等處理歷程）與認知結構有較佳的認識；對大腦的生理與心理功能有更深的瞭解。近年來，不少行為論者已不再排斥認知；行為論與認知論的合作，已在理解行為及心理治療方面邁進一大步。

從回顧心理學的演進中不難看出，在本章第一節中所介紹的現代心理學的不同觀點是有歷史淵源的。心理學史給予我們的借鏡是：心理學

的發展自走進科學領域之後是進步的，是統整的，也是回饋人生的。

第六節　如何學習心理學

　　我寫本書的目的並不是為你在書架上多添一本新書，而是希望你因研讀本書而對心理學有更佳的瞭解，從而把心理學當作認識自己與瞭解別人的重要依據。如果你念了一篇有關心理學的文章或心理學課本的某一章節，便迫不及待地斷定說：「難怪他（或她）昨天對我那麼不講理，這裡寫得清清楚楚，就是因為他犯了……」，可能表示你還沒完全「讀通」心理學，因為你只「看了他」卻「忘了自己」，難道你不是那不講理的「對象」嗎？那又為什麼呢？心理學也是為「你」寫的啊！要把心理學學好，我有下列幾個建議供參考。

一、理解與熟悉文義

　　不少人念書只懂字義不見文義，這跟「見樹不見林」一樣。例如，許多修完一門「心理學」的同學在被問及他學到什麼「東西」時，只能模糊地回憶幾個心理學名詞。因此，學習心理學必須理解整段、整節、整章的文義。讀書時：先知大綱，後求細節；先有問題，後有答案；先看作者如何表述，後求自己如何達意；先理解其義，後熟記內容。若能如此「反覆學習」，必有功效。我強調反覆學習並不是老生常談。即使是世界聞名的歌唱家、提琴家、網球員、高爾夫球手都還得勤練不輟，如果你是心理學的生手，你還能「只念一遍」就通關嗎？如果你姓「×」，便有你的一套「×氏心理學」，不論合理與否，不論對錯，多年來它一直主宰著你的行為、思考、判斷、情緒等。如果你只念一遍我這本新的「溫氏心理學」，要它與你多年所抱持的「×氏心理學」相抗衡，可不太公平吧！

二、使心理學與自己的人生相關聯

　　與自己息息相關的事物是最令人記得的。一個初戀的男子不輕易把女友剛給他的電話號碼忘記，卻有可能老是記不起媽媽交代的一件要事。同理，如果你想記住你所學的心理學，請你將它看作你人生需求的一部分，別只把它當作學校課程的要求或教授的規定。例如，我在對心理系同學上課時，常要他們以心理學家的立場回答我的問題，這樣他們便不致於為答題而回我，他們一定要站在一個心理學的立場上回答，心理學與自己就自然地融合在一起。當然，不是非要心理系的讀者才需把心理學看作自己的園地，每個人的內隱與外顯行為都與心理學相關。好好地瞭解心理學必將有助於瞭解、預測、與控制自己與他人的行為。

三、具有批判的思考與勤於證驗的習慣

　　本書所提供給你的是經由研究所得的一般性原理原則。在眾多的心理研究報告中，有的不免受時空限制，有的經不起時間考驗，有的在研究方法上有瑕疵，因此讀者在接受任何新的發現時必須具備批判與存疑的科學態度，尤應避免盲從。批判不是中傷，它求分析，講理性，重價值判斷。原理原則是普遍性的，不是特殊的或個別的，因此它對事象的解釋是廣泛的，其應用也是一般性的。這本是原理原則的特色，但它常被誤解為空洞、不切實際。一些習慣於將原理原則固板地應用於個別事實者，常發現原理與個別事實間有差距，乃因而慨嘆「理論歸理論，事實歸事實」，索性把所學的原理原則棄而不用，實在可惜。例如，「多獎勵合理的行為」是一個很有用的心理原則，但這並不表示每次獎勵一定增強行為，因為獎勵的功效頗受被獎勵者當時的需求與對獎勵的評價而定，我們不能因為一時給獎不見效而斷定獎勵的無用。

本章內容摘要

1. 心理學是研究行為與心理歷程的一門科學。如果心理學的研究能包括「行為」與「心理歷程」，則它可以把人類的所有心理活動都包括在內。心理學雖然源自哲學，但自馮德於1879年在德國萊比錫大學設立首座心理實驗室以來，心理學家歷經一百多年的努力，它已茁壯地成為相當科學性的學科。今日的心理學已經是在科學的範疇裡。

2. 心理學可從六個不同觀點去探討與研究：（甲）行為觀點專注於可觀察行為的研究；（乙）心理分析觀點認為「潛意識」與「早期兒童的發展經驗」可以充分解釋個人的行為及其異常現象；（丙）人本觀點以人為本，認為人人都有「自我實現」的需求，追求「自我決定」的自由，與「積極向善」的取向；（丁）認知觀點特別重視認知歷程對個人適應環境的作用，如在個人的選擇性注意、概念的形成、知覺經驗、資訊處理歷程、思考、創新、解決問題等；（戊）生物觀點對生理學在心理學中的角色特別重視，它強調遺傳的影響，關注神經系統與內分泌的功能，並探討情緒與動機的生理基礎；（己）社會與文化觀點將個人的行為與心理歷程看作社會文化的產物，社會文化不僅塑造其成員的基本行為特性，也為個人行為賦予意義。

3. 心理學的研究目的可概分為敘述、解釋、預測、控制四方面。心理學對許多辭彙下定義，是希望對代表行為的辭彙予以正確的敘述，以避免溝通上產生誤差或誤會；它也試圖合理地解釋行為與心理歷程；它也希望從變項間的因果或相關關係作相互的預測；它也要根據已知的原理原則去獎勵良好行為並減少不良行為。

4. 在美國，心理學者約34%在大學等學術機構從事教學、研究、服務等工作，約24%在醫院或診所從事諮商、心理治療、保健等工作，約22%

開私人診所或自我執業，約12%在工商界從事於有關工業及組織心理學方面的業務，約4%在公私立中小學裡擔任教育或學校心理學家，其餘4%則在不同領域裡從事與心理學有關的工作。

5. 實驗心理學依憑實驗法以證驗或發現行為或心理歷程的因果法則；生理心理學研究生理與心理的相互影響關係的研究；發展心理學欲探究遺傳與環境對個體生長與發展的互動影響，觀察不同時期身體的生長與心理的發展歷程；人格心理學研究個人與他人所不同的、相當持久性的行為特徵或組型；社會心理學著重研究在社會情境下的個人心理歷程與行為；認知心理學對於內在的與隱含的「心理歷程」特別感到興趣；教育心理學旨在研究如何提供最理想的教學環境與教學計劃，以獲得最佳的學習結果；學校心理學則關切在學習與學校有適應困難的學生；臨床心理學研究如何提供心理異常者最適當的診斷與最有效的治療；諮商心理學則研究如何對有輕微的適應困難者予以必要的諮商與指導；工業與組織心理學所關切的是如何改善工作環境、增進工作效率、提高產品質量等；心理學也包括社區心理學、法律心理學、保健心理學、復健心理學、婦女心理學、跨文化心理學、運動心理學等。

6. 科學家們最可貴之處是他們所持的科學態度。科學方法的特點包括：精確性、實證性、客觀性、系統性、可重覆性。科學研究的一般程序是：建立可資證驗的理論或假設，蒐集與分析客觀評量所得的資料，並合理地證驗假設。

7. 對一個人或少數幾個人的行為或心理歷程作深入的研究便是個案研究法；對欲研究的行為或心理屬性予以系統地觀察與記錄便是觀察法，觀察行為可以在控制的或自然的兩種不同情境中進行；要求特定的研究對象報告其行為或意見便是調查法；以統計方法研究一變項與另一變項之間的相互消長或連帶關係稱為相關法；系統地探索與證驗變項間的因果關係稱為實驗法。

8. 實驗進行時，系統地操縱自變項以觀察它對依變項所施的影響；為了

排除非實驗的無關因素的可能干擾，乃將無關因素予以控制以突顯操縱變項的效果。設立控制組可採個體自我比較與個體間的比較兩種不同方式。實驗的進行不僅要防止實驗者偏見影響實驗效度，也應避免受試者對實驗的無關反應左右實驗的結果。

9. 心理學的研究應遵循其專業的倫理與道德規範，它包括：避免或減少對人或動物可能產生的身心傷害；尊重參與者的隱私權或提供適當的保密措施；徵求受試者的同意；適當地處理必要的隱瞞；並於研究結束後向受試者提供簡報，以招公信。

10. 科學的心理學已有一百多年的發展史，它經歷結構論的創立、功能論的反響、行為論的興起、完形心理學的警惕、心理分析論的震撼、人本論的啟示、認知論的崛起等不同觀點的影響，已由進步、壯大、而統整。

11. 學習心理學的有效策略是：理解與熟悉文義，使心理學與自己的人生相關聯，並具有批判的思考與勤於證驗的習慣。

第二章
心理的生理基礎

　　如果沒有生理作用，就沒有心理現象可言。你在閱讀時，視知覺系統與神經系統（包括大腦）緊密地配合，使被閱讀的文字產生意義；你在歌唱時，視聽覺、口腔、咽喉、呼吸系統、神經系統等無不相互配合，以一展歌喉；你在駕車時，視聽覺、平衡覺、動覺、神經系統、四肢等彼此協調與合作，以平安地駕駛；你在動情時，各種感覺系統、內分泌腺、神經系統、肢體等忙於交互作用，以處理不同的情緒反應；你在緊張時，瞳孔放大，心跳加速，血壓增高，消化減慢，注意集中，以便應付緊張的來源。可知，每一行為或心理歷程均有它的生理基礎。為進一步瞭解心理的生理基礎，本章將逐一討論下列幾個問題：

・神經元的基本結構是什麼？它如何傳導訊息？

・神經系統是如何組成的？各部分如何影響行為？

・大腦的結構與哪些心理歷程相關？其兩半球有何功能上的差異？

・內分泌腺的結構與哪些行為有關？

・何謂行為遺傳學？如何研究行為遺傳？

第一節　神經元

神經元（neuron，又稱神經原）是神經系統最基本的單位。嚴格地說，神經(nerve)是由許多神經元聚集而成的；神經系統(nervous system)則是由許多神經所組成的。本節分別介紹神經元的種類、神經元的結構與內部的傳導歷程、神經元之間的傳導歷程。

一、神經元的種類

根據新近的估計，一個人的體內有一千億至二千億（100–200 billion，1 billion=10億）的神經元(Kolb, 1989)。它們因功能的不同而分為感覺神經元、運動神經元、聯結神經元三類。**感覺神經元**(sensory neuron)負責將來自視、聽、嗅、味、觸、溫、痛覺等感受器的神經衝動傳導至脊髓或大腦，以向內溝通訊息，因此又稱內導神經元(afferent neuron)；**運動神經元**(motor neuron)負責將脊髓或大腦所發出的神經衝動傳導至肌肉或腺體等反應器，以控制身體的活動，因此又稱外導神經元(efferent neuron)；**聯結神經元**(association neuron)分佈在脊髓與大腦之中，負責聯結感覺神經元與運動神經元，使兩種不同功能與導向的神經元得以溝通，因此又稱中介神經元(interneuron)。這三種神經元的彼此合作，使個體能感知、能思考、能活動。電視劇裡演超人(Superman)的演員李維(Christopher Reeve)，便因騎馬摔傷並折斷其頸部脊髓，使其頸部以下肢體完全癱瘓，他雖然能言善道，卻不能以手足感知所觸，亦不能運動其肢體。

二、神經元的結構與內部的傳導歷程

雖然神經元有三類，而且大小長短互異，其基本結構卻非常類似。圖2-1便是典型的神經元的結構。神經元包括樹狀突、細胞體、軸突、終

端釦四部分。如圖顯示，**樹狀突**(dendrites)是從細胞體突出的許多細而短的枝狀物，它與感受器（如眼球、內耳、皮膚）或其他神經元相接觸，以便傳導它們所引起的神經衝動。**細胞體**(soma)裡有細胞核與細胞質，負責細胞能量的處理與新陳代謝，並將由樹狀突的神經衝動傳導至軸突。**軸突**(axon)是神經元將神經衝動由細胞體傳導至其他神經元、肌肉、或腺體的唯一通道，它因所處地方不同而長短不一。軸突在接近末端時有許多分支，各分支的終端形成釦狀，稱為**終端釦**(terminal buttons)，其功能是與其他神經元相接觸，以傳遞神經衝動。

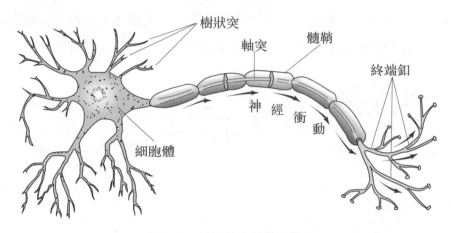

圖2-1　神經元的基本結構

約有一半神經元的軸突有像蓮藕一樣一節節的**髓鞘**(myelin sheath)包圍著，它是一種絕緣的脂肪，使神經衝動不致流失並按一定方向加速進行。多數較長的軸突，需要髓鞘以加速訊息的傳送。多發性硬化症(multiple sclerosis)患者在中央神經系統中的神經元，因軸突的髓鞘逐漸解體，神經衝動散失或短路，乃引起肌肉活動軟弱乏力、顫抖、動作失調等症候。

神經衝動在神經元的內部是靠電流傳遞的。當刺激達到一定強度時，便引起神經衝動，我們常稱這一足以引發神經衝動的刺激強度為**閾**(threshold)；若刺激強度低於刺激閾，則無法引發神經衝動。我們稱此一原則為**全有或全無原則**(all-or-none principle)，這與電燈的開關很類似。神經衝動一旦引發，它維持一定的強度，不因刺激強度的加高而變化。

然而，你或許要問：既然神經衝動強度不變，為什麼我們會感到外界刺激的強弱（如聲音的大小）呢？主要的理由是：刺激加強的結果，使得「更多」的神經元傳導神經衝動。

三、神經元之間的傳導歷程

前面簡單介紹神經元結構的同時，已把神經衝動在神經元內的電流傳導歷程依序說明。換言之，神經衝動由感受器或其他神經元發出後，由樹狀突承接，經過細胞體和軸突，並抵達終端鈕。一神經元有許多終端鈕與其他神經元相接觸，將神經衝動經由接觸點傳遞到其他神經元，以便作連鎖性的傳訊工作。這就牽涉到神經元之間的資訊傳導歷程。

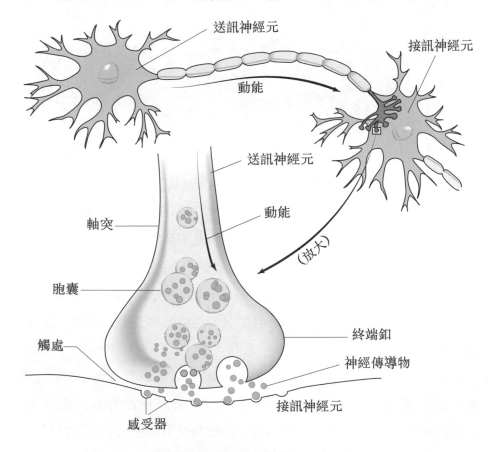

圖2-2　神經元之間資訊傳導歷程

圖2-2便是神經元之間資訊傳導歷程的剖析圖。圖中左邊是一神經

元軸突的終端鈕，右邊是另一神經元的樹狀突，中間的細窄夾縫稱為**觸處**(synapsis)。終端鈕有許多細小的**胞囊**(vesicles)以儲備微小但非常有用的**神經傳導物**(neurotransmitters)。神經傳導物是微細的化學分子：那些具有興奮或促進作用的，稱為**催促者**(agonists)；那些具有抑制或阻止作用的，稱為**對抗者**(antagonists)。也就是說，屬於催促性的神經傳導物是**興奮性的**(excitatory)；　相反地，　屬於對抗性的神經傳導物是**抑制性的**(inhibitory)。我們的伸手取物，是由於興奮性神經傳導物在作用；我們突然改變意思，停止取物，便是抑制性神經傳導物在作用的結果。同理，若關門時不小心把手指壓痛，痛覺經催促者的傳遞而令人難受；不久，身體乃分泌「鎮痛劑」以對抗痛覺的傳遞。此際，若興奮作用大於抑制作用，則手指仍感疼痛不已；反之，若抑制作用大於興奮作用，則手指不再感到疼痛。

　　到底神經傳導物是如何在神經元之間發生作用呢？我在此解釋觸處傳導過程的同時，請你參看圖2-2。當神經衝動抵達終端鈕時，儲備在各胞囊裡的微小神經傳導物立即釋出，滲過終端鈕的薄膜，進入觸處，然後分別「進入」接訊神經元樹狀突上的許多感受區(receptor sites)。大自然的奇妙就在此：具有特別形狀的神經傳導化學分子就像「公」的，每個配對的感受區就像「母」的，彼此一「契合」，就為次一神經元觸發另一神經衝動。這項契合任務一完成，多數完整的化學分子立即滲回原來的胞囊裡，其餘殘缺不全者便成為廢棄物，有待細胞負責排除，細胞並立即補充應有的神經傳導物。請注意，在這「還原」的極短暫關鍵時刻，觸處無法接受新的神經衝動。

　　既然神經元之間的傳訊歷程是化學性的，個體到底有哪些興奮性神經傳導物與抑制性神經傳導物呢？到目前為止，已被發現的神經傳導物已達六十種之多。由於篇幅有限，僅在此介紹七種主要的神經傳導物。

　　醋膽素(Acetylcholine, Ach)：*存於大腦、脊髓、肌肉、副交感神經內。在大腦與自律神經系統內的醋膽素主司興奮作用；存於其他神經系統內的醋膽素則主司抑制作用。醋膽素與正常記憶的維持有關。*

正腎上腺素(Norepinephrine)：存於腦幹與交感神經系統內，主司興奮作用，與情緒反應有關。大量釋出正腎上腺素使個體情緒高亢、焦慮、激動；若正腎上腺素不足，則個體顯得沈悶、抑鬱。

多巴胺酸(Dopamine)：存於大腦的下視丘、腦垂腺、中腦一帶，主司抑制作用。缺乏適量的多巴胺酸將導致手足顫抖的帕金森氏症(Parkinson's disease)。

血清緊素(Serotonin)：存於大腦與脊髓內，主司抑制作用。血清緊素規律個體的心情、食慾、睡眠。有憂鬱症候的人多缺乏適量的血清緊素。

珈瑪胺基丁酸(Gamma-aminobutyric acid, GABA)：存於中央神經系統內，主司抑制作用。珈瑪胺基丁酸調節個體的興奮水平，若當藥劑，可以壓抑個體的興奮程度。

腦啡(Endorphins)：存於大腦之內，主司抑制作用。腦啡是天然的鎮痛劑。

三燐酸腺酸酶(Adenosine triphosphate, ATP)：存於所有的神經系統內，主司興奮作用。三燐酸腺酸酶與記憶有關。

我們記憶的強弱、動作的有無、情緒的高低等都與主司興奮或抑制的神經傳導物有關。缺乏應有的興奮或抑制性神經傳導物常導致認知、情緒、或動作上的不良症候。固然長期疾病、營養不良、濫用禁藥、或創傷等可能導致神經傳導物的失衡；許多人由於遺傳基因的缺陷，以致身體無法製造充分的神經傳導物，乃有先天性的傳導失控症。

第二節　神經系統

既然所有神經系統的基本組成單位是神經元，瞭解神經元的種類、結構、神經衝動的傳遞方式、不同神經傳導物的功能，有助於概覽神經系統的結構與各個系統的主要功能。神經系統包含中央與周圍兩大神經

系統。中央神經系統包括腦部與脊髓；周圍神經系統包括軀體神經系統
與自主神經系統。圖2-3是人體神經系統的組織層次。本節依序介紹中樞
與周圍兩大神經系統。

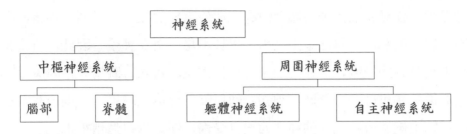

圖2-3　人體神經系統的組織層次

一、中樞神經系統

中樞神經系統(central nervous system, CNS)包括脊髓與腦部兩部分。
腦部(brain)又可分為後腦、中腦、前腦三個區域。腦部的結構非常複雜，
將它概分為後、中、前三部分只是為了方便說明（也可將腦部區分為腦
幹、小腦、前腦三部分），它們雖然各有其獨特的功能，但彼此相互密切
關聯。圖2-4為包括脊髓與腦部的中樞神經系統側面解剖圖。

1. 脊　髓

脊髓(spinal cord)處在由24節脊椎骨所組成的脊柱內，是中樞神經系
統的一部分。它一端與腦部最下方的延髓相連接，另一邊與周圍神經系
統相接觸。它有兩個重要的功能：一是作為腦部與周圍神經之間的唯一
通道，將感覺神經的神經衝動內傳至腦部，或把腦部的神經衝動外導至
運動神經；一是作為脊髓反射的中樞，將感覺神經內傳的神經衝動經由
脊髓的聯結神經作中介，立即將訊息交由運動神經作快速的反射動作。
例如，不慎指觸熱盤，立即撤回，便是反射(reflex)。

人類是靈長類，與其他動物相比，愈來愈依賴大腦的思考、推理、
與判斷，以分析訊息的性質、意義、價值，並決定應有的適應行為。換
言之，人類的脊髓雖有前述的傳訊與反射兩項功能，人類只保持少數的

反射動作以維護安全，讓腦部對行為的控制愈來愈大，這可以說是長期演化的結果，也是「適者生存」的明證吧。

由於脊髓是軀體與腦部的唯一雙向資訊通道，因此它的創傷後果非常嚴重，使感官訊息無法順利內導，亦使腦部的指令無從順利外傳，既不能感知所觸，又無法運動肢體，以致半身或全身癱瘓。因此，有些容易傷及脊柱的運動，如在跳躍床上作翻滾跳、跳水、騎馬等常因失控下墜而傷及頸椎部分的脊髓。須知，幼兒因正值成長時期，受傷後有較佳的脊髓復健機會；成人的神經元一旦受傷，便難以自然地重生。

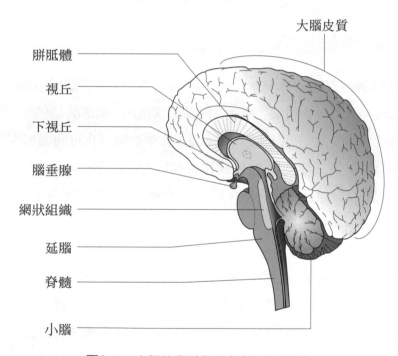

大腦皮質

胼胝體
視丘
下視丘
腦垂腺
網狀組織
延腦
脊髓
小腦

圖2-4　人類的脊髓與腦部側面解剖圖

2. 腦　部

人類之所以有複雜的心理歷程與行為，乃因具有功能複雜、組織嚴密、富於彈性、高度協作的腦部。現在分別介紹後腦、中腦、前腦的相關位置與其功能。

A.**後腦(hindbrain)**　後腦是腦部在演化史中最古老的部分，它與脊

髓相連接，負責維持個體生命的基本活動。例如，後腦中的**延腦**(medulla)主控呼吸、消化、心跳等基本生理活動；**腦橋**(pons)在延腦上方，將左右兩個半腦在後腦部分聯結起來，並關係個體的睡眠與覺醒；**小腦**(cerebellum)在腦部的後下方，負責協調橫紋肌的活動，否則個體在行走、運動、言語方面將十分困難。那些**腦性小兒麻痺症**(cerebral palsy)患者的肌肉活動協調困難，便是小腦因病受傷所致。

　　B.**中腦**(midbrain)　中腦處於腦的正中央，它與延髓、腦橋組合而成**腦幹**(brain stem)。它像一支主幹，支撐並聯繫在它上面的許多腦部組織。中腦的主要功能是溝通前腦與後腦，並主控視覺與聽覺的肌肉運作。有一種複雜的神經纖維由延腦貫穿腦橋與中腦，形成一種稱為**網狀組織**(reticular formation)，負責控制個體的意識狀態——睡眠、注意、或覺醒。在個體熟睡時，它防止無關訊息的進入；在個體突聞巨響時，它警覺腦部的其他部分作適當的反應；在個體已聽慣重覆的聲響時，它令個體不再理睬同樣的刺激。它像守門的警衛，依個體的意識情況，篩選與控制進入腦部的訊息。

　　C.**前腦**(forebrain)　前腦包括視丘、下視丘、邊緣系統、大腦皮質部等。經過千萬年的演化，人類比其他低等動物有更大、更複雜的儲存與控制新知的大腦皮質部。我們將另闢一節，專門討論大腦皮質部。**視丘**(thalamus)位於中腦上方，將許多來自中腦的訊息予以統整後分別傳送至有關的大腦皮質部，也將大腦高層各部的訊息經由此處分別下達到延腦或小腦。視丘可以說是腦部裡的訊息轉運站。視丘內有不同的區域，以便處理進入區域裡的不同訊息，然後將訊息或者向大腦皮質部傳送，或者由大腦皮質部往中腦或後腦傳遞。**下視丘**(hypothalamus)，一如其名所指，位於視丘的下方。它的體積雖然只有個手指頭大，但它的功能非常重大。下視丘負責動機與情緒的維持：如調節體溫、規律飲食、控制與滿足性慾、調控攻擊行為、並且影響內分泌。它與個人的異性戀、同性戀、或雙性戀等性取向(sexual orientation)有關(LeVay, 1991)。

　　邊緣系統(limbic system)包括扁桃體、中隔、海馬、下視丘等，是相

互關聯的組織。這些組織繞著視丘的邊緣並負責維持複雜的個體生存本能，諸如情緒、飲食、攻擊、記憶、生殖等。**扁桃體**(amygdala)又稱杏仁，在被刺激時引起憤怒或攻擊行為；相反地，當**中隔**(septum)被刺激時，個體的憤怒情緒反應開始減弱。在低等動物中，扁桃體與中隔相互協作以直接控制憤怒情緒的起落；但在人類，扁桃體與中隔的活動則受大腦皮質部高層思維的影響。**海馬**(hippocampus)與長期記憶的形成有關，海馬受傷的患者雖對經驗有短暫的記憶，但無法形成長期記憶。

二、周圍神經系統

　　周圍神經系統(peripheral nervous system)是中樞神經系統以外的神經組織系統，它包括軀體神經系統與自主神經系統兩部分。

1.軀體神經系統

　　軀體神經系統(somatic nervous system)與脊髓及腦部相連接，將感受器引發的神經衝動經由感覺神經元（又稱內導神經元）傳遞至中樞神經系統，以便瞭解外界刺激的本質。當中樞神經系統作了反應或行動的決定，其訊息乃從腦部與脊髓傳達至運動神經元（又稱外導神經元），藉運動神經元操控肌肉的活動以進行適當的反應或運動。

2.自主神經系統

　　自主神經系統(autonomic nervous system)又稱自律神經系統，分佈於內臟器官的肌肉裡，以規律地控制內臟肌肉的活動，其主要功能在控制個體的新陳代謝作用。因其活動（如規律心跳、呼吸、消化、緊張等）非個人意識所時刻感受或支配，乃以自主稱之。已如前述，主控自主神經系統的腦部組織是下視丘，它不停地指揮著內臟器官，以神奇的興奮與抑制兩種作用相互牽制與調節。這兩個相抗衡的神經系統是交感神經系統與副交感神經系統，其相對的功能可以從圖2-5顯示出來。

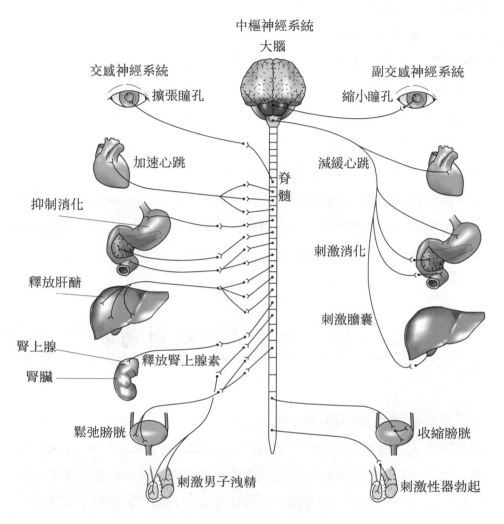

中樞神經系統
大腦

交感神經系統　擴張瞳孔
副交感神經系統　縮小瞳孔

加速心跳　減緩心跳

脊
髓

抑制消化

刺激消化

釋放肝醣

刺激膽囊

腎上腺
釋放腎上腺素
腎臟

鬆弛膀胱　收縮膀胱

刺激男子洩精　刺激性器勃起

圖2-5　自主神經系統的功能

　　交感神經系統(sympathetic nervous system)的主要功能是**分解**作用
(catabolism)，將身體儲存的養分化成熱能以供身體使用。例如，當個體
遭遇壓力或緊急情況時，它動員個體的主要器官與肢體，以便作必要的
應對反應（如逃避或攻擊等）。**副交感神經系統**(para-sympathetic nervous
system)的主要功能是**組成作用**(anabolism)，自空氣、水、與食物中吸取
必備的能源（養分）並儲存起來。例如，當壓力、憤怒、或緊急情況緩
和或解除時，它使原來被激起而「備戰」的身體狀況逐漸趨於平靜，以
減低熱能的耗損，並開始補充被消耗的能量。可知，個體為確保其生存

與發展，既需靠熱能的支出與使用，亦需有適當的熱能收入與儲備。交感神經系統與副交感神經系統是個體不可或缺與不斷地交互作用的自主神經系統。例如，當你於夜晚從大街轉進小巷時，忽覺有個陌生人緊跟在你後頭，似乎來意不善。此際你若開始緊張，其必然的身體反應是：瞳孔放大（擴大視野）、心跳加速（增加活力）、呼吸加快（增多氧氣）、釋放肝醣（準備攻擊或逃脫）、抑制唾液分泌與消化活動（使血液不致分散功能）、鬆弛膀胱（排除廢物）等，這些都是交感神經系統運作的結果。待你再回顧時，此人已無蹤影，你開始鬆口氣，此際你身體的一般反應是：瞳孔收縮、心跳與呼吸逐漸減慢、唾腺與胃腸開始活躍、膀胱收縮等，這時副交感神經系統開始儲備與補充熱能。

第三節　大腦的結構與功能

人類有高度的智慧與創造能力，使其精神與物質文明有快速的發展，這是因為人人有個非常奧妙與功效奇偉的大腦。 大腦(cerebrum)屬於前腦，位於前腦的最前端，是人類演化史上的最新近成果，是人類思考的中樞，也是行為可塑性的基礎。本節依次介紹大腦皮質的區劃與功能、大腦兩半球的功能差異、研究大腦的方法。

一、大腦皮質的區劃與功能

大腦皮質(cerebral cortex)是大腦的表層，是灰質，它負責資訊的處理。事實上，大腦包括左半球(left hemisphere)與右半球(right hemisphere)兩部分，並由胼胝體(corpus collosum)的密集神經纖維居間聯結起來。大腦皮質約有兩公釐厚；若將擠得滿是皺紋的皮質平展開來，其面積約為60公分的平方；其重量約為1.36公斤。與其他動物比較，人類的大腦與體重的比率是最高的，因此人類是最聰明的。但是在人類裡，大腦的大

小不是決定聰明與否的唯一因素。根據研究(Haier et al., 1988)，效率愈高的大腦愈聰明。

　　從大腦的整體外表觀察，左右兩半球的皮質表面各有明顯的結構性大裂溝，因而皮質被區分為額葉、頂葉、顳葉、枕葉四部分。大體言之，**額葉**(frontal lobe)主掌抽象思考與運動；**頂葉**(parietal lobe)負責皮膚與肌肉的感覺歷程；**顳葉**(temporal lobe)管理聽覺的協調；**枕葉**(occipital lobe)專司視覺的統整。這四部分彼此聯絡，兩半球又相互溝通，外界的刺激便成為有意義的情境了。

　　然而，左右兩半球的皮質亦可從它的功能各分為三個區域：感覺區、運動區、聯結區。**感覺區**(sensory area)包括皮膚覺（包括觸覺與壓覺）、視覺、聽覺三部分。身體上不同部位的神經元與感覺區裡特定部位的神經元分別相連接；而且身體上感覺愈靈敏的部分，如手指、嘴唇、舌頭等，便與愈多的大腦皮質神經元相連接。視覺區主要在枕葉裡，它有多種神經元與眼球網膜上的感受器相連接，分別識別直線、橫線、斜線、形狀、顏色（紅、藍、綠）、運動等，並經由整合而成有意義的影像。聽覺區位於顳葉裡，它有各種不同的神經元，以識別不同頻率的聲音。**運動區**(motor area)在感覺區前面並與它並排，它各部位的神經元與身體的六十條肌肉相連接，以便分別指揮軀體各部的活動。**聯結區**(association area)是感覺區與運動區以外的資訊處理區域，主掌推理、分析、思考、判斷、解決問題、語言等複雜的心智活動。

　　人類是靈長類，與其他動物比較，有非常複雜的語文能力。到底大腦的哪些部分主管語言呢？於1861年，法國外科醫師布洛卡(Paul Broca, 1824–1880)有個患者只會發幾個聲音，待患者死後解剖其大腦時，他發現其左半球額葉接近側裂上方的部分受到損壞。因此，布氏肯定此一部位必與說話的能力有關。為確認他的這一重要發現，乃將此一部位命名為**布洛卡區**(Broca's area)。　隨後於1874年，　德國神經學家威尼克(Carl Wernicke, 1848–1905)在研究有語言缺陷的患者時，發現左半球顳葉偏後方有個部位與語言的解碼與詮釋有關，這個關係語言理解的部位乃被命

名為威尼克區(Wernicke's area)。因此，在**失語症**(aphasia)患者之中，有人患了**布洛卡失語症**(Broca's aphasia)，無法說出想說的話（如將「他昨天打電話給我」說成「他……昨天……電……話……我」）；有人患了**威尼克失語症**(Wernicke's aphasia)，能順暢地說出一大堆話，但不知自己在說什麼（如說「我覺得不錯，老天好像要下雨，飯也沒吃完」）。既然與語言息息相關的兩個區域都在左半球，這就不難提醒你：左右兩個半腦有許多功能上的差異。

二、大腦兩半球的功能差異

與我們的手、腳、眼睛、耳朵一樣，大腦也有左半球與右半球之分。基本上，大腦對身體的控制是：左半球控制右半身，右半球控制左半身，兩半球經由胼胝體彼此相互溝通。換言之，刺激訊息若來自左手、左腳、左眼、左耳都進入大腦的右半球；刺激訊息若來自右手、右腳、右眼、右耳則進入大腦的左半球；左右兩半球的訊息經胼胝體交流後，由聯結區予以統整而成完整意義的資訊。這種「左右雖分工但合作」的基本概念，在經過醫學上的「腦分割」處理後，更顯示出兩半球功能的差異了。

1.腦分割的研究

所謂**腦分割**(split-brain)是指將聯結兩個半腦的胼胝體以手術方式予以切開，使兩個半腦相互隔離。早在1963年，兩位神經外科醫師佛格(Philip Vogel)與博根(Joseph Bogen)將一位因腦部創傷而引發癲癇症患者的胼胝體切開。他們發現這位患者的癲癇症已因手術而停止，患者在一般知覺、智力、記憶、人格等測驗上顯得「正常」。

稍後，史貝利(Sperry, 1968)對一位女性腦分割患者進行觀察，以瞭解分離的兩個半腦對知覺的影響。他要求患者正視她正前方的一個黑點，並將畫有湯匙的圖片在左眼或右眼前面急速閃現，然後問：「你看到了什麼?」他的最重大發現是：當圖片在右眼前閃現後（即畫像進入左半腦視覺區），患者說她看到了湯匙；當圖片在左眼前閃現後（即畫像進入右半

腦視覺區），患者卻說不出她看到什麼。他進一步研究觸覺，要求患者以
左手或右手去觸摸擺在遮幕後面的東西，如鉛筆、橡皮、鑰匙、湯匙、
紙張等，並且問道：「哪一樣東西是你看過的?」當患者以左手摸索時，
她很快地找到了湯匙；可是當右手在摸索湯匙或其他物品時，左半腦無
法確認它們是什麼。這些觀察令他肯定：左半腦主控語言活動，右半腦
則主控空間知覺。

　　幾乎於此同時，格紮尼卡(Gazzaniga, 1967)也作類似但屬於文字的研
究。　他要求一腦分割患者正視正前方中央的黑點，　然後將一英文字
teacup（茶杯）在患者前正中央快速閃示，使tea呈現在左視野而cup呈
現在右視野，並問患者看到了什麼。其主要的發現是：患者只看到了由
右眼進入左半腦的cup，而不見由左眼進入右半腦的tea。對一個正常人
來說，不論如何一定看到teacup整個字，因為從兩視野所得的文字訊息
分別進入兩半腦後，彼此經由胼胝體溝通而統整，可是腦分割患者便沒
有這個「福氣」。圖2-6是研究左右腦功能差異的設施。

圖2-6　研究左右腦功能差異的設施

　　另一與格紮尼卡類似的研究也值得在此一提。雷威與其同事(Levy et
al., 1972)將一男一女的正面臉部照片左右各取一半並拼成一張嵌合照
(chimeric picture)，然後將它在腦分割患者的正前方快速閃示。由於患者

正視正前方中央的黑點，呈現在他左視野的是女子的半臉，呈現在他右視野的是男子的另一半臉。被問及他看見什麼時，患者說他只見了男子的臉。當患者被要求從完整的男子照片與女子照片中指出何者是他所見過的，他乃以左手指出女子的照片。

　　腦分割本是「治療」嚴重的癲癇症所進行的手術，但對其患者的進一步觀察研究，卻發現了左右半腦功能的差異性。經過多年來的研究，顯然可以斷言兩個半腦的非對稱性(asymmetry)，亦即在胼胝體兩邊的左腦與右腦，雖然形狀與結構相似，但各有其特殊的功能。由於兩個半腦在許多功能上各有其專責，因而顯出各半腦的單側優勢性(laterality)。

2.左右半腦的單側優勢性

　　博格與史貝利等對腦分割的研究大大地引起人們研究左右腦功能差異的興趣。神經醫學與心理學等所欲瞭解的是：到底哪一邊大腦在哪一方面的行為與心理歷程上佔有優勢？根據已有的研究結果(Corina, Vaid, & Bellugi, 1992; Davidson & Hugdahl, 1995; Gazzaniga, 1985, 1992; Hellige, 1993)，我們可以做個概括性的結論：左腦主管語言、數理邏輯、分析性問題解決、正情緒反應；右腦則主管非語言的空間知覺、藝術、整體性問題解決、負情緒反應。

　　這樣看來，如果大腦一切正常，則學習、思考、創作、表現、情緒反應等將順利地進行。然而，如果大腦受到傷害（如受到撞擊、中毒、腦溢血等），則其行為或心智上的症候常可以推論出大腦的哪一部分是根源。例如，因為左腦主管語言，左腦中風的患者，除了右體癱瘓外，常有語言困難的現象。然而，每個人都是左腦管語言、右腦管藝術而沒有個別差異嗎？事實上，左右腦所存在的單側優勢性是相對的，其優勢程度常因人而異，而且它還存在著性別差異與文化差異。

3.單側優勢的個別差異

　　由於90%的人口是慣用右手的右撇子(right-handed)，只有10%是左撇

子(left-handed)。右手聯結左腦，左腦管語言，因此大多數人有語言區在左腦的優勢。但是，有許多左撇子的語言優勢卻在右腦。請注意：這並不表示人類可以藉用手習慣的改變，來輕易地改變大腦半球的既存優勢。我們不能因羨慕許多藝術創作家是左撇子，便把慣用的右手改為左手，希望藉此激發你右腦的藝術才華。所謂的右腦教育，還沒有成功的具體證據(Hellige, 1990)。

　　單側優勢也有性別上的差異(Gur et al., 1982; Kitterle, 1991; Witelson, 1989)。例如，在語言上，男性的左腦優勢非常強，女性雖有左腦優勢，但左右腦的語言功能較為均衡。平均說來，女性較男性在語言上有更優越的表現（如用字遣詞的靈巧與言語的滔滔不絕），這在先天上與左右腦的高度分工與合作有關。說到先天，就聯想到後天。到底後天環境是否也影響大腦的單側優勢呢？女性在語言上有左右腦較為均衡的現象，是否有文化因素使然呢？如果你注意觀察親子的行為，你不難發現做父母的與其女兒有較多的交談，鼓勵女孩能言善道，卻要求男孩多做少說，要他們別「婆婆媽媽」的。

三、研究大腦的方法

　　大腦既然複雜，我們如何去瞭解它的結構與功能呢？到目前為止，對大腦的研究有下列四種途徑可循：臨床個案法、實驗介入法、電流記錄法、大腦映像法。

1. 臨床個案法

　　臨床個案法(clinical case studies)的特點是，被研究的對象是被診斷為已經受害的大腦，其傷害的來源可能是腦部重創（如車禍、重擊、槍傷）、腦瘤、疾病、毒物等。大腦受傷常引起語言、記憶、思考、動作、情緒、感覺或知覺等的逐漸或突然改變。例如，有人因礦場巨爆後腦部重創而有哭笑失控的困難；有人因大腦受槍傷而產生語言的困難；有人因腦腫瘤的增大而使其視覺逐漸惡化。使用此法，一旦發現大腦受傷與

行為異常相關聯，便對該部位的功能作進一步研究與證實。唯此法的缺點是：大腦受傷很難局限於某一部位；而且一部位受傷後，其功能常被其他相關部位所逐漸取代。

2.實驗介入法

實驗介入法(experimental interventions)特意地「介入」或「侵入」大腦，以察看介入後的心理與行為變化。介入的方式大體有三：損傷、用藥、電流刺激。損傷法(lesion)是以手術方式切除或燒毀大腦的某一部分；用藥法(drug)使大腦感受酒精、咖啡因、尼古丁、腎上腺素、性賀爾蒙等影響；電流刺激法(electrical stimulation)則以細小電極插入大腦的某一部位，並以微量電流對該部位予以刺激。使用實驗介入法多以動物為對象，以避免對個人造成無法彌補的傷害。如果必須研究高層的心智活動，如語言、思考、記憶、情緒等，則可採用較無傷害性的電流刺激法。

3.電流記錄法

醫院裡使用的腦電圖（Electroencephalogram，簡稱EEG）是典型的電流記錄的結果。大腦活動時的微弱電流，可藉置於頭顱上的幾個電極加以偵測、增強與記錄。記錄所得的腦波圖可以用來診斷個人是否興奮、抑鬱、輕鬆、入睡等。由於腦波圖是億萬神經活動時的綜合電流圖式，很難對大腦不同部位的功能與活動作精確的判斷。為補救此一缺點，我們可以將細小的電極植於神經細胞內，並將其電流系統地記錄下來。此種微電極法(microelectrode method)使我們對各種不同神經元的功能有更正確的瞭解。

4.大腦映像法

近年來，科學界設計一些可以直接透視大腦的儀器，以便「觀察」心理歷程中的大腦活動。除了使用普通的X光外，三種基本的大腦映像法(brain-imaging techniques)是CAT、MRI、PET。

CAT (Computerized Axial Tomography)是藉電腦強化的腦部X光掃描圖。使用此法時，X光機繞著大腦以每一弧度對著大腦照射一次，並由X光機隔著大腦正對面的儀器繪影，然後將拍攝成的360片腦部照片以電腦予以強化，最後繪製成一個立體的大腦掃描圖。這比X光一次拍攝所得的大腦影像要清晰得多。CAT常被用來偵測大腦血栓、腫瘤、腦疾、或腦部傷害。

MRI (Magnetic Resonance Imaging)與CAT在掃描的過程相類似，但它使用核磁共振而非X光。強力的磁場通過大腦各部位時產生各種能量變化，電腦將它們記錄並予以繪製成比CAT更為精細的立體腦部影像。有的MRI專門攝製靜態的大腦解剖圖，有的MRI可以測量大腦裡血氧的變化。後者可以用來「透視」個體進行視覺、運動、語言、注意、與記憶等活動時大腦各部活動的變化情形(Gabrieli et al., 1996; Tulving et al., 1994)。

PET (Positron Emission Tomography)是將大腦不同部位血糖的消耗量作為代表大腦活動的依據。使用此法時，將帶有放射性的血糖注入大腦內，然後要求個體進行特定的心智活動（例如計算、聽音樂、或閉目沈思等），此刻以儀器掃描大腦各部的用糖現象，並藉電腦繪製成大腦用糖掃描圖，以紅、橙、黃代表高活動區，並以紫、藍、綠代表低活動區。此法的最大優點是，它可以將個人大腦各部位的活動，以不同顏色「活生生地」呈現在電腦顯示器上。PET可以偵測大腦用糖的異常現象，因而常被用以區辨不同的心理異常症候(Resnick, 1992; Sibersweig et al., 1995)。從圖2-7可以看出，不同心理作業下的大腦用糖差異情形，已由PET清楚地顯示出來。

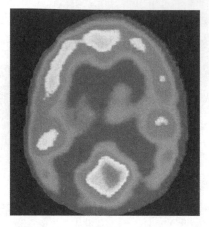
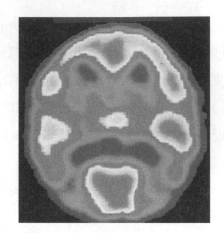

靜息　　　　　　　　　　聽音樂

圖2-7　不同心理作業下的大腦用糖差異情形
Permission granted by Dr. Michael E. Phelps & Dr. John
Mazziotta of UCLA School of Medicine.

　　記錄與掃描大腦結構與功能的技術仍然不斷地進步，它使科學的心理學能夠大步地向前邁進。然而，除了神經系統之外，內分泌腺在支配人類的行為上，也扮演非常重要的角色。

第四節　內分泌系統

　　內分泌系統(endocrine system)是一種化學性的通訊系統，由許多無管的內分泌腺組成，並由下視丘主導。所謂無管腺，是指由內分泌腺組織分泌的賀爾蒙（激素）直接進入血管，以便對另一特定內分泌腺或器官發生作用。人類的主要分泌腺有：腦垂腺、甲狀腺、副甲狀腺、胰腺、腎上腺、性腺等。

一、腦垂腺

　　腦垂腺(pituitary gland)又被稱為主腺(the master gland)，它控制所有的內分泌腺。它位於下視丘之下，由大量的神經元與它相聯結，這是神

經系統與內分泌系統相互溝通的最佳例證。腦垂腺分泌多種荷爾蒙，以支配其他內分泌腺，分別控制人體的生長與發育（過多導致巨人症，過少則引起侏儒症）、男女性腺的成熟、第二性徵（如乳房、陰毛）的發育、個體對情境的緊急反應等。

二、甲狀腺

甲狀腺(thyroid gland)位於喉嚨下端，分泌甲狀腺素(thyroxine)以維持個體的新陳代謝作用。它若過於高亢，則有體溫較高、身體瘦削、眼球突出、緊張與過敏的症候；它若失之於缺乏，則有身體發胖、四肢疲乏無力、反應遲鈍的現象。若甲狀腺素的缺乏發生在幼兒生長期，則易導致矮呆症(cretinism)，不僅發育遲滯，心智發展也有遲緩的現象。

三、副甲狀腺

副甲狀腺(parathyroid gland)是四顆小豆狀的腺體，分泌副甲狀腺素以調節體內的鈣質與磷質，以維持神經系統與肌肉的正常運作。

四、胰　腺

胰腺(pancreas)居於胃與十二指腸之間，分泌胰島素(insulin)以調節血糖的濃度。胰島素使葡萄糖分解而產生能源，若它長期分泌不足，則血糖不斷增高，導致糖尿病的症候。糖尿病使血液循環難以暢通，也導致有生命危險的高血壓。

五、腎上腺

左右兩個腎上腺(adrenal glands)分別位於兩個腎臟的頂端，其外層為皮質部，負責維持鈉離子與水份的平衡，其內部為髓質部，分泌腎上腺素(epinephrine)與正腎上腺素(norepinephrine)以調節情緒與身體的應變能力。

六、性　腺

　　性腺(gonads)分男女，男性為睪丸，女性為卵巢。**睪丸**(testes)分泌**睪丸素酮**(testosterone)，以促進生殖能力，激發性慾，並控制第二性徵的發育與成熟；**卵巢**(ovaries)分泌**女性賀爾蒙**(estrogen)，以促進生殖能力，並發展第二性徵。

第五節　行為遺傳學

　　事實上，神經系統與內分泌系統是人類經由長期演化、突變、遺傳的兩大通訊支柱。從遺傳學來看心理學，不僅可以瞭解「人類」行為的共同性，也可以解釋「個人」行為的差異性。**人類行為遺傳學**(human behavioral genetics)試圖結合心理學與遺傳學，以便給予人類行為的根源作最佳的敘述與解釋。如果說生理結構與功能受遺傳的影響，則心理的特質與其表現也應該受到遺傳的左右。然而，遺傳基因的編碼提供人類充分發展的「潛能」(Zimbardo & Gerrig, 1996)，而不是固定不變的「本能」。正因為如此，人類雖然生存在極其錯綜複雜的環境裡，依然能夠作最大的適應，以求適者生存(The survival of the fittest)。遺傳與環境的交互作用，使行為遺傳學的研究更顯得有意義。對人類而言，遺傳包括生理與心理兩方面，它也在演化的進程中扮演一個積極的角色。以下分別討論遺傳與基因，與行為遺傳的研究法。

一、遺傳與基因

　　個體「與生俱來」的生理與心理特質是來自父母的遺傳，而決定遺傳特質的最基本單位是基因(genes)。不論是男女，多數細胞核裡各有23對的**染色體**(chromosomes)。每一成對的染色體，一半來自父親，另一半

來自母親。這裡值得一提的是，細胞核裡的第23對染色體是男女不全相同的：男子是一個Y形配一個X形；女子是兩個X形成對的。既然代表男性的精子(sperm)裡有23個染色體（第23個染色體不是Y就是X），代表女性的卵子(ovum)裡也有23個染色體（第23個染色體都只有X），當幾百萬精子中的一個成功地進入卵子時，雙方的染色體立刻移向對方，美妙地與毫無差錯地相互配對成雙。這一配對，為一個新個體決定其未來的身心結構與功能——是男還是女？是濃眉大眼、聰明過人，還是……。不論如何，這裡有個重要的事實：子女的性別是由精子裡的第23個染色體決定的，因為只有精子帶有成為男子的Y形染色體。

那麼，染色體與基因是怎麼關聯的呢？染色體包括幾千個一連串螺旋狀的**去氧核糖核酸**（deoxyribonucleic acid，簡稱DNA）。**基因**(genes)提供指令，以製造個體生命所需蛋白質的每一節DNA螺旋。基因決定個體所有生理或心理特質的基礎：從頭髮的結構與顏色，面貌的長像，身材的高矮胖瘦，手掌的掌紋與指紋，腳趾的長短，以至於個人的心智潛能與情緒反應基本形式，都是由基因來決定。然而，人類基因的編碼是具有彈性的「潛能」，提供個體與環境交互作用時所需的**可塑性**(plasticity)，因而使**可遺傳性**(heritability)與實際上個體發展的結果產生了差異。 例如，營養不良、病毒、藥物、輻射塵等都可能改變個人的遺傳，使該胖的變瘦，該高的變矮，該聰明的變痴愚、該長壽的卻短了命。當然，營養治療、賀爾蒙療法、維他命的補充、保健器材的使用、運動與操練等也同樣地可以改變遺傳。因此研究人類行為遺傳學，離不開對環境影響的重視。

基因的作用也有強勢與弱勢之別， 我們稱強勢者為**顯性基因**(dominant genes)，稱弱勢者為**隱性基因**(recessive genes)。這個區別對瞭解個體的生長非常重要。例如，一對夫婦都是高個子，生了兩個孩子，結果一高一矮。這得有個交代或解釋才是。高個子是顯性，矮個子是隱性。個體內細胞的染色體是成對的，如果控制身高的一對基因都是顯性，則他必定是高個子；若控制身高的一對基因是一顯一隱，則他仍然是個高個

子，因為佔優勢的顯性會在生理特徵上彰顯出來。因此，如果上述夫婦的身高都是一顯一隱，雖然生理上都是高個子，一旦夫婦的隱性基因在同一個子女身上出現，則其子女便有成對的矮個子基因，也必然是個矮個子了。 我們若從顯隱性基因的配對看個體的遺傳組型稱為基因型(genotype)；我們若從生理特徵的表象看個體的遺傳組型稱為表象型(phe-notype)。避免誤認表象型為基因型對瞭解心理學（尤其是個體的生長與發展）有很大的幫助。

二、行為遺傳的研究法

研究遺傳的方法很多，但適用於行為方面的遺傳研究則比較有限。主要的行為遺傳研究法有三：選擇性交配、雙生子研究、家庭研究。

1.選擇性交配

此種研究法通常以動物為研究對象，一則環境的安排與控制較易，次則可以在短期內作多代累積的研究。 所謂選擇性交配(selective breed-ing)，是使在某一行為特質（如迷津學習能力）上具有同質者相互交配，經代代相傳後，觀察遺傳對該特質的影響。就以白鼠學習迷津為例，先以迷津學習的實際結果將白鼠分為高能力與低能力兩組，然後令同能力組內的白鼠相交配。如此多代重覆，若兩組能力的差異愈來愈懸殊，則證明遺傳對迷津學習的影響。

2.雙生子研究

對人類行為的遺傳研究比較具有成就的首推雙生子研究。雙生子研究(twin studies)以具有相同（或近似）遺傳基礎的雙生子作研究對象，同時觀察其生長環境的異同或變化,並估計遺傳與環境對行為的相對影響。雙生有同卵雙生與異卵雙生之別。 同卵雙生(identical twins)是兩個個體由同一個受精卵分裂而成；異卵雙生(fraternal twins)是兩個個體由兩個卵子個別受精而成。可見，同卵雙生子因基因完全相同，因而有同樣的遺

傳基礎；異卵雙生子的基因雖然來自同一父母，但由不同精子與卵子相結合，其基因是相似而不相同。

　　生長在同一家庭中的同卵雙生子，他們不僅身材、面貌、舉止雷同，有些父母還把他們打扮得一模一樣，真令人難以區辨他們，不禁令人讚嘆遺傳力量之大。如果同卵雙生子分別於兩個不同的家庭環境中長大成人，其結果又是如何呢？根據研究(Bouchard et al., 1990; Pedersen et al., 1988)，分別在不同環境中長大的雙生子之間的身心屬性（如身材、嗜好、能力、人格、甚至恐懼等），屬於同卵雙生者比屬於異卵雙生者更為相似。即使如此，不同環境畢竟使雙生子的行為有了變化與差異，這不能不歸功於環境的影響力。然而，許多雙生子在不同家庭中成長是由於領養所致。比較雙生子在親生父母(biological parents)與領養父母(adoptive parents)之下的行為差異必須謹慎，因為領養家庭必須符合許多領養的規定，因而其環境常較一般原有家庭為優。

3. 家庭研究

　　另外一種行為遺傳的研究是以家庭血緣為主要考量因素。一個家庭包括兩個特殊的個體成長與發展因素：血緣相近的遺傳因素與相當同質性的環境因素。家庭研究法(family studies)試圖從血緣的近疏關係解釋某些行為特質的多寡。換言之，血緣愈近（如親子關係）則其行為特質也應該愈相似；血緣愈遠（如表兄弟關係）則其行為特質也應該愈不同。如果某孩童動輒生氣打人，有個可能的解釋是「他家裡的人都有那種脾氣」。從血緣觀點看，那種打人的脾氣是遺傳的，否則為什麼都採取那種行為表達方式。許多醫學上的發現，如心臟病、糖尿病、高血壓、精神病、肥胖症等與血緣關係密切，使以血緣為主的家庭研究法受到很大的支持。但是，家庭成員在行為上的相似性也與家庭的同質環境有關。人類是善於仿效的靈長類，同一家庭環境給予其成員提供了日以繼夜的「上仿下效」的機會。「模仿」歷程及其結果解釋了不少人類行為的相似性，可見以血緣作為決定行為相似性的唯一因素並不妥當。由於遺傳與環境

相互作用，因此動輒生氣打人的脾氣，應該是家庭遺傳與家庭環境的互動結果吧！

本章內容摘要

1. 神經元是神經系統最基本的單位；神經是由許多神經元聚集而成；神經系統則是由許多神經所組成的。神經元因功能的不同而有感覺神經元、運動神經元、聯結神經元三類。一神經元包括樹狀突、細胞體、軸突、終端釦四部分。

2. 神經衝動的引發是根據全有或全無的原則。神經衝動從樹狀突經過細胞體、軸突而抵達終端釦，終端釦便釋出神經傳導物至神經元之間的觸處，將神經衝動傳遞至其他神經元。引進興奮的神經傳導物稱為催促者，抑制興奮的神經傳導物稱為對抗者。主要的神經傳導物有醋膽素、正腎上腺素、多巴胺酸、血清緊素、珈瑪胺基丁酸、腦啡、三燐酸腺酸每等。神經傳導物的缺乏與情緒、動作的異常有關。

3. 神經系統含中央與周圍兩大神經系統。中央神經系統包括腦部與脊髓；周圍神經系統包括軀體神經系統與自主神經系統。

4. 脊髓一端與延髓相連接，另一邊與周圍神經系統相接觸。它的主要功能是：一是作為腦部與周圍神經之間的唯一通道；一是作為脊髓反射的中樞，將感覺神經衝動經由聯結神經並交給運動神經作快速的反射動作。脊髓的創傷可能引起半身或全身癱瘓。

5. 腦部可劃分為後腦、中腦、前腦三部分。後腦負責維持個體生命的基本活動：其延腦主控呼吸、消化、心跳等；其腦橋關係個體的睡眠與覺醒；其小腦負責協調橫紋肌的活動。中腦的主要功能是溝通前腦與後腦，並主控視覺與聽覺的肌肉運作，其網狀組織負責控制個體的意識狀態，如睡眠、注意、或覺醒。在前腦，視丘是腦部訊息的轉運站；

下視丘負責動機與情緒的維持，如調節體溫、規律飲食、控制與滿足性慾、調控攻擊行為、並且影響內分泌；邊緣系統負責維持情緒、飲食、攻擊、記憶、生殖等生存本能，其扁桃體在被刺激時引起憤怒或攻擊行為，其中隔被刺激時個體的憤怒情緒反應開始減弱，其海馬與長期記憶的形成有關。

6. 軀體神經系統與脊髓及腦部相連接，將感受器引發的神經衝動傳遞至中樞神經系統，並將中樞神經系統所作的反應，藉操控肌肉活動以進行適當的反應或運動。

7. 自主神經系統控制內臟肌肉的活動，以維持個體的新陳代謝作用。主控自主神經系統的腦部組織是下視丘。主神經系統包括相抗衡的交感神經系統與副交感神經系統。交感神經系統的主要功能是分解作用，將身體儲存的養分化成熱能以供身體使用，當個體遭遇壓力或緊急情況時，動員個體以便作必要的應對反應；副交感神經系統的主要功能是組成作用，自空氣、水、與食物中吸取與儲存必備的能源，使原來被激起而「備戰」的身體狀況逐漸趨於平靜，減低熱能的耗損，並開始補充被消耗的能量。

8. 大腦皮質可區分為額葉、頂葉、顳葉、枕葉四部分：額葉主掌抽象思考與運動；頂葉負責皮膚與肌肉的感覺歷程；顳葉管理聽覺的協調；枕葉專司視覺的統整。

9. 大腦中主管語言的主要區域有布洛卡區與威尼克區：布洛卡區與說話的能力有關；威尼克區與語言的解碼與詮釋有關。因此，布洛卡失語症患者無法說出想說的話；威尼克失語症患者能順暢地說出一大堆話，但不知自己在說什麼。

10. 大腦有左半球與右半球之分：左半球控制右半身，右半球控制左半身，兩半球經由胼胝體彼此相互溝通。腦分割後的心理研究顯示：左腦主管語言、數理邏輯、分析性問題解決、正情緒反應；右腦則主管非語言的空間知覺、藝術、整體性問題解決、負情緒反應。這是兩個半腦的非對稱性，也突顯其單側優勢性。

11.大腦的研究方法有四：臨床個案法將已經受傷的大腦與行為的異常相關聯，對受傷部位的功能作進一步研究與證實；實驗介入法使用損傷、用藥、電流刺激等方式介入大腦，以察看介入後的心理與行為變化；電流記錄法有以電流記錄大腦活動的腦電圖，或將細小的電極植於神經細胞內以記錄其電流；大腦映像法包括CAT（X光掃描）、MRI（核磁共振掃描）、PET（大腦用糖掃描）。

12.內分泌系統是一種化學性的通訊系統：腦垂腺控制所有的內分泌腺；甲狀腺分泌甲狀腺素以維持個體的新陳代謝作用；副甲狀腺分泌副甲狀腺素以調節體內的鈣質與磷質，以維持神經系統與肌肉的正常運作；胰腺分泌胰島素以調節血糖的濃度；腎上腺的外層為皮質部，負責維持鈉離子與水份的平衡，其內部為髓質部，分泌腎上腺素與正腎上腺素以調節情緒與身體的應變能力；性腺分男女，男性的睪丸分泌睪丸素酮，以促進生殖能力，激發性慾，並控制第二性徵的發育與成熟，女性的卵巢分泌女性賀爾蒙，以促進生殖能力並發展第二性徵。

13.人類行為遺傳學試圖結合心理學與遺傳學，以便給予人類行為的根源作最佳的敘述與解釋。染色體中的基因決定個體所有生理或心理特質的基礎，但基因的編碼是具有彈性的潛能，它提供個體與環境交互作用時所需的可塑性。基因的作用屬於強勢者為顯性基因，屬於弱勢者為隱性基因。從顯隱性基因的配對看個體的遺傳組型稱為基因型；從生理特徵的表象看個體的遺傳組型稱為表象型。

14.行為遺傳的研究方法中：選擇性交配是使某一行為特質上具有同質者相互交配，經代代相傳後，觀察遺傳對該特質的影響；雙生子研究以具有相同遺傳基礎的雙生子作研究對象，同時觀察其生長環境的異同或變化，並估計遺傳與環境對行為的相對影響；家庭研究從血緣的近疏關係來解釋某些行為特質的多寡。

第三章
感覺歷程

　　環繞在我們周遭的是大量的光波、音波、化學物、壓力、溫度等物理世界。幸好大自然有個巧妙的安排：讓我們以看、聽、嗅、舔、觸摸、運動、平衡等不同方式去感覺這些外界刺激；也令我們的大腦以選擇、組織、解釋等過程去瞭解被感知的外界刺激的意義。事實上這是兩個緊密地相互關聯的歷程：前者稱為感覺(sensation)，後者稱為知覺(perception)。

　　為了能夠充分地感覺外界的刺激，大自然賦予我們各種精巧的感官，如眼、耳、鼻、舌、皮膚等。足以引起反應的外界物理刺激被感官接納後，就轉換成由生理系統傳遞的神經訊息，訊息傳導至大腦後便組合成代表外界事物的心像(representations)，這一「由下而上」的處理(bottom-up processing)是典型的感覺歷程。然而，大腦以其選擇、組織、解釋、預測的能力，將大量湧進大腦的事物心像統合成有組織、有意義的整體，這個「由上而下」的處理(top-down processing)便是典型的知覺歷程。這兩個歷程是相互關聯、相互交織的，並不是刻板地感覺在先，知覺在後。固然感覺可以觸發知覺，但多數感覺是應知覺的主動需求而獲取的。例如，聽到鈴聲，知道有人來電話，這是感覺引發知覺；預期即將有人來電話，便時刻準備聽鈴聲，這是知覺引導感覺。

　　有了感覺是否一定會有知覺呢？答案是：不一定。假如有人左腦受傷，或腦分割後左右腦失去連繫，則由左手摸索而有所「覺」得的湯匙，左腦則「不知」它是什麼。這是屬於生理層面的失衡。假如有個俄國人向我問話，我清楚地「聽」到他說的話，但我「不

知」他在問什麼。這是屬於心理層面的缺乏經驗。反過來說，是否有「無感知覺」呢？知覺是感覺經驗系統地累積而成的，因此沒有感覺作基礎的知覺常是不實在的。對於一出生便失明的人來說，色彩知覺是不存在的；對於一出生便失聰的人來說，音響知覺是與他無緣的。有一專門研究無感知覺經驗的「超感知覺」是屬於「心靈學」範圍，將於第五章內探討。本章將集中討論感覺的基本歷程，以回答下面的問題：

- 感覺的通性是什麼？
- 視覺刺激有哪些屬性？視覺感官如何結構與傳訊？大腦如何處理視覺訊息？影響視覺銳敏度的因素是什麼？有哪些彩色理論？
- 聽覺刺激有哪些屬性？聽覺感官如何結構與傳訊？有哪些聽覺理論？
- 嗅覺與味覺的基本生理結構是什麼？它們如何傳訊？
- 膚覺包括哪些感覺歷程？它們如何傳訊？如何處理痛的問題？
- 人類如何感覺個體的運動與平衡？

第一節　感覺的通性

　　心理學剛踏進科學領域時，多數研究集中於個體如何感知外界的物理刺激，這類研究被稱為**心理物理學**(psychophysics)。心理物理學家希望從實驗中歸納出「物理刺激」與「感官反應」之間的恆常法則或定律。引起感官反應的主要物理刺激屬性是刺激能量的強度及其變化。能被個體感受到的最低刺激強度，稱為閾(threshold)。本節將討論絕對閾、閾下刺激、差異閾、感覺的適應。

一、絕對閾

　　絕對閾(absolute threshold)是適足以引起感官反應的單一刺激能量的強度。由於感官的敏銳度不是恆等不變的，因此絕對閾的決定要經過多次的嘗試。刺激的某一強度適足以引起個體感應達50%的正確判斷率者，便是該刺激的絕對閾。請看下列不同感覺的絕對閾(Galanter, 1962)：

　　　　視覺──在晴朗的黑夜裡可以看見30英里外的燭光

　　　　聽覺──在靜室裡可聽到20英尺外手錶的「滴答」聲

　　　　味覺──可以舔出溶解在2加侖水中的一茶匙白糖

　　　　嗅覺──在三個房間大的公寓裡可以聞出一滴的香水

　　　　觸覺──可以感覺到從一公分高落在面頰上的蜜蜂翅膀

　　絕對閾不只是科學上的重要發現，它有廣泛的應用價值。許多飛航事故的發生是飛行員沒有感覺「問題」的存在，如沒注意到儀表上所標示的飛行高度，沒看到前面的高山，或沒察覺到油量已用光。改善飛行安全警告系統，可使警報訊息超越其絕對閾，以達到有效的警惕作用。在醫學上，有些醫師在診斷時失察X光照片上的病原。改善照片上的顯像能力，如使用電腦以強化焦點影像，則醫師偵測病原的能力可以大大地提高。

　　絕對閾並不是單純的一個生理系統（如視覺）對一種物理刺激（如光波）的反應，它既受個人的預期、動機、性格等「心理因素」的影響，也受該物理刺激以外的其他「背景刺激」影響。我們通稱前者為個人的**偏見**(bias)，通稱後者為背景的**雜音**(noise)。因此，現代心理物理學的研究，不僅試圖控制物理刺激的屬性，也分析個人心理屬性所扮演的角色。在這方面比較有突出成果的是**信號偵測論**(signal detection theory)的建立。此一理論肯定心理因素在判斷刺激存在與否時所扮演的角色(Greig, 1990; Swets, 1992)。根據信號偵測論，在測量絕對閾時，有下列四種反

應的可能:

中的(hit): 刺激信號出現, 受試者果然確認它

失誤(miss): 刺激信號出現, 受試者未覺察它

誤警(false alarm): 刺激信號未出現, 受試者反而指認它的呈現

正確拒絕(correct reject): 刺激信號未出現, 受試者也未覺察它

　　最合乎理想的偵測反應是: 最大比率的「中的」與「正確拒絕」, 沒有「失誤」或「誤警」的存在。然而, 事實並非如此。誤警與失誤可能導致嚴重的後果。試想, 如果張三很健康, 醫師卻說他有癌症須開刀 (誤警); 李四有癌症必須立即開刀, 醫師卻說他健康良好 (失誤)。這種醫學上的誤診後果都很嚴重, 尤其是失誤。再舉一個更嚴重的可能: 如果敵方的飛彈已朝我方飛來, 它已呈現在我方的偵空雷達上, 但偵察員卻沒能及時偵測出來, 因此全民竟毫無戒備。無論如何, 個人對信號的預期程度, 對偵測信號的態度與動機強度, 以及個人的決斷風格等, 都可能影響信號偵測的正確性。

二、閾下刺激

　　既然引起感覺需要絕對閾, 那麼低於絕對閾的「微弱」刺激, 雖然不足以引起感官的反應, 是否對個體有潛在的影響呢? 換言之, 是否下意識能感知閾下刺激的存在呢? 閾下刺激(subliminal stimulation)是未達50%的偵測率的刺激強度。有一研究(Krosnick et al., 1992), 對受試者快速閃示令人快慰或令人不快的閾下刺激圖片 (受試者都說沒看見圖片內容), 受試者對後來九張照片的面孔情緒的評定, 竟然受到先前閃示圖片內容的影響。根據另一有趣的研究(Murphy & Zajonc, 1993), 受試者接受快速閃示微笑或不悅的照片, 雖都說沒看到內容, 但被閃示笑容照片者對「中文字」有較佳的評語。可能的解釋是: 微弱的刺激引起微弱的感應, 但未在意識層面上感到刺激的存在(Myers, 1999)。

　　不少工商界企圖利用閾下刺激的可能功效，乃設計出各種帶有遊說顧客選購他們產品的閾下刺激訊息，在電視廣告畫面出現時播放。由於刺激微弱而不為意識所感知，他們期望觀眾在「不知不覺」之中接受其訊息，並成為「上當」的顧客。也有一些以商為懷的「心理治療師」，設計閾下刺激的自我治療卡帶或磁碟（將治療訊息隱含於音樂或講詞裡），希望顧客因使用它們而建立其自信心或進取心。其結果如何呢？到目前為止，所有的嘗試尚未獲得科學研究的支持。或許閾下刺激的功效是簡易而短暫的，工商所欲達成的心理或行為的改變可能是複雜與長期的。

三、差異閾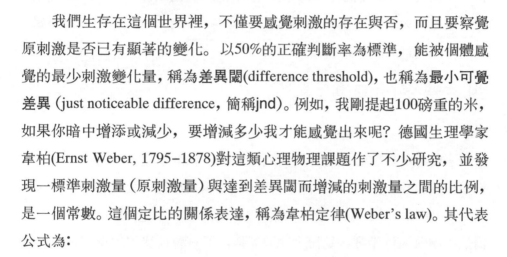

　　我們生存在這個世界裡，不僅要感覺刺激的存在與否，而且要察覺原刺激是否已有顯著的變化。以50%的正確判斷率為標準，能被個體感覺的最少刺激變化量，稱為**差異閾**(difference threshold)，也稱為**最小可覺差異**(just noticeable difference，簡稱jnd)。例如，我剛提起100磅重的米，如果你暗中增添或減少，要增減多少我才能感覺出來呢？德國生理學家韋柏(Ernst Weber, 1795–1878)對這類心理物理課題作了不少研究，並發現一標準刺激量（原刺激量）與達到差異閾而增減的刺激量之間的比例，是一個常數。這個定比的關係表達，稱為韋柏定律(Weber's law)。其代表公式為：

$$\frac{\Delta I}{I} = K$$

　　　　ΔI: 差異閾

　　　　I: 標準刺激強度

　　　　K: 常數值

　　根據韋柏定律，若標準刺激量為100磅，當加或減2磅重時，個體開始感到重量的變化，因此重量的韋柏常數K為：

$$K = \frac{2}{100} = 0.02$$

以下是不同感覺的韋柏常數：

電擊=0.01　音量=0.05　重量=0.02　嗅覺=0.05

長度=0.03　亮度=0.08　指觸=0.04　味覺=0.2

　　從上列常數值我們可以看出，人類對電擊變化有敏感的反應，對味覺變化有遲鈍反應。但須注意，差異閾是根據標準刺激（即原刺激）的強度決定的比例值，而不是絕對值。例如，100磅的原來刺激重量產生2磅的差異閾；一萬磅的原來刺激重量便產生200磅的差異閾。人類感覺的差異閾有很大的個別差異。例如：有人善調音，有人卻唱歌走音而不覺；有人善品酒，有人好酒劣酒分不出。

四、感覺的適應

　　同一個體對同一外來刺激的感覺並非一成不變的,若刺激持續呈現,對同一刺激的感官敏銳度會開始逐漸下降，甚至不覺刺激的存在。這種刺激持續呈現,感覺因而逐漸下降的現象,稱為**感覺的適應**(sensory adaptation)。例如，一進入喧鬧的市場，立刻感到喧囂不堪，片刻以後便不以為然；剛跳入泳池裡，覺得水冷而顫抖，不一會便覺得水溫適宜。感覺適應之後，欲維持原有的感覺水平，則需提高原刺激的強度，也就是提高絕對閾。感覺的適應是個體處理環境刺激的重要措施：一則新刺激在感覺上逐漸鈍化，使許多新刺激很快地變成舊刺激，個體便不致於對新刺激保持高度的反應狀態而疲憊不堪；次則感官對原刺激的減敏，使個體轉移其注意力到其他刺激上，亦使新奇或重要刺激有被感知的機會。這裡我們得到一個重要的啟示：我們所感知的世界，是對我們有用而被感知的世界，不是代表刺激本身的物理世界。

　　儘管感覺的適應有其必要，然而現代的許多職業，要求個體對同一持續呈現的刺激保持高度的警覺。例如，飛行管制塔的管制員或自動化

裝配廠的品管員，對呈現在眼前的持續刺激，必須長期保持高度的警覺性；既不能誤警，又不該失誤，因此他們必須時刻設法克服感覺的適應所帶來的感覺鈍化現象。在美國，許多百貨店每三、五年便把商品的擺設與裝飾完全更新，就是為了防止顧客對同一擺設與佈置逛多了因而「視而不見」。這是心理學原理應用在銷售活動的典型實例。

第二節　視覺歷程

　　人類有多種感官，以便協同地去感知、應付、控制環境。人類使用視覺與聽覺的時間與機會多，它們佔據了絕大多數的大腦活動，也統御了其他的感覺歷程，因而在此為它們分節介紹。

　　「刺激」與「感官」是引起感覺的兩大要素；同樣地，「光」與「眼睛」是產生視覺的兩大支柱，缺一不可。本節將依次介紹與視覺有關的光波的屬性、眼球的結構與功能、大腦的視覺功能、視覺的敏銳度、影響視覺的情境因素、彩色視覺歷程與理論。

一、光波的屬性

　　我們看得見環境的人、事、物，是因為「光」的存在。光(light)是一種波(wave)，因此我們常用「光波」一詞以突顯其物理屬性。人類能以肉眼看見的光波是電磁譜(electromagnetic spectrum)中波長介於380nm至760nm之間者（見圖3-1）。nm是nanometer的簡寫，是計量光波波長的單位，等於十億分之一公尺長。肉眼所不能看見的電磁波有：波長短於380 nm的紫外線、X光、珈瑪線、宇宙光等，與波長超過760nm的紅外線、微波、電視波、收音機波段、交流電波等。許多昆蟲可以看見紫外線；許多魚、蛇可以看見紅外線。

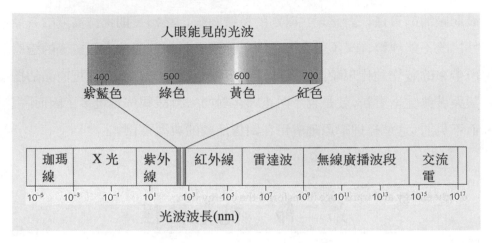

人眼能見的光波

紫藍色　綠色　黃色　紅色

珈瑪線	X 光	紫外線	紅外線	雷達波	無線廣播波段	交流電

光波波長(nm)

圖3-1　電磁光譜與可見光譜

　　光波有三種與視覺有關的屬性：決定彩色的波長，決定亮度的波幅，與決定飽和度的光波純度。因此波長、波幅、純度是物理屬性；彩色、亮度、飽和度則是心理屬性。圖3-2是波長與波幅的側面說明圖。**波長**(wave length)代表兩波峰之間的距離(以nm作單位)；肉眼可見的光譜中，從380nm起為紫藍色，480nm為綠色，580nm為黃色，660nm為橘色，至760nm為紅色。　波幅(amplitude)代表由波峰至波谷之間的垂直距離或高度；波幅愈高則愈明亮，波幅愈矮小則愈陰暗。飽和度(saturation)代表光波是否單一光波或混合光波。單一光波飽和度高，它激起單純色澤的彩色；混合光波飽和度低，其色澤代表不同彩色的組合。

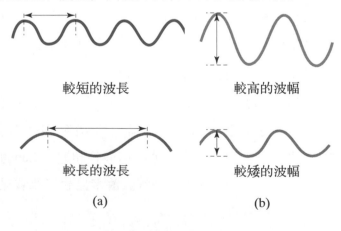

較短的波長　　　　　　較高的波幅

較長的波長　　　　　　較矮的波幅

(a)　　　　　　　　　　(b)

圖3-2　波長(a)與波幅(b)

　　產生視覺的光有兩個來源：一個來自**發光體**，如太陽、電燈、火焰、螢火蟲等；一個來自**反射體**，如人體、牆壁、桌椅、樹林、花草、土石、紙張等。若沒有發光體所發射出來的光，就不會有反射的光，然而引起視覺的光波大多來自反射體，因為我們很少直視由發光體發射出來的光線本身。物體對光的反射在視覺上產生三個屬性：彩色、亮度、飽和度。一朵鮮艷的紅玫瑰，代表了這三個屬性。這朵玫瑰的花瓣把紅色光波反射出來，把其餘的光波吸收進去，因此它僅呈紅色；它的表面不是平滑的，因此它反射出的光柔和而不刺眼；它反射出來的紅是「純」的，沒有其他波段的光夾雜其間，因此是十足飽和的。若你看一張紙是白色的，那是它把所有可見的光波全部反射出來之故。

二、眼睛的結構與功能

　　眼睛形如球狀，因而常以眼球或眼珠稱之。如圖3-3所示，眼睛的結構若依光波通過感官的順序來看，有角膜→瞳孔→水晶體→玻璃狀液→網膜→視神經。**角膜**(cornea)是眼球的透明外膜，它維持適當的弧度，使光波精確地聚集在眼球裡。**瞳孔**(pupil)是**虹膜**(iris)中央的圓孔，它隨外界光線的明暗而縮小或放大，以便調節眼裡物像的光度。**水晶體**(lens)如同照相機的鏡片，但它可以改變弧度使物像清楚地落在網膜上。**玻璃狀液**(vitreous humor)是一種膠狀透明液體，它負責維持眼球內部的正常眼壓。**網膜**(retina)是眼球內的底層，包括數以億計的負責感應光波的錐狀細胞與桿狀細胞與層層的神經元。

　　在網膜裡，**錐狀細胞**(cones)是「彩色」接納器，集中在稱為**中央窩**(fovea)的網膜中央區。由於彩色來自不同波長的光波，因此不同的錐狀細胞分別接納不同的波長；**桿狀細胞**(rods)則是「黑白」接納器，分佈在中央窩以外的區域。當光線微弱或昏暗時，錐狀細胞失去其感應彩色的功效，瞳孔因而放大，使光線能被中央窩以外的大量桿狀細胞所感應。

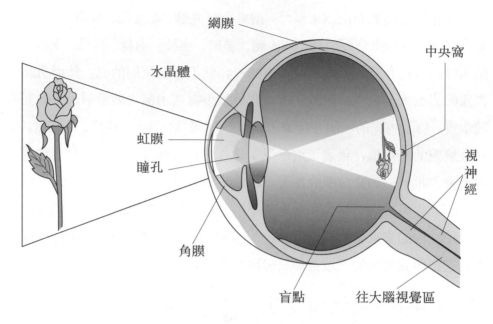

網膜

水晶體

中央窩

虹膜

瞳孔

視神經

角膜

盲點

往大腦視覺區

圖3-3　眼睛結構圖

　　既然每個錐狀細胞或桿狀細胞個別對不同光波波段作反應，那麼六百萬錐狀細胞與一億二千萬的桿狀細胞如何將其神經衝動「拼成」整體的物像呢？依圖3-4所示，在錐狀細胞或桿狀細胞之後有一層稱為**兩極細胞**(bipolar cells)的大量神經元，將彼此鄰近的錐狀或桿狀細胞聯結起來；在兩極細胞之後又有另一層稱為**神經節細胞**(ganglion cells)的大量神經元，把鄰近的兩極細胞聯結起來。如此，個別錐狀或桿狀細胞所引起的神經衝動，都能迅速地匯集成有意義的視覺物像。由約一百萬神經節細胞聚集而成的**視神經**(optic nerve)，如同電纜一樣，從網膜的一處離開眼睛，往視丘延伸，再進入大腦的視覺區。網膜上的這一處，被視神經所佔據，既沒有錐狀細胞也沒有桿狀細胞，因而無法接納光波，乃稱為**盲點**(blind spot)。一時落在盲點上的物像是視覺所未及的，但是我們的眼睛時刻在作微細的「顫動」，原來在盲點上的物像也被移動到附近的網膜上，立即受到錐狀細胞或桿狀細胞的感應。

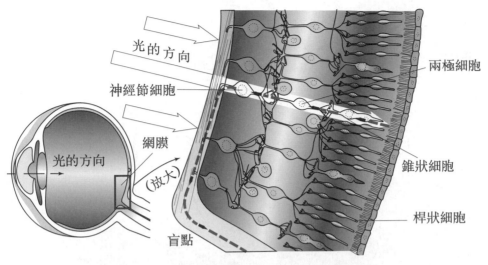

光的方向

神經節細胞

網膜

光的方向

（放大）

盲點

兩極細胞

錐狀細胞

桿狀細胞

圖3-4　網膜的錐狀細胞、桿狀細胞、視神經

三、大腦的視覺功能

　　視覺訊息到了大腦是如何被處理的呢？一如圖3-5所示，左右兩個眼球的視神經離開網膜後在腦垂腺前方的**視徑交叉**(optic chiasm)處相交錯（但未相互整合），使左半視野上的物像進入右腦，並使右半視野上的物像進入左腦。　隨後，　左右視野的物像便在視丘左右側的**側膝核**(lateral geniculate nucleus)作必要的整合，然後分別進入大腦的**視覺區**(visual cortex)。

　　視覺區專司視覺訊息的統整(Zeki, 1992)。例如，網膜上的倒立物像在視覺區便恢復其原來的直立狀態。根據諾貝爾獎得主胡貝爾與魏塞爾二氏的單細胞研究(Hubel, 1988; Hubel & Wiesel, 1979)，在視覺區裡有簡單細胞、複雜細胞、超複雜細胞等三種**特徵偵察者**(feature detectors)的神經元。各有專責的**簡單細胞**(simple cells)對直線、橫線、不同角度的斜線等作反應；**複雜細胞**(complex cells)接受簡單細胞傳來的訊息，並對它們在構成一物像的特別位置（如上下邊、中點、左右側等）予以處理；**超複雜細胞**(hypercomplex cells)接受來自複雜細胞的訊息，並負責處理整體組型的各種物像。

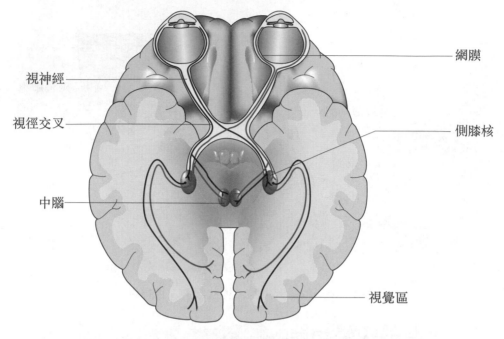

網膜

視神經

視徑交叉

側膝核

中腦

視覺區

圖3-5　視神經的途徑

　　後來的持續研究，發現視覺區另有專司下列不同視覺經驗的神經元：面貌(Bayliss et al., 1985)、上下運動(Logothetis & Schall, 1989)、目標核心、向心圈、螺紋(Gallant et al., 1993)、星狀物(Sary et al., 1993)等。預料科學家會在一億神經元之中發現更多的專責特徵偵察者，因為我們的視覺功能太微妙了。

四、視覺敏銳度

　　視覺敏銳度(visual acuity)是使用視力以辨識物體細節的能力。影響視覺敏銳度的主要因素有三：光線的強度、眼球的形狀、水晶體的伸縮能力。在正常亮度之下，物體反射的光波使網膜中央窩的錐狀細胞能充分感應。可是，若環境昏暗或燈光不足，專司色彩感應的錐狀細胞便有困難辨認物體的細節。為補救中央窩視覺敏銳度的不足，或者眼睛的瞳孔放大，使更多的光線進入，或者調整眼睛的視角，使物像投射在對微弱光線敏感的桿狀細胞眾多的網膜上（你在昏暗中常側視物體，便是這個道理）。

　　理想的眼球形狀，是令物像的焦點正落在網膜上。果如此，則視覺有良好的敏銳度。然而由於遺傳，許多人的眼球不是過度突出便是過於扁平。突出的眼球，其水晶體與網膜之間的距離過長，物像的焦點落在網膜之前，視覺就模糊不清，這是典型的**近視眼**(nearsightedness, or myopia)；扁平的眼球，其水晶體與網膜之間的距離過短，物像的焦點只好落在網膜之後，視覺就顯得模糊不清，這是典型的**遠視眼**(farsightedness, or hyperopia)。為了使物像的焦點正落在網膜上，有兩種適應方式：一則近視眼者只好把物體移近眼睛，遠視眼者則應使物體遠離眼睛；一則為近視眼者配帶凹片矯正眼鏡，遠視眼者則配帶凸片矯正眼鏡。另一種視覺問題稱為**散光**或**亂視**(astigmatism)，這是由於角膜弧度不勻稱，因此物像的焦點不能均勻地落在網膜上，有些地方清楚，有些地方模糊。散光者應配戴矯正眼鏡，使模糊的部分變成清楚。

　　視力正常的人，當眼前的東西向前或向後移動時，水晶體能適當地調節其厚度，使物像的焦點時刻落在網膜上，以維持視覺的敏銳度。然而許多人，尤其是四、五十歲者，其水晶體逐漸老化而缺乏伸縮性，眼睛成為**老花眼**(presbyopia)。我們經常見到閱讀書報的老花眼者，常拉大眼睛與書報的距離，以便補償水晶體失去的彈性。

五、影響視覺的情境因素

　　視覺經驗的屬性並非絕對的，它常受情境因素的影響。我們在此討論兩種情境因素：時間上先後的明暗變化與空間上相鄰的明暗或色彩對比。

1.視覺適應

　　當我們從明亮的室外走進昏暗的電影院時，覺得一片漆黑，什麼也看不見，等到二、三十分鐘之後，我們開始看見許多觀眾的面孔。這種由亮至暗的變化中，網膜上錐狀細胞與桿狀細胞的敏感度逐漸提升的現象，稱為**暗適應**(dark adaptation)。當我們看完電影後從昏暗的電影院回

到明亮的室外時，反而覺得亮光刺目，一片白茫茫的。待我們閉目稍候之後，雙眼在黑暗中所提高的敏感度逐漸下降，我們又可以恢復在正常亮光下的視覺能力。這種由暗而亮的變化中，網膜上錐狀細胞與桿狀細胞的敏感度逐漸下降的現象，稱為**亮適應**(light adaptation)。

2.對比效應

另一個支持視覺經驗相對性的例子是**對比**(contrast)。 一張白紙與一張黑紙並排的結果，白的顯得更白，黑的顯得更黑。黑白是如此，彩色也是如此。紅與綠是兩個互補的顏色，並排的結果，紅者更紅，綠者更綠。因此，物體的亮度與彩色視覺，受先前亮度與彩色的影響，亦受鄰近亮度與彩色的影響。

六、彩色視覺歷程與理論

前面提過， 彩色的基本特質是由光波的波長決定的， 如380nm的紫色至約760nm的紅色。 然而眼睛網膜上的錐狀細胞是如何識別與處理從紫到紅的七百萬個不同顏色呢？事實上， 網膜上只有三種錐狀細胞分別處理**紅**、**綠**、**藍**三個彩色， 其餘的彩色是由這三色中的二色作不同的組合而形成的。例如， 網膜上並沒有感應黃色的錐狀細胞，當專司紅色與綠色的錐狀細胞同時被刺激時，我們便「看見」黃色。若紅、綠、藍三種錐狀細胞同時被刺激時，我們所見的是白色。至於複雜彩色視覺的重大任務便由大腦視覺區來處理。

有些人，尤其是男性，有**色盲**(color blindness)的彩色視覺缺陷，這與負責性別遺傳的染色體有關。在不同的彩色視覺缺陷之中，主要的色盲是紅綠色盲，也有少數的黃藍色盲，還有極少數的全色盲。紅綠色盲者把紅色或綠色都看成黃色，因此紅綠不辨；黃藍色盲者把黃色與藍色看作灰色，因而黃藍不辨；全色盲者則只有黑白視覺。對紅綠色盲有一種直接的解釋， 亦即患者負責感應紅色與綠色的錐狀細胞有缺陷(Nathans et al., 1989)。

解釋彩色視覺與色盲的主要理論有三色論與相對歷程論。我們將分別予以解釋，並嘗試綜合兩個看法。

1.三色論

三色論(trichromatic theory)是十九世紀時， 由德國生理學家楊格(Young, 1802)與赫姆霍茲(Helmholtz, 1852)所提出。他們一致認為，人類的眼睛有感應紅、藍、綠三原色(three primary colors)的接納細胞， 其餘的彩色是由此三原色分別混合衍生而成的。這個理論，後來經由紀錄個別錐狀細胞對不同波長光波的反應而獲得證實(Schnapf et al., 1987)。 如果你注意彩色電視機上的畫面，你會發現它是由密集的三原色點子所構成的。然而，三色論對一些視覺現象難以給予令人滿意的解釋。例如，為何紅色光與綠色光相混合時產生黃色光？有紅綠色盲者所看到的黃色由何而來？為什麼正視紅色紙片卅秒後移視白牆時，竟然短暫地看到綠色紙片。

2.相對處理論

德國生理學家赫林(Hering, 1878)對三色論並不滿意，他試圖對三色論難以解釋的上述一類問題提出解答。首先，根據他的觀察，他認為黃色本身是一種原色，不是由紅綠混合而衍生的。其次，他發現紅與綠，黃與藍，黑與白相互引起負後像，可見它們是互補的或相對的顏色，因此他提出視覺的相對處理論(opponent-process theory)。根據這個理論，一接納細胞對光波的反應是以相對彩色呈現的，亦即「非紅即綠」或「非綠即紅」(Shapley, 1990)，沒有帶紅之綠或帶綠之紅的顏色。同理，接納細胞對黃藍的反應或對黑白的反應也都是相對的。

相對處理論對負後像的現象有相當稱職的解釋。你也許還記得，負後像(negative afterimage)是端視一顏色（如紅色）片刻後，移視空白區域時，立即有一互補的顏色（如綠色）短暫地呈現。根據相對處理論，當我們凝視紅色時，感應紅綠色的錐狀細胞呈紅色反應，綠色反應暫且被

抑制；待約三十秒鐘後，當視線移開紅色而轉移至空白區域時，反應紅色部分的錐狀細胞已疲乏不堪，使原被抑制的綠色立即反彈而呈現。其次，這一理論對色盲也有很恰當的解釋。就以紅綠色盲來說吧，當感應紅綠色的錐狀細胞有遺傳性缺陷時，它既無法激起紅色反應，也不能引起相對的綠色反應，因此紅綠不辨；我們沒聽說過有人只患紅色盲而能見綠色的，或只患綠色盲而能見紅色的。

這兩個彩色理論似乎對彩色視覺歷程的不同現象作了相當合理的解釋。三色論偏重於解釋眼睛網膜上接納細胞的彩色感應歷程；相對處理論則解釋視神經如何傳遞被激起的與被抑制的相對彩色訊息，使視丘與大腦有個選擇與統整的歷程(Gouras, 1991; Leibovic, 1990)。

第三節　聽覺歷程

聲(sound)與耳(ears)是構成聽覺的兩個重要因素，缺一不成。我們生活在這個世界裡，除了眼見多彩多姿的世界與閱讀豐富的書報雜誌外，也欣賞大自然悅耳的鳥語，潺潺的水聲，溝通訊息的語言，與扣人心弦的歌唱與演奏。聽覺是視覺之外的另一個重要感覺。本節將依次介紹聲波的屬性、耳的結構與功能、聲音來源的覺察、聽覺理論。

一、聲波的屬性

光是波，聲也是波。光波靠光量子作媒介，其速度快；聲波主要是靠空氣分子作媒介，其速度較慢。這說明了我們先見閃電後聞雷聲的現象。聲波自一點開始，由一波推一波地向前運行，就如投擲石塊於平靜的湖水時所引起的一圈圈逐漸擴散的水波一樣。聲波一如光波，也有三個屬性：決定音調的頻率、決定音強的振幅、決定音色的複雜度。頻率、振幅、複雜度是聲波的物理屬性；音調、音強、音色是由聲波引起的心

理屬性。

　　頻率(frequency)是指一秒鐘內的聲波的**週波數**(cycles)，它決定聲的音調(pitch)，通常以**赫**（Hertz，簡寫為Hz）為單位。例如，一個500Hz的音調便是由每秒鐘500個週波所引起的音感。頻率愈高，則音調愈高；頻率愈低，則音調愈低。聲帶短的人，因聲帶振動快，其說話音調就高；反之，聲帶長的人，因聲帶振動慢，其說話音調也就低了。能引起人類聽覺的音調約在20Hz至20,000Hz之間。與人類相比，鴿子與大象可以聽到更低音調的聲音，蝙蝠與狗則可以聽到更高音調的聲音。

　　振幅(amplitude)是聲波起伏的垂直高度，它決定聲的**音強**(loudness)。振幅愈高，音響愈強；振幅愈低，音響愈弱。計算音強的單位是**分貝**（Decibels，簡寫為db）。人類能聽取與容忍的音強介於15分貝與150分貝之間。一般而言，耳語是20分貝，平常交談是60分貝，汽車來往是80分貝，雷聲是120分貝，噴射機低空飛行是150分貝。長期暴露在音強90分貝以上的環境裡，會有聽力喪失的危險，因此喜歡參與樂聲喧天的搖滾樂者，必須戒慎。音強在130分貝以上，中耳會有開始刺痛的感覺。

　　複雜度(complexity)是指不同聲波的組合程度，它決定聲的**音色**(timbre)。事實上，我們很少聽到單一頻率的聲音，多數聲音是由不同聲波組合而成的。音色既然代表音的品質，聲波是如何組合以區別悅耳的樂音與刺耳的噪音呢？從樂器音響、人的歌聲、爆破聲等的聲波記錄來看，最有規律的組合波狀產生樂音，最無規律的組合波狀產生噪音。因此，提琴、鋼琴、簫笛的演奏帶來令人喜愛的樂音；反之，機車、鋸木、爆炸等送出令人厭惡的噪音。

二、耳的結構與功能

　　人耳的結構，如圖3-6所示，可分為三部分：外耳、中耳、內耳。外耳(outer ear)專司聲波的收集；中耳(middle ear)專司聲波的骨骼傳導；內耳(inner ear)專司聲波的液體傳導、接納、轉換、神經傳導等。

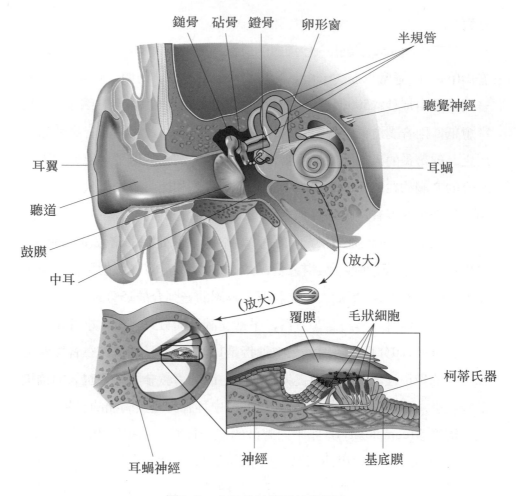

鎚骨　砧骨　鐙骨　　卵形窗

半規管

聽覺神經

耳翼

聽道

鼓膜

中耳

耳蝸

（放大）

（放大）

覆膜

毛狀細胞

柯蒂氏器

耳蝸神經

神經

基底膜

圖3-6　人耳的結構及接納細胞

　　外耳是由耳翼經聽道至**鼓膜**(eardrum)的部分。聲波於振動鼓膜時，其振波由中耳的**鎚骨**(hammer)、**砧骨**(anvil)、**鐙骨**(stirrup)等三小骨骼依序傳導。該三小聽骨的功能是把鼓膜的振幅提高20倍左右。鐙骨與**卵形窗**(oval window)相銜接，使升高後的振波震動卵形窗而進入內耳的耳蝸。**耳蝸**(cochlea)是形似蝸殼的骨質管。進入耳蝸內的振波是液體振波，內耳的聽覺接納器便在此開始處理聽覺訊息。

　　耳蝸內的底部有一層**基底膜**(basilar membrane)，其上有包含聽覺接納細胞的**柯蒂氏器**(organ of Corti)。耳蝸內的液體振波使基底膜上下波動，柯蒂氏器也跟著上下波動。此時，柯蒂氏器裡的**毛狀細胞**(hair cells)

因波動而觸及其上方的**覆膜**(tectrial membrane)。毛狀細胞觸及覆膜而彎曲時，就引發神經衝動，並由耳蝸內的聽覺神經把神經衝動引導至延腦。兩耳的部分聽覺神經在延腦交叉後，進入視丘，最後進入大腦的聽覺區作整合。

三、聲音來源的覺察

耳朵既然能感受聲音，但大腦如何覺察聲音的來源呢？聲源的確實地點的估計與判定有賴「兩耳」的合作。若聲音來自左前方，一則左耳聽到的聲音比右耳聽到的略微強大，一則左耳比右耳略微先聽到聲音。兩耳聽覺經驗的比較，協助個體決定聲音的來源。若聲音是由個體的正前方傳來時，由於聲波同時到達兩個耳朵，兩耳的音強也相等，在判定聲音是來自何方（前、後、上、下）時便有些困難。

當然音強或音調可以作為判定聲源遠近的線索：音強由弱而強或音調由低而高，常表示聲源由遠處近移。但是以這類線索判定聲源的遠近是相對的，也因而不十分精確。事實上，個體使用**回音**(reverberation)原理較正確地判定聲源的遠近(Mershon & King, 1975)。依此原理，迴響愈多表示聲源愈遠，迴響愈少則表示聲源愈近，因為聲源一遠，製造回音的物體愈多。

四、聽覺理論

到目前為止，試圖解釋個人的神經如何識別音調的理論有二：部位論與頻率論。

1.部位論

1863年，赫姆霍茲(Herman von Helmholtz)指出，不同的聲波使耳蝸裡不同部位的毛狀細胞興奮，因而產生不同的音調。這個說法稱為**部位論**(place theory)。依據部位論，在接近卵形窗的較短的毛狀細胞，反應高音調聲波；在遠離卵形窗另一端的較長的毛狀細胞，則反應低音調聲波。

這個理論，以豎琴的長短弦發出不同聲音的原理來解釋人耳的音調聽覺，因此又稱豎琴論。

2.頻率論

1886年，盧澤佛(Ernest Rutherford)試圖以頻率論來解釋音調聽覺。根據**頻率論**(frequency theory)，音調是由基底膜的振動速率而決定的：低頻率聲波引起低振動速率，因而產生低音調；高頻率聲波引起高振動速率，於是產生高音調。換言之，聲波頻率與基底膜的振動速率是一致的。

這個理論不免遭遇一個困難：神經衝動每秒鐘無法超過1,000次，因此頻率在此限以上的音調是如何感知的呢？有人在頻率論的架構之下試圖提出一個**齊發原則**(volley principle)以解答這一難題(Wever, 1970; Wever & Bray, 1937)。根據這個原則，各神經元的振動雖然只達頻率1,000赫，若一群神經元一個個依序輪番振動，如同齊發，則成群的神經元可以產生1,000赫以上的音調。

目前看來，在沒有更佳的理論出現之前，部位論與頻率論都是可以被接受的。頻率論對低頻率的音調提供較佳的解釋；部位論對高頻率的音調提供較滿意的解釋；部位論與頻率論對400赫至4,000赫的中度頻率的音調都能給以適當的解釋。

第四節　其他感覺

除了視聽覺之外，人類對其他環境刺激的感知有味覺、嗅覺、膚覺（包括觸覺、溫度覺、痛覺），對個體本身活動與平衡的感知有動覺與平衡覺。本節將依序討論之。

一、味　覺

一日三餐，還有不時的點心與飲料，我們的味覺也顯得相當的重要。每聽朋友描述好吃的菜餚，不禁垂涎；若不幸失去味覺，食而不知其味，多令人失望與掃興。**味覺**(taste)是**化學感覺**(chemical sense)，它的產生所需的物理刺激是化學分子，它的生理接納器是舌上的**味蕾**(taste buds)。引起味覺的化學分子必須先溶解在液體或唾液裡，以便接觸舌頭表面細孔裡的許多味蕾。從不同部位的味蕾所引起的神經衝動，由味覺神經傳導至延髓，經過腦橋與視丘；然後有一部分由視丘到達大腦的感覺區，一部分則到達下視丘與邊緣系統。

總數達一萬左右的味蕾分別集中在舌尖、舌側、舌根一帶。不同部位的味蕾引起不同的味覺反應：舌尖主甜味，舌前側主鹹味，舌中後側主酸味，舌根主苦味，其餘味覺是這四種味覺的不同組合的結果。引起不同味覺反應的化學分子各異：舌尖對含有碳、氫、氧等有機化學分子作反應；舌前側對能負載電極的化學分子作反應；舌中後側對酸基性化學分子作反應；舌根則對含氮等化學分子作反應。

味蕾每隔約一星期更新一次，因此受傷的味蕾不久就可自動「痊癒」。味蕾因年齡的增加而遞減，因此少年的味覺較老年的味覺靈敏。例如，兒童總覺得什麼都好吃；老年人則要求加重食物的味道，以取悅其鈍化的味覺。人類的味覺並非孤立的，它受其他感覺的影響很大。事實上，嗅覺、視覺、觸覺、冷熱覺、痛覺（如辣）等都能或多或少地左右味覺。請記住：若沒有嗅覺，分辨味道常有困擾(McBurney, 1986)，當一個人感冒鼻塞時，既無法使用嗅覺，連味覺也不很靈了。

二、嗅　覺

嗅覺(smell)與味覺同是化學感覺。嗅覺的刺激物是飄浮在空中的化學分子，但只有那些能溶解於水或脂肪的化學分子才能引起嗅覺反應，因為要觸及鼻腔裡的**嗅覺接納細胞**(olfactory receptor cells)，它們必須經

過它表面上的液態黏膜。鼻腔上端有一層**嗅覺皮膜**(olfactory epithelium)，皮膜裡密密地排列著數達一千萬個帶有細毛的接納細胞。如同觸鬚的細毛浸在皮膜上的黏液裡，以備與由空氣中吸進來並溶解在液體裡的化學分子相接觸。鼻腔的結構與嗅覺接納細胞的細節可從圖3-7看出。

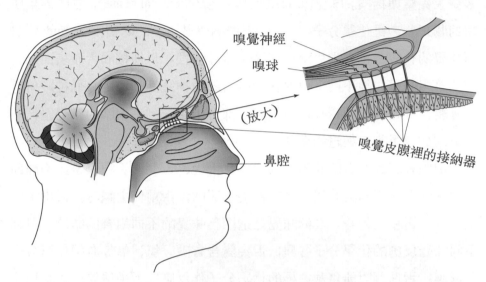

嗅覺神經
嗅球
(放大)
鼻腔
嗅覺皮膜裡的接納器

圖3-7 鼻腔的結構與嗅覺接納細胞

雖說一嗅覺接納細胞可能接納不同的化學分子(Klivington, 1989)，個別嗅覺接納細胞可能有其特別的化學分子感應對象(Buck & Axel, 1991; Raming et al., 1993)。由嗅覺細胞引發的神經衝動，由嗅覺神經傳導至相鄰大腦裡的**嗅球**(olfactory bulb)，繞過視丘，進入大腦聽覺區的嗅覺皮質部，或進入邊緣系統（尤其是下視丘）以決定接受或拒絕嗅覺所代表的物體（如食物或香水）。

到底嗅覺是否如味覺一樣有幾個基本嗅覺呢？抱歉的是，在這方面的研究並沒有令人滿意的結果。但有人將氣味歸納為六類：花味、果味、香料味、樹脂味、煙味、臭味(Fernald, 1997)。人類的嗅覺能力至成年早期達最高峰，女性則比男性有較佳的嗅覺與嗅覺記憶。不少動物，如狗、貓、鼠、鯊魚等，有遠超過人類的嗅覺能力。我們訓練狗以查緝毒物或追捕逃犯，便是利用牠們異常靈敏的嗅覺能力。許多動物還分泌**嗅標蒙**

(pheromones)以達成一些生存的功能：如傳達性交的意願，為自己的「領域」標界，區辨敵我，作為路標等。試問：餵母奶的嬰兒比較能嗅出餵奶的母親，是否因為人類也分泌嗅標蒙呢？

嗅覺與回憶有關。嗅覺系統既然與主管情緒與記憶的邊緣系統相聯繫，因此某一特殊嗅味，常能激起與它有關的往事回憶。想想看，有沒有一種味道，會使你不期然地想起一樁往事呢？不過，香水的製造商已大量地推銷各種香水，希望由噴在你身上的香水味，或你聞自他人身上的香水味，來增加以香水回憶快樂往事的機會。況且，人們在令人喜悅的氣味中工作，比在平淡無味的氣體中工作，有較佳的表現(Griffin, 1992; Warm et al., 1991)。

三、膚　覺

人類的皮膚有兩平方公尺大，3至4.5公斤重，具備許多功能，是非常重要的感覺系統。談起皮膚的功能，除了保護肌肉、骨骼、體液，並調節體溫外，它含有許多不同的接納細胞，以便產生觸覺、痛覺、溫冷覺等。當個人喪失視覺時，膚覺更能顯出其重要性。從圖3-8，你可看出皮膚裡的主要接納細胞與毛髮、汗腺等。

膚覺(skin sense)包括觸覺、痛覺、溫冷覺。觸覺(sense of touch)也是壓覺(sense of pressure)，是皮膚表面與外物接觸或「施」「受」壓力而引起的心理反應。與接觸或壓力有關的接納細胞有：梅斯納小體(Meissner corpuscles)負責感應對指尖、趾尖、唇、乳房、外生殖器等的輕觸或撫摸；牟克爾小體(Merkel's disks)負責感應小物體對舌與口內所施的穩定壓力；盧飛尼末梢(Ruffini endings)負責感應大物體的壓力與皮膚的伸展；巴齊尼小體(Pacinian corpuscles)負責靈敏地感應外物對皮膚的觸摸。這些細胞分別分佈在皮膚裡的上、中、下層，使不同觸覺由多種接納細胞配合而引發(Heller & Schiff, 1991)。接納細胞因壓力而引發神經衝動後，神經元將訊息傳導至脊髓、腦幹、視丘、至大腦頂葉的感覺區。

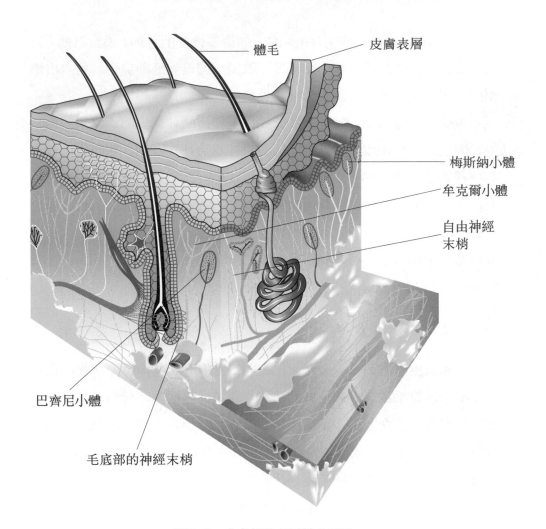

體毛　　皮膚表層

梅斯納小體

牟克爾小體

自由神經
末梢

巴齊尼小體

毛底部的神經末梢

圖3-8　皮膚裡的主要接納細胞

觸覺有**主動觸覺**(active touch)與**被動觸覺**(passive touch)之分，其效
應差異很大。主動觸摸物體比起被物體觸及，對物體的屬性（如形狀、
大小、粗細）有更佳的瞭解(Gibson, 1962; Klatsky & Lederman, 1992)。皮
膚的觸覺敏感度因部位不同而有差異：較敏感的是手、手指、面頰、嘴
唇、腳趾；較不敏感的是肩部、手臂、大小腿等；女性比男性有較佳的
觸覺敏感度。

皮膚裡的**溫度覺**(sense of temperature)是由兩種接納細胞分別感應而
生的：**溫覺接納細胞**與**冷覺接納細胞**。這兩種細胞分佈於自由神經末梢。
它們是由個體體膚的正常溫度而分類的。人體體溫平常是攝氏37度，但

體膚的溫度較低，在攝氏32度左右。因此，超過體膚溫度的空氣或物質產生**溫覺**(warmth)，低於體膚溫度的空氣或物質產生**冷覺**(cold)。問題是：是否一定要以攝氏32度為基準呢？答案是：不一定。溫度覺有一特色，它的感覺深受當時情境的影響。如果一個人把左手放在冷水裡，同時把右手放在熱水裡，一分鐘之後，把兩手同時放進溫水裡（與室溫相同），則左手會覺得暖，右手覺得涼。溫度覺有另一特色，溫覺與冷覺兩種細胞若「同時」被刺激，會引起**熱覺**(hot)，因為大腦將同時感應的兩刺激解釋為一個熱刺激。

　　痛覺(pain)是另一重要感覺。疼痛難挨，人人想逃避；但若喪失痛覺，則身體創傷、毀損、重病也無所感知，生命有隨時喪失的可能。因此痛覺可以說是維持生命的一種警告系統。雖然自由神經末梢與痛覺有關，到底如何引起痛覺，目前尚無定論。人類的痛覺有幾個特徵：身體痛覺的敏感度因部位而不同；它是相當主觀的，受情緒的影響很大(Novy et al., 1995)；同一程度的創傷，各人的痛覺敏感度互異；痛覺受期待、需要、經驗、人格、文化等因素的影響(Kruger, 1996)。

　　當個人肌體受傷時，頓時疼痛不已；不久以後，痛覺逐漸消失。這是因為大腦分泌一種鎮痛的**恩多酚**(endorphin)， 以阻擋傳導痛覺訊息的化學成分（稱為P）。我們日常使用的止痛藥，其功能便是協助身體阻擋化學成分P一類的神經傳導物。然而，當肌體受傷時，我們常以揉搓傷處或從旁撫摸，竟然能使痛覺減輕。何故？有一稱為閘控論的， 試圖解釋此一現象(Melzack & Wall, 1965, 1982)。根據**閘控論**(gate-control theory)，神經通道能處理的感覺訊息有限，脊髓如同開關閘門一樣地控制著訊息量的進出。因此，揉搓傷處或從旁撫摸所產生的神經訊息，加多了脊髓的訊息處理量，只好關閉「閘門」不讓包括痛覺在內的訊息進入大腦。開關閘門只是一個概念，指讓不讓訊息出入，並不指在脊髓與大腦之間有個真的閘門存在。雖然閘控論在生理細節上的描述不合乎事實，但其主要概念是正確的(Humphries et al., 1996)。

　　閘控論有其應用上的價值：製造與痛覺相爭的訊息，以減輕痛覺的

訊息量。依據這個原理，當一個人在疼痛難過時，可以使用按摩、冰鎮、電療、針灸，以減輕痛覺。針灸的鎮痛療效已於最近被美國聯邦衛生署(NIH)所肯定。同理，心理學有個有效的減痛策略：將傷痛者的注意轉移至其他值得注意的事物上。例如，護士使用糖果，以誘哄剛被打針而號哭的稚童；母親見其幼童因頭部撞上桌子而痛哭，乃在幼童前扮演用力敲打桌子，以轉移其注意。分散注意，並非要求挨痛者蓄意不要去想它。事實上，你愈是要求自己不要去抓你的痛癢之處，你反而愈去抓它(Wegner, 1989, 1994)，可不是嗎？

四、動覺與平衡覺

　　人能環顧左右、前俯後仰、行走奔跑、手舞足蹈等，是因為有動覺。個體感知身體各部的相關位置與其運動，稱為**動覺**(kinesthesis)。動覺的接納細胞分佈於肌肉、關節、筋腱等處，因此全身各部的相對位置及其運動，都由其接納細胞將訊息傳至大腦的運動區，以便協調與整合。動覺與視覺、聽覺、膚覺關係密切，有了這些感覺系統的合作，我們可以進行舞蹈、游泳、球賽、競技等複雜的肢體活動。

　　動覺只在感知身體各部的相關位置及其運動，　**平衡覺**(vestibular sense)則負責維持整個身體的定向。負責維持身體平衡的是內耳的半規管與前庭。**半規管**(semicircular canals)負責頭部的平衡。它有三個相互連接與彼此垂直以處理三度空間的管狀體，管內充滿液體與感應運動的毛狀細胞。當頭部搖動時，管內液體也隨之搖蕩，毛狀細胞跟著彎曲，也因而引發神經衝動。神經衝動由神經傳導至小腦與大腦皮質部，以解釋頭部轉動的方向。**前庭**(vestibular sacs)負責身體主幹的平衡，介於半規管與耳蝸之間，是兩個充滿液體的囊狀體。液體內有細小的耳石與毛狀細胞，耳石對毛狀細胞所產生的壓力與其引發的神經衝動，使小腦感知體幹的直立、傾斜或彎曲。

　　暈車、暈船等**運動暈眩**(motion sickness)，是大腦因處理互不一致的感官訊息時所產生的失衡現象。就以暈車為例，坐在後座的人若不能見

到進行中的車輛與其他景物的互動關係，結果大腦知道人在前行，眼睛卻沒有相關的視覺訊息，這就導致暈眩的感覺。開車的人，其各方感官訊息相當一致，因此少有暈車的現象。

本章內容摘要

1. 感覺是感官對外界刺激所引起的反應。它是「由下而上」與「由上而下」的互動歷程。能被個體感受到的最低刺激強度，稱為閾：適足以引起感官反應的單一刺激能量的強度，稱為絕對閾；能被個體感覺的最少刺激變化量，稱為差異閾；未達50%的偵測率的刺激強度，稱為閾下刺激。使用閾下刺激以改變行為的嘗試，尚未獲得科學研究的支持。

2. 若刺激持續呈現，感覺因而逐漸下降的現象，稱為感覺的適應。感覺的適應使新刺激在感覺上逐漸鈍化而變成舊刺激，個體不致於為保持高度的反應狀態而疲憊不堪；它對原刺激的減敏，使個體轉移其注意力到其他刺激上，亦使新奇或重要刺激有被感知的機會。

3. 「光」與「眼睛」是產生視覺的兩大支柱。光是一種波，人類能以肉眼看見的光波是電磁譜中波長介於380nm至760nm之間者。 光波有三種與視覺有關的屬性：決定彩色的波長，決定亮度的波幅，與決定飽和度的光波純度；波長、波幅、純度是物理屬性，彩色、亮度、飽和度則是心理屬性。

4. 眼睛的結構若依光波通過感官的順序是角膜、瞳孔、水晶體、玻璃狀液、網膜、視神經。角膜是眼球的透明外膜，使光波精確地聚集在眼球裡；瞳孔是虹膜中央的圓孔，調節眼裡物像的光度；水晶體改變弧度，使物像清楚地落在網膜上；玻璃狀液是一種膠狀透明液體，維持眼球內部的正常眼壓；網膜是眼球內的底層，包括感應光波的錐狀細

胞、桿狀細胞、神經元。錐狀細胞是彩色接納器，集中在網膜的中央窩；桿狀細胞則是黑白接納器，分佈在中央窩以外的區域。

5. 兩極細胞的神經元將鄰近的錐狀或桿狀細胞聯結起來，神經節細胞神經元把鄰近的兩極細胞聯結起來，個別錐狀與桿狀細胞所引起的神經衝動便能迅速地匯集成視覺物像，從網膜離開眼睛往視丘延伸，再進入大腦的視覺區。

6. 視覺敏銳度是使用視力以辨識物體細節的能力。影響視覺敏銳度的三個主要因素是：光線的強度、眼球的形狀、水晶體的伸縮能力。許多人的眼球不是過度突出便是過於扁平：近視眼來自突出的眼球，其水晶體與網膜之間的距離過長，物像的焦點落在網膜之前，視覺就模糊不清；遠視眼來自扁平的眼球，其水晶體與網膜之間的距離過短，物像的焦點只好落在網膜之後，視覺就顯得模糊不清。亂視是由於角膜弧度不勻稱，因此物像的焦點不能均勻地落在網膜上，有些地方清楚，有些地方模糊。

7. 個體由亮光走進暗處時，網膜上錐狀細胞與桿狀細胞的敏感度因而提升，稱為暗適應；個體由暗室走到亮處時，網膜上錐狀細胞與桿狀細胞的敏感度因而下降，稱為亮適應。物體的亮度與彩色視覺亦受鄰近亮度與彩色對比的影響。

8. 網膜上只有三種錐狀細胞分別處理紅、綠、藍三個彩色，其餘的彩色是由三色中的二色作不同的組合而形成的。色盲是彩色視覺有缺陷。色盲有紅綠色盲、黃藍色盲、全色盲。解釋彩色視覺與色盲的主要理論有：三色論認為，人類的眼睛有感應紅、藍、綠三原色的接納細胞，其餘的彩色是由此三原色分別混合衍生而成的；相對處理論認為，接納細胞對光波的反應是以相對彩色呈現的，如「非紅即綠」或「非綠即紅」。三色論偏重於解釋眼睛網膜上接納細胞的彩色感應歷程；相對處理論則解釋視神經如何傳遞被激起的與被抑制的相對彩色訊息，使視丘與大腦有個選擇與統整的歷程。

9. 聲與耳是構成聽覺的兩個重要因素。聲波有三個屬性：決定音調的頻

率、決定音強的振幅、決定音色的複雜度。頻率、振幅、複雜度是聲波的物理屬性；音調、音強、音色是由聲波引起的心理屬性。音調通常以赫(Hz)為單位，頻率愈高，則音調愈高，能引起人類聽覺的音調約在20Hz至20,000Hz之間；振幅是聲波起伏的垂直高度，振幅愈高，音響愈強，計算音強的單位是分貝，人類能聽取與容忍的音強介於15分貝與150分貝之間；複雜度是不同聲波的組合程度，它決定聲的音色。有規律的組合產生樂音，無規律的組合產生噪音。

10. 人耳可分三部分：外耳、中耳、內耳。外耳專司聲波的收集；中耳專司聲波的骨骼傳導；內耳專司聲波的液體傳導、接納、轉換、神經傳導等。聲波於振動鼓膜時，其振波由中耳的鎚骨、砧骨、鐙骨等三小骨骼依序傳導，把鼓膜的振幅提高20倍左右。鐙骨與卵形窗相銜接，使振波震動卵形窗而進入內耳的耳蝸，進入耳蝸內的液體振波開始觸動聽覺接納器。耳蝸內底部的基底膜有包含聽覺接納細胞的柯蒂氏器，當液體振波使基底膜上下波動時，柯蒂氏器也隨著上下波動，其毛狀細胞因觸及覆膜而引發神經衝動，並由聽覺神經把神經衝動引導至延腦，再進入視丘以及大腦的聽覺區。

11. 聲源的確實地點的估計與判定有賴「兩耳」的合作，兩耳聽覺經驗的比較協助個體決定聲音的來源。音強或音調可以作為判定聲源遠近的線索：音強由弱而強或音調由低而高，表示聲源由遠處近移。

12. 解釋個人的神經如何識別音調的理論有二：部位論認為不同的聲波使耳蝸裡不同部位的毛狀細胞興奮，因而產生不同的音調；頻率論認為音調是由基底膜的振動速率來決定的。

13. 味覺是化學感覺，它的產生所需的物理刺激是化學分子，它的生理接納器是舌上的味蕾。引起味覺的化學分子必須先溶解在液體或唾液裡，以便接觸舌頭表面細孔裡的許多味蕾。味蕾引起不同的味覺反應：舌尖主甜味，舌前側主鹹味，舌中後側主酸味，舌根主苦味，其餘味覺是這四種味覺的不同組合的結果。味蕾所引起的神經衝動，由味覺神經傳導至延髓，經過腦橋與視丘；有一部分由視丘到達大腦的味覺區，

一部分則到達下視丘與邊緣系統。

14.嗅覺接納細胞接納不同的化學分子，其引發的神經衝動由嗅覺神經傳導至大腦裡的嗅球，繞過視丘，進入大腦聽覺區的嗅覺皮質部，或進入邊緣系統。氣味可歸納為花味、果味、香料味、樹脂味、煙味、臭味等六類。女性則比男性有較佳的嗅覺與嗅覺記憶。

15.膚覺包括觸覺、溫度覺、痛覺。觸覺是皮膚表面與外物接觸或「施」「受」壓力而引起的心理反應；溫度覺是由溫覺接納細胞與冷覺接納細胞分別感應而生的，這兩種細胞分佈於自由神經末梢；超過體膚溫度的空氣或物質產生溫覺，低於體膚溫度的空氣或物質產生冷覺；溫覺與冷覺兩種細胞若同時被刺激，會引起熱覺。

16.痛覺是維持生命的一種警告系統。身體痛覺的敏感度因部位而不同；它是相當主觀的，受情緒的影響很大；痛覺受期待、需要、經驗、人格、文化等因素的影響。

17.痛覺能自然地逐漸消失，因為大腦分泌一種鎮痛的恩多酚，以阻擋傳導痛覺訊息的化學成分（稱為P）。止痛藥的功能是協助身體阻擋P一類的神經傳導物。閘控論認為，製造與痛覺相爭的訊息可以減輕痛覺的訊息量。

18.個體感知身體各部的相關位置與其運動，稱為動覺，其接納細胞分佈於肌肉、關節、筋腱等處。平衡覺由內耳的半規管與前庭維持整體身體的定向：半規管負責頭部的平衡，前庭則負責身體主幹的平衡。運動暈眩是大腦處理互不一致的感官訊息時所產生的失衡現象。

第四章
知覺歷程

感覺歷程帶給人們外界環境的物理屬性，如物體的彩色、亮度、飽和度，聲音的音調、音強、音色等。如果要能確認彩色屬性是否代表一朵表愛的玫瑰，一序列起伏的音調屬性是否代表一曲動人的情歌，就需要大腦依已有的經驗予以組織、解釋、並賦予意義。 對感覺訊息予以組織與解釋的歷程， 稱為知覺(perception)。可見知覺與感覺雖然相互關聯，但二者並不相同。如果在你身邊的一部汽車向遠處開去，在你眼睛網膜上的車輛影像必定由大而逐漸變小。在感覺方面，汽車影像的大小、光澤改變了；但在知覺方面，那是仍然不變的同一車輛。由於知覺歷程非常複雜，也受許多因素的影響，因此本章將分別討論以下有關知覺的問題：

- 什麼是知覺？它如何形成？它有何組織原則可循？
- 注意與知覺有何關係？影響知覺的因素是什麼？
- 何謂知覺的恆常性？知覺有哪些恆常性？
- 深度知覺靠哪些線索或指引？物體的移動如何感知？常見的錯覺有哪些？
- 什麼是超感知覺？超感知覺是否可信？

第一節　知覺的形成

　　知覺歷程必須經由大腦各部的協調與處理,因此具有高度的複雜性。我們對複雜的知覺歷程所知仍然有限,但是我們對知覺的形成原則有概括的瞭解。以下分別討論知覺形成的來源、知覺的組織原則、注意與知覺、影響知覺內涵的因素。

一、知覺形成的來源

　　我在一次教美國學生「學習理論」課時,在黑板上寫了一個「口」字,並告訴他們那是一個中國字。結果沒有一個學生猜出它的意義是什麼。事實上,學生在視覺上都看到這個字,卻無法在知覺上產生意義。看到他們的挫折與無奈後,我用英文夾著該字寫道: "The dentist asked the patient to open his 口." (即「牙醫師要病人把 口 張開」)頓時,全堂幾乎異口同聲的大聲回答說: "mouth." 此後,我每次提這個字,甚至於相關的字,他們都輕易地回答出來。這說明了兩個要點:(甲)引起知覺必須要有基本的素材(如「口」字),(乙)產生知覺必須對包括素材的整個情境有個「認知結構」(如該字是牙醫要求病人有作為時的關鍵字)。雖說兩點同等重要,但心理學家因研究策略的差異,對於知覺的形成乃有偏重一方的現象。換言之,知覺歷程有「由下而上處理」與「由上而下處理」的不同看法。

　　持由下而上處理(bottom-up processing)的觀點者認為,處理所有組成刺激的素材是產生知覺的先決條件;如果對組成刺激的素材無法認知,便無法對素材有正確的知覺。這個觀點重視由感官所獲得的感覺經驗,強調經驗對高層知覺歷程所具有的實質貢獻。然而事實證明,只有感覺經驗(如初次見到「口」字)是不夠的。因此,持由上而下處理(top-down processing)的觀點者則認為，知覺是由個體的知識、經驗、期待、動機等指導而形成的。也就是說，個人不是從感覺經驗本身摸索出意義來，而是個人主動地使感覺經驗因納入他的需求、期待、或知識而產生意義 (如牙醫要求病人打開的必定是「口」，不會是「方塊紙」)。

　　圖4-1所呈現的兩個三角形，到底是由下而上，或由上而下而得的呢？須知：沒有感覺經驗作基礎的知覺是空虛的，沒有知能作指導的感覺經驗是無意義的。因此，知覺的形成是「由下而上」與「由上而下」同時處理的(Kimchi, 1992)。我們不僅對環境刺激的屬性要有正確的感官處理，也應該以我們的知能與經驗對感覺經驗作最佳的指導。

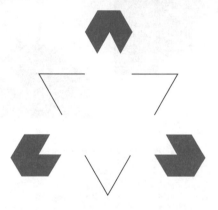

圖4-1　由知覺獲得的三角形

二、知覺的組織原則

　　知覺的一個主要特徵是組織。當然，知覺可能循許多不同的原則去組織感覺經驗，在此我們將討論兩個重要原則：形象與背景關係，與完形組織原則。

1.形象與背景

　　在知覺範疇內，雖有千萬個不同與不斷變遷的感覺經驗，但我們常自動地集中注意於其中一些而忽略其餘。一時被集中注意的感覺經驗，稱為**形象**(figure)；因形象而被暫且忽略的周緣感覺經驗，稱為**背景**

(ground)。一如念書，書上的文字是形象，白紙便是背景。有時形象與背景是可以互易的，形象成為背景，背景成為形象。下圖4-2是典型的形象與背景可以互易的例子。

圖4-2　可互易的形象與背景

2.完形原則

　　每個人的知覺經驗是整體的，也就是完形的。**完形**(Gestalt)是指事物的整體性，它的具體說法是：「全體並不是部分的總和」。例如，三角形就不單是三條線加起來的，三條線並排就成不了三角形。完形的知覺取向不限於成人才有，嬰兒亦復如此(Quinn et al., 1993)。圖4-3是代表幾個主要組織原則的例子。茲簡單地解釋於後。

　　A.鄰近律(proximity)

　　相鄰的物體愈相近，愈被視為一體。例如，站在一起的幾個人，常被稱為一堆人。

　　B.類似律(similarity)

　　相類似的物體，易被歸為一類。各種柑橘都稱為橘子。

C.連續律(continuity)

許多短線，一條接近一條地排列，便成為一條長的虛線。許多人為了購票而排隊，雖然人與人之間保有距離，我們仍稱他們為一排。

D.封閉律(closure)

將未封閉的物體，忽視其未封的部分，將它看成封閉的物體。三個人分站在三個角落，我們稱為三角形。

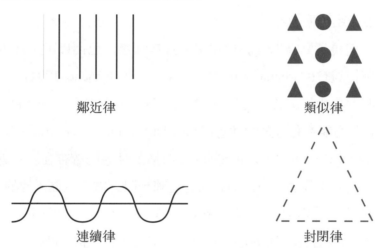

鄰近律　　　　　　　　　　　　　類似律

連續律　　　　　　　　　　　　　封閉律

圖4-3　完形原則

三、知覺與注意

處於這個世界裡，大量的刺激對著我們的感官不斷地「轟炸」，但我們仍能泰然自若地看自己要看的，聽自己愛聽的，做自己該做的。我們能專注於一些刺激，也能忽略其他刺激，為什麼呢？由於感官的處理能力相當有限，因此我們必須在眾多刺激中作必要的選擇，這種對刺激的取捨性安排，稱為**選擇性注意**(selective attention)。

根據嚴迪斯(Yantis, 1993)，選擇性注意來自兩個不同的動力：個體的目的導引與環境的刺激驅使。**目的導引**(goal-directed)的選擇性注意引起由上而下的知覺處理；**刺激驅使**(stimulus-driven)的個人注意產生由下而上的知覺處理。可見選擇性注意可能是自願的，也可能是由於新奇刺激所誘引的。例如，你為了給父親買條領帶作生日禮物，你知道父親所

愛的領帶花色而「胸有成竹」，也因而直接地選購所需，這是目的導引的注意使然。反之，你原想買條皮帶給父親作生日禮物，到了店裡卻被大批鮮艷領帶所吸引，因而決定選購領帶，這是由刺激驅使引起注意的結果。

　　我們的大腦對刺激的注意是如何分配處理的呢？根據已知的研究分析(Atkinson et al., 1996)，我們先由後腦的頂葉去處理刺激物的地點(location)，然後由前腦的額葉去處理刺激物的彩色、形狀、大小、運動等其他屬性。這種地點為先、屬性在後的注意程序，已由PET對大腦活動的透視而獲得證實(Corbetta et al., 1993; Posner & Dehaene, 1994)。

　　當我們集中注意於一刺激時，對未予注意的刺激有無記憶的可能呢？換言之，我們能否有**分散的注意**(divided attention)呢？從所謂的**雞尾酒會現象**(cocktail-party phenomenon)來看，分散的注意的確存在。一個人在喧鬧的雞尾酒會中與朋友交談時，他竟能聽到附近有人談到「他的名字」。另一支持的證據則來自**雙耳分聽**(dichotic listening)的實驗研究(Cherry, 1953)。在典型的雙耳分聽的研究裡，受試者帶著耳機，被要求細心聽取並覆誦進入一耳的訊息，同時被要求忽略進入另一耳的訊息。結果，受試者不但能清楚地記憶受注意的訊息，對應忽略的訊息仍能略微記得其說話者的性別與聲音的高低，但無法記憶其內容。這是注意來自單一來源或模式(single resource or modality)時的現象，如果被分散的注意是來自多方來源時，個人便較易於同時處理不同的工作了(Wickens, 1992)。例如，你輕易地一面開車（運動覺），一面打電話（聽覺），一面看路標（視覺），這是多方來源的分散注意。許多機械式重覆的工作（如開車，看路標等），時間一久便自動化了，其所需的注意資源降低，個人便能花更多時間於需要注意的工作（如行車中接聽電話）。當然這是用舉例來解釋概念，我萬分不贊成開車時使用電話，因為分散的注意難以充分應付突然發生的行車險境。

四、影響知覺的因素

至此我們已深深地體驗到，感覺是相當客觀的，知覺卻是相當主觀的。由於各人的經驗、需求、動機、所處情境、文化背景可能彼此不同，即使有完全相同的感覺，卻可能有差異很大的知覺。大家同看一棵古木，有人讚其歷久長存，有人賞其美姿，有人謝其蔭涼，有人憶起童年攀援的趣史，有人卻看作未來的柴火來源……。我們將分別討論影響知覺的個人、情境、文化因素。

1.個人因素

個人對其環境的人、事、物有其特有的經驗、期待、需求、價值判斷等，因而形成其對環境的**知覺取向**(perceptual set)。例如，曾經被洪水圍困的居民，談「水」色變（經驗）；久旱不雨的農場，待「水」如至寶（需求）；久待雨水解旱，果然陣雨來臨，欣喜欲狂（期待）；既然水來之不易，節制用水是可嘉的行為（價值判斷）。影響知覺的個人因素多數屬於心理方面，因此其知覺取向是由上而下的，這也就是知覺偏向主觀的主要原因。

2.情境因素

我們對某一人、事、物的知覺並不是孤立的，它常受情境因素的影響。就以圖4-4為例，上行英文字母的"B"字與下行序數中的"13"不是完全相同嗎？但它在不同情境中卻產生不同的知覺。如果你把這兩個字的前後字母或數字同時遮住，你一定會認出它們是什麼。同樣的刺激，大腦把情境因素考慮在內，其意義就因而改變了。

A I3 C D E F G
10 II I2 I3 I4 I5 I6

圖4-4　文字情境對知覺的影響

3.文化因素

知覺受學習的影響，因此文化對知覺的「統御」是既廣又深。例如，東方人與西方人看畫龍，各異其趣；喜慶送帖子，東方講究紅，西方愛用白；股市牌版上的「紅」，東方人見了欣喜若狂，西方人見了抑鬱寡歡。這些是比較複雜而整體的例子，心理學家希望能找出更基本的知覺歷程，以彰顯文化的功能。請你留意圖4-5，它是繆萊氏錯覺(Müller-Lyer illusion)的典型圖像。我猜你一定會指出b線比a線長，證明「視錯覺」的存在。試問：人人都會有此一現象嗎？根據研究(Segal et al., 1966)，由南非的祖魯族人(Zulu)看來，上面的ab兩線是一樣長的，因此他們沒有繆萊氏錯覺。這種差異的主要解釋是：認知上的錯覺是由文化經驗造成的(Deregowski, 1989; Gregory, 1987)。傳統的祖魯族人的生活環境都是圓曲的，他們從來沒有看過類似ab線的東西；反之，西方文化充斥著含有a b線的大樓、牆角、直線。

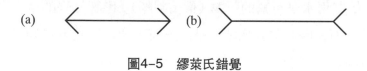

圖4-5　繆萊氏錯覺

第二節　知覺的恆常性

　　我們對人、事、物的知覺會不會因一時的感覺經驗的改變而改變呢？例如，在陰暗房間裡的紅毛衣，會不會令我們以為紅毛衣已變成褐毛衣呢？答案是：我們的知覺一旦形成，是相當恆常不變的。個人不因其認知對象的大小、形狀、亮度、彩色的改變而改變其知覺。感覺經驗儘管改變，其所代表的知覺維持不變，稱為知覺恆常性(perceptual constancy)。我們雖然處在變化無窮的世界裡，仍能覺得環境的穩定與可靠，乃是由

於我們具有知覺的恆常性。本節討論大小、形狀、亮度、彩色等四種知覺的恆常性。

一、大小恆常性

我們對物體的大小有一定的認知，不因我們與物體間距離的改變而改變，這稱為**大小恆常性**(size constancy)。例如，我們知道一部可以坐四個人的汽車有多大，它若停在一百公尺遠的草坪上，「看」來就「小」多了，但我們仍然知道它原來有多大。由於豐富的知覺經驗，我們早已認知物體大小與視線距離之間的關係，可以從視線的距離去估計物體的大小，也可以從物體的大小去估計視線的距離。如有例外，則物體可能是奇大的或特小的。

二、形狀恆常性

我們對物體的形狀也有一定的認知，不因我們從不同角度去看它而受影響，這稱為**形狀恆常性**(shape constancy)。若我們面對一扇長方形門，它從全關至半開再至全開時，它在眼睛網膜上的「門形」，是由長方形成為側置的梯形，再成為代表門扇厚度的細長形，但我們仍然知道該扇門是長方形。有了形狀恆常性，我們可以從物體的不同角度去認知物體。你在群眾中找人，經常只要瞥見側影便能指認出他來；你只見牆角洞外的鼠尾，你驚叫那是一隻老鼠。

三、亮度恆常性

我們一旦對物體的正常亮度有了認知，不因環境明暗的改變而受影響，這稱為**亮度恆常性**(lightness constancy)。例如，白紙在暗室裡是灰白的，但是我們明知它是白的；柏油路是灰黑色的，但遠處反光的柏油路面是呈灰白色的，但我們仍然知道它是灰黑色的。然而亮度恆常性是相對的，被白色包圍的灰色與被黑色包圍的灰色相比，後者看起來亮多了。難怪穿黑色服飾的人，其皮膚白皙多了，不是嗎？

四、彩色恆常性

同理，我們對物體的顏色有一定的認知，不因其亮度的改變而受影響，這稱為**彩色恆常性**(color constancy)。例如，紅玫瑰在艷陽下與樹蔭下的色澤互異，但我們對紅玫瑰所認知的「紅」是不變的。

第三節 知覺歷程

知覺涵蓋的範圍很廣，而且彼此相互影響，把它們分類只是權宜之計。本節將討論深度知覺、移動知覺、錯覺。

一、深度知覺

儘管物體是佔有三度空間的立體物，但它們投射在眼球網膜上的影像，一如攝影所得的照片，是兩度空間的（上下與左右）。由於知覺的組織與統合功能，網膜上的兩度空間物像被自動地轉換成三度空間的物體知覺。從兩度空間至三度空間，是加入了深度空間。能知覺物體的深度（即第三度）， 或估計物體與知覺者之間的距離， 稱為**深度知覺**(depth perception)。視覺深度是由知覺者的視覺角度來決定的：如果你朝南看物體，深度是往南的距離；如果你轉身往西看，深度是往西的距離；如果你從橋上往橋下看，深度則是橋的縱深。基本上，深度知覺是天生的，但練習經驗使它更為完善。吉卜森與瓦克(Gibson & Walk, 1960)以**視覺懸崖**(visual cliff)作研究，證實嬰兒到六個月時已有深度知覺（見圖4-6）。根據另一有趣的發現(Ball & Tronick, 1971)，即使一個月大的嬰兒，也能轉頭躲避正朝著他過來的物體，但對不正向著他來的物體，則「毫不在意」了。可見，深度知覺對人類的生存至關重要，它的與生俱來也就不足為奇了。

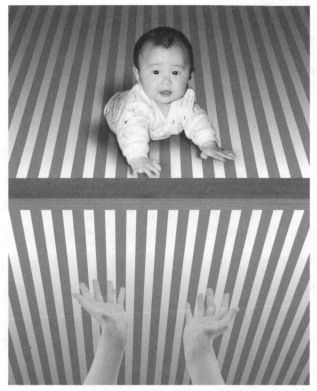

圖4-6　視覺懸崖的研究裝置

　　眼球網膜上的兩度空間物像又是如何被轉換成三度空間的立體知覺呢？如果我在一張白紙上畫個圓圈，同時說那是一個球，你會有球的立體知覺嗎？協助知覺系統將兩度空間物像看成三度空間的物體，需要一些線索(cues)。視覺線索可分兩類：雙眼線索與單眼線索。

1. 雙眼線索

　　由於我們自出生以來便以兩眼看東西，因此利用**雙眼線索**(binocular cues)以獲得深度知覺是很正常的。我們所用的雙眼線索有：雙眼輻輳與雙眼像差。當一物體從遠處逐漸向個體移近時，個體對著它注視的兩眼便向內慢慢輻輳，以維持清晰的視線焦點，同時眼肌帶給大腦「物體由遠而近」移動的訊息；反之，當一物體從近處逐漸往遠處移去時，我們內聚的雙眼慢慢往外鬆弛，此時眼肌給予大腦「物體由近而遠」移動的訊息。這種兩眼內聚以跟隨物體移近個體的現象，稱為**雙眼輻輳**(binocular convergence)。

當物體靜止不動時，兩眼到底提供何種深度知覺線索呢？當我們注視近處的物體時，兩眼對同一物體各有略微不同的物像：左眼對物體的左側有較多的物像，右眼則對物體的右側有較多的物像。左右兩眼對同一物體有相互差異的物像，稱為**雙眼像差**(binocular disparity)。幸好，大腦將兩眼的物像融合為一，使物體不僅有正面物像，也有兩側物像，深度知覺便自然產生。**立體電影**(stereoscopic movies)便是根據這個原理，以兩部攝影機左右同時拍攝，也使用兩部電影機左右同時放映的。

你有雙眼，可是你不一定注意到它們對深度知覺的貢獻。此刻你不妨作一個簡易的實驗。首先，你請一個人坐在你正對面約50公分處，將一手向你平伸，並將食指伸出並朝上等待；你以左手掌遮蓋你自己的左眼，伸出右手，並以右手指尖由上而下垂直地去觸及對方的食指尖。如果它不是你想像地容易，那就對了。一旦用單眼，所有雙眼線索完全喪失，只好另找單眼線索來幫忙。同時，若物體在太遠的地方，其近移所產生的雙眼輻輳或物像的雙眼像差都太微細，不易產生深度知覺，也要依靠單眼線索。

2.單眼線索

物像在單眼中提供深度知覺所需的線索，稱為單眼線索(monocular cues)。主要的單眼線索有：相對大小、相對位置、重疊、紋理遞變、直線透視、大氣透視、移動視差。茲簡短地解釋於後。

相對大小(relative size)：兩個同樣大小的物體，若其中一個呈現較小的視網膜物像，則被視為該物在較遠之處。例如，近處的轎車大，遠處的轎車小。

相對位置(relative position)：一個全景或畫面中，位於較高的物體，被視為處於較遠的地方。畫山水時，遠山多在畫面的高處。若相對大小與相對位置相配合，則遠近的深度感更為明確。

重疊(superposition)：一物體若遮擋我們對另一物體的部分視線，則

被視為是較近的物體。屋後的大樹被房屋擋住，屋與樹一前一後。

　　紋理遞變(texture gradient)：一大片大小類似而相互鄰近的物體，若呈現出由「大而疏」遞減至「小而密」的視像時，則被認為是「由近而遠」的景象。這是相對大小與密度(density)的綜合效應。例如，看一片成熟的稻田，近處稻穗粗而疏，遠處稻穗細而密。

　　直線透視(linear perspective)：平行的兩線由近而遠延伸時，兩線逐漸內聚以致幾乎相會。火車鐵軌的延伸是最佳的直線透視的例子。

　　大氣透視(aerial perspective)：在空氣中，近處物體顯得輪廓清楚而鮮明，遠處物體的輪廓模糊而矇矓。看山水畫，近處的樹木花草多清楚，遠處的山水卻一片模糊。

　　移動視差(motion parallax)：你乘坐移動中的汽車或火車並向窗外眺望時，本來在外靜止的景物會隨之「移動」，若你將視線固定在不近不遠的一點時，固定點與你之間的較近物體向反方向移動(愈快者愈靠近你)，固定點以外較遠的物體則朝同方向移動（愈快者愈遠離你）。圖4-7為移動視差的圖解。

圖4-7　產生深度知覺的移動視差

二、移動知覺

　　移動知覺(motion perception)受情境因素的影響很大，也依賴較多的大腦詮釋。移動知覺可概分為兩類：真實移動與似動現象。對一般人提起移動知覺，會令他們立即想起物體移動時在視覺上所引起的認知，這是我們所熟知的**真實移動**(real movement)。若我們的頭部保持不動，所注視的目標（如人、交通工具、動物等）在靜止的背景上持續地更換位置，或其大小逐漸變大或變小，則引起真實移動的知覺。真實移動時網膜上物像的相對變遷與實際景物的變動是相當一致的。若我們的視線隨著目標移動（如追蹤在飛行中的飛機），但其背景並不提供線索（萬里晴空），我們也可因頭部或身體的轉動而引起真實移動的知覺。然而，我們也對靜止不動的目標物產生錯覺性的移動知覺，這便是所謂的**似動現象**(apparent motion)。我們在此介紹三種似動現象：閃動、誘動、自動。

　　閃動現象(stroboscopic motion)是連續閃示靜止不動的物像，但於不同位置相繼出現時，所引起的物體似動的知覺現象。例如，我們所看的電影，是每秒鐘投射24張不同的負像靜止底片(frames)時所產生的「活動照片」(motion picture)。夜晚燈光閃爍的廣告牌，是每隔約200至250毫秒（即五分之一至四分之一秒）連續閃亮相鄰的燈光所引起的「燈光移動」現象。

　　誘動現象(induced motion)是另一種似動現象。如果在暗室裡置一靜止不動的光點於感光的方框之中，然後開始使方框左右移動，結果我們所感知的是光點在方框內移動。例如，在雲與月互現的夜晚裡，若雲彩急速地略過明月，我們常有眼見「月在奔飛」的誘動現象(Rock, 1986)。

　　自動效應(autokinetic effect)是在黑暗中凝視一靜止的光點時，光點開始呈橢圓形方向移動的現象。例如，在黑夜中凝視天空中的一顆星光時，常有星光晃動的感覺。

三、錯　覺

人們時刻將進入大腦的環境訊息作最佳的組織、推論、解釋。這並不是被動的吸納過程，而是主動地對已有訊息作最合理的推測。由大腦對環境訊息所作的推測，稱為**知覺性假設**(perceptual hypothesis)。知覺經驗的不斷充實，固然使許多知覺性假設更為正確；但是也令不少假設陷入錯誤而不自覺。錯誤的知覺性假設就是我們通稱的**錯覺**(illusion)。我們常見的**視錯覺**(visual illusion)，　是兩個物體在網膜上引起完全相同的物像，卻在知覺上被解釋為不同的物像。視錯覺的例證很多，我們盡量在不佔太多篇幅之下，舉幾個主要的例子以資說明。

圖4-8中的(a)稱為**橫豎錯覺**(horizontal-vertical illusion)，看來豎線長於橫線，但兩線是等長的；(b)稱為**繆萊氏錯覺**(Müller-Lyer illusion)，是將上橫線看成短於下橫線，但兩線是等長的；(c)稱為**龐氏錯覺**(Ponzo illusion)，　是將夾在相會兩線間的上一線看成比下一線長些，其實上下兩線是等長的；(d)稱為**愛氏錯覺**(Ebbinghaus illusion)，　是將被大圈圈包圍的圈子看成小於被小圈圈包圍的圈子，其實被包圍的兩個圈子一樣大。其他不在圖示中但常被引用的例子有鄒氏錯覺(Zollner illusion)、　月亮錯覺(moon illusion)、赫氏錯覺(Hering illusion)等。

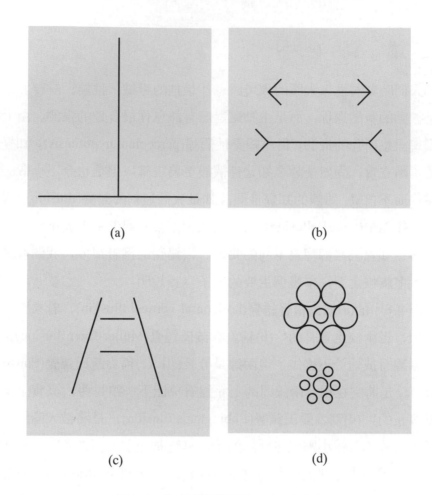

(a)

(b)

(c)

(d)

圖4-8　知覺性假設錯誤下的視錯覺

　　有個令人驚訝的錯覺是來自**愛慕斯室**(Ames room)的裝置。一般屋裡房間的形狀不是長方形便是正方形，如果我們保持這個通常的知覺性假設，但觀看圖4-9的愛慕斯室，則分坐在兩個角落的同等大小的兩人，會被看成大小非常懸殊的兩人。愛慕斯室的特點是：前面有一個小洞，只供「單眼」觀察室內（只能採用單眼線索）；室裡左後牆角遠較右後牆為高；室裡的右牆角遠較左牆角接近前面。儘管愛慕斯室的四面牆、天花板、地面等不是規則的四方形，但從外面經小孔往室內看時，有正常房間的錯覺。因此，乍看之下，右邊的個體看起來大多了。

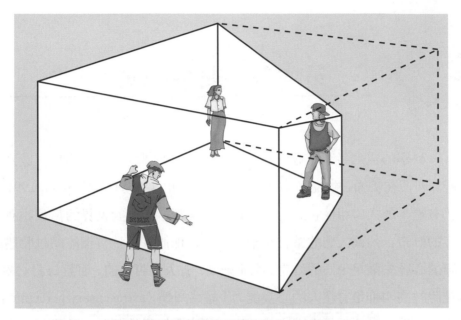

圖4-9　愛慕斯室所引起的大小錯覺

　　由於我們所處的環境相當穩定而且可以預期，對物體的認知不免只顧大體而忽略細節，或只顧其一而忽略其餘，因此有了錯覺也毫不知情。就以圖4-10的兩個**不可能圖形**(impossible figures)為例，它們都只是兩度空間的圖形，不是真正代表三度空間的立體物像。我們若不特別注意，會疏於察覺其不可能之處。圖中(a)是三條木板無法同時銜接的圖形；(b)是步步往上或步步往下，卻又回到原出發點的石階圖形。

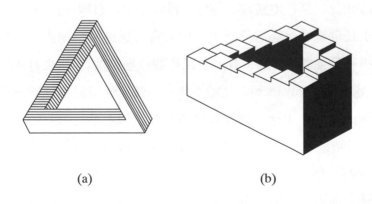

(a)　　　　　　　　　　　(b)

圖4-10　不可能圖形

第四節　超感知覺

　　科學的突飛猛進，並沒有減少人們對超科學的「心靈作用」感到興趣。即使在美國，雖說96%的科學家不相信超感知覺(McConnell, 1991)，仍有過半的人口相信它。生活在現實社會裡，人們對世界的萬象抱有許多的好奇，然而人們的感官卻十分有限，他們真希望有個能超越物體障礙的心靈去滿足他們的好奇。可不是嗎？有人愛打麻將，而且每打必贏，是牌技高明抑是有超人的心靈能力？ **超感知覺** (extrasensory perception，簡稱ESP) 是不需經由感官的刺激而能產生知覺的現象。除了那些騙財的巫人外，有少數人認為他們有超感知覺，他們預測世界大事，甚至試圖協助警察破案。

　　超感知覺被列入**心靈學**(parapsychology)的研究範圍內。由於它涉及行為與心理歷程的探討，心理學家乃於知覺或意識領域中研討之。本節將討論超感知覺的內涵與超感知覺的可靠性。

一、超感知覺的內涵

　　超感知覺包括心電感應、靈覺、預知三類。**心電感應**(telepathy)是指不需經由任何媒介而能將思想由一個人直接送達另一個人者。例如，你突然覺得耳朵熱熱的，似乎有人要跟你說什麼似的，「原來是媽媽正在想念你」。**靈覺**(clairvoyance)，是指不需視、聽、觸等感覺經驗而能認知事物者。例如，有人「見」到其姪兒遠在鄉鎮落水求救的景象；有人背向撲克牌，卻知道那是什麼牌。**預感**(precognition)，是指能預知未來事故的能力。例如，有人於一年前便預言某政要會有生命危險，一年後該政要果然因墜機而喪命。另外有一類似超感知覺的心理能力，稱為**心理致動**（psychokinesis，簡稱PK），它能使物體隨心理的動力而移動。據說，有

人在賭場裡能令骰子滾到某一數字才停止。你相信嗎？

二、超感知覺的可靠性

　　為證明超感知覺是否存在，單憑偶發現象是不夠的，因此科學家為上述現象各設計出一套實驗法。 最普遍的心電感應研究法稱為**全場法**(ganzfeld)。使用此法時，受試者（包括送訊者與收訊者）躺在臥椅上，兩眼被分半的乒乓球蓋住，擴散的紅光照在身上，兩耳耳機傳來「嘶嘶」的響聲。研究心電感應時，兩位受試者分坐於完全隔絕的二室裡，待送訊者(sender)注意一張圖形牌30分鐘後，要求收訊者(receiver)在30分鐘內由數張不同圖形中指認送訊者所注視的圖形。圖4-11是被廣泛使用的五個不同圖形。研究靈覺時，要求受試者指出主試者手中的一張牌是什麼圖形。研究預感時，要求受試者指出即將從一副牌中抽出的一張是什麼圖形。研究心理致動時，要求受試者擲出他要的骰子點數。這類研究講求機率，也就是到底一現象呈現的機率是否顯著地超過該現象由瞎猜而得的機率。現在讓我們看看對超感知覺的研究結果。

圖4-11　研究超感知覺使用的五個不同圖形

1.支持的證據

　　社會心理學家貝牧與心靈學家哈諾頓(Bem & Honorton, 1994)將28個研究予以分析，結果顯示收訊者指認圖形的正確率達38%，顯著地超過使用四張圖形下25%的隨機機率(chance)，因而肯定超感知覺的存在。

2.反對的論點

以海曼(Hyman, 1994)為首的懷疑或反對超感知覺者，多非以自己的實驗研究結果去駁斥超感知覺的存在，而是試圖在研究方法的瑕疵上指出過去研究的錯誤。他們所指出的瑕疵是：已被證實的超感知覺現象缺少科學上應有的重覆性(replicability)；實驗過程缺乏良好的控制，如選取圖片不按隨機方式，受試者能洞察主試者的選圖「規律」，因而可能有較佳的正確反應；發表難得的正面結果而隱匿多數的反面結果（如同報喜不報憂）。

心靈學家接受懷疑者的批評，並改善其早先研究超感知覺的方法，其結果仍然支持其原來的樂觀立場(Bem & Honorton, 1994)。但是，由於重覆證明的困難與報喜不報憂的現象，超感知覺是否存在，至今仍不能予以肯定。可見，要大家真正相信超感知覺的存在，則有待心靈學家與科學家的共同努力了。

本章內容摘要

1. 對感覺訊息予以組織與解釋的歷程，稱為知覺。知覺的形成必須要有由下而上的感覺經驗，也必須有由上而下的知能作統整與指導。

2. 一時被集中注意的感覺經驗，稱為形象；因形象而被暫且忽略的其餘感覺經驗，稱為背景。知覺形成的完形原則包括：相鄰的物體愈相近愈被視為一體的鄰近律；相類似的物體易被歸為一類的類似律；許多短線一條接近一條地排列，而成為一條長虛線的連續律；將未封閉的物體看成封閉物體的封閉律。

3. 由於感官的處理能力有限，我們必須在眾多刺激中作選擇。選擇性注意可來自個體的目的導引或環境的刺激驅使。大腦對刺激的注意程序

是：先由後腦的頂葉去處理刺激物的地點，然後由前腦的額葉去處理刺激物的彩色、形狀、大小、運動等其他屬性。雞尾酒會現象與雙耳分聽的研究支持分散注意的可能與其存在。

4. 知覺是相當主觀的，受個人經驗、需求、動機、所處情境、文化背景等的影響。

5. 感覺經驗儘管改變，其所代表的知覺維持不變，稱為知覺恆常性，它包括大小恆常性、形狀恆常性、亮度恆常性、彩色恆常性等。

6. 能知覺物體的深度或估計物體與知覺者之間的距離，稱為深度知覺。視覺深度是由知覺者的視覺角度來決定的。嬰兒到六個月時已有深度知覺。兩眼內聚以跟隨物體移近個體的雙眼輻輳，與左右兩眼對同一物體產生差異物像的雙眼像差，是深度知覺的兩個主要雙眼線索；相對大小、相對位置、重疊、紋理遞變、直線透視、大氣透視、移動視差等是深度知覺的主要單眼線索。

7. 移動知覺可概分為兩類：物體移動時在視覺上所引起的真實移動，與靜止不動的目標物產生錯覺性的似動現象。似動現象包括電影投射的閃動現象、觀賞月亮的誘動現象、黑夜中凝視光點的自動現象三類。

8. 錯誤的知覺性假設稱為錯覺。視錯覺是兩個物體在網膜上引起完全相同的物像，卻在知覺上被解釋為不同物像的現象。常見的視錯覺有橫豎錯覺、繆萊氏錯覺、龐氏錯覺、愛氏錯覺、鄒氏錯覺、月亮錯覺、赫氏錯覺、愛慕斯室錯覺等。錯覺導致不可能圖形的存在。

9. 超感知覺是不需經由感官的刺激而能產生知覺的現象，它包括不需視、聽、觸等感覺經驗而能認知事物的靈覺，能預知未來事故的預感，與能使物體隨心理的動力而移動的心理致動。由於重覆證明的困難與報喜不報憂的現象，至今仍不能肯定超感知覺是否真正存在。

第五章
多樣的意識境界

當你在念這本書時，你知道你正在做什麼。這種對自己與環境刺激的覺知狀態，稱為意識(consciousness)。換言之，意識是個人在特定時間內對其環境的人、事與物以及其感覺、思考、感觸等予以注意的心理境界。讀書、寫作、交談、開車、進食、看電視、觀賞景色等都是屬於這一類的意識狀態。然而，這些意識狀態只是我們所有意識界的一部分而已；他如潛意識、白日夢、睡眠、作夢、催眠、靜坐、藥物引發的幻覺等則被稱為變更的意識(altered consciousness)，是另一種心理境界。人生便在這許多不同的意識境界中度過。既然它們大多數是我們的生活歷程，我們有必要瞭解它們，甚至有效地控制它們。

意識原本是心理學研討的重心，行為學派興起時幾乎消聲匿跡，後因行為學派本身的困難，認知學派的興起，以及神經科學的進步而復甦。本章將分別討論以下有關意識的重要問題：

· 意識有幾個層面？各層面有哪些特徵？

· 何謂生理韻律、生理時鐘、日韻律？如何克服飛行時差？

· 睡眠的原因是什麼？其歷程如何？剝奪睡眠的後果是什麼？睡眠的異常現象有哪些？

· 作夢的功能是什麼？解釋夢的主要理論有哪些？

· 如何引入催眠境界？催眠感受性的個別差異如何？催眠有什麼功效？有哪些催眠理論？

· 如何靜坐？靜坐可以達成何種境界？其功效如何？

・長期使用心理藥物有何後果？鎮定劑、刺激劑、迷幻藥如何影響意識的變更？

第一節 意識的層面

一般而言，廣義的意識可以概分為焦點意識（通稱意識）、前意識、潛意識（又稱無意識或下意識）三個層面。

一、意　識

意識(consciousness)的最大特徵是注意，注意所集中之處便是意識所及。考試時，你聚精會神地去解題，試題與思維佔據了你的注意，你大概一時不會去注意椅子的不適、空氣的鬱悶、或鄰座的衣著，除非它們吸引你的注意。待你做完試題，鬆一口氣，你頓時覺得椅子、空氣、或鄰座的問題，此際你的注意開始作選擇性的轉移。注意焦點的改變代表意識的流向。意識有兩個主要功能：監視與控制(Kihlstrom, 1984)。

監視(monitoring)是指個體時刻維持其對內在與外在刺激的注意。然而，個體無法同時監視大量的感覺、思考、感情等心智活動與不斷變換的環境，必須在某一特定時間內集中注意於少數重要或相關的刺激上。因此，意識的主要作用是對自己在環境中的生存活動作必要的監視。

意識的另一作用是**控制**(controlling)。人類的活動不是散漫的或無目的的。意識不斷地設計、促動、指導個體的活動，使所有在監視下的活動對個體有益。在意識控制下的個體活動，不僅條理井然，也能瞻前顧後。事實上，意識對個體的控制，在監視下的部分是相當緩慢的，是依序的(serial)，也是限量的(limited in capacity)。例如，我要你回答42×8+299=?時，你的心智活動便在意識的監視與控制下處理這些資訊並予以

反應。可是你在解答$\sqrt{10000}$=?、行走、或駕車時，其活動多數因熟練而自動地處理(automatic processing)，意識控制便大量減少。

二、前意識

我們對刺激的監視與控制不是固定不變的，它時常在不同刺激上來回。就以你跟甲、乙兩人聊天為例，當你對甲某說話時，乙某只在你的邊緣注意之內；當你轉頭去聽乙某的評析之際，甲某便落入你的邊緣注意之內。所有那些不在焦點注意內但「隨時待命」的刺激，被認為是在**前意識**(preconscious)之中。前意識可以說是邊緣意識，如那些一召即到的記憶體（如以「巴黎」回答法國的首都所在）或應需而來的技能（如打字或開車）等。從資訊處理的觀點看，前意識如同記憶結構中的**操作記憶**(working memory)，它暫時儲存一部分原來深藏於長期記憶內的應需訊息，以便隨時進出意識界。

三、潛意識

潛意識(subconscious)又稱下意識，與無意識(unconscious)、非意識(non-conscious)等相類似。從佛洛伊德的心理分析觀點看，凡是不能被意識界所接受的衝動、慾望、記憶等，都被壓抑在一個不能自覺的潛意識裡，但是它們仍然時刻影響個人的行為。作夢、焦慮、怪誕行為、溜嘴（如叫錯男女朋友的名字）等，被心理分析家認為是無意識裡的衝動試圖返回意識界的實例。一些心理學者鑑於許多心智活動與記憶歷程類似生理上的心跳、呼吸、消化等，均為意識所不及，因此確認潛意識的存在與其重要性。第四章內所敘述的錯覺現象，便是環境與文化「潛在地」左右視覺正確性的具體例子。

第二節　睡眠與作夢

　　從早到晚忙於上課、活動、寫作業、趕報告、或整天忙於工作的你，到了夜晚不禁感到疲憊而昏昏欲睡，也開始步入睡眠與夢鄉，一個變更的意識在等著你去經歷。我們在一天二十四小時內，睡眠時間約佔三分之一，作夢時間約佔睡眠時間的五分之一（即約100分鐘，你相信嗎？）。睡眠雖不算清醒，亦不是毫無意識（時常還能聽到雷雨聲）；雖然大腦阻擋一般感覺訊息的進入，但重要訊息（如自己的嬰兒在深夜輕微的哭聲）仍能驚醒熟睡者。疲憊的人固然需要睡眠，整日呆坐的人也照睡不誤，到底睡眠是規律，還是需要？有人說他們毫不動彈地一睡到天亮，是真的如此嗎？有人宣稱他從未作過夢，可能嗎？為什麼有些夢會那麼荒誕呢？本節將一些與睡眠、作夢有關的重要問題在下列課題中分別討論：生理韻律與生理時鐘、睡眠的理由、睡眠的過程、睡眠失常、作夢與夢的功能與解釋等。

一、生理韻律與生理時鐘

　　人生是大自然的一部分。自然界有春夏秋冬的四季循環，人也有生老病死的變化。且看四季中動植物秩序井然的生態變化，不禁讚嘆大自然規律的統御力，人們也似乎難逃億萬年來已經奠定的**生理韻律**(biological rhythms)。

　　我們「日出而作、日入而息」，似乎顯示人的**生理時鐘**(biological clock)與大自然的日夜變遷相當一致。地球自轉一次是24小時，人的**日韻律**(circadian rhythm)是否也是24小時呢？生理時鐘是否因外界的明暗（白天與黑夜）線索而調適呢？1989年在美國新墨西哥地窖裡實驗室的研究，對這個問題可以提供一些答案。地窖裡的實驗室沒有陽光，完全隔音，

氣溫保持不變，也沒有鐘錶。佛里妮(Stefani Follini)女士在那裡度過131天，好讓她的身體去建立自己的韻律。佛里妮在地窖裡愈來愈遲就寢（進窖裡兩星期後，睡眠由深夜12時至早上8時逐漸推延至自上午10時至下午6時）；吃的餐次愈來愈少；甚至月經也停止了。這個實驗發現人類的日韻律是25小時。然而這個被接受多時的結論已開始動搖，近年來，日韻律又被肯定為24小時。

就以象徵生理韻律的體溫變化來說，我們的體溫在正熟睡的凌晨四時最低，清醒後的上午逐漸升高，至中午時體溫最高，也伴隨著最高的活力。這種一日24小時的體溫變化與睡眠時間的規律性，在被完全孤立的窖裡，竟然變為25小時的韻律。當佛里妮回到日夜線索清楚的世界後，她的日韻律與生理韻律又恢復原狀了。請注意：我們經常在下午感到有些睏乏，許多人錯怪此一現象全為午餐過食所致，其實它是生理韻律的一部分。雖然多數人的睡眠大體在晚上9時至早上7時之間，也有少數的早起者或晚起者。由於他們的日韻律不同，早起者愛上早課或早班，晨間的表現甚佳，只是到了午後情況顯然不繼；晚睡晚起的「夜貓子」愈是到了午後愈有較佳的表現。請問，你是屬於哪一類呢？

工商發達後，由於產業的需求，許多人無法享受上午8時至下午5時的上班或工作時間，他們必須在夜晚或清晨工作。警察、護士、工廠工人、貨運司機、飛行員等時常更換上班時間。輪班改變了睡眠時間，也打斷正常的睡眠習慣，工作時亦難免因而睏盹。雖說他們多數歸咎於白天睡眠時受到嬰兒的哭聲、汽車的喇叭聲、電話的鈴聲、或其他喧鬧聲的干擾，其實個人的正常生理韻律要求個人在白天覺醒而不是睡覺。根據研究(Akerstedt, 1988; Leger, 1994)，許多上夜班的員工不是睏得難受便是工作時打盹。顯然員工的安全與生產力值得關切。工廠或機關可以作以下的調適：避免過頻的班次更換；班次往後推（如由上午8時起改為下午4時起）而不是往前推(Coleman, 1986)；允許有兩天的換班適應假日(Totterdell et al., 1995)；加亮工作地點的燈光(Thessing et al., 1994)。

如果你在一個城鎮久住，一旦乘坐飛機遠行（如由臺北飛往洛杉磯），

由於日夜正好相反，你的生理韻律與現實所處環境不符，必定遭遇適應的困難。由於日夜相反，若抵達時間是下午二時，你又必須參加一個重要會議，你的大腦必定不耐煩地叫喊「該睡的時候了！」這種乘飛機旅行而引起的日韻律的不適應現象，被稱為**飛行時差**(jet lag)。飛行時差給我們的啟示是：生理韻律把我們的生活規律化了，要是違抗它，只得受罪一時。欲克服飛行時差，有幾個建議供參考(Oren, 1995)：旅行時朝西向走，以備更多的調適時間；旅行之前，要有充分的睡眠；心理上接受到達地點的新時區；多喝液體，不要飲酒；到達地點的第一天，盡量暴露在室外；夜晚時讓亮光有機會改變生理時鐘。事實上，我們的身體也能逐漸修改其生理韻律，以便與新環境求得一致。問題是：我們的身體是如何與環境調適的呢？

原來，大腦裡的下視丘有個主管生理時鐘的**上視交核**（supra-chias-matic nucleus，簡稱SCN）。當視覺神經把帶有陽光的訊息從眼睛網膜送達大腦時，也同時送到上視交核(Ginty et al., 1993)；上視交核接到陽光訊息時，便開始減緩由**大腦松果腺**(pineal gland)分泌**退黑激素**(melatonin)，個體也因此逐漸清醒；我們已知，一旦天色變黑，個體開始分泌促進睡眠的退黑激素。無怪乎，許多睡眠不足的人趕緊吞服退黑激素膠囊，希望藉此以人工「催促」大腦入睡。現在我們來探討為什麼要睡覺。

二、睡眠的理由

一個工作一整天而覺得疲憊的人，總希望好好地睡個覺，以便有個精神抖擻的明天。看來睡覺像是「加油」，但是為何睡覺偏偏多在晚間進行呢？解釋睡眠的主要理論有二：一是復原論，一是演化論(Hobson, 1989)。

復原論(restoration theory)認為，睡眠是為了使個體獲得補充而恢復其原有的精力與體力。持此一論點者指出：個人因勞動而疲乏，因睡眠而精力充沛。這個理論也獲得動物實驗的支持：睡眠被嚴重剝奪的老鼠體溫下降、飲食增加、代謝作用增高、體重減輕、免疫力喪失、終至死

亡(Everson, 1995; Rechtschaffen & Bergmann, 1995)。然而你有沒有想過：如果你天天無事就睡，結果還是想睡，你有什麼要復原的呢？

演化論(evolution theory)則認為，由於長期演化的結果，個體藉睡眠以保存其體能並防避「弱肉強食」者的侵害。換言之，利用日間獵取食物的動物，在夜間尋找隱蔽處睡眠，既可避免暴露身體，又能保持體能。一個有趣的佐證是，花愈多時間覓食的動物（如馬）睡得愈少；花愈少時間覓食的動物（如老虎）睡得愈多。可見，演化論的睡眠說法相當符合日韻律的現象。

復原論與演化論並不相互衝突或抵觸，兩者對睡眠提供相當令人滿意的解釋。可是由於睡眠與記憶關係的發現，睡眠似乎又多了一個理由了。現在看看睡眠的過程。

三、睡眠的過程

自從柯來特曼(Kleitman, 1963)使用腦波圖(EEG)研究睡眠以後，睡眠不再被認為只是一段漫長不變的沈睡過程，而是分成四個不同階段的起伏歷程。以腦波特徵來判定睡眠的深淺，是研究這個神秘意識的重大突破。茲將睡眠的四個階段（見圖5-1），睡眠中特有的眼動現象，以及剝奪睡眠介紹於後。

1.睡眠的四階段

第一階段：是剛進入睡眠數分鐘的初睡階段，意識昏迷；腦波頻率減緩且無規律。

第二階段：是已經入寢20分鐘左右的淺睡階段；腦波快速而不規則，波幅高低互現。

第三階段： 是深睡階段； 腦波呈緩慢而寬闊， 趨近德爾塔波(delta waves)。

第四階段：是非常熟睡的沈睡階段；腦波是粗而緩的德爾塔波。

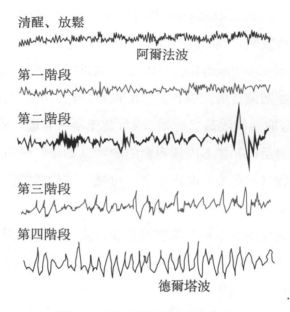

清醒、放鬆

阿爾法波

第一階段

第二階段

第三階段

第四階段

德爾塔波

圖5-1　睡眠所經歷的四個階段

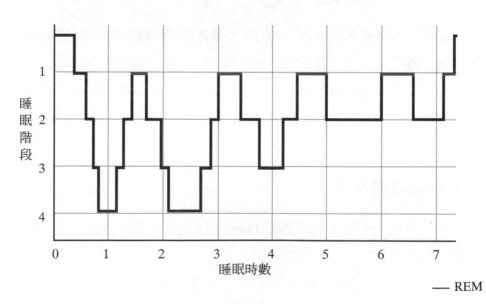

睡
眠
階
段

睡眠時數

── REM

圖5-2　睡眠的周期性

　　一個人約八小時的睡眠，組成了包括上述全部或部分階段的五個深淺互現的**周期**(cycles)。圖5-2是典型的從入睡至醒起的起伏性睡眠旅程。圖中顯示：每個周期長約90分鐘；頭兩個周期都有四個睡眠階段；次兩個周期則不再出現第四階段的沈睡；最後一個周期只及第二階段的淺睡。

我們以腦波模擬神秘的睡眠歷程，卻能清楚地看出：睡眠的前半段有深而熟的睡眠，後半段的睡眠則較為淺淡；每個周期都回到第一階段的淺薄睡眠狀態，此際睡者有快速的眼動現象。到底快速眼動所代表的是什麼呢？

2.快速眼動睡眠

　　每當睡者從較深的階段返回第一階段後，眼皮仍然闔著的兩眼開始急速地左右移動，我們稱此時的睡眠為**快速眼動睡眠**（rapid eye movement sleep，簡稱REM睡眠），並且把其他睡眠統稱為**非快速眼動睡眠**（non-REM sleep，簡稱NREM睡眠）。若一個人的睡眠包括五個周期（可能是四至六個周期），REM睡眠也出現五次，而且由首次的約10分鐘長依次增加到最後的30至60分鐘。這就是為什麼一個人每晚總共有約兩小時的作夢時間。當受試者在REM睡眠中被叫醒時，有78%的次數說是正在作夢，即使那些宣稱從未作夢者亦復如此；至於在NREM睡眠時被叫醒的受試者，只有14%的次數說是正在作夢(Dement, 1992)。REM睡眠中所作的夢較為清晰、詳細、有情節，NREM睡眠中所作的夢則較易於飛逝。同時，於REM的睡夢中，大腦活躍但軀體麻木（以保護個體的安全）；於NREM的睡夢中，大腦遲鈍但軀體活躍（不斷翻動身體與四肢）(Coleman, 1986)。

　　愈來愈多的研究使我們對REM睡眠有更多的瞭解：嬰兒與兒童比成人有更長的REM睡眠；一個人前一天的REM睡眠被剝奪後，第二天便因**反彈效應**(rebound effect)而有比平時更長的REM睡眠；完成一學習作業後，若REM睡眠被干擾，則醒後對該學習比平時有更差的回憶，因此REM睡眠或許在修改與重組訊息(Evans, 1984)，或許在汰除冗雜無用的訊息(Crick & Mitchison, 1983; 1986)。與REM睡眠相比，剝奪NREM睡眠對個體的身心影響很少。

3.剝奪睡眠

由於一些生理或心理的原因，我們偶而有短暫失眠的現象，但很快地身心又回復正常運作。一般而言，睡眠被剝奪得愈長久，其影響愈嚴重。如果你曾連續三天沒睡覺，回憶看看你的身心反應與專家的剝奪睡眠研究結果是否相似。根據研究(Borbely, 1986; Dement, 1976)，失睡的頭一天，受試者仍然顯得輕鬆愉快，但晚間開始顯得難挨；再失睡一天，受試者覺得疲倦，白天工作時會失控而睏盹；失睡三天後，開始對事冷漠，容易因瑣事而暴躁，做事有氣無力，至晚間幾乎無法支撐，有些人開始產生幻覺(hallucination)而「無中生有」。根據其他的綜合報告(Koslowsky & Babkoff, 1992; Mikulincer et al., 1989)，失眠者覺得疲倦、反應遲緩、感到抑鬱寡歡、創造思考鈍化、思考難於集中、判斷錯誤、免疫力減弱等。

於1966年，17歲的賈德納為打破不睡的世界紀錄，乃保持連續11天的清醒，然後他睡了15小時，醒來覺得一切都好(Gulevich et al., 1966)。後來對他的追蹤測試也看不出有什麼長期的危害(Dement, 1992)，然而從查閱他失眠期間的每日測試紀錄，卻發現賈德納的思路瑣碎、思想集中困難、回憶不全、言語含糊不清、亦有幻覺現象(Coren, 1996)。可見，睡眠被剝奪確實產生身心適應上的困難，但事後的充分睡眠，頗能使個體的身心健康迅速復原。

四、睡眠異常

大多數人都很幸運，每天睡七、八小時，醒來精神充沛、充滿活力。有些人則不然，他們甚至談「睡」色變，因為他們有困擾的睡眠異常現象。睡眠異常(sleep disorders)是指缺乏良好的睡眠以致影響正常的生活與工作表現。常見的睡眠異常有：失眠、失控性突眠、窒息性睡眠、夢遊、夢話、夢魘、夜驚等。

1. 失　眠

失眠(insomnia)泛指睡眠不足。由於個人所需的睡眠時數不同，加上人有高估失眠時數的現象，因此失眠是相當主觀的判斷。失眠有屬於難以入睡的，有屬於醒得過早又無法回寢的，也有屬於睡眠期間醒的次數過頻的。前兩者可能與日韻律的不調和有關。例如，你星期一至星期五為了上課或上班，乃有晚上十時入睡、清晨六時起床的固定睡眠習慣；一到週末，你若晚睡晚起，則你的日韻律就被搞亂了。下列是一些防止或適應失眠的一些有用的建議：（甲）有規律的睡眠時間；（乙）睡前保持輕鬆；（丙）睡前不暴食或飽食；（丁）睡前不喝酒、咖啡、可樂等飲料；（戊）睡前作例行的輕微運動，避免激烈運動；（己）遇入睡困難時，不逼迫自己睡眠，不妨做些分心的事；（庚）千萬不要服用安眠藥，它只會使以後的情況更為惡化。

2. 失控性突眠

失控性突眠(narcolepsy)是患者於平時上課、工作、開車、交談、歡笑、或進食時突然入睡幾秒鐘至一、二十分鐘的現象。失控性突眠是REM睡眠，而且有時因肌肉失持而全身倒下。有千分之一的人患有此症，它與遺傳有關(Hobson, 1988)。有些人因症狀輕微，二三秒鐘一閃而過，因此常不被察覺，倖免於失態。但患有此症者，由於可能每日病發數次，甚至陷入危險而不知，因此不容易保持一般性工作或駕駛車船。幸好，適當的藥物治療可以控制這種症狀(Mitler et al., 1994)。

3. 窒息性睡眠

窒息性睡眠(sleep apnea)是患者於睡眠時的間歇性停止呼吸的症狀。患者於停止呼吸約一分鐘後，大腦因血氧過低而醒來，並以打鼾恢復呼吸。窒息性睡眠患者多為年過四十的中老年肥胖者，由於每晚病發多次，既有呼吸的困難又多次驚醒，次日多感睏盹或頭痛。令人不解的是，患

者多不自覺症狀的存在。減胖與戒酒有助於減輕症狀，但至今仍無有效的藥物控制。有些嬰孩猝死症（sudden infant death syndrome，簡稱SIDS）可能與窒息性睡眠症有關(Taylor & Sanderson, 1995)，若能避免嬰兒伏臥而睡（伏臥時易使呼吸更為困難），可以減少嬰兒的死亡率。國人的嬰兒多仰臥，不失為良好的防患措施。

4.夢遊、夢話、夢魘、夜驚

夢遊(sleepwalking)是誤稱，應該稱之為睡中行走，因為它發生於睡眠時很少作夢的第三、四階段。在熟睡之際，有的患者突然坐起，喃喃幾句，又躺回入睡；有的患者突然下床，著衣，獨自行走（甚至離開房舍），再回床就寢。這類症狀的患者幾乎全是兒童，多數沒有危險，但由於知覺模糊，可能有意外發生。睡中行走者於事發後並沒有什麼記憶。

夢話(sleeptalking)也是誤稱，應該稱為睡中說話。它發生於REM睡眠與NREM睡眠之中。睡中說話，有的口齒不清，有的清楚可辨，更有少數可以相互交談。不論何者，當事人於事後並無記憶。睡中行走與說話雖同屬於睡眠異常，但無害於個人的心智或情緒的健康。

夢魘(nightmare)是作不愉快的夢，也就是我們常說的惡夢。夢魘多數是無害的，因為它發生於REM睡眠期，此時雖然大腦活躍，四肢卻麻木而不能動彈，無法傷害自己或他人。如果不幸，有人在REM睡眠時肌肉不會麻木（此種情形不多），夢魘者則有可能因激烈動作而傷害自己或床伴(Schenck, 1993)。夢魘多發生於幼童，至成年期便很少見。

夜驚(night terror)是兒童在熟睡之際，突然坐起、驚惶尖叫、心跳倍增、呼吸困難、渾身汗透。然而，事後毫無記憶。夜驚發生於睡眠的第三或第四階段，因此與夢魘無關。

五、夢的功能與解釋

以一個72歲的人來說，他已經睡了24年，也作了5到6年的夢，可見夢是生命與生活中的不可分離的一部分。從夢裡，有人得到靈感，有人

得到啟示，有人得到慰藉，有人得到發洩，有人自扮主角，有人扮演觀眾。夢給予人們多少的喜怒哀樂、多少的離奇古怪，因此它是個人獨自擁有的「晚間劇場」(Davis & Palladino, 1997)。心理學家試圖對這種難以預測或控制的意識，希望在性質、內容、歷程上作最佳的探索與解釋。

1.夢的性質

從REM睡眠與作夢的關係來看，作夢是生理與心理互動的結果。欲瞭解夢的必要性，請看下列三個事實：(甲) 大多數哺乳動物都有REM睡眠；(乙) 人類REM睡眠的需求與大腦的發育成熟度相關，它與睡眠的百分比是初生兒的50%，六個月嬰兒的30%，兩歲兒的25%，早期兒童的20%(Marks et al., 1995)；(丙) 當REM睡眠被剝奪時，受試者於次夜有反彈性的補充需求，因而有比平時更長的REM睡眠(Brunner et al., 1990)。作夢的生理與心理需求更可從以下夢的內容中反應出來。

2.夢的內容

我們常說：「日有所思，夜有所夢」，這跟研究調查的結果是否相符呢？根據一項報告(Stark, 1984)，出現最多的夢依次是：身體下落，被追趕或攻擊，欲成一事但屢試不成，空中飛行，對要事不備或遲到，被拒，當眾裸體等。 根據另一個對一萬人的調查研究(Hall & Van de Castle, 1966)，在所有報告的夢之中，64%屬於悲哀、恐懼、或憤怒，只有18%屬於快樂或興奮；攻擊是友誼的兩倍；29%是彩色的；婦女較多夢及室內之事物， 男子較多夢及室外之事物。 有一報告指出(Van de Castle, 1994)，兒童較成人作更多的涉及動物的夢。綜上所述，夢的素材來源有三：日常生活中所關切的事物，外界環境中的有關刺激，與作夢者本人。既然夢與切身的個人、生活、環境等有關，它所代表的意義是什麼呢？

3.夢的解釋

到目前為止，對夢的解釋主要有二：佛洛伊德的解夢(Freud, 1900)與

促動合成論(Antrobus, 1991; Hobson, 1988)。

根據佛洛伊德，人與生俱來就有「性」與「攻擊性」的潛在衝動。由於這類動機不為社會所接受，乃被壓抑於潛意識裡，但它們時刻等待機會以求滿足。睡眠時意識警戒鬆弛，潛意識裡的動機得以「化裝」出現；夢便是一種被重新結構與間接表達的內在動機的實現。佛洛伊德把夢分成兩個層面：一是自睡眠醒來時所道出來的，稱為顯性內涵(manifest content)；一是構成該夢背後的思想、衝動、需求、衝突、慾念等，稱為隱性內涵(latent content)。根據這個說法，由一個夢的顯性內涵去窺視其隱性內涵，便是夢分析(dream analysis)的功能。由於夢的奧妙，雖然佛洛伊德的說法難以使用科學方法去證驗，至今仍有不少追隨的信徒。

促動合成論(Activation-Synthesis Theory)是從神經科學與認知心理學的觀念去解釋夢的形成及其內容。此一理論認為，夢的形成包括兩個歷程：（甲）由腦幹(brainstem)隨機引發的神經衝動向大腦皮質部擴散而去，這是夢的促動歷程(activation process)；（乙）大腦根據其儲存的往日經驗，將擴散而來的訊息組成有意義的意像或故事，這是夢的合成歷程(synthesis process)。依此說法，於REM睡眠時，感覺神經元引發的神經衝動，使夢中充滿光澤、色彩、形象等物像(Antrobus, 1991)；於REM睡眠時，運動神經元引發的神經衝動，使夢中含有飛行、降落、爬行等動作(Porte & Hobson, 1996)。

有趣的是，佛洛伊德與促動合成論不約而同地認為，夢的顯性內涵毫無意義可言。對佛洛伊德來說，夢的顯性內涵是心靈編造古怪的故事，以掩飾其真正的慾念；對促動合成論而言，夢的顯性內涵是大腦所編造的古怪故事，因為當時的訊息與時間畢竟有限。兩者的主要差異是：佛洛伊德認為夢是由潛意識裡的衝動所引起；促動合成論則假定夢是由腦幹裡的神經活動所促動的「副產品」。

第三節 催眠

催眠(hypnosis)是一種歷程，它使個人極度輕鬆、注意專一，因而能依暗示而行動的一種意識狀態。 奧國維也納醫生梅斯瑪(Franz A. Mesmer, 1734–1815)試圖使用催眠術以恢復病人體內失衡的「磁液」。他的磁液理論因缺乏證據，使他被稱為庸醫而一蹶不振。催眠術由於許多催眠師的大肆廣告與宣傳，魔術界與嘉年盛會的表演，使大眾對它的神秘更加好奇；加上臨床上的應用以治療酒癮、煙癮，或用以鎮痛、減胖等，使心理學家對它的研究與應用有更高的興趣。我們來討論催眠境界是如何被引進的？人人是否都有被催眠的可能？催眠的功效如何？有什麼理論可以解釋催眠？

一、催眠境界的引進

過去一般人認為，催眠一定要由催眠師施展其特殊技巧或使用特有的「神奇」功力。事實不然。喀欣(Kassin, 1998)認為，催眠應循兩個步驟：引進與暗示。

引進(induction)是使個體從一般意識狀態導引至可以被動地接受暗示的另一種意識狀態。引進的核心技巧是：使個體完全集中其注意。首先，催眠者以柔和而單調的聲音要求被催眠者將注意定於一：一枝筆、一鐘擺、一黑點、一燭光等都可以，也可想像自己躺在安適的沙發上或寧靜的沙灘上。其次，要求被催眠者閉上眼睛並且盡量放鬆，並對被催眠者慢慢說：「你一定很鬆弛了！」「你也愈來愈累了！」「你現在累極了！」「你的眼皮重得很！重得很！」這樣做，就是要使被催眠者在鬆弛中，排除雜念，集中其注意。

暗示(suggestion)是給予被催眠者行動的指令或對被催眠者暗示其屬

性的特徵（如你的手不怕冷）。在此舉之前，為了保證被催眠者已成功地進入接受暗示的境界，催眠者可以試探地說：「你的眼睛已牢牢地閉著，你現在怎麼試也張不開了。」如果被催眠者真的仍然閉牢眼睛，他已預備接受暗示。如果，還不敢肯定，你可以要他聞一滴「香水」（其實是氨），以考驗他的反應。如果他證實是「香水」，他準已進入暗示期了。給予何種暗示或何種指令，要看催眠的目的——是戒煙、是戒酒、是減肥、是鎮痛、是行善、或是遺忘。

二、催眠的感受性

　　從上面的敘述看來，催眠並不是困難的技巧，若按部就班地在指導下練習，人人都會催眠。但是人人都可被催眠嗎？答案是：有人可以，有人不行。催眠的科學研究先進希爾嘉(Hilgard, 1965)發展出一套史丹福催眠感受性量表（Stanford Hypnotic Susceptability Scale，簡稱SHSS），以評量個人的可催眠性。量表的主要評量變項是個人對暗示的感受性。希爾嘉使用該量表的結果發現，有些人極易受催眠，有人極難受催眠，大多數人居於兩極之間(Hilgard, 1982)。這個發現也於後來被另一研究分析所證實(Oakman & Woody, 1996)。這些資料證明一個事實：催眠是不能違抗個人意願的。

　　至於在催眠感受性量表上得高分者與低分者，是否一直維持如此差異呢？根據對1960年代的受測者於25年後重測的結果來看，他們的前後得分相當一致(Piccione et al., 1989)。到底容易被催眠的人，是否就是事事從眾、一味服從的缺乏獨立性格的弱者呢？不然。他們愛接納新經驗，有豐富的想像力(Wilson & Barber, 1978)，對書本、音樂、電影等活動頗能全心貫注(J. Hilgard, 1979)，處理資訊快速而輕易(Dixon et al., 1990)，有持久的注意力並能避免分心(Crawford et al., 1993)，甚至在催眠下，能經驗異性角色(Noble & McConkey, 1995)。

　　一般而言，兒童比成人易於催眠，在青春期前催眠感受性到達最高峰，此後開始逐漸下降。有證據顯示(Morgan et al., 1970)，催眠感受性與

遺傳有關，因為同卵雙生兒比異卵雙生兒有更近似的評量分數。

三、催眠的功效

我想你在未讀本書之前，已聽到或看到許多有關催眠功能的報導。現在不妨將你所視所聽與以下報告作比較、證驗。

1. 鎮　痛

痛(pain)可由預期它與恐懼它而加重，亦可經由催眠暗示而減輕(Zimbardo & Gerrig, 1996)。對於高度催眠感受性者而言，催眠可以變成他們的心理麻醉劑(psychological anesthetic)。我們可以對已進入催眠狀態者暗示，他的手如木頭，他的手有厚手套保護，或他的手不怕冷，結果他在冰冷水中的手絲毫沒有痛的感受(Hargadon et al., 1995)。催眠在醫學上的鎮痛功效已在牙醫、婦產、頭痛、背痛、風濕痛、氣喘等方面廣泛使用(Kihlstrom, 1985)。催眠不限於由催眠師使用，**自我催眠**(self-hypnosis)也是非常有效的手段，因為它可以於需要時隨時使用。

2. 強　制

強制(coercion)是要求被催眠者同意他平時不苟同的想法，或進行他平時不願做的事。催眠是否可以像某些電影裡所描述的，令個人違反其良知而去殺人呢？既然催眠不能違抗意願，因此其答案是否定的。事實上，一個在催眠狀態下的人知道他在幹什麼，因此他不會做出損人或害己的事(Gibson, 1991)；何況有人說：「所有的催眠都是自我催眠」，一切都在自己的控制下(Olness, 1993)。可不是嗎？

3. 催眠後暗示

催眠後暗示(posthypnotic suggestions)是指被催眠者在催眠狀態中所接受的暗示，於催眠狀態結束後繼續有效的現象。例如，在為戒煙者催眠時，被催眠者接受「香煙真難聞」的暗示；被催眠者於催眠結束後果

然不十分願意再聞香煙味。雖說，此一效果不十分顯著，但佐以其他心理治療，催眠對失眠、減肥、高血壓等的療效頗佳(Kirsch et al., 1995)。也許你還聽說過**催眠後失憶**(posthypnotic amnesia)的現象，它是由於催眠師的暗示，被催眠者乃於事後完全遺忘其催眠中的經驗。實驗證明確有這種現象，但失憶多自然而短暫，且當事者多能於以後復憶(Bowers & Woody, 1996)。

4.年齡回歸

年齡回歸(age regression)是指被催眠者能應催眠師的要求而重回幼時的言行。這大概是你聽得最多的吧！由於催眠者的發問或指令本身常「夾帶」訊息，因此年齡回歸所得的結果並不十分可靠。根據分析(Nash, 1987)，被催眠者與未被催眠者同時被要求年齡回歸時，在言行上兩者沒有顯著的差別。至於**世代回歸**(past-life regression)，被催眠者雖也宛如身處前世，畢竟所報錯誤太多而難以令人置信(Spanos, 1987–88)。

5.記憶增強

記憶增強(hypermnesia)是指個人被催眠時因接受暗示而有超越平時的記憶能力。儘管警察或司法機關常借用這個可能性以協助破案，但綜合研究所得的結果是：固然催眠使個人有較清晰的往事記憶，但也摻雜許多扭曲的或錯誤的記憶(Dinges et al., 1992; Dywan & Bowers, 1983; McConkey & Sheehan, 1995)。

四、解釋催眠的理論

一個人能被引入催眠境界，而且能依合理的暗示行事，宛如進入另一種意識狀態，因此心理學家試圖解釋，到底「催眠狀態」是什麼？目前有三個主要催眠理論：社會影響論、境界論、分離論。

1. 社會影響論

社會影響論(social influence theory)認為，催眠不外是被催眠者一意扮演催眠者所給予的預期角色。 被催眠狀態是日常社會行為的延伸(Spanos, 1994)，只是富於想像的「演員」在被要求催眠時「好自為之」罷了。例如，當你進入診所看醫生時，只要醫生「暗示」一下，你可能馬上脫光衣服；同理，當你進入催眠室裡時，你會完全遵從催眠師的指令行事。根據研究(Orne, 1970)，有強烈動機的非被催眠義工，幾可亂真地模擬被催眠者的行為。

2. 境界論

境界論(state theory)與社會影響論剛剛相反，認為催眠境界完全是一種變更的意識。研究證明，雖然未被催眠者試圖全力模擬被催眠者的行為，被催眠者的行為自然而真摯，未被催眠者則顯然有些作假或不實，兩者的差異事實俱在(Orne, 1980; Spanos et al., 1990)。

3. 分離論

希爾嘉(Hilgard, 1977, 1992)所主張的分離論(dissociation theory)認為，催眠狀態是一種被分離出來的特別意識。換言之，催眠術將一個人的意識一分為二(split)，出現兩個不同但彼此獨立的意識：一個完全聽從催眠者的暗示，另一個則暗中從旁觀察。希爾嘉的觀點來自他的一個實驗(Hilgard et al., 1975)。在實驗中，他暗示被催眠者的左手失去痛覺，並將它置於冰冷的水中；右手則負責按鈕，以表達左手的疼痛程度。平時，冰冷的水是令人痛得難過的，但被催眠的意識完全接受「失去痛覺」暗示；同時負責暗中觀察的意識，卻以右手持續地按鈕以傳達痛覺的程度。

第四節　靜　坐

　　前節所討論的催眠狀態是由他人引進而形成的特有意識境界，**靜坐**(meditation)則是一種排除外界刺激，控制自己的思維，與注意定於一的自我修練的歷程。它是源自宗教上的靈修，以達到平心靜氣、了無雜念、徹底領悟、天地合一的境界。本節將討論不同的靜坐法、靜坐達成的境界、靜坐的功效。

一、不同的靜坐法

　　目前受到心理學家注意的主要靜坐方式有三：坐禪、瑜伽術、超覺靜坐。**坐禪**(Zen meditation)集中注意於呼吸時的體內活動；**瑜伽**(Yoga)注意呼吸技巧，體驗不同的姿勢，複誦咒語（默誦或朗誦）等；**超覺靜坐**（transcendental meditation，簡稱**TM**）可以使用咒語，亦可以使用心像，以求注意的集中。

二、靜坐達成的境界

　　成功的靜坐使個人進入「空」、「清」、「虛無」的另一種的意識境界，無感覺訊息，也無知覺內涵；它使個人有欣快感(euphoria)、高亢的情緒、擴展的注意、無時間的感覺(Bourne & Russo, 1998)。進入此境界者的腦波特徵是，有清醒時的**阿爾法波**(Alpha waves)與淺睡時的**西塔波**(Theta waves) (Karamatsu & Hirai, 1969)。同時，個人的代謝作用與心跳減慢，對焦慮刺激的反應減低，大腦的血量增加，兩個半腦的活動更為一致(Holmes, 1984)。

三、靜坐的功效

　　靜坐的最大功效是，它使個人極為輕鬆與平靜。就以超覺靜坐的效益而言，它不僅減少焦慮，也使LSD濫用者減少97%，大麻煙濫用者減少78% (Wallace & Benson, 1972)。由於超覺靜坐自然而簡易，現已成為濫用禁藥者的有效治療法(Alexander et al., 1994)。

第五節　影響心理的藥物

　　人類不斷地探索與體驗各種不同的意識狀態，除了睡眠、作夢、催眠、靜坐以外，甚至使用藥物以刺激、麻醉、改變身心狀態，這些不是人類與生俱來的天性嗎(Siegel, 1989; Weil & Rosen, 1993)？在我們的社會裡，合法的煙、酒、咖啡、鎮靜劑、滋補劑等充斥市面，可以隨意購用；違法的安非他命、古柯鹼、巴比妥酸鹽、LSD、PCP、大麻煙、海洛因、嗎啡、快樂丸等禁藥，雖在嚴禁與重罰之下，仍然頗為猖獗。這又為什麼呢？

　　在許多藥物中，能夠變更意識或改變行為的，稱為**影響心理藥物**(psychoactive drugs)。專門研究藥物如何影響心理歷程的科學，稱為**心理藥理學**(psychopharmacology)。長期使用影響心理藥物可能導致兩個症候：依賴性與耐藥力的提升。**依賴性**(dependence)是指一旦令人上癮的藥物被停止，個體對藥物產生更強烈的需求，並有異常難受的**收回**(withdrawal)症候。常見的收回症候有：發抖、冒汗、流淚、嘔吐等。依賴性分身體與心理兩方面。對一個已對藥物上癮的人來說，驟然停止服用藥物，身體（尤其是大腦）的神經傳導物與賀爾蒙突然失衡，生理功能因而失調，對藥物的「需求」更加強烈，這是屬於**身體依賴性**(physical dependence)；同理，若長期使用藥物，到該服用藥物時卻無藥可用，心理

上乃產生更強烈的用藥「願望」，這是屬於心理依賴性(psychological dependence)。許多人上了咖啡癮，每天上下午的一段時間內若少了一杯咖啡，一心便在咖啡上徘徊。耐藥力(drug tolerance)是指用藥一久，藥物作用減弱，身體需要更多的用量以維持原有的效力。用藥量有增無減，不僅傷害身體，而且費用負擔加重。無怪乎許多「吸毒」者，由於愈用愈多，加上毒品昂貴，終至傾家蕩產，甚至鋌而走險（如偷、詐、搶、劫等）。

影響心理藥物很多，從煙酒到海洛因等都是。不過，我們可以依其對心理產生作用的不同而分成三大類：鎮定、刺激、迷幻。下面將分別舉例說明一些藥物在變更意識上的作用。

一、鎮定劑

酒精(alcohol)是歷史最悠久（約一萬年）、使用最普遍的一種鎮定劑。酒精抑制醋膽素作用，但提升多巴胺酸作用，因此它一方面有助興與鬆綁自律的作用，另一方面卻有鎮定與壓抑的效果。人們在宴會、舞會、消遣時使用含有酒精的飲料，其目的無非是助興或解除緊張。然而酒精可以令人視覺不清楚，注意力減弱，嗅覺、味覺、痛覺鈍化，反應遲緩，身體失衡，語言不清，與思路不暢等。酒醉的人走進了另一個意識境界，也因而容易有失言、失禮、失敬、失事（如駕車闖禍、打架、舉刀殺人）等行為而不自知。由於太多酒後駕車失事的慘劇，血液裡的酒精含量達0.10%時，便不應准許駕車或操作機器。至於藉酒澆愁固不足取，以酒壯膽亦非善策，因為兩者都不是建設性的問題解決方式。同時，有人嘗試以酒催眠，不僅未能增加真正的睡眠量，反而因壓抑REM睡眠以致醒後仍然昏昏欲睡。當然，喝酒上了癮就是酒精中毒(alcoholism)，不僅影響工作表現，而且難以忍受依賴性所引起的收回症候。所幸，比起日人與韓人，國人飲酒量較為適中，較少酒精中毒問題(Yamamoto & Lin, 1995)。

巴比妥酸鹽(barbiturates)是一種非常普遍使用的鎮靜劑，用以治療焦慮、失眠、或癲癇症等。它助長珈瑪胺基丁酸的抑制性作用。服用巴比

妥酸鹽製劑後會使人睏盹、遲緩，引起較差的知覺與認知（如考試）表現；大量使用，有鎮痛效果。安眠藥多含巴比妥酸鹽，奉勸你考前其使用。多數鎮定藥物容易使人上癮，耐藥力也快速增加，收回症候更是難挨。若巴比妥酸鹽與酒精飲料同時使用，可能有致命的危險。

包括鴉片(opium)、嗎啡(morphine)、海洛因(heroin)等的**鴉片劑**(opiates)是強有力的鎮靜劑。它們抑制與痛有關的P要素(Substance P)的分泌，並增加多巴胺酸的分泌。使用者瞳孔縮小，呼吸緩慢，身體睏倦，焦慮喪失，疼痛減弱；但是當鎮靜功能奏效時，取而代之的是極為幸福快樂的感覺。使用鴉片劑的代價是：易於上癮，停用後有痛苦的收回症候，個體逐漸喪失自己的鎮痛能力，服用過量導致死亡等。

二、刺激藥物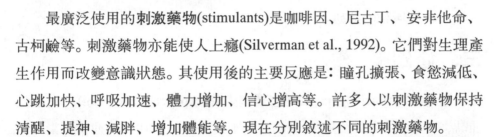

最廣泛使用的**刺激藥物**(stimulants)是咖啡因、尼古丁、安非他命、古柯鹼等。刺激藥物亦能使人上癮(Silverman et al., 1992)。它們對生理產生作用而改變意識狀態。其使用後的主要反應是：瞳孔擴張、食慾減低、心跳加快、呼吸加速、體力增加、信心增高等。許多人以刺激藥物保持清醒、提神、減胖、增加體能等。現在分別敘述不同的刺激藥物。

人們常飲用的咖啡、茶、可樂、熱巧克力等都含有不同量的**咖啡因**(caffeine)，因此具有保持清醒、提神、振奮等作用。上述飲料都會使人上癮，但是它們的依賴性、耐藥力問題不十分嚴重。在現今社會裡，它們與酒精一樣被廣泛使用，只是沒有類似飲酒的年齡限制而已。

香煙含**尼古丁**(nicotine)，它可以提神，有興奮感，減少食慾，減少焦慮，減低痛覺，增加警覺性等。吸煙容易上癮。由於它非常難挨的收回症候，一旦上癮便很難戒除。於1997年，由於多起法院訴訟案，香煙製造商終於坦承香煙致癌的事實，世界各地乃掀起禁煙運動。然而，吸煙已帶給年輕人錯誤的印象，雖然有人開始戒煙，也有人仍然羨慕香煙繚繞的吞吐「酷」像。

安非他命(amphetamine)可以使人快速興奮、減少疲勞、加速體能活

動。它阻擋多巴胺酸與正腎上腺素的補充。使用少量安非他命可以提高警覺、增加能量、減少疲乏、壓制食慾；使用多量則使人困惑、產生狂躁、具攻擊性。長期使用此藥可能引起類似精神分裂的症候。安非他命是合成藥物，可以用來治療氣喘、失控性突眠、抑鬱、肥胖等(Palfai & Jankiewicz, 1991)。有一改製的安非他命，簡稱MDMA（又叫作快樂丸），除上述的刺激作用外，可以引起安樂感。安非他命會使人上癮(Silverman et al., 1992)，不宜長期使用。

古柯鹼(cocaine)，是由產於南美的古柯葉(coca leave)提煉出來的。它與安非他命一樣，阻擋多巴胺酸與正腎上腺素的補充。若由鼻孔或裹在煙支裡吸取古柯鹼，會即刻感到高度欣悅，約半小時後身體因缺乏多巴胺酸與正腎上腺素，又猛然地感到抑鬱、乏神，因而再度吸毒的需求更為強烈。它的容易上癮，加上它對意識的快速變更能力，真令人擔憂它對個人身心所作的摧殘。

三、迷幻藥

迷幻藥(hallucinogens)又稱心理變更藥物(psychodelic drug)，是能扭曲時、空知覺並引起幻覺的藥物。它干擾主司抑制作用的血清緊素。幻覺是沒有某種刺激物，卻產生該物的感覺經驗的現象，如「見雨而無雨」、「聞聲實無聲」。LSD、PCP、大麻煙是典型的迷幻藥，它們變更意識的戲劇性能力引誘了許多吸毒者。

LSD (lysergic acid diethylamide)，是由裸麥的麥角菌提取的一種迷幻藥。它能使瞳孔放大，體溫升高，心跳加速，血壓增高；能使多種情緒快速更易。使用多量的LSD會產生妄想與幻覺（其色彩與形狀不斷變幻）。長期使用者，會有先前幻覺經驗的回閃(flashback)現象，也有隨之而來的知覺扭曲與迫害妄想症狀。幸而，LSD的心理依賴性相當低。

PCP (phencyclidine piperidine)是一種強有力而藥效難測的迷幻藥，它因用量的不同而可能有鎮定、刺激、幻覺、止痛等多種作用。它可以用吞服、吸煙、鼻腔吸入等不同方式進入體內。常見的藥物反應是：欣

悅、不快、感覺扭曲、幻覺、或暴力傾向等。當感覺扭曲時，個體可能有無痛的感覺，因此有身受創傷而不自覺的危險。

　　大麻煙(marijuana)，是乾燥的大麻(cannabis sativa)葉與花。它可以當煙吸，亦當食物食用。麻藥(Hashish)是由大麻的葉與花的脂所壓縮出來的，其藥性要比原來的葉或花要強得多。大麻煙有叫做THC (Tetrahydro-cannabinol)的成份，快速進入身體與大腦後,刺激大腦皮質與海馬裡的神經接納器。THC可使心跳加速與眼球變紅，注意力與短期記憶也可能受到影響(Leavitt, 1995)。使用中度以下的THC會有欣悅與幸福感；使用大量的THC會導致迫害妄想症、幻覺、昏迷等。大麻也被作為醫療之用，如減少化學療法的副作用，　也可用以治療青光眼(Grinspoon ＆ Baker, 1993)。

本章內容摘要

1. 對自己與環境刺激的覺知狀態，稱為意識。除意識之外，人們也經歷潛意識、白日夢、睡眠、作夢、催眠、靜坐、藥物引發的幻覺等變更的意識。廣義的意識可以概分為意識（焦點意識）、前意識、潛意識（又稱無意識或下意識）三個層面。
2. 意識的最大特徵是注意，注意所集中之處便是意識所及。意識有監視與控制的功能：監視是個體時刻維持其對內在與外在刺激的注意；控制是不斷地設計、促動、指導個體的活動，使所有在監視下的活動對個體有益。
3. 所有不在焦點注意內但隨時待命的刺激被認為是在前意識之中。前意識可以說是邊緣意識。前意識如同記憶結構中的工作記憶，它隨時出進意識界。
4. 從佛洛伊德的心理分析觀點看，凡是不能被意識界所接受的衝動、慾

望、記憶等,都被壓抑在一個不能自覺的無意識裡,但是它們時刻影響個人的行為。一些心理學者鑑於許多心智活動與記憶歷程類似生理上的心跳、呼吸、消化等,均為意識所不及,因此確認潛意識的存在與其重要性。

5. 人類生理韻律中的日韻律是25小時,它代表人類的生理時鐘。象徵生理韻律的體溫變化是:凌晨四時最低,上午逐漸升高,中午時體溫最高。雖然多數人的睡眠大體在晚上9時至早上7時之間,早起者晨間的表現甚佳,晚睡晚起者到了午後有較佳的表現。輪班性工作改變了睡眠時間,也打斷正常的睡眠習慣,工作時亦難免睏盹。飛行時差帶來日韻律的適應困難。

6. 解釋睡眠的主要理論有:認為睡眠使個體獲得補充而恢復原有精力與體力的復原論,與認為個體藉睡眠以保存其體能並防避「弱肉強食」者侵害的演化論。睡眠經過四個階段:剛進入睡眠數分鐘的初睡階段;已經入寢20分鐘左右的淺睡階段;深睡階段;非常熟睡的沈睡階段。在約八小時的睡眠中,包括五個深淺互現的周期,每個周期長約90分鐘。頭兩個周期都有四個睡眠階段;次兩個周期則不再出現第四階段的沈睡;最後一個周期只及第二階段的淺睡。

7. 每逢第一階段睡眠,個體進入兩眼開始急速地左右移動的快速眼動睡眠(REM睡眠)。REM睡眠出現約五次,由首次約10分鐘依次增加到最後的30至60分鐘。在REM睡眠中,有78%在作夢,當時大腦活躍但軀體麻木。嬰兒與兒童比成人有更長的REM睡眠;剝奪頭一天的REM睡眠,次日便需更長的REM睡眠。若REM睡眠被干擾,則醒後對睡前的學習有較差的回憶。

8. 睡眠被剝奪得愈長久其影響愈嚴重。失眠者覺得疲倦、反應遲緩、感到抑鬱寡歡、創造思考鈍化、思考難於集中、判斷錯誤、免疫力減弱、甚至產生幻覺。

9. 失眠泛指睡眠不足,它是相當主觀的判斷。失控性突眠是患者於覺醒時突然入睡幾秒鐘至一、二十分鐘不等。窒息性睡眠是患者於睡眠時

有間歇性停止呼吸的症狀。夢遊是睡中行走，它發生於睡眠時很少作夢的第三、四階段。夢話是睡中說話，它發生於REM與NREM睡眠之中。夢魘是作惡夢，它發生於REM睡眠。夜驚是兒童在熟睡之際，突然坐起、驚惶尖叫、心跳倍增、呼吸困難、渾身汗透，它發生於睡眠的第三或第四階段。

10.夢的內容裡，64%屬於悲哀、恐懼、或憤怒，18%屬於快樂或興奮；攻擊是友誼的兩倍；29%是彩色的；婦女較多夢及室內之事物，男子較多夢及室外之事物。可見夢與日常生活中所關切的人、事、物有關。

佛洛伊德把夢分成：自睡眠醒來時所道出來的顯性內涵；與構成該夢背後的思想、衝動、需求、衝突、慾念等隱性內涵。促動合成論認為夢的形成包括兩個歷程：由腦幹隨機引發的神經衝動向大腦皮質部擴散而去的促動歷程；與大腦根據其儲存的往日經驗，將訊息組成有意義的意像或故事的合成歷程。

11.催眠是一種歷程，使個人極度輕鬆、注意專一，因而能依暗示而行動的意識狀態。催眠應循兩個步驟：使個體從一般意識狀態被導引至接受暗示的引進；給予被催眠者行動指令的暗示。有些人極易受催眠，有人極難受催眠，大多數人居於兩者之間。兒童比成人易受催眠，在青春期前催眠感受性到達最高峰。容易被催眠的人愛接納新經驗，有豐富的想像力，對書本、音樂、電影等活動頗能全心貫注，處理資訊快速而輕易，有持久的注意力與能夠避免分心。催眠的主要功效是鎮痛。

12.對於催眠狀態的解釋：社會影響論認為催眠是被催眠者一意扮演催眠者所給予的預期角色；境界論認為催眠境界完全是一種變更的意識；分離論認為催眠狀態是一種被分離出來的特別意識，一個完全聽從催眠者的暗示，另一個暗中從旁觀察。

13.主要靜坐方式有坐禪、瑜伽術、超覺靜坐三種。成功的靜坐使個人進入空、清、虛無的另一種的意識境界，無感覺訊息，也無知覺內涵；它使個人有欣快感、高亢的情緒、擴展的注意、無時間感。

14. 凡是能夠變更意識或改變行為的藥物稱為影響心理藥物。長期使用影響心理藥物可能導致兩個症候：依賴性與耐藥力。影響心理藥物可以分成三大類：鎮定劑有鎮定、壓抑、抗焦慮作用，包括酒精、巴比妥酸鹽、鴉片、嗎啡、海洛因等；刺激藥物可提神、振奮、刺激等作用，包括咖啡因、尼古丁、安非他命、古柯鹼等；迷幻藥能扭曲時、空知覺並引起幻覺的藥物，包括LSD、PCP、大麻煙等。

第六章
基本學習歷程

　　人類與其他動物共同生存在這個世界裡，使人類對自己的瞭解因觀察其他動物而更加透徹。我們在「學習」這個領域，如同在生物與醫學研究一樣，借重許多對動物的研究，以便對最基本的行為歷程有深入的瞭解。當然，這不意味著把人的行為與動物的行為之間畫上一個等號，因為人類的行為畢竟複雜多了。對簡單行為研究的結果，可以提供複雜行為的研究一些重要線索。因此本章使用不少動物研究的成果，以解釋學習的基本歷程。你在閱讀本章時,不難體會人類與動物在學習歷程上有許多近似之處。

　　我們在科技、經濟、社會、文化等方面的卓越成就，要歸功於一個最重要的因素：學習。當然，與我們同享這個世界資源的其他動物中，有許多也有學習活動的存在，只是牠們在演化過程中，沒有發展出像人類一樣幾乎沒有學習限制的大腦（尤其是額葉）。我們既然有幾乎無限的學習潛能，我們必須善用這個潛能。

　　學習(learning)是經由經驗而獲得的相當持久性行為改變的歷程。這裡所指的行為是廣義的，它包括外顯行為(overt behavior)與內在的行為潛勢(behavioral potentials)。 對這個定義的進一步解釋，有助於你對人類各種行為的形成與發展的瞭解。

　　學習是行為的改變。學習是行為改變的歷程，也是新行為的獲得。如果小明回答2^3=6時，我們可以肯定他還沒學會「次方」的觀念。 經我們以2^3=2×2×2=8的演示與講解後， 小明以16回答2^4=?或以9回答3^2=?則小明已「學習」了次方的計算法則。換言之，由2^3=6改變為2^3=8，便是獲得新計算行為的具體例證。雖然老師

沒有再問小明4^2=?但我們可以確定的是，小明已有解答「次方」的「行為潛勢」了。

行為的改變是相當持久性的。行為受個體內外因素的影響而經常在改變，但被稱為學習的行為改變，必須是相當持久性的。一些心理學家肯定學習是永恆的，只是有時沒法立即找回學過的資訊，因此使用「相當持久性」作為折衷。至於「多久」才算是「相當持久」，並沒有固定的標準可循，它可能從幾天、幾年、以至於永久存在。但是，那些非常短暫或偶發後立即消失的新行為，如酒後、用藥後、或疲憊下的異於平常的行為變化，便不能稱為學習。

學習是經驗的結果。學習必須依靠經驗，也就是要經由實際的感官經驗或內在的認知活動而獲得。在此所用的「經驗」一詞是廣義的，包括可觀察的練習與內在的心像活動、思考、推理、判斷等。依據這個涵義，沒有經驗便沒有學習可言。至於我們與生俱來的基本生存能力，如吃、喝、走、跑、躲避、攻擊、覓偶、簡易溝通訊息等，是由編定就緒的基因程式所規範，乃是生長、成熟(maturation)的結果；它影響學習，但不是學習的結果。如果你聽到一位「驕傲」的媽媽說：「我這個女兒很聰明，她不必學，但什麼都知道！」你雖不用反駁，但你知道她對「學習」是外行。

學習與表現有別。經驗的歷程與結果是由大腦來處理的。大腦負責編碼、儲存、譯碼、提取等過程，學習與否只有大腦知道。由於我們無法直接觀察大腦裡的各種活動，只好憑藉外顯的表現(performance)作為學習質量的推論。就以考試為例，表現常受動機（如重要大考）、情緒（如緊張）、物理環境（如冷熱）、社會因素（如監考者）、以及生理狀況（如健康）等的左右，因而不一定完全代表真正的學習質量。無怪乎不少學生於考完試後大呼「冤枉」。我們對學習只能由「評」而「估」；然而，對學習除了「評估」以外，有沒有更完善的「觀察」方法呢？

　　我們在第二章討論大腦的研究法時，提供一些大腦活動的科學偵測與透視技術，這些技術提供許多學習歷程中生理活動的特徵，但對於學習的心理歷程還沒有提出具體的見解。到目前為止，對基本學習歷程有三種相當稱職的研究與看法：古典制約、操作制約、社會學習。制約(conditioning)是學習聯結(association)的歷程，也是一種最基本的學習。古典制約中，個體學習將兩個刺激聯結起來；操作制約中，個體則學習將行為與其後果聯結起來；社會學習中，個人學習觀察與模仿他人的行為。本章的討論試圖解答下列有關學習的重要問題：

- 何謂古典制約？制約反應如何獲得與消止？何謂刺激的類化與辨識？古典制約受哪些因素的影響？古典制約有何生理限制？古典制約有哪些應用？
- 何謂操作制約？制約行為如何獲得與消止？刺激的類化與辨識如何獲得？何謂行為形成？增強有哪些類別？增強有何種安排方式？厭惡刺激的功能是什麼？操作制約有何生理限制？操作制約有何應用？
- 何謂社會學習？社會學習的基本歷程是什麼？增強在社會學習中扮演什麼角色？影響社會學習的因素是什麼？社會學習有何應用？

第一節　古典制約

　　古典制約(classical conditioning)又稱巴夫洛夫制約(pavlovian conditioning)，是俄國生理學家巴夫洛夫(Ivan Pavlov, 1849–1936)於研究消化

系統時無意中發現，繼而深入研究，並竭力倡議的。由於他對制約的研究與貢獻，乃於1904年獲得諾貝爾獎。為了研究消化，他將狗拴住，餵以不同食物，然後評量自唾液腺經細管流入瓶裡的唾液量。然而令他困擾的是：食物尚未餵進嘴裡之前，狗已分泌唾液。事實上，開門聲、人影、走路聲、食物盤、食物的味道等都引起唾液的分泌；即使他悄悄地走進實驗室，也免不了這個「心靈式的分泌」。這個意外發現引起他系統地研究學習的興趣。本節將分別討論古典制約的基本歷程、影響古典制約的因素、古典制約的生理限制、認知在古典制約中的角色、古典制約的應用。

一、古典制約的基本歷程

我們將以典型的實驗來解釋行為的獲得、消止、自然恢復、類化、辨識等。

1.制約反應的獲得

狗餓時，見食物就自然地分泌唾液，這個反應是本能的（即不學而能的），因此沒有什麼學習可言（見圖6-1a）。此際，食物被稱為**非制約刺激**（unconditioned stimulus，簡稱US）；對食物分泌唾液被稱為**非制約反應**（unconditioned response，簡稱UR）。若首次對狗搖鈴，狗可能以吠、退避、或其他方式反應，我們沒有理由相信牠會對鈴聲分泌唾液。這時的鈴聲，因與分泌唾液無關，被稱為中性刺激(neutral stimulus)（見圖6-1b）。如果讓餓狗先聞鈴聲並隨即餵以食物，如此鈴聲與食物配對出現數次後，狗即能只聞鈴聲而分泌唾液。狗既已學會對鈴聲作分泌唾液反應，古典制約因此完成。原來的中性刺激，現在被稱為**制約刺激**（conditioned stimulus，簡稱CS），對鈴聲而作的分泌唾液反應，現在稱為**制約反應**（conditioned response，簡稱CR）（見圖6-1c）。

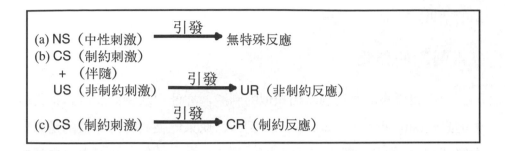

圖6-1　古典制約的基本歷程

　　黎甫席特(Lipsitt, 1971)以人作實驗對象，將空氣吹向嬰兒的眼睛，引起嬰兒的自動眨眼反應。吹氣是非制約刺激，對吹來的氣眨眼是非制約反應。於每次吹氣之前，彈一聲調，如此重覆數次後，嬰兒只聞聲調就眨眼。此時，聲調已成為制約刺激，對聲調眨眼也因而成為制約反應。人們見閃電而躲避，進餐館便開始流口水，小孩見護士手中的針筒便號哭等，都是古典制約的典型實例。

2.習得反應的消止

　　可以學習的反應，亦可以消除，這是心理學的重要原則。制約反應既然是習得的，當然可以經由適當的安排而消失。就以巴夫洛夫的實驗來看，狗一旦學會對鈴聲分泌唾液，制約就算完成。此後於狗餓時，若只搖鈴而不再以食物配對，則唾液的分泌開始急劇下降，終至幾乎完全消失，這個歷程稱為消止(extinction)。如果父母常對子女「聲色俱厲」但「不見行動」，則子女不再對父母的聲色恫嚇而恐懼。

3.反應消止後的自然恢復

　　被消止後的制約反應，於相當時間（如24小時）的休息後，常因制約刺激的突然呈現而重新微弱地出現，　這種現象稱為自然恢復(spontaneous recovery)。就以狗對鈴聲不再分泌唾液的消止為例，於休息24小時後，若狗突聞鈴聲，牠會不禁地分泌少量的唾液。這個現象的存在，顯示制約反應的消止並不是反應的完全消失，而是由於個體主動地自我抑

制的結果。

4.刺激的類化

使用與原來的制約刺激相類似的刺激，亦能引起制約反應，稱為**刺激的類化**(stimulus generalization)。例如，原來能使狗分泌唾液的是來自直徑「5公分」鈴的聲音，若以直徑「5.5公分」鈴搖出的聲音（音調略低）也能引起唾液的分泌反應，則產生刺激的類化作用。新刺激與原制約刺激愈類似，其制約反應的強度愈接近原制約反應；反之，新刺激與原制約刺激愈不相似，其制約反應的強度愈較原制約反應微弱。

5.刺激的辨識

個體學習只對一刺激作反應，而不對另一類似的刺激作反應，是為**辨識**(discrimination)。可知，辨識與類化是兩個相反的歷程。就以狗學習對鈴聲分泌唾液為例，若搖5公分鈴則配對食物，若搖6公分鈴則不配對食物。如此反覆練習，則狗逐漸學會只對5公分鈴聲分泌唾液，不對6公分鈴聲分泌唾液，刺激的辨識現象因而產生。我們稱配對食物的刺激為**正刺激**(positive stimulus)，不配對食物的刺激為**負刺激**(negative stimulus)。正負兩刺激的屬性愈近似，愈難以辨識，也就需要更多的練習。

6.高層次制約

一刺激變成制約刺激後，可以用來當作非制約刺激，而與另一中性刺激配對，使該中性刺激變成新的制約刺激，這便是**高層次制約**(higher-order conditioning)的歷程。再以狗學習對鈴聲分泌唾液為例，一鈴聲得以引起唾液的分泌後，可以當作非制約刺激而與燈光配對，經過反覆練習後，燈光本身亦能使狗分泌唾液，這叫**第二層制約**(second-order conditioning)，原來的食物與鈴聲的配對，稱為**第一層制約**(first-order conditioning)。制約的層次愈高，其新制約刺激所引起的制約反應愈微弱。就以前述的例子來說，第二層制約的燈光，比起第一層制約的鈴聲，引起較為

微弱的唾液分泌。有趣的是，恐懼相當容易建立高層次制約(Popik et al., 1979)。

二、影響古典制約的因素

古典制約的難易與成敗受許多客觀因素的影響，在此介紹兩個重要因素：兩刺激呈現的臨近度與兩刺激呈現的順序。

1.兩刺激呈現的鄰近度

制約刺激與非制約刺激的呈現彼此在時間上的接近程度，稱為**鄰近度**(contiguity)。制約刺激與非制約刺激呈現的鄰近度影響制約效果。一般而言，在制約刺激呈現後，若非制約刺激能在半秒鐘內呈現，其制約效果最佳。例如，對餓狗搖鈴後半秒鐘即餵以食物，則效果良好；若搖鈴後許久才餵以食物，則狗有困難「聯結」這兩個刺激。

2.兩刺激呈現的順序

兩刺激的呈現有向前制約、同時制約、逆向制約等三種不同的次序（見圖6-2）。使用**向前制約**(forward conditioning)時，先呈現制約刺激，後呈現非制約刺激。這類制約又有兩個方式：延宕制約與痕跡制約。使用**延宕制約**(delayed conditioning)時，制約刺激一旦呈現就繼續維持（延宕），待非制約刺激呈現後才消失；使用**痕跡制約**(trace conditioning)時，制約刺激一呈現後就消失，待一會兒非制約刺激才呈現，兩刺激間有時間空檔，有待個體的記憶痕跡來聯繫。使用**同時制約**(simultaneous conditioning)時，制約刺激與非制約刺激同時呈現，同時消失。使用**逆向制約**(backward conditioning)時，非制約刺激呈現在先，制約刺激反而呈現在後。

向前制約與逆向制約的命名都是以制約刺激的呈現的先後為依據：它在先則稱向前，它在後則稱逆向。四個制約方式中，延宕制約效果最優，痕跡制約與同時制約效果微弱，逆向制約則毫無效果可言。假如愛

動粗的父母，看不慣子女所為，趁其不備先體罰他們，然後教訓一番。
這種做法十分類似逆向制約，其教訓還有效果可言嗎?

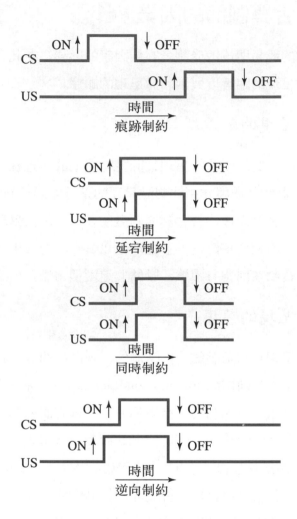

圖6-2　古典制約中CS–US的鄰近度

三、古典制約的生理限制

　　古典制約的效用可及於各種動物，即使是非常原始、寄生於水池裡
的一種扁形蟲(flatworm)，也可以「學習」對燈光作收縮反應。若置扁平
蟲於一水盆中，它會對電擊（非制約刺激）作收縮反應（非制約反應）；

若每次亮燈即配以電擊，則單單亮燈（制約刺激）就能引起收縮反應（制約反應）。至於人類，古典制約的例子比比皆是。這麼一說，任何東西只要與食物相配對，都可以變成引起唾液的制約刺激了！就以餓狗而言，除鈴聲與燈光外，花卉、錢幣、磚瓦、鳥聲、閃電等也能成為引起分泌唾液的制約刺激嗎？

　　為答復這一點，加西亞與寇林(Garcia & Koelling, 1966)進行了一系列研究。當白鼠正在舔食含糖精的水時，他們以大量的X光照射牠。幾小時後白鼠感到作嘔，乃拒絕再舔糖精水。就這麼一次配對，雖說白鼠生病是幾小時以後的事，糖精水顯然已成為令牠作嘔的制約刺激。同時，他們也在白鼠舔食糖精水時，對鼠腳立即予以電擊，可是白鼠仍然舔食糖精水；在與舔食糖精水無關的情況下，若以燈光或滴答聲配對電擊，則燈光與聲響都成為制約刺激而被白鼠迴避。於是，他們將「糖精水聯結病痛」與「燈光與聲響聯結電擊」看作生物為生存而適應的必要學習活動。換言之，「哪個制約與生存攸關，哪個就容易」。在地上、土裡爬行的鼠類，容易不慎吃錯食物而死亡，因此對味覺與腸胃不適的制約特別容易；燈光與聲響多不致於使腸胃不適，因此它們之間的聯結便十分困難。他們的結論是：某些刺激間聯結的難易是由個體的**生理預備度**(biological preparedness)來決定的。

　　上面的結論給予我們一個重要啟示：在古典制約中，個體固然試圖聯結不同的刺激，但並不是所有的聯結都難易相等。凡與個體的適應與生存有關的制約比較容易；反之，要求個體聯結與其適應與生存無關的刺激，只有浪費時間與精力。學習是有其生理限度的！

四、認知在古典制約中的角色

　　昔日的古典制約觀點可以說是「機械式」的聯結論。巴夫洛夫自己以及他的許多追隨者多不願談及為何兩刺激間會有聯結作用，更不敢提起個體的「心智」對制約的影響。今日的古典制約觀由於上千實驗研究結果的啟示，已強烈地體會到學習者本身帶給制約的作用。人們重視個

體的生理限制在學習中所扮演的角色，這已使心理學跨前了一大步；在此，我們要進一步討論到底認知在古典制約中起什麼作用。

對解釋為何制約刺激與非制約刺激會有聯結作用而著有成就者，首推雷司柯拉(Rescorla, 1968; 1988)。根據多年的研究分析，他認為成功的制約是因為一刺激（即制約刺激）預測(predict)另一刺激（即非制約刺激）的到來。亦即，制約刺激是非制約刺激的信號(signal)。以餓狗聞鈴聲而分泌唾液為例，鈴聲是食物即將到來的信號。且看他1968年的研究，就知道為什麼他有這個想法。他這一研究的目的是觀察白鼠在何種情況下會聯結聲調與電擊。在甲情況下，每次呈現聲調必伴隨電擊；在乙情況下，不是每次聲調都伴隨電擊。聲調與電擊，於前者是可預測的，於後者是不可預測的。你現在可以輕易地猜測何者引起制約反應了：在甲情況下，而不在乙情況下。請問：在乙情況下，不也有多次聲調與電擊的配對嗎？答案是：有時配對，有時不配對，聲調所帶的訊息太不可靠了，即使是小白鼠也可以分辨出哪個是可靠的信號。雷司柯拉的觀點也受到許多後來研究的支持(Miller et al., 1995)。畢竟預測是一種重要的認知活動啊！

認知在古典制約中的角色可以從「複合刺激」所引起的一種阻擋現象(blocking)予以證實。卡明(Kamin, 1969)曾經有個實驗：他對一組白鼠進行聲調與電擊的制約，事成後他改用燈光與電擊進行制約；他對另一組白鼠只進行燈光與電擊的制約。由於兩組都使燈光成為制約刺激，他欲比較燈光在兩組內的制約效力。結果發現，事先有聲調與電擊制約經驗的一組，其燈光的制約效力較另一組微弱。換言之，聲調阻擋了燈光應有的制約效力。若有聲調在先，它已成了電擊即來的信號，另以燈光代表同一信號，原先的信號只好起而「阻擋」後來的信號。如果不重視一信號所帶來的特有訊息，阻擋現象就難以合理地解釋。在古典制約中，個體對刺激訊息的區辨，支持了認知在學習歷程中所扮演的角色。

五、古典制約的應用

古典制約有個非常重要的特徵：它發生在你身上時，你可能一點也不知覺(Squire et al., 1993)。見酸梅牙就酸，見廁所膀胱急，見烏雲怕雷雨，聞香水思情人等都涉及古典制約。古典制約已被應用於恐懼、嗜好、藥癮、醫療等方面。

1. 恐　懼

我們對人、事、物的恐懼(fear)常來自古典制約。只要符合前述的制約歷程，許多人、事、物若與巨響、病痛、或危險等相配對，可能因而引起恐懼。小霖怕見護士，小明閃避泳池，小慧見狗就躲開，小玉拒再盪鞦韆，這些常是古典制約的結果。護士、泳池、狗、鞦韆等已成了令他們恐懼的訊息符號。1998年初，被聖嬰(El Neno)暖流所肆虐（如水災、山崩）的美國加州與中美洲秘魯等地的居民，只要聽到聖嬰便心有餘悸。

2. 嗜　好

由於近年來的研究成果，古典制約的應用已不再局限於恐懼的制約。例如，蘇利萬(Sullivan et al., 1991)以新生嬰兒作受試對象：一組聞「中性」氣味時，其身體接受輕柔的觸摸，令其快慰；另一組則只聞「中性」氣味，也沒有被觸摸的快慰經驗。次日，她發現接受輕柔觸摸的嬰兒自動轉向中性氣味，但未接受輕柔觸摸的嬰兒則無此種行為傾向。顯然，對中性氣味的「愛好」是與輕柔的觸摸制約而成。類似結果也在幼鼠、鹿、豬等動物上發現(Leon, 1992)。

3. 藥　癮

煙癮、酒癮、毒癮等的心理依賴性都與古典制約有關。煙裡的尼古丁、酒裡的酒精、毒物裡的化學物等都是引起愉悅情緒反應的非制約刺激。煙味、煙盒、酒味、酒瓶、酒店、「毒物」的味道、吸毒時的場所等

都可能成為制約刺激(Sternburg, 1998)。 因此煙酒商不惜耗費巨資作廣告，期待人們從那些誘人的刺激中回味使用煙酒的快樂情緒。不過，古典制約的原理也可以被應用在戒煙、戒酒之上。例如，甲制約刺激（如煙味）因配對乙非制約刺激（如尼古丁）而有效；若令甲制約刺激與丙非制約刺激（如頭暈）相配對，則甲制約刺激與乙非制約刺激的聯結減弱，但它與丙非制約刺激的聯結加強。我們稱這一歷程為反制制約(counterconditioning)。只要能找到適當的非制約刺激作取代，反制制約對破除一些不良習慣常有良好的效果。

4.醫　療

有一研究(Spencer et al., 1988)，研究者讓高血壓患者聞一特有的氣味時，也為之注射降血壓藥劑。經過幾次的配對，患者只要聞該特有的氣味，其血壓便有自動下降的效果。我們知道，注射腎上腺素可以提高病患的某些免疫力。根據一項研究(Buske-Kirschbaum et al., 1994)，研究者使舔食冰凍果露(sherbet)與注射腎上腺素(adrenalin)相配對，結果受療者只需舔食冰凍果露，便增加體內的免疫力。從這些研究報告不難看出，未來的許多疾病的治療可以借助於古典制約，使「心理」治療與「藥物」治療相輔相成。

第二節　操作制約

我們固然從古典制約中學習不少新行為，但是我們從操作制約中學習更多的新行為。操作制約(operant conditioning)也是一種基本學習歷程，由行為主義者史金納(Skinner, 1904–1990)承襲桑代克(Thorndike, 1874–1949)的效果率(Law of Effects)的主要概念而來。桑代克(Thorndike, 1911)希望瞭解餓貓如何自籠中打開門閂以取得籠外的生魚片。他觀察到，餓

貓為了取食乃不停地抓、爬、走動。在這不斷的**嘗試錯誤**(trial-and-error)中，牠偶然觸及開啟門閂的板子。對貓來說，這一觸就是獲得快樂後果的正確行為。在重覆練習之後，正確行為的次數增多，其餘行為相對地減少。因此桑代克認為，學習是由行為後果的快樂與否來決定的。史金納(Skinner, 1938, 1948)則依其對白鼠與鴿子的實驗觀察所得，但避免使用快與不快的主觀術語，認為行為是由附隨其後的「增強物」而習得的。本節將分別討論操作制約的基本歷程、操作制約的生理限制、操作制約的認知因素、操作制約的應用。

一、操作制約的基本歷程

操作制約的基本歷程包括：操作行為的獲得、習得行為的消止與自然恢復、刺激的類化與辨識、行為形成、增強方式、厭惡刺激等。

1.操作行為的獲得

為了研究操作制約歷程，史金納設計一套被稱為**史金納箱**(Skinner box)的裝置，包括燈光、反應橫桿（為白鼠）、啄鍵（為鴿子）、食物的盤子或水管、可用以電擊的地板、反應記錄儀等。圖6-3是史金納箱的典型裝置。當餓鼠被放進史金納箱時，牠到處搜索爬行，只要壓下反應桿(response lever)，食物顆粒就自動落入食物盤裡。對白鼠而言，首次壓下反應桿是自發的(self-emitted)中性行為；但是壓桿與食物的附隨出現(contingencies)，使壓桿的次數因而增多。史金納乃稱獲取某一理想後果而作的行動（如白鼠「為取食而壓桿」的反應）為**操作行為**(operant behavior)。操作行為的出現反應了制約的完成，也就是有了新的學習。附隨於行為之後的任何措施(如給予食物)，只要能使行為的機率因而增高，則稱之為**增強作用**(reinforcement)；引起增強作用的任何人、事、物均稱**增強物**(reinforcers)。請注意，增強物不一定是「物」，若「讚美」能增強被讚美的行為，就是增強物。增強物的認定是事後的推斷，不是事前的肯定。例如，一千元臺幣的賞額對小玉是增強物，對小開可能毫無增強

價值。壓桿的操作行為已成白鼠取食的「工具」，因此它又稱為工具行為 (instrumental behavior)；同理，操作制約也稱為工具制約 (instrumental conditioning)。

圖6-3　史金納箱的典型裝置

2.習得行為的消止與自然恢復

既然操作行為因增強措施而習得，其消止也因停止增強措施而消失。白鼠藉壓桿而得食，若繼續壓桿但不見食物，則其壓桿行為遞減，以至完全消失。以人類而言，若學生的勤學因增強而牢固，父母或教師若疏於繼續獎勵，甚至以為那是學生應有的行為，則其勤學的習慣有可能逐漸消止。消止的操作行為常於隔一段時間後，重遇原來的情境或線索，雖無增強的措施，卻有自然恢復的現象。例如，學生因其勤學失去嘉勉而怠惰後，在某一情境中可能自然地又開始勤奮起來。

3.刺激的類化與辨識

操作制約與古典制約相似，亦有刺激的類化與辨識現象。個體在某一刺激情境下的行為被增強後，在類似情境下亦有同樣的操作行為出現，稱為刺激的類化 (stimulus generalization)。例如，小英對張阿姨叫「阿姨」

而被誇獎後，見李阿姨立即叫「阿姨」以期受獎。「學以致用」是典型的類化現象。相反的，若個體對甲刺激作反應則被增強，對乙刺激作反應則不被增強，則個體只選擇甲刺激作反應，不對乙刺激作反應，這是**刺激的辨識**(stimulus discrimination)。例如，小凱見3+2便以5回答，則予以嘉獎；若見3×2也以5回答，便不予以理會。如此重覆練習，小凱迅速地以5回答3+2，以有別於3×2，這便是刺激的辨識。

有了刺激的辨識後，某一特定刺激所引起的特定反應必須獲得增強，該刺激稱為**差別性刺激**(discriminative stimulus)。使用差別性刺激以引起操作行為，稱為**刺激控制**(stimulus control)。例如，在史金納箱裡，亮綠燈時若鴿子啄鍵子則得食，亮紅燈時鴿子啄鍵子則不得食，則綠燈成為差別性刺激；以綠燈的出現來引起取食行為，就是刺激控制。在社會裡，我們常以刺激的辨識來彰顯差別性刺激，以引起合理的行為。例如，在教室裡先舉手後發言，在十字路口見綠燈才通行等行為，都是由差別性刺激所引起，是合理的刺激控制的結果。

4.行為形成

人類與動物的多數行為是複雜的，不可能一蹴而成。從完全缺乏某特定行為至完成理想行為之間，有一連串的行為有待學習。應用操作制約的原則，逐步增強愈來愈接近理想的行為，稱為**行為形成**(shaping)。例如，訓練鴿子打乒乓球，先則增強其啄球行為；次則增強其擊球過網的動作；再則增強其迎擊反彈球的行為；最後增強打完一趟桌球的理想行為。這雖是過於簡化的敘述，旨在說明行為形成的歷程；事實上，要學打一場桌球，其間有許多連續接近理想的行為需要學習。行為形成可以說是一步步的「迎新去舊」、連續進行「制約與消止」的歷程。人們學鋼琴、寫字、打球、唱歌、舞蹈等都要經過行為形成的歷程。

5.增強方式

任何行為之後的措施或安排，若能使該行為呈現的機率因而增加，

便是增強作用。但是，增強有正負之分，有初級與次級之別，有連續與部分之差異，也有立即與延宕的不同。

A.正增強與負增強

理想行為出現後，立即「提供」能增強該行為的措施，稱為**正增強**(positive reinforcement)。一般而言，給獎是正增強，因多數給獎都增強受獎勵的行為。理想行為出現後，立刻使個體所厭惡的刺激因而「移除」，稱為**負增強**(negative reinforcement)。例如，勤讀書可以移去令人討厭的壞成績。其實，負增強也是增強，只是在它的歷程中，其措施不是提供，而是移除。我們可以簡單的說：在理想行為之後，正增強「提供」個體所「喜歡」的，負增強「移除」個體所「厭惡」的；兩者作法雖互異，功能卻相同。

B.初級增強物與次級增強物

事物本身具有增強作用者，稱為**初級增強物**(primary reinforcers)。食物、飲料、性愛等無須經過學習就可以直接增強行為，屬於初級增強物。事物本身原來並不具有增強作用，但經由制約而產生增強作用者，稱為**次級增強物**(secondary reinforcers)。金錢、獎狀、分數、證書、名位等都是經由學習而成的增強物。簡言之，非習得的增強物是初級的，習得的增強物則是次級的。

C.連續增強與部分增強

增強作用是操作制約的要素，在使用操作制約時，除了考慮正、負增強與初、次級增強物外，也應該選擇增強時次的安排。如果每一理想行為都予以增強，便是**連續增強**(continuous reinforcement)。這種增強的安排對學習的開始階段（如剛開始學開車、寫毛筆字）非常有效。如果不是每一理想行為都予以增強，就稱為**部分增強**(partial reinforcement)。部分增強的安排可依時間而有定時增強與不定時增強之分，亦可依行為次數而有定次增強與不定次增強之別。

定時增強(fixed-interval schedule, FI)是只要理想行為於每隔一固定時間之前仍然出現，即予以增強的一種安排。例如，於早自修時間，教

師每隔十分鐘巡視一次，見學生仍在勤做功課便予以口頭嘉勉。學生的月考與員工的月薪是典型的定時增強安排。此法方便而制式；但是個體往往在接受增強之後，其行為立即緩慢下來，直到接近下次增強時間之前，才加速行為以便接受增強。例如，月考後立即鬆懈下來，直到下次月考前才重拾書本。在社會各領域、各階層裡都有此一現象，「臨時抱佛腳」似乎是天性，你說呢？

不定時增強(variable-interval schedule, VI)是理想行為於每隔長短不定的時間之前仍然出現，即予以增強的一種安排。不定時增強使個體不知其行為於何時會受到增強，為避免向隅，乃有相當持續性的行為表現。例如不定期抽考學生，不定期巡視工廠員工，突檢商店的安全等，都是以不定時增強維持高行為水準的措施。

定次增強(fixed-ratio schedule, FR)是理想行為每達一固定次數，即予以增強的一種安排。例如，工廠員工按件計酬，學校學生按學分升級或畢業，就是一種定次增強。定次增強與定時增強一樣，有增強後行為立即鬆弛與增強前行為加速的不良現象。若一學生有三個閱讀報告要寫，每趕完一報告並上交後常有立即怠慢下來的現象。

不定次增強(variable-ratio schedule, VR)是理想行為獲得增強所需的行為次數不予以固定。例如，買彩券、投資股票、下賭注等，個人無法預知哪一次會發財，因此各種彩券與賭注令多少人迷住。在四種基本的增強安排之中，不定次增強的效率高。

上列四種部分增強對習得行為的「消止」有良好的「抗拒」效果。由部分增強而學習的行為，不因增強的突然停止（即消止歷程）而快速地消失，因此稱為**部分增強效應**(partial reinforcement effect)。連續增強就沒有這種效應。一般的推論是，既然是「部分」增強，個體已習慣於容忍部分行為的未受增強，或者個體對「部分增強」與「消止」兩種安排難以區辨。

事實上，人類社會所使用的增強安排，除了上列四種方式單獨使用外，在許多情況下是複合的。例如，在學校裡，既有月考又有抽考，既

採學期制又採學分制；在商場裡，有定期大減價，也夾雜臨時宣佈的削價廉售；在工廠或農場裡，既以計時發薪津，又有獎勵工作表現的獎金。增強的大量使用以及適當的增強安排大大地左右人類的行為，有時真令我們感到「身不由主」，這也算是操作制約的一種「功效」吧！

D.立即增強與延宕增強

立即增強(immediate reinforcement)是理想行為一出現立即予以增強。例如，你在上課時答對老師的問題，老師立即以口頭嘉勉。延宕增強(delayed reinforcement)是理想行為出現後，要等待一段時間才獲得增強。例如，考試答對題，但須等到下次上課發卷時老師才給予嘉勉。一般而言，理想行為的增強在時間上愈接近行為的發生愈有效；理想行為的增強若延宕過久，常令個體無法聯結行為與增強措施的關係。然而，研究人類行為的增強卻發現，如果沒有立即增強，但在理想行為與延宕增強之間佐以次級增強，則延宕增強仍然可以獲得良好的效果(Bilodeau, 1966)。例如，媽媽叫五歲的小傑收拾玩具，他收拾妥善後請媽媽過目，媽媽通常立刻給予巧克力當獎品。不過，媽媽忘了巧克力已用完，乃急智地在紙條上寫「巧克力」三個字，要小傑將它保存好以便次日兌換實物。巧克力紙條便是暫代初級增強物的次級增強物。

6.厭惡刺激

厭惡刺激(aversive stimulus)是任何令個體厭惡或不快的刺激，如創痛、病痛、懲罰等。厭惡刺激可以用來制止個體的某一行為，使個體逃脫某一情境，迴避或預防某一可能發生的事端。與厭惡刺激有關的操作制約有：懲罰、逃脫訓練、迴避訓練等。

A.懲 罰

懲罰(punishment)是當個體的不合理行為出現時，對個體施以厭惡刺激的措施。例如，小孩見攤販車上的糖果便伸手向媽媽要錢，媽媽搖頭示意無效，乃拍打其手以制止之。懲罰有正、負兩種：正懲罰(positive punisher)是施以厭惡刺激；負懲罰(negative punisher)是停止或移除個體

喜愛的刺激。例如，孩子做錯事，可以要他做他厭惡的事（正懲罰），也可以停止他看他最愛的電視節目（負懲罰）。懲罰與負增強不同，懲罰的目的是「壓抑」受懲行為，負增強的目的是「增強」受增強的行為。

懲罰的目的是壓抑或消除受懲行為，但它常被誤認其本身可以增強行為。例如，若某生寫一錯字而受罰，這不等於他會把該字寫對，他可能不再寫同一錯字以免受罰。懲罰要達到預期的效果就應該：即時，不拖延；前後一致，避免混淆；強度應該適宜。使用懲罰，必須避免強度一次比一次加重，以防止個體對懲罰增加容忍度；更應避免施懲後立即給予受懲者賞賜（由於打、罵得心疼，乃對受懲者表達歉疚性補償）。「懲後得寵」可能使「懲」成為「寵」的信號，使受懲者誤以為要想得寵必先作惡受懲。懲罰常有的副作用是：個體憎恨施懲者而不是受罰的行為；個體為迴避懲罰而逃離施懲者（如父母、老師、學校）；個體說謊以免受罰；個體受懲後因憤怒、恐懼、或挫折，轉而攻擊他人、脫逃、或畏縮。

B.逃脫訓練

逃脫訓練(escape training)是對個體繼續施懲，直到個體採取某一特定行動為止。這個訓練在使個體學習到，他的行為可以使厭惡刺激因而停止。例如，對箱中的白鼠予以電擊，若白鼠跳出該箱，則可以不再接受電擊。個人頭痛時，吃兩顆止痛片就是學習如何逃脫「痛苦」。

C.迴避訓練

迴避訓練(avoidance training)是給予個體信號，若個體在特定時間內採取行動，則厭惡刺激不致呈現。例如，先對箱內的白鼠予以電擊，使白鼠每次電擊都跳出該箱（脫逃訓練）。將受過脫逃訓練的白鼠放入箱內時，亮燈五秒鐘後才予以電擊，如此重覆練習，燈光已成為厭惡刺激即將來臨的信號。以後白鼠一見燈亮，不待電擊到來立即逃出箱外，這便是迴避訓練的結果。人們的勤學以免考壞，接受免疫注射以防疾病，帶傘以免雨淋等都是典型的迴避訓練結果。如果你仔細觀察迴避訓練的歷程，不難看出它的兩段歷程：首先個體必須經由古典制約以學習對厭惡刺激的恐懼，然後經由操作制約以學會如何於信號出現時迴避厭惡刺激。

從操作制約的觀點看，免於電擊的「幸運感」便是一種增強。心理學家以古典制約與操作制約兩個因素來解釋迴避訓練，因此稱為迴避訓練的二因論(two-factor theory of avoidance training)。

二、操作制約的生理限制

　　儘管史金納生前對操作制約的功能充滿信心，他的兩位學生卻在為馬戲團、動物園、廣告等訓練各種動物時，發現增強對某些動物在學習某些行為上遭遇困難。根據這兩位學生(Breland & Breland, 1961)的研究觀察，不同的動物各有其先天的行為傾向，學習與牠們的先天適應行為愈接近，則愈有良好的效益；反之，學習若違反牠們的先天適應行為，即使一時習得的行為亦將迅速消失，而有本能性漂流現象。**本能性漂流**(instinctive drift)是習得行為逐漸潰散並以本能行為予以取代的現象。例如，他們成功地以操作制約訓練豬去學習將木頭「圓幣」放進「撲滿」裡。然而豬的「儲蓄」行為很快地開始潰散，不管如何增強，豬老是掉落圓幣，再也無法儲蓄了。他們的解釋是，豬的生存方式是以鼻尖挖掘食物，若以儲蓄行為換取食物（增強物），顯然違背其基本生存方式，因而產生本能性漂流。

　　其他研究也發現下列行為難以制約：狗學「打哈欠」(Konorski, 1967)，白鼠「壓桿」以停止電擊(Modaresi, 1989)，鴿子「啄鍵」以避免厭惡刺激，兒童與他人「分享」東西(McCarthy & Houston, 1980)。總之，操作制約受到個體先天適應行為的限制(Gould & Marler, 1987)。

三、操作制約的認知因素

　　認知在古典與操作制約中扮演重要角色，於人類、於動物都是如此(Vauclair, 1996)。首先我們舉托爾曼(Tolman & Honzik, 1930)的研究與理論以支持此一看法。圖6-4是托爾曼用以研究白鼠走複雜迷津的平面圖。他讓三組白鼠分別在迷津裡由起點走到終點，其中甲組在終點經常有食物報償，乙組在終點完全沒有食物報償，丙組在終點頭十天沒有食物報

償，但自第十一天起改為有食物報償。其結果：甲組在十一天後錯誤減
少至幾乎完美的程度；乙組一直錯誤不斷，沒什麼進步可言；丙組在頭
十天沒什麼進步，但第十二天的成就與甲組並沒有差異。丙組在短短兩
天內為何有此驚人的成就呢？根據托爾曼的解釋，丙組在頭十天內雖沒
有報償，但牠們不是盲目地遊蕩，而是在「認識」環境，在獲取對環境
的**認知圖**(cognitive map)；其間的學習是不明顯的，稱為**潛在學習**(latent
learning)；等到有報償時，學習因有了動機而成為具體的**表現**(perform-
ance)。人們的逛街與上商場溜達，豈不也在建立認知圖，怎能說是浪費
呢？

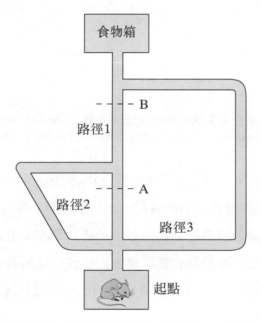

圖6-4　托爾曼研究白鼠走迷津的平面圖(Tolman & Honzik, 1930)

其次，我們來看看另一個有關的研究(Ibersich et al., 1988)。為了觀察
白鼠的覓食行為(foraging)，實驗者設計了如圖6-5的放射式迷津(radial
maze)，中間是通往四個「死巷」的起點，每個巷子有四個向內凹進的「食
物站」，站裡放置1, 5, 13等不同個數的食物顆粒（每巷裡共19粒）。他們
將白鼠分為甲、乙兩組：甲組的食物站是開放式的，容易見、也容易取
食；乙組的食物站是加透明蓋的，容易見但須掀蓋後方能取食。結果呢？

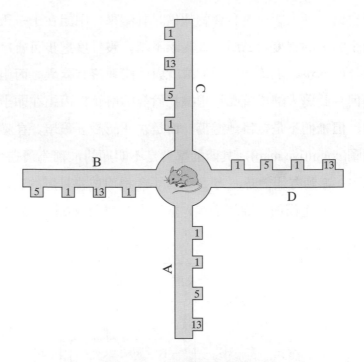

圖6-5　研究白鼠覓食的放射式迷津平面圖(Ibersich et al., 1988)
Permission granted by Psychonomic Society Publications.

　　甲組白鼠由一站到另一站，由一巷至另一巷，依序走到哪裡就吃到哪裡；乙組白鼠則先挑選5粒與13粒的食物站，掀蓋取食，最後才到1粒食物站去取食。如果說這是因為增強物的多少影響其選擇，為什麼甲組白鼠不也這樣做呢？顯然，掀蓋取食費時費力，這使白鼠的覓食行為更具「選擇性」，　也證明認知在行為取捨時所扮演的角色了(Macuda & Roberts, 1995)。

　　　雖說史金納堅拒討論個體的內在心理歷程，心理學家已經覺識到，除上述認知圖與選擇性行為外，許多認知因素毫無疑問地影響操作制約：如空間記憶(Roberts, 1984)、對增強物的期待(Colwill & Rescorla, 1988)、習得的無助感(Matute, 1994; Seligman & Maier, 1967)等。　習得的無助感(learned helplessness)是個體學會面對厭惡刺激而不作任何反應，因為個體已經「認識到」，先前所作的反應無法控制厭惡的刺激環境。

四、操作制約的應用

操作制約的應用相當廣泛，它被學校、工商界、家庭、醫療機構等作為改變行為的重要工具。除了以「行為形成」訓練人與動物各種技能外，操作制約的應用有下列幾個主要方式：編序教學、電腦輔助教學、行為修正、生理反饋等。

1.編序教學

編序教學(programmed instruction)是根據操作制約的立即增強原則而設計的。它將教材化分為細小的單位(units)或結構(frames)，以便學生按部就班地學習。每一結構有一段敘述與測驗問題，問題可用選擇題、填充題、或是非題。學生每念完一段敘述便可開始答題：答對了有獎勵的詞句出現；答錯了則必須重讀敘述。編序教材有兩種不同的組織形式：直線程式與分支程式。直線程式(linear programs)將所有結構依先後次序編妥，使學習依次序直線進行，不得跳躍；分支程式(branching programs)將結構彈性地安排，使一結構與幾個相關結構相承接，學生若答對一結構的問題，則進行次一結構的學習，否則就要分支到較簡易的結構去學習。許多課本的練習作業簿是採用編序方式撰寫的。

2.電腦輔助教學

由於電腦的高速度、大容量、多媒體、網際網路，加上價格的劇降與其快速的普及化，編序教學已被電腦輔助教學（computer-assisted instruction，簡稱CAI）所取代。電腦輔助教學的優點有：由易而難、由簡而繁、循序漸進；經由自我測驗，立即反饋學習結果；增強正確的作答；適應學生的能力、速度、與學習時間；多媒體的記憶編碼效果。有些電腦程式允許電腦與學生相互反應，以提高學習興趣。研究顯示(Kulik et al., 1985)，使用電腦輔助教學的結果，一般學生有較佳的平均學習成就，有較佳的長期記憶，對資質較低的學生尤其有效。它的使用若與一般教

室教學相配合，其結果更為優異(Atkinson, 1984; Tobias, 1985)。

3.行為修正

行為修正(behavior modification)為行為形成與消止的技術。 要修正一行為，應依循下列步驟進行：有明確的目標行為(target behavior)；評量行為的基線(behavior baseline)；選擇最適宜的增強方式（包括增強物與增強安排）；實際逐步改變行為。就以戒煙為例，目標行為是不抽煙；基線是平均一天抽20支煙，增強物是足量的錢幣，增強安排是每日固定增強一次。如果抽煙者第一天抽19支煙，便予以增強，以後由此遞減才予以增強，直到不抽為止。如果能讓抽煙者瞭解戒煙的理由，建立對目標行為的期待，並予以適當的社會支持，則效果會比單純的為修正而修正良好得多。這種加入認知歷程的行為修正，稱為**認知行為修正**（cognitive behavior modification，簡稱**CBM**）。學校、醫院、工商界等都普遍使用行為修正技術，以增加理想行為或減少不合理行為。

在選擇增強物時，不妨依循**普理邁克原則**(Premack Principle)，也就是個體的一行為可能成為另一行為的增強物。根據這一原則，通常較常發生的行為（如看電視劇）可以用來增強較不常發生的行為（如自動寫作業）。一般作父母的相當懂得使用這個原則，孩子寫完功課了，以看電視劇增強之。另外，**代幣**(token)也可以用來當增強物，只要它有十足的替代價值。在學校裡，教師常使用「小金星」「小籌碼」「小胸章」等，學生將它們累積起來可以兌現有用的實物或權利。代幣的使用輕巧方便，頗受歡迎。

4.生理反饋

生理反饋(biofeedback)是利用電子儀器， 當場讓個體知曉其生理的運行狀態（如心跳、血壓、肌壓等）。由於科技的進步，電子儀器能夠精確地將體內的生理活動以線圖清楚地呈現於顯示器上，供個體自我監視。利用生理反饋，醫學界希望個體能夠規律自己的生理活動， 任何有利的

生理訊息的改變，都予以增強。例如，若高血壓患者對藥物有不良的副作用，可試行採用生理反饋。在治療時，患者盡量放鬆、去除雜念、保持平靜；若血壓因而下降，立即顯示信號（音響或燈光），以資獎勵。除治療血壓、緊張性肌壓外，此法對治療偏頭痛、慢性背痛等健康問題已證實有效(Schwartz et al., 1995)。

第三節　社會學習

　　我們經由古典制約與操作制約中親身體驗不少東西，但是我們也有不少行為是從觀察與模仿他人而得的。經由觀察與模仿他人而獲得新行為的歷程，稱為**社會學習**(social learning)。由於「觀察」與「模仿」是社會學習的兩大要素，因此我們又稱社會學習為**觀察式學習**(observational learning)或稱為**模仿**(modeling)。社會學習論的大師班度拉(Bandura, 1986)認為，多數的人類行為在未親身體會之前，早已從觀察他人的行為上獲知「怎麼做就會得到什麼後果」。我們穿什麼衣服，穿什麼鞋襪，說話帶什麼腔，上什麼館子，看什麼電影，買什麼汽車，買什麼保險，到哪國旅遊，哪個不是模仿而來的？你試舉出你的行為中不是由模仿而來的吧!?本節將討論社會學習的基本歷程、社會學習的增強作用、影響社會學習的因素、社會學習的認知因素、社會學習的應用。

一、社會學習的基本歷程

　　社會學習使用「社會」一詞，旨在表明「人際」的關係行為。換言之，這種學習歷程包括「被模仿者」與「模仿者」兩方面，而被模仿者稱為**榜樣**(model)。一般而言，成功的模仿包括下列四個步驟。

　　1.注意(attention)：榜樣要能引起觀察者的注意。

　　2.保持(retention)：觀察者不僅注意榜樣，而且要把所注意的行為及

其後果予以記憶下來。

3.展示(production)：觀察者要有能力於事後表現他所觀察的榜樣。見人擁有賓士汽車，自己買不起，便無法展示。

4.動機(motivation)：模仿要有意願。看美國西部武打片，不見得有模仿牛仔舉止的打算。

我們知道， 在野外長大的猴子是怕蛇的。 在一次研究(Cook et al., 1985)中，實驗者讓在實驗室裡養大而不怕蛇的猴子，觀察野外猴子的怕蛇行為，結果也見蛇而畏懼起來。實驗室養大的猴子雖未真正被蛇咬過，但經由觀察而有「被咬」的替代性受懲恐懼。

二、社會學習的增強作用

根據班度拉的論點，模仿不是盲目的，模仿包括榜樣的行為與後果。學女明星打扮會更性感，學他人開賓士會更酷，學他人談環保看來像有前瞻性，可見模仿不只是打扮、開賓士、談環保等榜樣本身，也試圖分享其性感、酷、前瞻性等的增強後效。觀察者預期在他完成模仿後，心理上覺得與榜樣同樣地有應得的獎勵或懲罰， 稱為**替代增強**(vicarious reinforcement)。不用直接增強是觀察學習的最大優點。社會上， 當眾隆重褒獎善行，是期收「見賢思齊」之效；同理，公開審判罪犯的刑責，也欲收「殺一儆百」之功。

班度拉也強調個體「自己對自己」的增強。個體於觀察與模仿他人行為之後，給予自己獎勵，稱為**自我增強**(self reinforcement)； 同理，觀察他人因不良行為而受罰，自己覺得不該有類似的不良行為，因而給予自己懲戒，稱為**自我懲罰**(self punishment)。因為人人都有自尊，自我增強符合這個傾向，因此自我增強的效果比自我懲罰好；自我懲罰多數輕微， 而且很少使用。 替代增強與自我增強都是**符號增強**(symbolic reinforcement)， 它們相當抽象，適合增強人類的學習。

三、影響社會學習的因素

模仿有高度的選擇性，不是觀察什麼就模仿什麼。選擇觀察對象受到榜樣的特徵、行為的後果、自我效力等因素的影響。

1.榜樣的特徵

我們喜歡選擇我們認為是成功的、希望認同的、想要學習的榜樣。有人羨慕成功的富商，有人欽佩學者，也有人迷戀歌星。榜樣的男女角色也是選擇的重要依據。廣告業界對這些特徵頗能善加利用。例如，廣告商希望觀眾看到籃球巨星喬丹(Michael Jordan)與高爾夫巨星伍茲(Tiger Woods)在廣告裡穿什麼鞋、吃什麼早餐穀物、喝什麼冷飲、開什麼牌汽車，因為他們是千萬球迷所嚮往的成功人物。

2.行為的後果

我們多數選擇已獲得增強的行為或業績。看到張家開汽車行而發財，李家也開汽車行，因為李家也預期會發財。發財是一種增強。然而不是人人追求的增強都是物質的，有人企求聲望，有人追求權勢，有人盼望友誼，有人要求心靈的昇華。這樣，各人模仿的動機互異，因此其榜樣的選擇也不同。有些父母因望子成龍而忽略子女所追求的增強，甚至為他們選擇榜樣，其結果常常得非所願。

3.自我效力

自我效力(self-efficacy)是個人對其「模仿榜樣的能力」所作的自我衡量。自我效力雖是主觀知覺，它常隨經驗的累積而趨於踏實。自我效力的評估可從兩方面著手：自我觀察與觀察榜樣。**自我觀察**是比較自己已有的行為成就與榜樣的成就水準；**觀察榜樣**是察看榜樣是如何獲得成功的，然後決定自己是否也可以獲得同樣的成就。自我效力是一種相當穩定的個人屬性。高自我效力者往往較能堅持其仿效行為；反之，低自我

效力者往往不相信自己的能力，比較不能堅持到底。

四、社會學習的認知因素

社會學習的歷程需要選擇、注意、記憶、期待、想像（替代增強或懲罰）、自我效力的評估等，因此有高度的認知因素在內。替代增強與自我增強是符號增強，需要相當充分的心智能力去領會，因此模仿學習多以人類或有足夠智力的動物作研究對象。

五、社會學習的應用

觀察與模仿是生存適應的一種學習方式。早期嬰兒學成人吐舌(Anisfeld, 1991)，幼童的彼此仿效，青少年同儕的認同，成人在專業上的相互觀摩等都是社會學習的發展歷程。然而，社會上雖有理想的親社會榜樣，也有令人擔憂的反社會榜樣。助人、愛民的好人或義舉屬於**親社會榜樣**(prosocial models)；害人、使用暴力的壞人或惡行屬於**反社會榜樣**(antisocial models)。這兩種榜樣都有可能成為個人的模仿對象。中小學教科書或故事書裡充滿成功或英雄人物的描述，社教機構經常提倡並舉辦各種有益社會的習俗與活動，都在試圖提升親社會的行為。不幸的是，社會裡傷風敗德的行徑、暴力行為、充斥色情與暴力的大眾傳播媒介（報紙、電視、電影、電腦網路）等，時常暴露在大眾的眼前，成為被模仿的可能對象。在此有個重要的問題要回答：觀看暴行電視、電影、或新聞報導是否會自動地引起模仿呢？

我們來看看班度拉(Bandura et al., 1961)的一個實驗。他讓一組學前兒童觀看鄰室的成人，連打帶罵地在踢、揍、投擲充氣的玩具人達十分鐘之久，然後將兒童們帶到另一房間玩玩具。實驗者隨即進房告訴他們說，那些好玩具是要留給別人的（故意令他們挫折），並將他們帶開到另一個房間裡，內有少數玩具與充氣玩具人，但不予以看管。其結果：與未觀看暴力的控制組兒童相比，實驗組兒童竟然模仿成人的粗暴言行，也狠狠地揍打玩具人。這個結果，也被最近的一些研究所證實(Donnerstein, 1995; Wood et al., 1991)。

　　上述研究結果的確支持觀看暴行的負面影響。但是暴行對觀眾的影響，與其說是普遍性的，不如說是選擇性的。換言之，心存侵略慾者愛模仿暴行；滿懷憤怒者欣賞攻擊行為；心懷敵意者注意他人如何報復。因此我們所關切的是：如何防止那些心懷侵略慾、憤怒、敵意的人，因觀看暴行而影響社會的秩序、治安與福利。

本章內容摘要

1. 學習是經由經驗而獲得的相當持久性行為改變的歷程。廣義的行為包括外顯行為與內在的行為潛勢。我們憑藉外顯的表現作為學習質量的推論。基本學習歷程包括古典制約、操作制約、社會學習。制約是學習聯結的歷程，也是一種最基本的學習。

2. 古典制約是個體學習將兩個刺激聯結起來。俄國的巴夫洛夫以狗作實驗：藉由中性刺激（鈴聲）與非制約刺激（食物）的配對，使中性刺激成為制約刺激，因它也能引起如同非制約反應（分泌唾液）的制約反應。如果制約刺激重覆呈現，但不再配以非制約刺激，則制約反應逐漸下降以至消失，稱為消止。制約反應消止後有自然恢復的現象。使用與原來的制約刺激相類似的刺激而引起制約反應，稱為刺激的類化；個體學習只對一刺激（因配以非制約刺激）作反應，而不對另一刺激（因不配以非制約刺激）作反應，稱為辨識。制約刺激可以用來當作非制約刺激，使另一中性刺激變成新制約刺激，稱為高層次制約。

3. 制約刺激呈現後，若非制約刺激能在半秒鐘內呈現，其制約效果最佳。兩刺激呈現的先後影響制約的效率：延宕制約效果最優，痕跡制約與同時制約效果微弱，逆向制約則毫無效果可言。

4. 刺激間聯結的難易是由個體的生理預備度來決定：與個體的適應與生

存有關的制約比較容易，要求個體聯結與其適應與生存無關的刺激，其制約非常困難。

5. 成功的制約是因為一刺激（即制約刺激）預測另一刺激（即非制約刺激）的到來，因此制約刺激是非制約刺激的信號；混淆這個建立的預測信號會影響制約效果，可見認知在古典制約中扮演重要的角色。

6. 古典制約已被應用於學習恐懼、引起嗜好、戒除藥癮、協助醫療等方面。

7. 根據史金納的研究，附隨於行為之後的任何措施（如給予食物），若能使該行為的機率因而增高，稱之為增強作用。由於先前的增強作用而出現獲取增強物的操作行為，反應了操作制約的完成，也就是有了新的學習。

8. 操作行為因增強措施而習得，其消止也因停止增強措施而消失。消止的操作行為常於隔一段時間後，重遇原來的情境或線索，乃有自然恢復的現象。個體在某一刺激情境下的行為被增強後，在類似情境下亦有同樣的操作行為出現，稱為刺激的類化；若個體對甲刺激作反應則被增強，對乙刺激作反應則不被增強，則個體只選擇甲刺激作反應，不對乙刺激作反應，這是刺激的辨識。應用操作制約的原則，逐步增強愈來愈接近理想的行為，稱為行為形成。

9. 理想行為出現後，立即提供能增強該行為的措施，稱為正增強；理想行為出現後，立刻使個體所厭惡的刺激因而移除，稱為負增強。事物本身具有增強作用者，稱為初級增強物；事物經由制約而產生增強作用者，稱為次級增強物。每一理想行為都予以增強，稱為連續增強；不是每一理想行為都予以增強，稱為部分增強。部分增強之中，定時增強是理想行為於每隔一固定時間之前仍然出現即予以增強；不定時增強是理想行為於每隔長短不定的時間之前仍然出現即予以增強；定次增強是理想行為每達一固定次數即予以增強；不定次增強是理想行為獲得增強所需的行為次數不予以固定。由部分增強而學習的行為，不因增強的突然停止而快速地消失，稱為部分增強效應。立即增強是

理想行為一出現立即予以增強；延宕增強是理想行為出現後等待一段時間才獲得增強。

10.厭惡刺激是任何令個體厭惡或不快的刺激。懲罰是當個體的不合理行為出現時，對個體施以厭惡刺激的措施，其目的是壓抑或消除受懲行為。正懲罰是施以厭惡刺激；負懲罰是停止或移除快樂刺激。逃脫訓練是對個體繼續施懲，直到個體採取某一特定行動為止；迴避訓練是給予個體信號，個體在特定時間內採取行動則厭惡刺激不致呈現。以古典制約與操作制約兩個因素來解釋迴避訓練，稱為迴避訓練的二因論。

11.不同的動物各有其先天的行為傾向，學習與牠們的先天適應行為愈接近，則愈有良好的效益；學習若違反牠們的先天適應行為，即使一時習得的行為亦將迅速消失，而有本能性漂流現象。

12.個體的潛在學習（認識環境、獲取對環境的認知圖）與選擇性覓食行為支持認知在操作制約中的重要性。

13.編序教學、電腦輔助教學、行為修正、生理反饋等是操作制約的主要應用。行為修正為行為形成與消止的技術。修正一行為應有明確的目標行為，評量行為的基線，選擇最適宜的增強方式（包括增強物與增強安排），實際逐步改變行為。

14.經由觀察與模仿他人而獲得新行為的歷程稱為社會學習，又稱觀察式學習或模仿。成功的模仿包括注意、保持、展示、動機。觀察者預期在他完成模仿後與榜樣同樣地有應得的獎勵或懲罰，稱為替代增強。個體於觀察與模仿他人的行為之後，由自己給予自己的獎勵，稱為自我增強；觀察他人因不良行為而受罰，自己覺得不該有類似的不良行為因而給予自己懲戒，稱為自我懲罰。替代增強與自我增強都是符號增強。

15.選擇觀察對象受榜樣的特徵、行為的後果、自我效力等因素的影響。自我效力是個人對其模仿榜樣的能力的自我衡量。自我效力是一種相當穩定的個人屬性：高自我效力者往往較能堅持其仿效行為；低自我

效力者往往不相信自己的能力，比較不能堅持到底。

16.社會學習的歷程需要選擇、注意、記憶、期待、想像（替代增強或懲罰）、自我效力的評估等，因此有高度的認知因素在內。

17.助人、愛民的好人或義舉屬於親社會榜樣，害人、暴力等壞人或惡行屬於反社會榜樣，這兩種榜樣都有可能成為個人的模仿對象。觀看暴行電視或電影有負面影響，但是暴行對觀眾的影響是選擇性的。

第七章
記　憶

　　我們的學習歷程若沒有相當長久的記憶，則我們必須對同樣的事物不斷的重覆學習；若真是如此，世界的一切將永遠顯得新鮮；但重覆同樣的學習，畢竟是無謂的浪費。所幸，我們都有正常的記憶能力。記憶令我們有快樂的回味，記憶也難免勾起痛苦的往事；我們想記得的常常無法回憶，我們想忘記的卻在腦海裡盤旋不去；有時記憶非常精確，有時記憶偏離事實而不自覺；有的經驗只需一次，其記憶永存；有的經驗反覆多次，仍然記憶模糊；有些人事事健忘，有些人卻有驚人的記憶力。到底什麼是記憶？記憶為什麼會有這些現象？

　　記憶(memory)可以說是經驗的儲存與使用的歷程。根據已有的研究，記憶歷程可以分為編碼、儲存、提取等三階段；記憶的處理又可分為感覺記憶、短期記憶、長期記憶等三時期；記憶又因記憶內容而分為明顯性記憶與隱含性記憶兩類。本章討論下列與記憶有關的問題：

・什麼是記憶？記憶如何評量？

・記憶歷程包括哪些階段？

・資訊處理模式如何將記憶分類？記憶有何種編碼方式？

・長期記憶如何儲存？長期記憶的生理基礎是什麼？

・為何記憶需要提取線索？何謂編碼特定原則？隱含性記憶與明顯性記憶有何不同？記憶的建造採取哪些方式？自傳性記憶有何特徵？

・遺忘的原因有哪些？

・如何增進記憶？

第一節　記憶的評量法

　　如果我讓你快速地看完一打正面個人照片，我無法直接知道到底有多少張照片已儲存在你的大腦裡。要想知道你有多少記憶，唯一的途徑是評量你有多少保存(retention)。然而，實際的記憶量與測得的保存量不一定是一致的。你是否常有一種「話在舌尖」的現象？話在舌尖（tip-of-the-tongue，簡稱TOT）是個人覺識到記憶的存在，但無法完全提示出來。例如，當我被問及昨夜新認識的一位訪客的姓名時，我回答道：「你指的是那位從臺中來的，我知道，他叫陳……」，那時他的姓名似乎很熟，幾乎就要被說出來，可是名字硬是攔在那裡，一時說不上來。這種現象常在考試時出現，一旦交了卷，答案就湧現了，真令人嘆息。事實證明，測得的保存量不就是記憶量，但它是推論記憶的主要根據。評量記憶有下列主要方式：回憶法、再認法、再學法三種。

一、回憶法

　　回憶法(recall)要求個體對學習過的材料或經驗，在隔一段時間後，予以一一敘述。此法在日常生活或學習裡經常被使用。例如，我們常問：「他的電話幾號？」「我剛才說過的事，你還記得嗎？」「你看過的那部電影，可以簡單介紹嗎？」「你還記得怎麼調整數字錶的時日嗎？」這種方式雖然簡便而實用，但是我們很難肯定回答者是否已有我們所需的記憶，因為詢問他人是否記得，是假定記憶確實存在。在實驗室裡，這種當時是否產生記憶的疑惑就可以避免。

回憶的實驗研究可以採用文字、無意義音節、數字、圖片等作為記憶材料。受試者將記憶材料熟記後，若連續三次通過測試，便讓受試者休息一段時間（以小時或天數等計算），然後復述所記的材料。德國心理學家艾賓豪斯(Ebbinghaus, 1913)是最早進行科學性記憶實驗的學者（見圖7-1）。他為了避免因個人在文字經驗上的差異而影響實驗結果，乃使用兩個子音夾一個母音（例如kev, mok, pib）的**無意義音節**(nonsense syllables)作記憶材料，並採用回憶法測量記憶。實驗結果顯示，學習後一小時，記憶只剩40%左右，然後開始有微量的減少，顯得相當平穩。

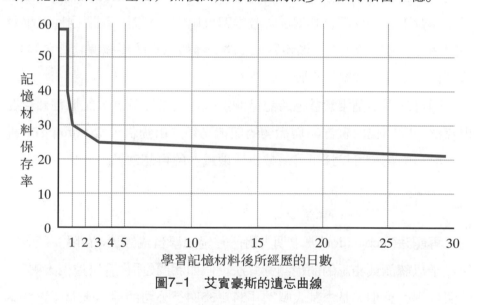

圖7-1 艾賓豪斯的遺忘曲線

回憶法有依序回憶、自由回憶、配聯回憶等三種不同方式。**依序回憶**(serial recall)是回憶材料的順序與學習材料的順序完全相同。換言之，材料是依怎樣的順序學習的，就照同樣的順序來回憶。許多語文資料（如講演稿、詩詞等）、知識、實用技能（如烹調、拼裝模型或儀器、駕駛飛機等）、解決問題的步驟等都必須依序學習，依序記憶。

自由回憶(free recall)是個人得以任何順序回憶所學習的材料。例如，回憶亞洲幾個主要國家及其首都的名字，便沒有依序回憶的必要。在實驗室裡進行自由回憶，其目的在探究受試者如何形成其個人的**主觀組織**(subjective organizations)。就以亞洲國家及其首都的名字為例，如果一些

受試者是以日本、韓國、中國大陸、臺灣、菲律賓……這一順序回憶，則可以看出「從北而南的地理位置」是他們的主觀組織原則。當然，還有許多不同的主觀組織方式可用，我們試圖瞭解何種方式最普遍而有效。

配聯回憶(paired-associate recall)是將配合成對的學習材料（如kev–狗，mok–魚，pib–水……等）一對對地依序呈現在受試者眼前，以供學習，然後在刺激字單獨出現時（如mok、pib、kev等），受試者便應以適當的反應字回答（魚、水、狗等）。你有沒有注意到，在測量回憶時，我把先前學習材料的次序改變了。這是為了避免受試者依狗、魚、水這一順序死背下來，反而忽略個別刺激字與反應字的配對。配聯回憶在學習外國語文、編號與人名（如報導球賽時，播報球員的編號與其姓名等）、或其他必須聯結成對的事物，頗為有用。

回憶法固然是相當普遍的記憶測量法，但是鑑於許多記憶雖然存在但無法一時回憶的事實，與微弱的記憶必須經由提供線索(priming)來提取，記憶的測量可以採用另一較為「敏感」的再認法。

二、再認法

再認法(recognition)要求個人對已有過的學習或經驗，在隔一段時間後，予以確認或指認的記憶測量方法。假如我問：「你看過這個人嗎?」「照片裡的這個人是李某人嗎?」「547–3684是公司的電話嗎?」「這幾本書名中，哪本是你看過的?」這便是日常生活裡使用再認法的一些例子。在實驗室裡，受試者熟記一些記憶材料（如無意義字、詞彙、數字、圖片等），然後從混雜著已學過材料與未學過材料的測試材料中，指認或挑出已學過的材料。你不覺得考試時使用的許多選擇題，是再認法的應用嗎？當然，考試時使用問答題或申論題，則是屬於前述回憶法的應用。一般而言，欲測試學習材料的要義，宜用回憶法；欲測試學習材料的細節，則宜用再認法。若你為問答題而準備考試，結果老師不期然地全用選擇題，考試結果常會比你預期的差。

再認法雖然可以補救微弱或缺乏線索的記憶測量，但是人們常有誤

認的現象。我們常看到或聽到有人誤認後還辯解道：「我明明看到他在那兒，沒錯！」「我敢擔保，照片裡的這個人就是她！」「這是我親自聽他說的。」「這個答案跟書裡寫的完全一樣！」可惜，他們可能全都錯了。可知再認法所測得的記憶，並不是都完全正確或可靠的。心理學家有時應邀在法庭裡作證，指出證人在某些情況下有誤認的可能。

三、再學法

再學法(relearning)是學習一材料後，隔一段時日，再學習同一材料，以測量前後學習在時間或次數上的差異。前後兩學習所產生的「順差」是先前學習與記憶的結果，因此本法又稱節省法(saving)。如果在三天裡，你每天將同一文章以正常速度念一遍，你會發現第二次比第一次省時，第三次又比第二次省時，這是由於記憶累積的結果。不僅知識的學習是如此，技能的學習亦復如此。我們初學某一技能時，常有生硬而刻板、顧此失彼的現象；但練習一段時日後，既熟悉又靈巧，頗能運用自如。

多數學習並非一次學會，需經若干次以達熟練程度。若一學習材料需反覆練習十次才能熟悉，三個月後重新學習同一材料，結果只要練習六次即達熟悉程度，可見有了練習四次的節省。有一簡易的數學公式可以用來計算節省的百分數。

$$節省分數＝\frac{初學所需次數－再學所需次數}{初學所需次數}\times 100$$

若使用時間作單位，上列公式所使用的「次數」得以「時間」取代之。

第二節　記憶的三階段

　　記憶的形成必須經過編碼、儲存、提取三個階段。這跟電腦的輸入、儲存、輸出等次序相似；也跟圖書館進書編目、置書於書架上、協助讀者借出書本等相類似。

一、編　碼

　　編碼(encoding)是神經系統將世界萬象有系統地轉換成個體所能瞭解與處理的代像(representations)。 我們的神經系統將外界刺激系統地變成心理代像，以便儲存、操作、提取。編碼是記憶歷程中非常重要的一個階段，它像電腦輸入資料的歷程一樣，由鍵盤打進記憶體的是數據碼，它是電腦操作系統(operating system)所能操控的，也是得以儲存在硬、軟碟上以備隨時提取的。許多所謂的記憶不全或遺忘，事實上是編碼上的失誤所致，並不是事後的遺忘。

二、儲　存

　　儲存(storage)是指編碼後的記憶材料儲放在神經系統或大腦裡的歷程。 資訊處理模式(information processing model)的記憶理論將儲存分成感覺儲存、短期儲存、長期儲存三種。感覺儲存(sensory store)有4秒鐘以內的極短暫的保存期； 短期儲存(short-term store)有20秒鐘以內的短暫的保存期； 長期儲存(long-term store)則有相當長久（甚至永久）的保存期。有了編碼，若沒有儲存，就像在電腦上寫文章，在未儲存之前就關掉電腦一樣，沒有記憶的存在。

三、提 取

提取(retrieval)是將儲存在記憶體裡的資訊提到操作記憶裡，以便使用的歷程。這與電腦裡「打開檔案」相類似，必須給處理系統兩個指令：從哪裡取，叫什麼名字。然而人類的記憶系統既複雜又有彈性，常不需要精確地記得資訊存儲的地點或正確無誤的檔案名稱，因為我們在編碼時，許多**提取線索**(retrieval cues)也被編列為記憶的一部分了，我們可以隨時循不同的線索同時進行檢索。假如我們第二次開車去找兩年前往訪的朋友家，我們穿過幾條大街小巷，只要路上的一些特徵已成為提取線索（如特異的商店、樓房、招牌、路標、樹木、地區設計等），也就不難如願了。當然，提取線索愈多，而且與提取的訊息愈有特殊的關聯，則提取的速度愈快。

第三節　資訊處理模式的記憶論

雖然我們可以相當肯定地認為，記憶必須經過編碼、儲存、提取三階段，但是心理學家對於記憶的結構與控制歷程仍有爭議。到目前為止，比較完整的記憶結構觀點與控制模式是分期記憶論。 由瓦渥與諾曼(Waugh & Norman, 1965)所提出的**初級記憶**(primary memory)與**次級記憶**(secondary memory)是較早的分期記憶論。這一理論隨後被艾金遜與施富林(Atkinson & Shiffrin, 1968)的三期記憶論所取代。艾施二氏以資訊處理的觀點，將記憶分成感覺記憶、短期記憶、長期記憶三個不同的時期。這個理論是目前相當普遍的分期記憶論。 圖7-2是三期記憶的結構與彼此間依存關係的圖解。

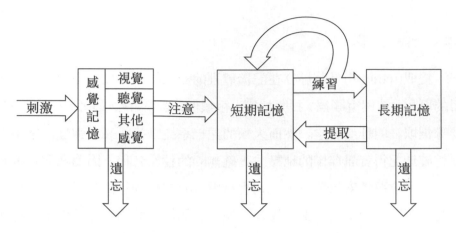

圖7-2 三期記憶的結構與彼此間的依存關係

一、感覺記憶

　　感覺記憶(sensory memory)是記憶的第一站，它將外界的刺激轉換成感官經驗，將物理能量予以編碼成心理代像。假如我們從市場裡的一個角落環顧四周的景象，並聽取各種喧嚷的聲音，若不對其中某些景象或聲音予以特別注意，則所有的見聞將很快地從記憶裡消失。因此，感覺記憶的容量相當大，但是記憶的保存時間卻異常短促（通常在三、四秒鐘以內）。雖然感覺記憶涉及視、聽、嗅、味、觸等感覺經驗，心理學家對物像記憶（視覺）與迴響記憶（聽覺）的編碼特別感到興趣。

二、短期記憶

　　從圖7-2我們可以看出，在感覺記憶中獲得「注意」的部分，就成為短期記憶的素材。**短期記憶**（short-term memory，簡稱STM）是記憶容量相當有限、記憶持久性相當短暫的記憶處理系統。例如，你剛從電話簿中找到三民書局的電話號碼，正要撥號時，電話響了；等你跟對方寒喧幾句並掛斷電話後，想重新開始撥號時，你會發現你剛記下的三民號碼幾乎忘光了。記憶這個包括七至八位數字的電話號碼是典型的短期記憶。短期記憶的可容量，根據米勒(Miller, 1956)的推算，應該是7±2，也就是從5到9個「單位」；其保持時間約在20秒鐘左右。短期記憶雖然沒有

龐大的容量，也不能保持長久，但它是我們維持正常心智運作所必需的，對它的研究也不遺餘力。

艾施二氏的短期記憶似乎過份被動與呆板，因此巴德理(Baddeley, 1992)提議以**操作記憶**(working memory)來取代，以突顯其主動性與積極性。根據巴德理的研究分析，操作記憶包含三個部分：負責儲存與複習聲碼的**聲環**(phonological loop)，負責視空訊息記憶的**視空素描板**(visuo-spatial sketch pad)，與主司操控記憶體內各種訊息的**中央執行者**(central executive)。此一建議受到其他研究的支持(Gathercole & Baddeley, 1993; Logie, 1995; Shah & Miyake, 1996)。因此，若說短期記憶又稱操作記憶，是指以更為複雜與靈活的運作觀點，來解釋傳統上認為有限而被動的短期記憶。

三、長期記憶

根據訊息處理的觀點（見圖7-2），短期記憶裡的訊息有兩種可能去處：不經練習後自動消失；經過練習後進入長期記憶。可見訊息是否由短期記憶進入長期記憶，其主要關鍵在於**練習**(rehearsal)。**長期記憶**（long-term memory，簡稱**LTM**）是相當長久性的記憶體，而且其容量可謂無限，是知識技能的寶庫。

長期記憶與短期記憶相比，有下列幾個特徵：（甲）它的編碼是以意碼為主；（乙）它是相當持久的，甚至是永久的；（丙）它的容量是幾乎無限的；（丁）它是有系統、有組織的；（戊）它易受扭曲、失實、偏見的影響而不被察覺。

資訊處理模式的三期記憶論是一個目前被許多心理學家所接受的記憶理論(Healy & McNamara, 1996)。它雖然稱職地解釋記憶的分期現象，但是嚴格區分記憶為三個時期，與一些事實有差距(Baddeley, 1990; Nilsson, 1992)。因此，有些心理學家(McClelland & Rumelhart, 1981)仍然堅持**單一記憶論**(unitary system of memory)的觀點。

第四節　編　碼

　　編碼(encoding)是將物理刺激轉換成神經系統能夠瞭解與處理的代像(representations)。記憶編碼的主要方式有三：意碼、聲碼、形碼。資訊處理論認為，感覺記憶、短期記憶、長期記憶等各有不同的編碼方式。無論是何種編碼方式，有的是自動處理的(automatic)，有的是需要費力的(effortful)。自動處理是在不知不覺中進行；費力處理則必須有意識地進行。

一、感覺記憶的編碼　

　　感覺記憶來自不同感覺的編碼，但是我們偏重介紹物像記憶與迴響記憶的編碼。　物像記憶(iconic memory)是物像在大腦裡所留存的極短暫記憶，其保留時間約在一秒鐘以內。為瞭解物像記憶的容量與其時間的長短，史柏凌(Sperling, 1960)作了一個簡單而令人信服的研究。他將12個英文字母分上下3橫排、左右4縱列排列，同時快速地對受試者閃示。受試者若被要求立即報告所有呈現的12個字母時，平均只能回答四至五個。他決定讓受試者一瞥全部12個字母，但只需回答由實驗者挑選的一排字母。閃示12個字母後，受試者如果聽到高音調，則報告上排4個字母；聽到中音調，則報告中排4個字母；聽到低音調，則報告下排4個字母。採用這種部分報告法的結果，三排加起來，受試者平均可以回答九至十個字母。根據史柏凌的解釋，快速看過12個字母，理應記得12個字母；但因物像記憶只有一秒鐘左右，報告不到一半，其餘的已很快地遺忘了。這一簡單的研究卻透露兩個真理：一則物像記憶的容量很廣闊，一則物像記憶的時間極為短暫。從資訊處理的觀點看，物像記憶是對刺激引起反應後的短暫性延長，以便與次一記憶期作適當的連接(Matlin, 1998)。

　　迴響記憶(echoic memory)是聽到的聲響在大腦裡留存的極短暫記憶，其保留時間約在四秒鐘以內。我們聽到汽車的喇叭聲、旁人的走路聲、老師的講課聲，雖說聲音已經消失，大腦裡仍有短暫的迴響。由於音響不似物體的長存，迴響記憶反而顯得更為有用(Cowan, 1995)。迴響記憶的研究(Crowder, 1982; Darwin et al., 1972)支持此項記憶的兩項特徵：一是比較有限的容量（即使應用部分報告法，聽了12個聲響後，只能回答5個左右的迴響），一是極為短暫的記憶（不超過四秒鐘）。

二、短期記憶的編碼

　　根據研究(Baddeley, 1966, 1992; Nilsson, 1992; Shulman, 1970)，短期記憶的編碼是以聲音為主，亦得以形象或意義輔佐。例如，我們查閱電話簿而找到所需電話號碼時，通常將號碼有聲地讀出；雖然印在簿上的號碼是視覺材料，它的數字形象或數字所代表的意義（如頭三個號碼跟一朋友家所使用者類似）則居次要地位。因此，聲音的混淆常是短期記憶回憶錯誤的要因。維持記憶的方式有二：一是重覆練習，一是增富其意義。

　　在短期記憶裡有個大家熟悉的序位效應(serial-position effect)。如果你想回憶一連串的生字或數字,你會感到開頭部分與結尾部分都較容易,中間部分較難。為什麼呢? 目前對此一現象有許多不同的解釋。一般認為： 開頭部分易記的起始效應(primacy effect)是由於獲得較多的復習所致；結尾部分易記的臨近效應(recency effect)則是因為剛結束的部分仍有短期記憶所致。在一個初次集會的個別介紹時，如果你希望有較佳的被他人回憶的機會，最好是在開頭或在結尾，盡量避免被「埋在」中間。

　　記憶的材料一旦進入短期記憶，個體為了編碼而自動地簡化原材料的結構，將一些相關聯的個別物體聚集成新的單位，這個歷程稱為塊體化(chunking)。例如，3247851原是一個七位數的電話號碼，它被塊體化成324–7851後，就成較易於記憶的兩個單位的材料。不僅是數字的記憶有塊體化現象，許多被稱為專家的，他們在專業上有數以萬計的塊體知

能。許多西洋棋王，居然在大腦裡有達50,000個棋藝塊體(Gobet & Simon, 1996)。

三、長期記憶的編碼

長期記憶的編碼是以意碼為主。**意碼**(semantic codes)是意義的代像。我們看完一場一個半小時的電影，能用三兩句話把它簡介，就是意碼的功能。由短期記憶進入長期記憶的材料，必須經過**重新編碼**(recoding)的過程才能持久。我們知道，長期記憶裡的訊息都是依一定的規則或系統組成的，任何新進的訊息必須與既存訊息相關。根據一研究(Craik & Tulving, 1975)，三組受試者分別對同樣的材料予以記憶：一組注意字的形狀，一組注意字的發音，一組注意字的意義。以再認法測試的結果，三組的記憶量分別是：字形組不到15%，字音組60%，字義組90%。老師時常勸導學生「念懂才記」、「死記沒用」，是很合乎記憶原則的。雖然長期記憶是以意碼為主，但聲碼與形碼也被使用。我們看到或聽到一個熟人的名字，就自然地想起其人，這就是形碼與聲碼功能的表現。

柯雷克(Craik, 1979)依其研究所得，乃倡議分層處理模式的記憶論。根據**分層處理**(levels of processing)模式，記憶有淺層、中層、深層之分，這是由於使用不同的編碼方式使然。使用形碼，例如記憶文字是明體或楷書印刷的，則屬淺層記憶；使用聲碼，例如記憶文字是如何發音念出的，則屬中層記憶；使用意碼，例如記憶文字的含義是什麼，則屬深層記憶。一般而言，記憶層次愈深，愈能保持長久(Baddeley, 1990; Howard, 1995; Lockhart & Craik, 1990)。

我們可以從兩個「效應」來支持分層處理的觀點：發動效應與涉己效應。**發動效應**(generation effect)是指由個己發起的資訊比由外來的資訊有更佳的記憶(Greene, 1992; Searleman & Herrmann, 1994; Slamecka & Graf, 1978)。例如，由自己編寫的講稿比由他人代撰的講稿更容易記憶。如果你將所念的課文以自己的文字重述，則必有較佳的記憶。**涉己效應**(self-reference effect)是指若能使記憶材料與記憶者自身相關，則會有更

佳的記憶(Bellezza, 1992; Brown et al., 1986; Rogers, 1983; Symons & Johnson, 1997)。多數人關心自己的生存、安危、或福祉，因此與這方面相關的記憶最為深層、最能保持。假如我要你念一篇文章，並指明要考你的閱讀能力，由於涉及你的成敗與自尊，必有良好的閱讀記憶效果。圖7-3是比較四種不同層次的記憶效果。

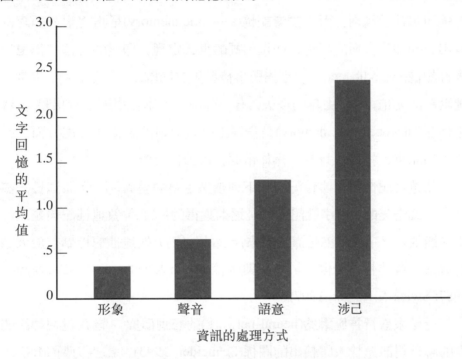

圖7-3 四種不同編碼方式的結果(from Rogers et al., 1977)

第五節 儲 存

　　儲存(storage)是保持記憶的歷程，是記憶的核心。感覺記憶中的物像記憶只保持在一秒鐘以內；迴響記憶保持在四秒鐘以內；短期記憶則可保持到二十秒鐘左右。它們的功能雖大，但只作短暫的保持，因此研究長期記憶的儲存便顯得更為重要。

一、不同類別的長期記憶

　　長期記憶既然是長期的，它是如何儲存的呢？杜爾文(Tulving, 1985, 1993)對此有獨到的看法。根據杜爾文的研究，長期記憶包括兩類記憶：敘述性記憶與程序性記憶。**敘述性記憶**(declarative memory)又包含語意記憶與事件記憶兩方面。**語意記憶**(semantic memory)是指文字、概念、原則、知識等方面的記憶，如幾何裡的畢氏定理、印度的首都在德里；**事件記憶**(episodic memory)是指與事情發生有關聯的人、事、物、時間、地點等的記憶，如「去年的今天，有一部南下卡車在中壢附近出事。」**程序性記憶**(procedural memory)是指經由學習而得的習慣與技能方面的知識，如開車、打字、彈琴、操作電腦、修護儀器等。

　　敘述性記憶與程序性記憶有下列幾個主要的差異：（甲）敘述性記憶是全有或全無的，程序性記憶則是逐漸獲得的；（乙）敘述性記憶是以語文溝通的，程序性記憶是靠演示來溝通的；（丙）敘述性記憶儲存於大腦皮質部，程序性記憶儲存於小腦與腦幹(Daum & Schugens, 1996; Squire, 1987; Swick & Knight, 1997)。

　　近年來盛行**神經網絡**(neural network)的心理研究，旨在重視神經觸處的聯結對訊息輸入與輸出的關係(Schneider, 1993)。馬克力蘭(McClelland & Rumelhart, 1986)以此觀點來解釋記憶的儲存，稱為**同步分配處理論**（parallel distribution processing theory，簡稱**PDP**）。根據此一理論，所有被儲存的不同訊息（如某人的身高、體形、髮式、五官的配置、膚色、語言音調、性別等）彼此相互聯結，形成眾多份量不同的**結**(nodes)。愈經過練習的結，其份量愈重，訊息通過的速度也快。由於結的份量不同，提取線索的強弱亦因而互異。任何屬性均能經由神經網絡而引發其他屬性（圖7-4）。例如，如果我忘了某人的膚色，但他的髮式或說話聲調亦可促動其他屬性，因而獲得對某人的整體記憶，此一特徵被稱為**內容可及性**(content addressable)。這個理論強烈暗示記憶分配於許多不同的聯結之處。此一觀點與神經元與大腦的組織相當一致(Crick, 1994; Lewandawsky & Li, 1995)，它對記憶儲存的瞭解，尤其是認知作業方面，將有重要貢獻。

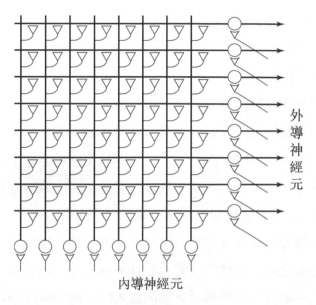

圖7-4 神經網絡的傳訊概念(Schreider, 1987)
Permission granted by Psychonomic Society Publications.

二、長期記憶儲存的生理基礎

資訊既然有所儲存，必須要有儲存的地方。拉詩理(Lashley, 1950)為了尋找**憶痕**(engram)，先讓老鼠學會走迷津，然後把老鼠的大腦局部地分別切除，以便觀察它對記憶的影響。雖然割除部分大腦影響部分記憶，他仍然無法肯定記憶到底儲存在哪裡?由於近年來透視大腦能力的進步，加上對神經生化作用的瞭解，我們對大腦儲存記憶的生理現象有相當突破性的認識。茲分別介紹神經元觸處的變化、神經元樹狀突的增加、壓力賀爾蒙的角色、大腦部分的記憶功能等。

1.神經元觸處的變化

有一項研究(Kendel & Schwartz, 1982)， 利用古典制約使海蝸(sea snail)對噴水（與電擊配對）引起收縮反應。結果發現，許多神經元之間

觸處的血清緊素(seratonin)因學習而顯著增高。這一神經傳導物的增加，使觸處傳遞訊息的效能大大提高，訊息通過的速度也因而加快。神經觸處效能的提高，使神經網絡保持其靈敏度達相當長久的時間（從幾小時至幾星期不等）。這一稱為**長期潛勢**(long-term potentiation)的神經功能，提供了學習與記憶相聯結的基礎。研究顯示(Lynch & Staubli, 1991)，若以藥物阻擋長期潛勢，會嚴重地阻礙學習；相反地，若以藥物增強長期潛勢，結果受益的老鼠在走迷津時竟然錯誤減半(Service, 1994)。

根據枸德(Gold, 1993)的一項研究，22位健康的老年人，傾聽事先錄好的文章後立即喝飲料，一組喝蔗糖檸檬汁，另一組喝糖精檸檬汁；次日測試的結果，蔗糖組比糖精組多回憶53%的文章內容。這清楚地證明，蔗糖所提供的葡萄糖增加神經元間觸處的傳導物，也增強記憶的能力。為考試而苦讀之後，適量的「營養」補充應該是一項善策；但千萬要避免飲酒，因為酒精是神經傳導物的阻擋者(Weingartner et al., 1983)。

2.神經樹狀突的增加

最近有人發現大腦神經元的細胞核裡有一種CREB的蛋白質(Carew, 1996; Silva & Giese, 1997)。當代表訊息的神經衝動通過神經元而促動CREB時，CREB引發去氧核糖核酸(DNA)裡的基因，基因乃促使細胞核生產必要的蛋白質，使新的樹狀突得以添生。樹狀突的添生使神經元間有更多更快的接觸，學習與記憶的關係也因而強化。

3.賀爾蒙與記憶

人類在興奮或有壓力感時，身體會自然地分泌賀爾蒙，這一來賀爾蒙也推動了學習與記憶。這說明了為什麼我們對特別興奮、震驚、緊張的事有難以忘卻的記憶，例如我們對重大的天災或人禍都有相當長遠的記憶。當我們因事而感到憤怒時，若使用藥物以阻擋壓力賀爾蒙的分泌，我們對該事細節的記憶便十分困難(Cahill, 1994)。

4.大腦裡的記憶

既然記憶需要儲存，則我們應該在大腦裡找到儲存記憶的地方。繼拉詩理之後，科學家已在這方面取得很大的進步。促使這一進展的主因有二：臨床的研究與大腦活動的透視。

在記憶的臨床研究上最被廣泛引用的個案要算H. M.(人名的縮寫)。H. M.在七歲時被腳踏車撞擊而傷及頭部。幾年後，他開始經驗癲癇症，並逐漸由輕微而日趨嚴重。在他27歲那年（1953年），由於症狀的嚴重，醫生只好以手術切除他大腦裡大部分的海馬(hyppocampus)與杏仁(amygdala)。手術之後，H. M.雖然仍舊記得1953年以前的往事，但無法對新經驗保持記憶(Scoville & Milner, 1957)。我們稱此一現象為**順行失憶症**(anterograde amnesia)。他對新經驗只有短期記憶，如無法記得不久以前才看過的人，吃過的午餐，或看過的電視節目。

H. M.仍然保有手術前的長期記憶，卻無法形成新的長期記憶。這代表什麼意義呢?首先，它顯示海馬為新學習作長期記憶編碼的主要組織。一旦缺乏海馬，新學習無從編碼，經驗很快消失(Baddeley, 1988)。其次，海馬被移除後舊記憶仍然存在,記憶訊息在海馬編碼與儲存一段時間後，被分送到大腦額葉與聽葉的不同皮質部裡(Squire, 1992; Fuster, 1995; McClelland et al., 1995)，如語文記憶在左腦，空間記憶在右腦。使用PET透視大腦，證明左右腦在記憶功能上的前述差異。海馬的記憶功能有另一佐證：人人對其三歲以前的生活經驗幾乎沒有記憶可言，因為此時期的海馬是大腦中最晚成熟的部分。我們的無法記憶三歲以前的生活經驗，稱為**嬰兒失憶症**(infantile amnesia)。

雖說海馬有進行編碼與暫時儲存訊息的功能，進一步研究卻發現海馬所處理的訊息是屬於明顯性記憶，而不是隱含性記憶(Cohen & Eichenbaum, 1993)。**明顯性記憶**(explicit memory)是敘述性記憶，它包括何時、於何處、發生何種事情等記憶；**隱含性記憶**(implicit memory)是非敘述性記憶，如經歷許多大小事情，雖然說不出做了什麼事，但事情愈做愈熟

練。就以H. M.為例，他少了海馬，無法明顯地回答新經驗所留下的記憶，但他對技能學習仍然有記憶的保存。技能學習的記憶屬於隱含性記憶，它既然不在海馬，會在哪裡呢？最近的一些研究(Daum & Schugens, 1996; Krupa et al., 1993)提供相當可信的答案。將傳導神經衝動的路徑，從腦幹到小腦的一段予以切斷（以兔子作實驗），或小腦受創傷（人類的臨床病例），則個體無法進行技能學習（如學習對信號眨眼）。可見，負責儲存隱含性記憶的是腦幹與小腦。前面說過，人人都有嬰兒失憶症，但是三歲以前的嬰兒與幼兒，卻學會了許多生存的基本技巧，這也證實腦幹與小腦對隱含性記憶的關係。

第六節　提　取

　　將儲存在長期記憶內的訊息予以提取是記憶的重要歷程。在日常生活裡，我們無時無刻不在提取儲存在長期記憶內的訊息，但也時常遭遇回憶的困難。假如我們確實學習過，但無法回憶所學，則應該自問：到底訊息是否已被編碼而儲存於長期記憶之內呢？到底無法回憶是否由於提取訊息有困難？我們埋頭學習時，有些訊息可能只在短期記憶內，很快地消失殆盡，我們可能還以為被永久儲存。至於提取訊息的困難，多數是由於缺乏適當的提取線索之故。

一、提取線索

　　提取線索(retrieval cues)是與訊息相關聯的刺激或屬性，成為提取訊息時聯想的指引。為什麼從長期記憶中提取訊息需要線索呢？長期記憶的編碼是非常複雜的建造歷程，訊息本身不是直進而後直出的。編碼不僅聯結新舊訊息，而且使新訊息成為整個**語意聯網**(semantic network)中的一份子。假如你邀朋友們看看你家新購的小轎車，他們看的雖是一部

小輅車，但是車子停放地點的環境、你比手劃腳的介紹、車輛的各種屬性（如大小、顏色、形狀）等，都可能也被編碼而儲存，也都可能成為回憶該車的線索。如果他們一時記不起來，你只要提供相關的線索，他們可能豁然地回憶它。你念書時的劃記或眉批，老師上課時的妙喻，同學間的相互辯解，甚至你上課時的心情，都可能成為提取線索。

二、編碼特定原則

提供的線索若來自學習時的情境因素，稱為**情境效應**(context effects)。「學習情境」與「測驗情境」愈近似，則愈有良好的回憶。提取線索若來自學習時的身心境界，稱為**境界記憶**(state-dependent memory)。如果你喝了微量的酒後進行學習，以後也於飲微量的酒後回憶，會有較佳的結果。提取線索若來自學習時的情緒狀態稱為**依情記憶**(mood-dependent memory)。例如，在心情快或不快時學習，也在心情快與不快時回憶，有一致性的關聯結果。總之，學習與回憶的內外因素愈雷同，就愈符合編碼特定原則。**編碼特定原則**(encoding specificity principle)是指訊息如何提取要看訊息如何編碼，二者相互一致則有最佳的回憶效果。提取是**解碼**(decoding)的歷程，解碼若使用原編碼的聯想刺激，可以避免不相干刺激的干擾或誤導。

三、明顯性記憶與隱含性記憶

我們平時所評量的記憶是明顯性記憶。各級學校對學生所測試的，大多數也是意識界所及的明顯性記憶。我們僅從明顯性記憶的表現以評定記憶的有無，必定忽略隱含性記憶的存在。隱含性記憶是近年來被重視與研究的課題。例如，一個大腦額葉與聽葉受傷的患者對他剛做完的拼圖工作(jigsaw puzzle)無法回憶，他卻一次比一次進步。顯然由於小腦時刻在默默地維持著隱含性記憶的功能(Moscovitch & Winocur, 1992)，即使他的意識界一無所知，他的前一次工作經驗確實影響他的後一次工作。

四、記憶的建造

使用字、詞、無意義音節、數字、圖片、配聯學習等材料對記憶進行研究，儘管已對記憶的「基本歷程」有相當大的瞭解，然而與我們息息相關的日常生活的記憶現象，殊難完全從人為材料的研究去解釋，因它牽涉人為控制研究的**生態效度**(ecological validity)。例如，人們對過去發生的事有許多失實的回憶，法院裡目擊證人回憶上的錯誤，個人控告兒時被姦污或虐待所作回憶的虛實不定，這些都是活生生的記憶現象。因此，近年來許多心理學家已對實際生活的長期記憶作系統的研究，以補充人為控制研究上的不足。

在提取儲存的記憶時，我們不是直接到儲藏室裡把所要的訊息原封不動地搬出來，而是經過「雕琢」的建造工夫後呈現的。也許你會問：「為什麼要雕琢呢?」或「為什麼要建造呢?」理由很簡單：我們藉過去儲存的訊息與現在的觀點共同去推想過去發生的事。

前面說過，長期記憶以語意編碼，它只重視儲存訊息的要義，忽略其餘的細節。假如我們必須回憶過去發生的某件事情，我們常只能記得事情的「粗枝大葉」，難以回憶眾多的細節部分。此際我們對該事的一般性認知（稱為認知結構，schemata）立即派上用場，以「合理地」填補我們失憶的部分。例如，你被要求回憶你十五歲那年的慶生會時，你會立即撩起「慶生會」的認知結構，以協助你回憶那天的盛會情況。正因為如此，你可能把符合慶生的認知結構（例如，你認為一般生日都有擺設蛋糕、點蠟燭、唱「生日快樂」、許願、吹蠟燭、送禮物等活動），不知不覺地摻入你那年的慶生活動(Brewer & Treyens, 1981)。假如你清楚地記得父母為你安排生日盛會（語意編碼的結果），但你對細節已經模糊，因而自然地摻進「你以為有、但是沒有」的慶生細節。也許你沒點、吹蠟燭，也沒許願，但在你的回憶中，它們似乎歷歷在眼。因此，回憶往事常不是我們所想像的精確，它們時常「錯得離譜」而不被覺識。現在我們來談談記憶建造的一些錯誤的來源：誤導、想像、忘本。

1. 誤　導

　　目睹一件事情發生之後，若受到對該事的不正確報導，會產生錯誤記憶，這種現象稱為**誤導**(misinformation)。讓我們看看羅芙特絲(Loftus & Palmer, 1974)對誤導的典型研究。她令受試者觀看一部車撞擊另一部車的車禍短片，然後要他們估計發生車禍時禍首的車速。她將觀看同一短片的受試者分成兩組分別發問：一是「當一車『衝撞』另一車時，它的車速是多少?」另一是「當一車『碰撞』另一車時，它的車速是多少?」結果，「衝撞」組的車速遠超過「碰撞」組的車速。一星期後，她問所有受試者「挨撞車的玻璃燈罩是否破裂?」結果，肯定玻璃燈罩破裂的人數中，「衝撞」組是「碰撞」組的兩倍（事實上，影片中車輛的玻璃燈罩並未破損）。可見實驗者可以輕易地以語詞誤導受試者，從而影響其回憶的精確度。在法院裡，被告時常有翻供的做法，因為有許多被告宣稱他們在作供時被偵訊者「誤導」。我們對一件事的記憶因日久而愈加微弱，誤導愈容易發生。事實上，人們對往事的回憶充斥著誤導的後果(Loftus et al., 1992; Neisser & Harsch, 1992; Schooler et al., 1986)。

2. 想　像

　　富於**想像**(imagination)是人類創造力的來源。然而，人們的想像常常變成回憶中的事實，甚至於無法辨識何者為事實，何者為想像。根據對大學生的研究(Hyman et al., 1995; Garry et al., 1997)，若大學生被要求去想像某一件幼時可能發生的事（例如，拳頭擊破玻璃而被割傷），結果它於後來竟被約四分之一的受試者認為真的發生過。可見，「想像變成真」在記憶上是極有可能的。幸而，如果個人將事實與想像相混淆，使用PET透視大腦活動就有可能將它們區別開來。例如，沙克特(Schacter et al., 1996)對受試者朗讀一些語意關聯的字，如刺、注射、線、眼等，結果於測試回憶時，有受試者認為他聽到「針」字。顯然，「針」字是「想像」出來的，不是從主試者那裡聽來的。用PET觀察的結果，針字與其他的

字都在海馬區活躍（有大量血氧的活動），但是「針」字在大腦左側的聽
葉卻沒有動靜，因為他確實沒聽到啊！

3. 忘　本

忘本(source amnesia)就是忘記訊息的來源。忘本時，我們仍然記得
發生什麼事，但已記不得它是在什麼情況下發生的。人們於忘本之後，
為了使回憶的訊息有完整的意義，只好「張冠李戴」，找個訊息的來源。
結果，錯誤的訊息來源影響訊息本身的意義，被提取的訊息已被扭曲而
不察。如果你混淆某民族英雄所處的朝代，則你對該英雄史跡的敘述就
難免受到錯誤朝代的扭曲。

五、自傳性記憶

人們不僅關心發生於周遭的往事，也對自己的過去有眾多的回憶。
自傳性記憶(biographical memory)是人們對發生於自己的往事所保存的
記憶。雖說人們多回憶新近而非久遠的往事，但是六十歲以上的人對其
青年期及早期壯年的往事有大量的回憶(Jansari & Parkin, 1996)，而且對
首次發生的事（如首次考大學、男女約會、上街遊行等）有良好的記憶
(Pillemer et al., 1996)。同時，人們對特異的事記得清楚，對例行的事容易
忘記，例如人們對生死、婚喪、變故、災難、傷害、運動比賽、約會、
假期旅遊等有深刻的記憶(Rubin & Kozin, 1986)。最令人難忘而且非常清
晰的一種記憶，稱為閃光燈記憶(flushbulb memory)，這類記憶是關係自
己的、重要的、突發的、引起情緒反應的。

自傳性記憶把往日的自我與現今的自我銜接起來，因而是維繫自我
認同的重要成分(Kassin, 1998)。自我對記憶的處理採取兩種方式：人們
有意扭曲過去，以便為提升現在的自我而服務；人們抱持著「事後有先
見之明」的偏見(hindsight bias)，把過去所發生的事都認為自己「早已心
中有數」。可不是嗎？根據一研究(Bahrick et al., 1996)，有99個大學生被
要求回憶他們的高中成績等第。與實際成績核對的結果，大多數成績的

回憶算是正確；其不正確的部分中，多數膨脹其等第，而且多數來自差的成績。再說，天下父母都嫌今天的孩子不如早期的他們，羅斯(Ross, 1989)認為，這可能是因為他們以現在的眼光看往日的他們（自然地提升自己）。人們時常歌頌美好的往日，往日在當時看來會是真正的那麼美好嗎？這些都是自傳性記憶的特點，也就是研究記憶者有興趣繼續探討的課題。讓我們接著討論遺忘的現象吧！

第七節　遺忘的原因

　　魯賓與溫鄒(Rubin & Wenzel, 1996)將210個研究記憶的報告予以分析，結果發現圖7-1的艾賓豪斯遺忘曲線仍然代表典型的遺忘現象。換言之，學習後的頭一小時之內，記憶迅速地消失約達60%，其餘40%則呈長期而微量的減弱。既然一般記憶經過編碼與儲存的歷程，為什麼會有遺忘呢？遺忘的原因，目前已知的說法有：編碼的疏失、憶痕的衰退、訊息間的干擾、壓抑、整合失敗等。

一、編碼的疏失

　　我們在前面提過，許多記憶的材料是以意碼為主而編碼的，因此材料的細節或多或少地被忽略。美國的尼卡森與阿丹姆斯(Nickerson & Adams, 1979)將一分錢銅板的正面畫成十五個非常近似的圖式，其中只有一個是正確的，然後要求大學生指認出正確的銅板。雖然人們幾乎天天使用銅板，但居然有58%的受試者無法正確地認出銅板來。顯然，人們只要一看或一摸就認出一分錢輔幣來，何必知道它的設計細節呢？也因此，在記憶編碼時將細節予以忽略，以求合乎認知上的簡易原則。這類事例很多，如百元或千元紙幣、報紙頭版的設計等，你不妨試試你記憶的正確性。同理，我們在書寫時，可能因注意聲碼而忽略形碼（知道

一字怎麼念,但寫不出來),或只注意形碼而忽略聲碼(知道一字怎麼寫,但忘了怎麼念),或形聲具備,就是忘了意義。

二、憶痕的衰退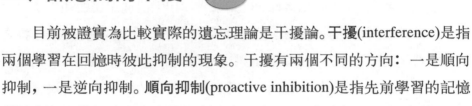

這是一個最古老的遺忘理論,假定記憶的痕跡隨時間的消失而**衰退**(decay)。這一說法常與事實不符。一則諸多記憶即使天天復習仍然易忘;反之,一些經驗只需一次卻永久長存。次則憶痕的衰退並無可資查證的生理基礎。此一說法的最大困難是:它無法進行有效的實驗研究,因為我們無法要求受試者不要復習所學,以觀察記憶在不受復習下的影響。人們有個最奇特的心態:愈是要他們別去想,他們愈是想得多!

三、訊息間的干擾

目前被證實為比較實際的遺忘理論是干擾論。**干擾**(interference)是指兩個學習在回憶時彼此抑制的現象。干擾有兩個不同的方向:一是順向抑制,一是逆向抑制。**順向抑制**(proactive inhibition)是指先前學習的記憶對後來學習的記憶所產生的抑制現象。例如,你先記一電話號碼2856–7843,後記另一電話號碼2856–7483;由於記住前一號碼,使回憶後一號碼2856–7483發生困難。你有沒發現:兩學習愈近似,干擾就愈嚴重。**逆向抑制**(retroactive inhibition)是指後來學習的記憶對先前學習的記憶所產生的抑制現象。例如,你先記一電話號碼2856–7843,後記另一電話號碼2856–7483;由於記住後一號碼,使回憶前一號碼2856–7843發生困難。一如前述,兩學習愈近似,干擾也就愈嚴重。如果你剛念完與歷史年代有關的史跡,以備次日的考試,千萬別再碰任何數字(如電話號碼、帳簿數據、或減價廣告等),否則考試時,可能產生逆向抑制。最佳的忠告是:念完書,去睡覺!

四、壓 抑

壓抑(repression)是指為避免極端不快、不安、或內疚的回憶而引起

的遺忘。根據佛洛伊德的說法，每個人都有一種無意識的「防衛機構」，為避免痛苦難堪的記憶進入意識界，乃將它們暫時壓抑在下意識裡，這就構成一種特殊的遺忘現象。也因此，壓抑又被稱為**動機性遺忘**(motivated forgetting)。由壓抑所引起的遺忘，需以心理治療方式去處理，以恢復記憶。

五、整合失敗

在學習完成之後，大腦需要一段時間去整合各方訊息，使成為有意義的記憶體。若在此際頭部受到重擊、電痙治療(ECT)、或藥物干擾（如氯化鉀），則大腦對訊息的整合產生困難，無法記憶所學，這就是**整合失敗**(consolidation failure)的遺忘現象(McGaugh, 1988)。一個人在車禍後清醒時，一般而言無法回憶車禍前一剎那的所見所聞，這被認為是整合失敗之故，也稱為**逆溯失憶症**(retrograde amnesia)。

第八節 增進記憶

瞭解記憶歷程與遺忘現象之後，我們必須面對一個切身的問題：如何增進記憶。由於學習（編碼）影響回憶（提取），因此我們不妨從不同的角度來介紹增進記憶的方法。重視練習、講求含義性、關係自身、善用線索、減少干擾、自我評量、講求組織、利用記憶術等是幾個比較重要的改善記憶的方法。

一、重視練習

學習之後立即重覆練習，其好處有二：一則可使訊息得以編碼而儲存在長期記憶裡；一則有牢固的訊息，可以避免因誤導而扭曲訊息的真實性。練習的方式宜採分配練習，少用集中練習。至於練習的策略，應

多用**延伸性練習**(elaborative rehearsal)，以增富訊息的意義，並輔以機械式重覆的**維持性練習**(maintenance rehearsal)。多舉實例，多加闡述，與多參與相關資料是延伸性練習的特徵。

為瞭解延伸性練習對記憶的影響，研究者(Palmere et al., 1983)有一篇包括32個段落的文章，每一段落有一主要概念與解釋該概念的例子。在整篇文章的頭八個段落中，每段落有一主要概念句與三個例子的文句；次八個段落中，每段落有一主要概念句與兩個例子句；再次八個段落中，每段有一主要概念句與一個例子的文句；最後八個段落中，每段只有一主要概念句，沒有例子句。測驗的結果顯示，主要概念的回憶量與例子的數量成正比。頭八個段落平均答對約5個，次八個段落平均答對約3個，再次八個段落平均答對約2個，最後八個段落平均只答對1個。可知，以愈多的例證延伸概念，可使概念獲得愈好的記憶。

二、講求含義性

若將表面上無意義的資訊作適當的安排，可以增富其含義性，因而得以長久保持。即使是原無意義的數字（如電話號碼），也可以其發音、或以其與生日或歷史年代的類似性等使它們產生意義，則較易於記憶。例如，有家銷售各種紙張的直銷公司，將其電話號碼1-800-272-7377亦寫成1-800-A-PAPERS，豈不是好記多了嗎？當學生的，與其死背生字的意義，不如令同一生字在不同句子中出現。如此，生字成為可應用與有意義的文字；在回憶時，也可以藉包含同一生字的不同文句作線索。

三、關係自身

自我是記憶的主宰。任何與「自我」相關的經驗最有記憶的可能。從前面圖7-3可以看出，涉己的記憶在意義上是最深層的，也有最佳的回憶效果。欲增進記憶，就應盡量使記憶的訊息與自我連繫起來。根據貝列薩(Bellezza, 1984; Bellezza & Hoyt, 1992)的解釋，自我可以被視為與訊息聯結的一組豐富的「內在線索」。就舉他的一個研究來看，受試者能記

住的形容詞中，適用於自己的形容詞達46%，不適用於自己的形容詞只達34% (Bellezza, 1992)。

四、善用線索

愈是孤立的經驗，愈是難以記憶，因為它難以提供聯想的線索。線索與記憶訊息愈相關，愈能迅速地找到儲存的訊息。前面提過的依境記憶與依情記憶，表明學習時的「情」與「境」都能成為回憶的線索。例如有人自動向你自我介紹，如果你能將當時的有關情境與這個人的屬性（如身材、髮式、臉部特徵、口語腔調、姓名特性等）作必要的聯想，也能在同一情境之下提取訊息，則有許多可用的線索為你同時檢索尋找。你在上課時，聽講解、作筆記、發問題、辯解答案等都能成為建立線索的機會。獨自閉門苦讀，雖較能專注，但從記憶的觀點看，不全是善策。

五、減少干擾

不論是順向抑制或逆向抑制，干擾使回憶產生困難。如果作息安排得當，可使干擾減少到最低程度。假如你明天下午一點起要考心理學，你明天整個上午復習它，然後赴考，一定比你今天晚上復習它，明天上午復習後天要考的社會學，要好得多，因為你可以避免社會學對心理學在記憶上產生干擾。讀完書，盡量休息（讓大腦有機會整合訊息）；最佳的休息是睡眠。加之，如果能採用分佈練習，也可以減少集中練習後大量訊息間的干擾。

六、自我評量

在學習時，個人若能定時評量自己是否學有所得，則會有良好的記憶表現。自我評量是自我監控的一種高級認知活動。若無自我評量，則個人可能無法知悉學習結果，或對學習過分自信。邵內喜(Shaughnessy & Zechmeister, 1992)將學生分為兩組：重讀組與自測組。兩組受試者都念同樣的文句，也接受回憶測驗，所不同者是：重讀組將文句一讀再讀，

然後接受測驗；自測組則於念完文句後，一一回答文末的問題，然後接
受測驗。結果兩組在回憶測驗上的表現不相上下，但自測組能清楚地區
辨他們的所知與所不知。

七、講求組織

有組織、有系統的訊息比散漫、無組織的訊息容易記憶。豪爾畔
(Halpern, 1986)要受試者記憶54支流行歌曲，她發現將歌曲以階梯式組織
起來的那一組，比把歌曲零亂混雜地記憶的另一組，有更佳的回憶效果。
以大綱方式重新整理你的筆記，將原來彼此無關的一些字詞編組成一個
故事，都是改善學習與記憶的善策。

八、利用記憶術

記憶術(mnemonics)是改善記憶的技巧。已經證實有效的記憶術有地
點法、栓字法、心像法等。地點法(method of loci)是將欲記憶的訊息與地
理位置相聯結。例如，為記憶廚房的必需品，乃將必需品分別與房屋的
主要地點相配對：食用油－車庫，米－側門，鹽－廚房，糖－餐廳等。
如此，到超市或菜市場購買必需品時，可以假想駕車回家，由車庫開始
聯想不同的食品。栓字法(peg-word method)是將欲記憶的訊息與序數相
聯結。例如，學習英語常用的栓字法是：One is a bun; Two is a shoe; Three
is a tree; Four is a door. 數字與英文字相聯結，既押韻、又易記。心像法
(imagery)是以心理方式建造代表物體或行動的形象。假如你念一段故事，
你可以把故事想像成活生生的現實事情，甚至於自己扮演其中的主角，
如此你對故事會有良好的記憶。許多研究證實，使用視覺心像是增強記
憶的有效策略(Bellezza, 1996; Paivio, 1995)。許多人在記誦長篇詩詞時，
是利用非常鮮明的心像協助記憶(Rubin, 1995)。人在使用視覺心像時，若
以PET對大腦透視，可以看到大腦的視葉區充滿血氧的活動(Kosslyn,
1994)。

本章內容摘要

1. 記憶是經驗的儲存與使用的歷程。記憶歷程可以分為編碼、儲存、提取三階段；記憶的處理又可分為感覺記憶、短期記憶、長期記憶三時期；記憶又因內容的不同而有明顯性記憶與隱含性記憶兩類。

2. 以回憶法評量記憶可使用依序回憶、自由回憶、配聯回憶等三種不同方式。以再認法評量記憶可以測得微弱或缺乏線索的記憶材料，因此有較高的評量敏感度。再學法又稱節省法，以此法評量記憶是計算前後學習所產生的時間或次數的順差。

3. 記憶的形成必須經過編碼、儲存、提取三個階段。編碼是神經系統將外界刺激有系統地轉換成個體所能瞭解與處理的代像；儲存是將編碼後的記憶材料儲放在神經系統或大腦裡的歷程；提取是將儲存在記憶體裡的資訊提到運作記憶裡以便使用的歷程。

4. 資訊處理觀點將記憶分為：容量相當大、但保存時間卻異常短促的感覺記憶；容量相當有限、記憶持久性相當短暫的短期記憶；容量可謂無限、保持相當長久的長期記憶。

5. 記憶編碼有意碼、聲碼、形碼等方式。感覺記憶採用保留時間約在一秒鐘以內的物像記憶，也採用保留時間約在四秒鐘以內的迴響記憶。短期記憶的編碼是以聲音為主，亦得以形象或意義輔佐；由於容量有限，因此以塊體化減少記憶的單位量。長期記憶以意碼為主，輔以聲碼與形碼。

6. 儲存是保持記憶的歷程。有人將長期記憶分為敍述性記憶（包含語意記憶與事件記憶）與程序性記憶（由學習而得的習慣與技能方面的知識）。記憶儲存時：神經元之間觸處的血清緊素顯著增高，傳遞訊息的效能與速度提高；細胞核生產必要的蛋白質，使新的樹狀突得以添生；

促動賀爾蒙，推動了學習與記憶；海馬處理明顯性記憶，腦幹與小腦處理隱含性記憶。

7. 提取線索是與訊息相關聯的刺激或屬性，成為提取訊息時聯想的指引。提供的線索若來自學習時的情境因素，稱為情境效應；提取線索若來自學習時的身心境界，稱為境界記憶。學習與回憶的內外因素愈雷同，就愈符合編碼特定原則。

8. 我們藉過去儲存的訊息與現在的觀點共同推想過去發生的事，因此不免有記憶的建造現象。其錯誤的主要來源有：受到對事物的不正確報導而產生的誤導；在回憶中將想像看作事實；忘記真正訊息的來源，只好「張冠李戴」以遷就其他事實。

9. 自傳性記憶是人們對發生於自己的往事所保存的記憶。最令人難忘而且非常清晰的一種記憶，稱為閃光燈記憶，這類記憶是關係自己的、重要的、突發的、引起情緒反應的。自我對記憶的處理採取兩種方式：扭曲過去以提升現在的自我；抱持「事後有先見之明」的偏見。

10. 編碼的疏失是遺忘不全的原因之一：以意碼為主的材料忽略材料的細節；注意到聲碼而忽略形碼；注意了形碼卻忽略聲碼；形聲雖俱備，但忘了意碼。憶痕的衰退是最古老的遺忘理論，假定記憶的痕跡隨時間的消失而衰退。這一理論常與事實不符。干擾的遺忘論是指兩個學習在回憶時彼此抑制而產生的現象。干擾有順向抑制與逆向抑制。順向抑制是指先前學習的記憶對後來學習的記憶所產生的抑制現象；逆向抑制是指後來學習的記憶對先前學習的記憶所產生的抑制現象。壓抑又稱動機性遺忘，指為避免極端不快、不安、或內疚的回憶而引起的遺忘。若在學習之後頭部受到重擊、電痙治療、或藥物干擾，則大腦對訊息的整合產生困難，無法記憶所學，這就是整合失敗。

11. 增進記憶的方法有：重視練習、講求含義性、使材料與自身相關、善用線索、減少干擾、自我評量、講求組織、利用記憶術等。

第八章
思考與語言

　　人類比起其他動物，有兩個截然不同的特點：高深的思考能力與複雜的語言溝通方式。心理學既然是研究外顯行為與其內在心理歷程的科學，則研究思考是屬於內在心理歷程的領域，研究語言是屬於外顯行為的領域；兩者雖不全是一體的兩面，但是它們彼此相互影響。

　　思考(thinking)是認知活動，包括形成概念、解決問題、進行推理、下判斷等心智活動。認知心理學(cognitive psychology)便是集中研究此等思考活動的科學。語言(language)是以聲音或文字符號表達思想與溝通訊息的工具。語言與思考的關係非常密切，有鑑於此，語言被視為「認知頭冠上的珠寶」(Pinker, 1990)。

　　人類的大多數行為並不循固定的基因模式機械地進行，而是複雜思考的結果。然而，思考必須有構思的基本單位，它的啟動應該來自內在或外在的需求，它的進行必須依循一定的原則，它也受到語言使用的影響。本章將討論以下有關思考與語言的問題：

- 何謂概念？它如何形成？
- 如何界定、發現、解決問題？什麼是解決問題的心理障礙？解決問題的專家與生手相比，有何特色？
- 判斷遵循什麼原則？邏輯推理的歷程是什麼？判斷有哪些誤差？
- 語言的基本結構是什麼？語文如何表達與理解？人類的語言有何特徵？動物能否學習人類的語言？
- 語言如何影響思考？思考如何影響語言？雙語者有何優缺點？

第一節　概　念

假如宇宙裡數以億萬的人、事、物，無法以系統的概念來代表，則我們必須為每一個人、事、物取個名稱，並分別把它們儲存在大腦裡。這樣，我們就很難對一個人說：「我喜歡網球，不愛排球。」因為，什麼是「喜歡」？何種程度的參與表示喜歡？什麼是「網球」？什麼是「愛」？什麼是「排球」？所幸，你我對網球與排球都有些概念，也對喜愛與否有個瞭解，因此大家可以輕易地以概念溝通思想。無疑的，概念是思考的基本單位。

一、概念的意義與性質

概念(concepts)是從人、事、或物所具有的共同屬性而獲得的抽象命名或分類。例如，我們統稱所有不同大小、形狀、顏色、材料的椅子為「椅子」，因為它們具備椅子的共同屬性：椅座、椅背、椅腳；同理，我們統稱麻雀、金絲雀、知更鳥、雞、鴨、鵝等為「鳥類」，因為牠們具有共同的特徵。概念不僅可將人、事、物依其共同屬性而分類，也可依其屬性的差異而區辨。然而，一概念之下所屬的個別事物與概念的命名，有的非常接近，有的卻相當疏遠。例如，在「鳥」的概念下，知更鳥是十足的鳥；但雞、鴨、鵝就不太覺得是鳥。同理，人是哺乳類，鯨不是魚類，反而是哺乳類。我們把最能代表一概念的個別事物，稱為原型(prototype)或典型。因此，在一概念裡，原型具最多的共同屬性。

瑞普斯(Rips, 1975)對受試者讀了一篇故事，指出知更鳥(典型的鳥)、麻雀、鷹、鴨（不典型的鳥）、鵝、鴕鳥等棲息在一個島上。然後對一半受試者說，有一種疾病感染了知更鳥；對另一半受試者說，有一種疾病

感染了鴨子。最後問大家：「其他哪些動物會因而被感染呢？」結果，「知更鳥」組預測所有的鳥類都會被感染；「鴨子」組則預測只有鵝會受感染。可見，個別物體與概念之間的親疏常影響個人的思考。

　　概念因其包含屬性的多寡而有廣狹或層次之分。例如，「生物」包括「動物」與「植物」，因它包括動物與植物的另一共同屬性——生命（以別於無生命的礦物）；同理，「動物」又較「胎生動物」或「卵生動物」為廣。一概念往往包括許多個別的人、事、物，但個別的人、事、物可以隸屬於不同的概念之下。例如，「汽車」包括你家的「豪華汽車」，也包括我家的「小轎車」；但是我的小轎車可以在「小車」、「舊車」、「私家車」、或「兩門車」等不同概念之下。儘管如此，並不是所有概念都是非常清楚而明確的：有些相當明確，有些比較含混。例如，「算盤」是含義相當清楚的概念；「言論自由」則是很難界定的概念。含糊的概念常成為世上爭論的焦點。

二、概念的形成

　　人類對時、空的概念是與生俱來的，其他的概念則必須經由兩個途徑來學習：一是概念的核心屬性，一是個別經驗的嘗試。

1.學習概念的核心屬性

　　所有概念都有屬性，有的屬性是核心的（重要的），有的屬性是次要的。要幼童去瞭解一個新的概念，可以從提示該概念的核心屬性著手。例如，「鳥」有「羽毛」、多數是能「飛行」的動物，至於鳥的腳數，牠如何行走，啄食何物等，並非重要屬性，不宜引起不必要的注意。字典裡大多數的字、詞是代表概念的，因此背誦其定義（核心屬性），有助於概念的學習。然而背誦概念的屬性，常常失之於抽象。例如，「下」是「上」的對稱，如果缺乏對「上」的認識，也就沒法瞭解其「對稱」的概念。

　　既然原型(prototype)是最能代表概念的個案，因此除了背誦核心屬性或定義之外，可以使用原型為「樣本」以輔助概念的學習。若能以「知

更鳥」為「鳥」的原型，令學習者注意其他各種鳥與知更鳥的近似性，並將牠們也歸屬於鳥類。然而使用原型作學習的樣本，有時並不十分恰當。例如，企鵝雖也是鳥，但牠們的外觀與作樣本的知更鳥差距實在很大。同時，以原型屬性作為學習概念的依據也可能產生錯誤。例如，鯨魚與典型的魚相較，很容易將牠錯誤地歸屬於魚類。儘管如此，我們對人、事、物的概念，大多數是靠原型學習的。

2.從經驗中嘗試

除了正式的學習之外，我們也從經驗中吸取許多重要的概念。例如，我曾經問那些不太懂「中菜」的人是否喜歡中菜。結果常被他們提及的「名菜」是：「春捲」、「炒飯」、「青椒牛」、「甜酸肉」等。可見他們對中菜的概念來自十足洋化的中餐館的飲食經驗。因此，凡能就近取得的例子與經驗便可以成為概念形成的來源。以經驗獲取概念的最大優點是它的具體性與實證性，這比從文字定義的敘述或原型屬性的分析更為實切；但其主要的缺點在於有可能「以偏概全」，因為人生可能經歷的事情畢竟有限，前述洋人對中菜的局限概念便是很好的例子。另外，利用正面實例(examples)以學習概念可以輔以負面實例(non-example)，以增強概念的精確性。例如，我們在培養道德概念時，不僅要體會什麼是「是」，而且要舉例說明什麼是「非」。

第二節　解決問題

我們在日常生活裡、在學業上、或在專業中，有數不盡的問題有待解決。問題的存在令人感到不便、困惑、甚至受挫；問題的解決卻需要思考與行動。問題一旦解決，不僅令人歡欣鼓舞，也增強解決類似問題的能力。因此，人類如何認知問題，如何解決問題，哪些心理因素阻礙

問題的解決，解決問題的專家有何特色等，是本節要討論的主要課題。

一、問題的性質

　　問題(problem)是指達成目的之手段有待發現的狀態(Gagné et al., 1993)。你正準備開車時發現鑰匙不在身上，公車司機罷工使你無法按時上學，口蹄疫肆虐、肉市遭殃等都是有待解決的問題。解決問題(solving problems)是利用已有知能以發現達成目的之手段的歷程。

　　問題有難易之分，也有繁簡之別；問題也可分為一般性問題與特殊領域問題；問題更可區分為結構良好問題、結構不良問題、爭論性問題等三大類。結構良好問題(well-structured problems)是指問題有良好的結構，其解答有清楚的參照標準，個人藉已有的知能提供確切的答案者。例如「$2x-4=x+3$，$x=?$」或「首先踏上月球表面者是何人？」便是。此類問題的主要功能是應用所學、或練習解題技能。結構不良問題(ill-structured problems)是問題缺乏良好的結構，其解答無明顯的評定標準，指引也少，答案也較不明確。例如「如何平衡雇主與雇員的權益？」或「夫婦如何分擔家務？」便是。爭論性問題(controversial issues)是問題缺少良好的結構，答案難有可循的參照標準，結果也難令爭論的雙方感到滿意。例如「婦女有無墮胎的自由？」或「該不該有死刑？」便是。

二、解決問題的策略

　　通常，一個問題的解決必先認識問題的存在、界定與描述問題的性質、決定解題的策略、實際進行問題的解決、然後檢討解題的得失等。然而並非所有問題的解決都須刻板地經過五個步驟。有些問題可能早已存在，並已清楚地界定，但解題的策略可能有待開發或調整。問題的種類已於前述，我們將在此特別強調解題的策略，因為它們與人類的思考與行為密切相關。除了易解的問題之外，多數問題因性質的差異需要不同的策略以求解答。常見的策略不外是：嘗試錯誤、定程法、啟示法、領悟等四種。

1. 嘗試錯誤

當我們面對一個比較簡單的問題，而且對它的解題步驟又缺乏認識時，我們常採取嘗試錯誤的方式以尋求解答。**嘗試錯誤**(trial and error)是以各種不同步驟嘗試，然後從中逐漸淘汰無關解題的錯誤，並逐步增加有助於解題的步驟，直到問題得到解決為止。例如填字謎、猜謎語、拼圖片等，我們常試圖從猜測與嘗試中解答；使用電腦時，若畫面突然走樣，你只好嘗試鍵盤上的不同按鍵，希望「碰」個正著，使畫面復原。雖然此法相當浪費時間，其成效也多數不彰，但是歷史上的一些重大發現何曾不是嘗試錯誤的結果。

2. 定程法

定程法(algorithm)與嘗試錯誤相反，它循一定的規則與步驟進行，而且保證可以因而獲得答案。步驟嚴明的數學解題歷程或演算公式便是典型的定程法。不僅數理與工程是如此，IBM公司使用名為「深藍」(Deep Blue)的西洋棋電腦軟體，與世界棋王卡斯帕洛夫(Garry Kasparov)對奕，竟於1996年2月敗北。後來使用512個微處理機，能於每秒鐘同時分析與計算兩億個棋步，終於在1997年5月擊敗棋王。假如我請你將CDKU四個字母拼成一個有意義的英文單字，你可以拼成24個不同的組合，然後找出DUCK（鴨子）一字。這些例子證明定程法的科學性及其優勢。然而，這種解決問題的方式既機械、又費時，人們常因而選用更為直截的策略。

3. 啟示法

定程法並不是經常被採用的策略，因為人類的高度智慧與經驗的累積，使人們從靈感上獲得更為快速而便捷的解題途徑。使用靈感與經驗的組合以快速而便捷地解決問題，稱為**啟示法**(heuristic)。例如，要從CDKU四個字母拼成一個有意義的英文單字，我們可以從英文字的組型來判斷：CK常是一字的末端（如check, dock, neck, pick...），剩下的只有

D和U，由於字的開端少用UD，多用DU，DU與CK便一拍即合而成DUCK。這種解題的思路，一面觀察問題與答案間的關係，一面借重過去解題經驗中所獲得的啟示，可以提供便捷的解題途徑。它比嘗試錯誤有規律、有條理，也比定程法便捷得多，因此是我們解決問題常用的策略。

有一種非常有用的啟示法，稱為類推法。所謂**類推**(analogies)是將新問題與過去已解的舊問題相比較，如果二者相近似，則以舊問題的有效解法作模式嘗試應用在新問題上。當我們面對一新問題需要解決時，我們常會聽到熱心的朋友從旁建議說：「我來幫忙，因為我解決過類似問題！」這就是類推的啟示法。二問題愈近似，其類推的距離愈小，其效應也愈大(Holyoak & Thagard, 1997)。經驗畢竟是良師，我們在面對難題時，不時思索往日是如何解題的，以便參照應用；只是我們由往日的解題策略所保存的記憶，有時模糊不清，有時只記得片段。加上新、舊問題間的相似性常佔據我們的注意力，因而新問題中新因素的關鍵性反而被忽略，因此常產生一時的解題困境。

4. 領　悟

領悟是一種奇特的解題經驗。在解答來臨之前，解題者似無所感知，也無法敘述其所思(Sternberg & Davidson, 1995)；解題者可能在轉換策略，在重新規範問題，在移除思路的障礙，或在進行類推(Simon, 1989)；解題者的定程法可能已進行至尾聲，答案即將呈現而不自覺(Weisberg, 1992)；或許所面臨的是屬於一種全有或全無(all-or-none)的解題法(Smith & Kounios, 1996)。總之，**領悟**(insight)是個體尚未意識到問題已有解決的跡象時，答案突然湧現的一種解題歷程。研究顯示(Schooler et al., 1993)，在進行領悟性問題解決時，若要求個體一路敘述其思考歷程，則其解題表現開始潰散。可見，領悟性問題解決是一種很特殊的解題策略。

領悟既然是「豁然開朗」的解題現象，在達到這個境界之前，除了個體無法清楚地描述其思路之外，在歷程上還有一個稱為「孵化」或「潛伏」的效應。**孵化效應**(incubation effect)是指在試圖解決問題的歷程中，

若給予一個休息(a break)的機會，則該一休息使問題得以解決。也許密集的思考或苦思，反而使思考變成了目的，因而忽略解答的線索。「休息」使個人減少解題的壓力，使思考能較為流暢地進行，因而「手段」與「目的」（即思考與答案）之間的關係有機會浮現在意識界裡。可見，在努力不懈的解決問題歷程中，適當的「休息」可算是提供「頓悟時機」的上策(Silveira, 1971)。

三、解決問題的心理障礙

採用上述的解題策略，雖能大大地增加解題的成功機率，但是解決問題常遭遇一些阻力。許多問題的解決需要充分的時間、物力、財力、或人力；即使有了這些，並不能保障問題的順利解決，因為許多解決問題的障礙不是問題的難易，也不是外界助力的有無，而是解題者在心理上存在著盲點。一般而言，解題的主要盲點有：對問題的不正確心像、功能固著取向、心向效應、確認偏差等。

1.對問題的不正確心像

待解的問題需要正確的認知。對問題的不正確認知所產生的心像，不僅無助於對問題的瞭解，反而阻礙問題的解決。例如，施勒(Scheerer, 1963)有個待解的火柴問題：「有六根火柴，請將它們拼成四個等邊三角形?」你不妨試解這個問題。如果幾度嘗試仍無結果，你就犯了「對問題的不正確心像」的心理障礙。我猜你一直用火柴在平面上拼圖，如此做當然不會達成目的。如果你用三根火柴拼成一個三角形，然後由各角上「豎起」一根火柴並在頂端集合（成「三角帳篷」狀），這就形成了四個等邊三角形（見圖8-1a）。以平面的心像看這個問題，就是對問題的不正確的認知。試想，社會上的許多問題仍然未決，是否與這個心理上的障礙有關呢?

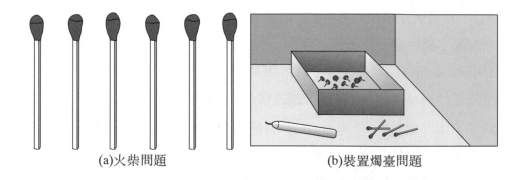

(a)火柴問題　　　　　　　　　(b)裝置燭臺問題

圖8-1　火柴排列問題與裝置燭臺問題

2.功能固著取向

世上的物品或工具各有其主要功能。例如，筆是書寫的文具，硬幣是購物用的零錢，軍艦是為海上作戰的船隻，若將筆、硬幣、軍艦等的功能看作固定不變，則在解題時反而變成心理上的障礙。把物品或工具的既有功能看作一成不變的心理傾向，稱為**功能固著取向**(functional fixedness)。其實，筆也可以當臨時指揮棒，硬幣也可以用來扭緊大螺絲釘，軍艦曾被沈入敵人的港口以封鎖其艦隊，這些都是為了解決問題而打破功能固著的例子。你不妨試解下一個問題：「給你一個裝著火柴的盒子、幾個圖釘、一支蠟燭。請你用它們在牆上的揭示版裝置一個燭臺。」為解決這個問題，你必須改變「火柴盒是裝火柴的」的刻板想法，將火柴全部取出而成空盒子，並以圖釘將空盒子釘在揭示版上，放上蠟燭，不就成了燭臺嗎？（見圖8-1b）

3.心向效應

與功能固著取向類似的心理障礙是心向效應。**心向效應**(mental set)是個人屢次成功地使用某一解題方式後，試圖重覆使用該解題方式，因而不能從新的觀點去解決新問題。心向效應在兒童期非常普遍(Shore et al., 1994)。例如，許多教師在指導兒童解答算數問題時，暗示使用問題中的關鍵字作為解題的指引：若見到「總共」有多少時，將相關數字「相

加」；若遇到「相差」多少時，將相關數字「相減」。一般而言，依此法則解題多數結果是正確的。例如，「大明上個月存款250元，這個月存款350元，兩個月總共存了多少錢?」既然是「總共」，250元+350元=600元，是正確的解法與答案。若將問題改寫成「大明上個月存款250元，這個月的存款比上個月多出150元，兩個月總共存了多少錢?」若兒童不細察，一看又是「總共」，迅速地將問題解答為250元+150元=400元，結果當然是錯了。這是典型的心向效應所引起的後果。

4.確認偏差

另一個解題的心理障礙是確認偏差。確認偏差(confirmation bias)是個人只注意那些支持自己想法的證據，因而忽略其他證據的心理傾向。例如，張某的小轎車突然無法發動，他「認為」是電池問題，因此他只探索解決「電池」的方式（是充電或新購），反而忽略電路、保險絲、或發電器等其他問題的可能性。在一個研究裡，魏森(Wason, 1960)給予學生「2-4-6」三個序數，他要求學生依此序數的原則，自己設想出一套序數，並說明其所使用的原則。在29個學生當中，只有6個學生做對了。他們所使用的原則是：「數字是不斷上升的」。其餘學生，有的設想出6-8-10或100-102-104，並「認為」2-4-6所依據的原則是「每個數相差2」；有的設想出6-8-10，認為是不斷增加的偶數值；他們想不出更基本的「數字是不斷上升的」原則。這證實了人們的一個弱點：只尋求合乎己意的證據，有意忽略違反己意的證據。

四、解決問題的專家

假如人人都善用不同的解題策略，也能避免解題的各種心理障礙，都應變成善於解題者，何故有些人是專家，有些人卻一直是生手呢? 根據史丹柏格(Sternberg, 1998)的綜合看法，專家有異於生手的主要關鍵有二: 豐富的知識與優越的組織。除此而外，他列舉一些特質以資對照。下表節錄其要者，以供參考。

表8-1　已被發現的專家與生手的解題特質對照表(Sternberg, 1998)

專家	生手
大量而豐富的認知結構	有限而貧乏的認知結構
認知結構間彼此有高度的聯結	認知結構間的聯結不良、零亂而鬆散
在解題之前，以大量時間認知問題	花大量時間於找尋與執行解題策略
發展複雜的問題心像	發展相當浮淺的問題心像
由已知資訊經由策略發現未知資訊	由未知資訊逆向解題
認知結構中具有豐富的解題歷程知識	認知結構中具少量的解題歷程知識
許多解題策略的步驟多數已被自動化	解題策略的步驟多數尚未自動化
由於高效率，解題快速	由於效率偏低，解題速度遲緩
細心地監控自己的解題策略與進度	對自己的解題策略與進度監控不良
非常正確地獲取適當的解答	不十分正確地獲取適當的解答
能彈性地適應與原策略不相容的新知	不大能適應與原策略不相容的新知

第三節　判斷與做決定

我們在日常生活與事業裡，有許多事需要下判斷與做決定。從上大學、選科系、交朋友、購衣物等，都需要自己花心思去做最佳的決定。到底下判斷與做決定是根據什麼原則呢?我們是以何種方式進行推理呢?我們在下判斷時有什麼可能的誤差呢? 這些是本節所要回答的問題。

一、判斷的原則

下判斷不是盲目的，它是根據一些原則來決定的。一般而言，個人下判斷時可能遵循的原則有三(Sternberg, 1998)：最大效益模式、滿意模式、遊戲模式。

1.最大效益模式

最大效益(utility-maximization)是指個人希望下判斷的結果可以獲致最高的快感（正的效益），同時也最能解除痛苦（負的效益）。例如，期

考前好友邀你共賞獲得多項奧斯卡大獎的電影——「鐵達尼號」。依據這個模式，看名片可使你快樂；但放棄幾個小時的應考準備會令你擔憂。為了兩相兼顧，你可能決定考完後才與好友共賞該片，既可以放心觀賞電影，又不再為考試而擔心。

最大效益模式是一個刻板的理想模式，常與現實有差距。例如，你的好友可能急於觀賞「鐵達尼號」，也顧不得你的建議了。為此，認知心理學倡議**主觀用處論**，認為每個人對什麼是最高效益各有其主觀的見解。例如，某太太在先生面前對友人訴說：「我買東西精打細算、等廉價，因此貨美價廉。我先生就不同了，他一進店，只知抓貨付帳，簡直是浪費。」先生禮貌地辯解說：「時間是金錢，我快買快穿，既趕時髦又光彩，這才是貨真價實的真義。」可見，所謂「效益」是相當主觀的，也是多變數的，因此傳統的效益論，已無法充分解釋下判斷的標準了。

2.滿意模式

在下判斷時，人類既不是十足理性的決策者，也不做完全客觀的決定，到底還有什麼原則可循呢？根據賽蒙(Simon, 1957)，人類在下判斷時，其典型的決定因素是**滿意**(satisfying)。在面對無限的選擇機會時，個人往往只找出幾個選擇，然後從中挑選最令其滿意的，縱然他深知可能還有更佳的選擇，但他對自己的選擇感到滿意就夠了。可不是嗎？銷售心理學最關切的是「顧客是否滿意」。他們有個格言：「顧客因情緒而購買，但用理智去解說。」可知，我們的許多判斷取決於非理智的情緒上。試想：我們是否購買許多不需要的東西，只因購買的滿足感實在太難抗拒了。

3.遊戲模式

當我們的決定牽涉到自己與他人的利害時，上述兩個原則就很少效用，因為人己的關係可能因而相互消長。**遊戲模式**(game theory)認為，判斷必須考慮雙方最後是否一贏一輸、雙贏、或雙輸的結局。若是一贏一

輸，贏的一方固然歡欣，輸的一方也不見得甘心罷休，因此是屬於**零和**(zero-sum)的遊戲。近年來社會上大力倡導**雙贏**(win-win)的遊戲方式，希望因而有和諧的結局。例如，在罷工之前，雇主與員工的彼此妥協，雙方因而保持了各自應有的尊嚴與利益，這便是雙贏策略的成效。當然，錯誤的判斷常導致**雙輸**(loss-loss)的後果，使兩敗俱傷。例如，有一家工廠，工人集體罷工，幾經談判不成，廠方憤而關閉工廠，工人也因而失業在家。

二、邏輯推理的歷程

若以理智的方式去處理判斷，通常要經過一番推理的工夫，其結果才有效度。最嚴謹的演繹推理方式是正式邏輯(formal logic)。在此，我們討論兩種邏輯推理：三段論法與條件推論法。

1.三段論法

三段論法(syllogism)有三個命題：大前提、小前提、結論。**命題**(proposition)是一種陳述、一種論點、或一種提議。第一個陳述稱為**大前提**(major premise)， 第二個陳述為**小前提**(minor premise)， 最後一個陳述是**結論**(conclusion)。大前提通常陳述一個普遍原則；小前提則陳述特殊事例；結論是從兩個前提推論出來的論證。現在把一個典型的三段論模式與例子列舉於下。

模　式　陳述
大前提：所有的A是B
小前提：所有的B是C
結　論：因此，所有的A是C

舉　例　陳述
_____

大前提：所有的麻雀是鳥

小前提：所有的鳥是動物

結　論：因此，所有的麻雀是動物

　　上面的模式與例子有兩個真實的陳述作前提，也因此獲得合理的結論。然而，下面的例子也是使用三段論的模式，但它的結論顯然並不真實。因此，兩個真實的陳述並不一定成為合理的大小前提，使用時應特別留意。

大前提：麻雀有翅膀

小前提：雞不是麻雀

結論：因此，雞沒有翅膀

2.條件推理法

　　條件推理(conditional reasoning)是以「如果……則……」的方式作推論。這個推理看來似乎很簡單，結果的可靠與否有待實際的檢驗才能分曉。以下是條件推理的模式、例子、檢驗方式。

　　　（甲）主模式：「如果是A，則B。」

　　　　　　例子：　「如果每天運動三十分鐘，則一定多活幾年。」

　　　（乙）檢驗：　「如果是非A，則B。」

　　　　　　例子：　「如果每天運動十五分鐘，則一定多活幾年。」

　　　（丙）檢驗：　「如果是A，則非B。」

　　　　　　例子：　「如果每天運動三十分鐘，則不一定多活幾年。」

　　如果上述（乙）與（丙）也都對的話，則（甲）的正確性也就可疑了。為測試一般人的條件推理能力，魏森(Wason, 1960)進行一次簡單的

研究。他擺設四張卡片，並告訴受試者：「每張卡片的一面是數字，另一面英文字母。」他擺出來的四張卡片如下：

圖8-2　條件推理問題(Wason, 1960)

他要求受試的大學生從翻閱個別卡片來證實下列假設：「如果卡片的正面是母音字母，則背面必是偶數。」如受試者翻閱E字卡，當然假設應驗了；如果受試者翻閱4數卡，則不一定能證實或否定假設，因為假設只肯定「母音字母背面是偶數」，並沒說「偶數背面一定是母音字母」，這跟「感冒會導致發燒」並不表示「發燒一定來自感冒」是一樣的道理；K字卡，它與假設無關，無需翻閱；至於7數卡，如果其背面是母音字母，則假設就要被推翻。可見，翻閱E字卡與7數卡是進行正確推論的做法；不幸，只有4%的學生作正確的反應，大多數學生翻閱E字卡與4數卡。

魏森的研究道出一個事實，人們的推論大多數並非刻板地依邏輯法則進行。在大學裡，即使予以學生整個學期的邏輯學訓練，他們在推理方面的表現，只改善3% (Cheng et al., 1986)。有人試用「具體事實」的心理學訓練方式，以別於「抽象模式」的哲學訓練方式，結果心理學訓練方式在三年裡改善條件推理能力達33%，而哲學訓練方式絲毫沒有改善條件推理能力(Morris & Nisbett, 1993)。

三、判斷的誤差

由於啟示法的便捷性與其相當良好的效果，人們在作判斷時樂於使用。以啟示法或其他便捷的推斷方式常有偏差而不自覺的現象，乃至於有「聰明人做傻決定」的誤差。下列幾種是常見的判斷誤差：代表性啟示、可利用啟示、定位效應、措辭效應、過分自信等。

1.代表性啟示

代表性啟示(representativeness heuristic)是判斷特定事件發生的可能

性，端賴該事件是否與原型（即典型）相符。有一個良好的例子可以詮釋這個概念(Nisbett & Ross, 1980)。研究人員對學生說：

> 有個陌生人對你說：有一個矮小、瘦削並愛閱讀詩詞的人。你猜他是常春藤某大學的古典文學教授？還是卡車司機？

結果多數學生猜測：那位矮小、瘦削並愛閱讀詩詞的人是古典文學教授，不是卡車司機。一個矮小、瘦削並愛閱讀詩詞的人符合學生對古典文學教授的刻板印象，這就是代表性啟示的具體表現。然而，就統計的定程方式推算，那位矮小、瘦削並愛閱讀詩詞的人屬於卡車司機的機率反而更大。假如常春藤有十所大學，每所大學有四位古典文學教授，其中一半愛念詩詞，在愛念詩詞的古典文學教授中有一半矮小、瘦削，結果有十個人符合要求。反之，若美國有四十萬卡車司機，其中矮小、瘦削的有八分之一，矮小又瘦削的卡車司機中有百分之一愛念詩詞，結果仍有五百人符合要求。可見，十個古典文學教授與五百個卡車司機相比，猜測卡車司機而答對的機率要大得多(Myers, 1998)。

2.可利用啟示

可利用啟示(availability heuristic)是判斷特定事件發生的可能性，完全以當時在情境中、思考中、或記憶中可利用的資訊作根據。這大大地限制可供研判的資訊來源，其誤差也因而難以免除。假如最近有個空難事件，使你決定改乘汽車由臺北去高雄。空難的傷亡報導成為你判斷交通安全的主要依據，也使你忽略一個事實：地上車禍的傷亡人數遠超過空難的傷亡人數。由於媒體的報導與群眾的反應，令你在下判斷時，感到空難事件有「歷歷在目」或「餘悸猶存」的啟示作用，也因而產生判斷上的誤差。

3.定位效應

　　下判斷或做決定必須先定位，作為出發點或參照點。定位效應(anchoring effects)是一個定位對次一位置作判斷時所產生的誤差。例如，與鄉村（定位）作比較，大都市便顯得特別喧鬧；中產階級與低收入者相比，還算「小康」；但與富豪相較，則頗有「捉襟見肘」之感。從事募捐的人善於利用定位效應。原則上他們要你這位「善士」捐款一千元，他們先說你「樂善好施」，於是建議你至少捐獻二千元。經過一番「你來我往」，你終於開一張一千五百元的支票。你覺得省了五百元，他們則為多募五百元而慶幸。

4.措辭效應

　　文字與數字是溝通訊息的有力工具。人們的許多判斷或決定常受「措辭運用」的影響。措辭效應(framing effects)是指同一資訊以不同的措辭來陳述，足以影響個人的判斷。例如，根據一研究(Linville et al., 1992)，年輕人若聽說「避孕套有95%的成功率」時，多數相信它的安全性；但他們若聽說「避孕套有5%的失敗率」時，多數人不敢相信它的安全性。「95%的成功率」不就是「5%的失敗率」嗎？可是由於措辭的不同，判斷也因而互異。同理，若說「漢堡是75%的瘦肉」，人們還大膽享用；若說「漢堡是25%的脂肪」，有誰還去碰它(Leven & Gaeth, 1988)？廣告業者在宣傳其產品或服務時，對措辭效應相當注意，以增強顧客的信心或減少顧客的疑慮。

5.過分自信

　　這個時代，人人強調自信。自信本是美德，我們實在無法相信一個缺乏自信的人，何況缺乏自信的人並不十分快樂。但是，人們對自己的判斷常有過分自信的誤差。過分自信(overconfidence)是指信心超越實際表現(Kahneman & Tversky, 1996)。股票投資者常過分自信他們的選擇

(Malkiel, 1995)；建商常自信可於短時間內以低價趕完工程(Buehler et al., 1994)。一般而言，過分自信的人比較快樂，也比較容易對難題下判斷(Baumeister, 1989)。

第四節　語言的結構與特徵

語言是以聲音或文字符號表達思想與溝通訊息的主要工具。研究語言的發展、學習、表達、理解，稱為**心理語言學**(psycholinguistics)。我們可以從不同角度研究語言。語言的成熟運用是逐漸發展的；語言的獲得是先天能力與學習互動的結果；我們的「說」與「寫」是語言的表達行為；「聽」與「讀」是語言的理解行為。我們說話主要是讓對方聽的，我們寫作也是給讀者念的，因此語言的表達與理解不是語文機械地交往的歷程，而有深切的心理規範與社會意義。加之，我們除了使用複雜的語言外，也大量使用非語言行為以增富訊息的溝通。

瞭解語言的結構，有助於瞭解語言的行為動態；分析人類語言的特徵，可以理解猩猩學習人類語言的限制；認識語言與思考的關係，可以利用語言協助思考，也可防止語言誤導思考。本節將分別討論語言的結構、語言的表達與理解、人類語言的特徵、動物對人類語言的學習等。

一、語言的結構

世界上至少有4,000種人類語言，但它們的主要結構卻相當近似。為解釋上的便利，我們介紹英語的結構。依英語組合的層次，其結構可分音素、詞素、文法、實用語法。

1.音　素

音素(phonemes)是語言的基本聲音。英語裡有40～45個音素（包含母

音與子音），卻只有26個字母。這表示有些字母在不同的語音組合下發出兩種不同的聲音。例如，pin（針）的"p"發出像注音符號的「ㄆ」音，但是spin（旋轉）的"p"發出像注音符號的「ㄅ」音。世界各國的語言中，其音素在20個至80個之間。一個人從小在一個語言中長大，已習慣於其常用的音素，在學習新語言時，就不免會有帶「腔」的現象。專門研究音素的學術，稱為語音學(phonetics)。

2. 詞　素

詞素(morphemes)是代表語言意義的基本單位。例如，英文字的cat，run，take等各是一個詞素，但是unbelievable則由un-，believe-，-able三個詞素所組成，每個詞素各有其含義（un指「不」，believe指「相信」，able指「可能」）。英文的"I"（我），既是音素（是音），也是詞素（是義）。英文裡，由40～45個音素可以組合成615,500個單一與複合詞素(Kassin，1998)。

3. 文　法

文法(grammar)是組合詞句以表達思想與溝通訊息的規則。文法包括語意與句法。語意學(semantics)關係字、詞、句的含義；句法(syntax)則關係句子結構的規則。句子的結構有兩個層次：表面結構與深層結構。表面結構(surface structure)講求句法；深層結構(deep structure)注重語意。為什麼文法要兼顧句法與語意呢？因為一個表面結構可以有兩個或以上的深層結構；一個深層結構也可以有兩個或以上的表面結構。例如，"They are hunting dogs."是一個句子，在語意上則有兩個不同的意義：「他們在獵狗」或「牠們是獵狗」。這時要靠句子上下的情境(context)，才能揣摩其真正的語意。同理，如果我剛打死一隻蒼蠅，我可以說"I killed a fly."或說"A fly was killed by me."，一個意義可以用兩個不同的句子結構去表達。

4.實用語法

文句不僅要句法正確、語意清楚，還得考慮其使用時的社會適宜性。研究使用語言所根據的社會規則，稱為**實用語法**(pragmatics)。在人際場合裡，話要何時說、怎麼說、使用何種口氣、配合什麼姿態等，都影響語言訊息溝通的效能，因此實用語法在語言表達方面異常重要。美國前總統雷根善於語言的表達，他不僅幽默，也常令聽眾感到自信與自尊。

二、語言的表達與理解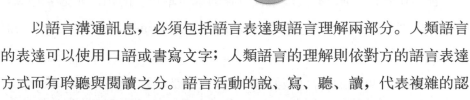

以語言溝通訊息，必須包括語言表達與語言理解兩部分。人類語言的表達可以使用口語或書寫文字；人類語言的理解則依對方的語言表達方式而有聆聽與閱讀之分。語言活動的說、寫、聽、讀，代表複雜的認知活動與動作技巧的配合（如說話時口舌、唇齒、呼吸的配合，閱讀時眼動與文字結構的配合）。由於篇幅有限，謹就語言的表達與理解作選擇性的介紹。

1.口語的表達

說話、演講、交談、指令等都是口語的表達。這些表達方式包括四個步驟：形成訊息主題，決定句子結構，選擇字詞，以聲音表達主題。在選擇字詞時，說話者決定採用正面語氣或負面語氣。例如，「我看見你」是正面語氣(positive voice)；「你被我看見」是負面語氣(negative voice)。我們多使用正面語氣，工商業界尤其如此，因為正面語氣較負面語氣快而易懂。此外，說話應顧及雙方的共同社會及文化背景以及聽眾的意願及興趣。實用語法對規範口語的表達、維繫社交的和諧，非常有用。

2.文字的表達

在認知上，口語與文字有許多類似之處。然而，說話時我們比較注意聽眾與自己的互動關係，書寫時我們則比較注意文法及修辭，因而頻

頻修改。寫作包括三個步驟：計劃、安排文句、修改。良好的寫作來自
充分的計劃，豐富的內容知識，和透徹的修改。

3.口語的理解

我們在聽一個人說話時，並不在試圖理解每個字的語意，而是理解
一系列聲音所代表的意義，因為說話時許多字詞的聲音一連串地聯結在
一起。口語知覺有下列幾個特徵(Matlin, 1998)：說話時，各音素的長短、
高低、快慢變化很大；上下語句能「填補」說話時失聲的音素；觀察說
話者口形的變化，有助於解釋模糊不清的音素；聽者有必要將一系列的
聲音予以適當地分隔，以便明確地瞭解其意義。初到國外念書的人，最
感吃力的是外國口語的知覺，要經過一段相當時間的體驗，方能「習慣」
老外的口語。上述幾個特徵充分說明為什麼留學生普遍遭遇「聽」的問
題。

4.文字的理解

理解書寫文字要靠閱讀，它是視覺與認知活動高度配合的歷程。理
解文字與理解口語有以下的差異(Perfetti, 1996)：文字佔據空間，口語佔
據時間；閱讀的速率由讀者控制，聽講要跟隨口語的速度；閱讀可以隨
時回讀或重讀，聽講要靠自己的操作記憶來「復聽」；字間間隔清楚，語
音則多扯在一起、間隔難分；閱讀只靠文字大小與字體的變化，口語則
以聲調、語氣等增富其語意。

閱讀的視覺歷程不是直線與平滑的，它包括跳動、固定、與回顧三
種活動。眼跳動(saccadic eye movements)是指眼球由文句的某一點跳躍
到文句的另一點。眼跳動有長短之別，但眼跳動的一剎那，理解是無從
產生的。固定(fixations)是眼跳動後的「著陸點」，固定的位置、時間、與
次數是它的主要屬性。固定的位置愈適當，時間愈短暫（如0.25秒），與
次數愈少，表明有良好的閱讀習慣，因此有高的理解程度。回顧(regres-
sions)是回眼再看一次剛剛看過的或錯過的文字；屢屢回顧象徵不良的閱

讀習慣。圖8-3是好、壞閱讀方式在眼跳動、固定、與回顧三方面的對照。句子上面的是良好閱讀的眼跳動以及它們在重要字詞上的固定點。句子下面的是不良閱讀的眼跳動，它們不管字詞的重要與否，幾乎在每個字上固定下來；它們的個別固定時間既長，而且頻頻回顧。

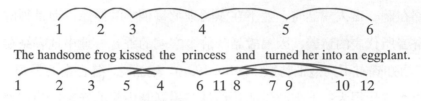

圖8-3　好、壞閱讀在眼跳動、固定、與回顧的對照(Matlin, 1998)

三、人類語言的特徵

許多動物也有用以溝通訊息的語言，然而人類的語言複雜無比。與其他語言相比，人類的語言有三個特點(Kassin, 1998)：含義性、多產性、取代性。

1.豐富的含義性

人類的語言，由於組織結構的多樣與靈活，可以將有限的音素（20到80個不等）組成上萬個詞素或字詞，以代表上萬的不同意義；字詞依規則組合成句子、句子依邏輯安排成文章，使人們能夠充分地表達與溝通訊息。因此，人類的語言是最具含義性的溝通工具。

2.無限的多產性

這個世界上的億萬人口中，不僅有億萬人時刻在說不同的話，在寫不同的字，也有千萬人同時在創造新的口語，寫新的文章。由於人類有高度的智慧與豐富的創思能力，利用語意與句法的彈性，使增添新的文句易如反掌。難怪每天有人出新書，天天有人念新書，作者與讀者間的溝通也沒有因「新」而產生困難。可見，人類語言的生產力是無限的。

3.廣泛的取代性

世上的人、事、物，不論是具體的或抽象的，現時、過去或未來的，眼前或遠方的，都可以用語言文字去命名、表述、記載。因此我們對世界的瞭解得以藉助語言文字作「橋樑」，我們文化的傳承與發展也依賴語言文字的協助。人際關係的敘述、社會行為的規範、經貿契約的簽訂、宗教信仰的傳播等，都因使用語言而十分確切。若沒有這種具高度代表性的傳訊工具，我們跟猩猩或猿猴會有多大的差異呢？

四、動物對人類語言的學習

許多動物用其特有的語言彼此溝通。鳥叫、雞啼、狗吠、虎嘯、海豚嘶叫等都是傳訊的行為。人類自從征服了世界以後，也希望「同化」那些可教的動物，不僅為牠們修飾毛髮、穿衣戴帽，而且試圖訓練牠們使用人類特有的語言。有些心理學家訓練鸚鵡學人講話，訓練猩猩與人溝通，希望發揮「學習」的功能以創造奇蹟。我們來看看他們辛苦的成果。

1.鸚鵡的學習

培帕波格(Pepperberg, 1991; 1994)訓練一隻叫愛雷克斯(Alex)的非洲灰鸚鵡學英語，以確定鸚鵡是否「懂」得牠所模仿的口語的意義。例如，她從一堆不同的玩具中取出一個，並問牠「它叫什麼？」牠正確地回答說：「積木」。經過訓練，牠能使用71個單字，稱呼30個以上的東西，辨別7個顏色，分辨5個形狀，區別5個數字、動作、材料；牠甚至能分辨異同與大小。培帕波格進一步請了兩位訓練師，一個人一面指著東西一面發問，另一個人則作示範以回答問題。訓練是採用操作制約的獎懲方式進行，結果牠正確地模仿許多口語。

2.猩猩的學習

1930至1950年代，訓練猩猩學習人類的語言偏重口語的表達，結果大失所望。一隻經過六年訓練的猩猩至多能叫cup, up, mama, papa四個字(Hayes, 1951)。鑑於猩猩發音器官的限制，後來改用圖像、符號、塑膠板、鍵盤、手勢等，以配合猩猩的行為取向。

賈德納夫婦(Gardner & Gardner, 1969; 1978)訓練一隻名叫娃秀(Washoe)的猩猩使用美國手語（American Sign Language，簡稱ASL）。經過四年，牠學會132個手語；至27歲時，牠的手語已增至240個(Geranios, 1993)。牠也能將手語排成簡單的句子，例如以手語分別表達「娃秀要對人搔癢」或「娃秀要讓人搔癢」，使從未接觸過娃秀的手語專家，在跟牠「交談」後，頗為驚訝娃秀的手語能力。

此外，普里馬克(Premack, 1971)訓練名叫莎拉(Sarah)的猩猩，在磁板上使用各種彩色的塑膠片溝通訊息。 勒姆寶(Rumbaugh, 1977)訓練名叫拉娜(Lana)的猩猩，以按壓連接電腦的符號鍵盤與人溝通訊息。帕特森與林敦(Patterson & Linden, 1981)訓練名叫口口(Koko)的大猩猩，使用圖形符號學習「交談」，結果牠竟學會600個「字」。特雷斯(Terrace, 1986)訓練名叫尼姆(Nim)的猩猩，以修改過的美式手語交談，結果牠雖然使用許多二「字」結合的「詞」，但無法組成合乎人類語言文法的「句子」。

較為新近的報告來自薩維奇－勒姆寶(Savage-Rumbaugh, 1993)的一項研究。她訓練名叫侃齊(Kanzi)的矮猩猩，以使用手語、符號、鍵盤等綜合方式溝通訊息。結果，侃齊不僅能以手語、符號、或圖鍵交談，而且能聽懂人類的口語。例如，訓練人員從牠背後以擴音器對牠說：「珍妮把松針藏在她的衣服裡。」結果，牠轉身走到珍妮身邊，在她衣服上開始搜尋松針。根據研究者的分析，猩猩能有此相當驚人的成就，是由於研究人員不對猩猩發號施令，而是盡量讓猩猩接觸各種學習環境。

綜合上述報導，我們不難看出，若訓練方法得當，動物也能學習有限的人類語言。猩猩畢竟是猩猩，不是人類，不僅智慧不及人類，也缺

少學習人類語言的先天基因。猩猩雖然在密集的訓練下，也只能及於人類兩歲半幼兒的語言能力。侃齊等猩猩的「語言」成就，代表心理學對猩猩認知能力的瞭解；侃齊的「語言」限制，也給予訓練動物使用人語的熱衷人士一個警惕：我們也能學鳥類展「臂」飛翔？或學猩猩在樹林裡倒懸或飛盪？

第五節　語言與思考

　　我們分別介紹思考與語言，到底二者有什麼關係呢？我們既能思考又能言語。到底是思考統御語言，抑或語言控制思考？如果思考統御語言，則語言是表達與溝通思考的一種工具；如果語言控制思考，則語言決定思考的內涵，也形成個人對世界的認知。這兩種一主一從的極端看法，已逐漸被事實所否定，目前多數心理學家認為思考與語言相互影響。本節將分別討論語言如何影響思考，思考如何影響語言，使用雙語的優缺點。

一、語言影響思考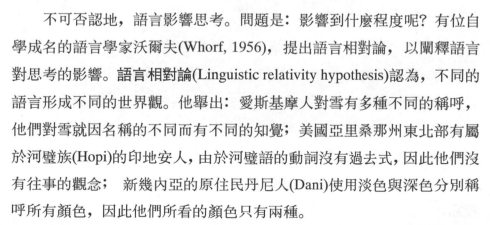

　　不可否認地，語言影響思考。問題是：影響到什麼程度呢？有位自學成名的語言學家沃爾夫(Whorf, 1956)，提出語言相對論，以闡釋語言對思考的影響。**語言相對論**(Linguistic relativity hypothesis)認為，不同的語言形成不同的世界觀。他舉出：愛斯基摩人對雪有多種不同的稱呼，他們對雪就因名稱的不同而有不同的知覺；美國亞里桑那州東北部有屬於河壁族(Hopi)的印地安人，由於河壁語的動詞沒有過去式，因此他們沒有往事的觀念；新幾內亞的原住民丹尼人(Dani)使用淡色與深色分別稱呼所有顏色，因此他們所看的顏色只有兩種。

　　沃爾夫的觀點立刻受到質疑。例如，丹尼人只使用兩個顏色的名稱，

難道丹尼人就不能區辨各種不同顏色嗎？河壁人真的不能辨別今昔嗎？大多數心理學家已不能接受「語言形成思考」的極端看法，但不排斥「語言影響思考」的觀點(Hardin & Banaji, 1993; Lucy, 1992)，語言影響思考是客觀事實。例如，有人說：「身為醫生，他……」與「身為護士，她……」你不難想像：這個人一提起「醫生」，會想起「男人」；一提起「護士」，會想起「女人」。就拿文化差異來看，一提起「練氣功」，東方人似乎很熟悉，西方人卻很難摸索出名堂來。從事翻譯工作的人經常體會到，要將一些觀念譯成不同語言，實屬不易。

二、思考影響語言

從語言的表達與理解來看，思考的確影響語言。不論使用口語或文字來表達思考，我們都必須決定表達什麼，如何表達（如使用正面或負面語氣、簡單或複雜文句、陳述式或詢問式、要求或請求等）。人類在生長與發展過程中，心像、知覺、或思考活動在語言能力發展之前已經非常活躍(Flavell et al., 1993)。同時，根據皮亞傑(Piaget, 1952, 1970)的看法，思考是由遺傳而來的內在邏輯，語言則是外在的符號邏輯。從語言發展的現象來看，個體先有自我中心語言，然後發展至重視他人的反應與意見的社會化語言，這是由於受到不同認知發展階段的影響。

三、雙語的優缺點

語言既然影響思考，那麼增添個人的語言能力，也就增強個人的思考能力。根據研究(Lambert et al., 1993)，加拿大、瑞士、以色列、南非、新加坡等地的雙語兒童，在智力測驗的表現上優於當地的單語兒童。在加拿大，以英語為母語的一至三年級小學兒童，由說法語的老師教導他們學習法語，結果法語流暢無比，但其英語能力不因此而退步；他們的性向測驗得分與數學得分也因而增加；他們對法國文化的欣賞也大大地提高。

雙語(bilingualism)是指個人使用兩種語言。但是，卡民斯(Cummins,

1976)將個人的雙語能力分成兩類：附加性雙語與減弱性雙語。**附加性雙語**(additive bilingualism)是在既有的、發展良好的母語上加學一個新的語言；　**減弱性雙語**(substractive bilingualism)是以一部分新語言取代一部分沒有學好的母語。根據研究(Cummins, 1976; Hakuta, 1986)，附加性雙語者在心智上是真正的受益者；減弱性雙語者在心智上不僅無益，反而有害。

　　以上所提雙語者的效益，僅就心理方面探究，至於雙語對社會或國家在政治、經濟、文化、種族關係的影響，必須從不同的角度去觀察。不過，不論從哪個角度看雙語，個人至少對其中的一個語言必須有良好的使用能力，期能獲得附加性雙語的益處。一個人對母語既不熟練，對新語言又生澀，結果自我表達能力欠佳，無法欣賞兩種語言的文化特色，更難以在社會上與經濟上有充分的適應能力。

本章內容摘要

1. 思考是認知活動，包括形成概念、解決問題、進行推理、下判斷等心智活動。語言是以聲音或文字符號表達思想與溝通訊息的工具。語言與思考關係密切。

2. 概念是從人、事、或物所具有的共同屬性而獲得的抽象命名或分類。最能代表一概念的個別事物稱為原型或典型。在一概念裡，原型具有最多的共同屬性。概念因其包含屬性的多寡而有廣狹或層次之分。人類對時、空的概念是與生俱來的，其他概念必須經由學習概念的核心屬性與個別經驗的嘗試兩個途徑而形成。

3. 解決問題是利用已有知能以發現達成目的之手段的歷程。結構良好問題是指問題有良好的結構，其解答有清楚的參照標準，個人藉已有的知能提供確切的答案者；結構不良問題是問題缺乏良好的結構，其解

答無明顯的評定標準，指引也少，答案也較不明確；爭論性問題是問題缺少良好的結構，答案難有可循的參照標準，結果也難令爭論的雙方感到滿意。

4. 解決問題的策略中：嘗試錯誤是以各種不同步驟嘗試，然後從中逐漸淘汰無關解題的錯誤，並逐步增加關係解題的步驟，直到問題得到解決為止；定程法循一定的規則與步驟進行，而且保證可以因而獲得答案；啟示法（包括類推）使用靈感與經驗的組合，快速而便捷地解決問題；領悟是個體尚未意識到問題已有解決的跡象時，答案突然湧現的一種解題歷程。

5. 解決問題的心理障礙有：對問題的不正確心像；把物品或工具的既有功能看作一成不變的功能固著取向；個人習慣於使用某一解題方式後，不能從新的觀點去解決新問題的心向效應；個人只注意支持自己想法的證據，忽略其他證據的確認偏差心向。

6. 解決問題專家有異於生手的主要關鍵有二：豐富的知識與優越的組織。他們也具有良好的認知策略與有效的思考習慣。

7. 個人下判斷時可能遵循的原則有三：最大效益模式、滿意模式、遊戲模式。最大效益偏重主觀用處；滿意模式著重情緒因素；遊戲模式追求雙贏。

8. 三段論的推理方式是：大前提陳述一個普遍原則；小前提陳述特殊事例；結論是從兩個前提推論出來的結果。條件推理是以「如果……則……」的方式作推論，其結果的可靠與否有待實際的檢驗才能分曉。

9. 常見的判斷誤差有：代表性啟示（判斷特定事件發生的可能性，端賴該事件是否與原型相符）、可利用啟示（判斷特定事件發生的可能性，完全以當時可利用的資訊作根據）、定位效應（一個定位對次一位置作判斷時所產生的誤差）、措辭效應（同一資訊以不同的措辭來陳述，結果影響個人的判斷）、過分自信（信心超越實際表現）等。

10. 英語的結構包括：音素、詞素、文法、實用語法。音素是語言的基本聲音。詞素是代表語言意義的基本單位。文法是組合詞句以表達思想

與溝通訊息的規則。文法包括：關係字、詞、句的語意，以及關係句子結構規則的句法。句子的結構有：講求句法的表面結構與注重語意的深層結構。使用語言所根據的社會規則稱為實用語法。

11.理解文字與理解口語的差異有：文字佔據空間，口語佔據時間；閱讀的速率由讀者控制，聽講要跟隨口語的速度；閱讀可以隨時回讀或重讀，聽講要靠自己的操作記憶來「復聽」；字間間隔清楚，語音則多扯在一起、間隔難分；閱讀只靠文字，口語則以聲調、語氣等增富其語意。

12.人類的語言有三個特點：含義性、多產性、取代性。若訓練方法得當，動物也能學習有限的人類語言。猩猩不是人類，不僅智慧不及人類，也缺少學習人類語言的先天基因。

13.沃爾夫的語言相對論認為，不同的語言形成不同的世界觀。事實上，語言影響思考，思考也影響語言。語言既然影響思考，雙語者增添了語言能力，也可增強思考能力。個人在雙語中，若對其中一個語言有良好的使用能力，則可獲得附加性雙語的益處。

第九章
智力與智力的評量

　　當一個人在解決問題時，若判斷正確、推理合宜，並快速地發現答案，我們不禁稱讚他的智慧、他的能力。如此看來，似乎人人都知道什麼是智力，但真正地為智力下定義時，又難得獲得一致的共識。於1921年，有十四位名心理學家與教育家聚在一起為「智力」下定義，竟產生十四種不同的定義(Thorndike et al., 1921)。智力的界說雖然分歧，但是人類對這種複雜能力的評量不遺餘力，如測量生理的反應速度、抽象能力、學習能力、適應環境能力、以至於評鑑多項心智能力。加之，由於透視大腦神經活動技術的突破，我們對智力的生理基礎已有較為深入的瞭解。同時，人們雖然仍有遺傳與環境孰重孰輕的爭議，心理學家更希望瞭解何種心智活動最能受益於環境與經驗。本章對智力與智力評量的討論希望能回答下列問題：

・智力是什麼？有哪些主要的智力理論？

・智力的決定因素是什麼？

・智力如何評量？哪些是目前普遍使用的智力評量工具？良好的評量工具應具備哪些條件？

・智力的分配情形如何？有否性別差異？有否種族文化差異？

第一節　智力的定義

智力(intelligence)可以界定為：從經驗中學習與適應周遭環境的能力(Sternberg, 1998)。這個觀點乃是智力理論與智力評量不斷發展的結果。茲將幾個重要的智力理論分述於後。

一、司比爾曼的普通因素論

司比爾曼(Spearman, 1927)採用統計學的因素分析法，發現智力包括普通因素與特別因素。**普通因素**(g factors)是智力的重心，它表現在活動或作業中的知覺、關係操控、抽象觀念；**特別因素**(s factors)代表個人的特殊能力（如數學推理、空間關係能力），但它們受控於普通因素。

二、卡特爾的兩種智力論

卡特爾(Cattell, 1971)認為一般智力包括兩種不同的能力：流體智力與晶體智力。**流體智力**(fluid intelligence)是與生俱來的，它像液體一樣，無一定形態，借學習、推論、解決問題等活動以獲得新知、適應環境；**晶體智力**(crystallized intelligence)是後天累積的知識與技能，受後天文化環境的影響很大。一般而言，性向測驗在評量流體智力，成就測驗在評量晶體智力。支持這兩種不同智力的有趣資料是：流體智力到20歲已達巔峰，但晶體智力在20歲以後隨經驗的累積而遞增(Cattell, 1987)。

三、薩斯通的基本心智能力論

薩斯通(L. L. Thurstone, 1938)以統計學的因素分析法，分析其測驗試題的相關與聚集現象，結果並沒發現共同的普通智力，卻發現彼此間相當獨立的七種基本心智能力(primary mental abilities)：　語文理解(verbal

comprehension)、文字通暢(word fluency)、數字(number)、空間(space)、
聯想記憶(associative memory)、知覺速率(perceptual speed)、推理(reason-
ing)。

四、史坦波格的三元智力論

　　史坦波格(Sternberg et al., 1995)將智力分為分析、實用、創造三部分。
分析性智力(analytical intelligence)，負責分析待解的問題；實用性智力
(practical intelligence)負責獲致一般常識；創造性智力(creative intelli-
gence)負責於面對新問題時提供新的解決方法。這個分法與他較早的智
力三元論(Sternberg, 1988)頗為一致，只是他用較為淺近的文詞予以陳述
罷了。智力三元論主張智力是由高級執行、操作、求知三部分所組合而
成的。

五、賈德納的多樣智力論

　　鑑於傳統智力概念的過分狹窄，無法代表心智活動的多方表現，賈
德納(Gardner, 1995)乃提出多樣智力論。多樣智力論(multiple intelligences
theory)認為智力包括語言(linguistic)、邏輯－數理(logical-mathematic)、音
樂(musical)、空間(spatial)、肢體運動(bodily-kinesthetic)、自知(intraperson-
al)、與人際(interpersonal)等七種不同智能。七種智能雖然彼此分開，但
相互協作。

第二節　智力的決定因素

　　智力為遺傳與環境交互影響的結果。至於遺傳與環境哪個對智力的
影響較大，是至今仍然爭論未休的問題。

一、遺傳對智力的影響

遺傳對智力影響的研究多從兩方面探討：（甲）雙生兒在智力上的同質性，與（乙）智力在不同環境下所保持的一致性。從理論上看，同卵雙生兒(identical twins)的智力應該彼此相同，或至少在智力測驗的表現上非常近似。首先，我們來看看同卵雙生兒、異卵雙生兒、兄弟姊妹、親生父母及子女、無親屬關係兒童、養父母及養子女等在智商上的相關。表9-1便是這方面的研究結果。

表9-1　親屬關係、生活背景、與智力商數的相關

被選擇的研究對象	相關係數
同卵雙生兒，一起養育者	0.87
同卵雙生兒，分開養育者	0.72
異卵雙生兒，一起養育者	0.60
兄弟姊妹，一起養育者	0.47
兄弟姊妹，分開養育者	0.24
親生父母及子女，一起養育者	0.42
親生父母及子女，子女被分別領養者	0.22
無親屬關係兒童，一起養育者	0.32
養父母及養子女	0.19

（採自 Bouchard & McCue, 1981）

從表9-1可以清楚地看出，遺傳關係愈接近，其智力愈相似。若進一步研究雙生兒在智力測驗上各分測驗的相關，更可看出遺傳對智力影響的一致性。

表9-2是超過一百對雙生兒在魏氏智力量表各分測驗得分的相關係數。資料顯示，遺傳對智力的影響在各項知能的表現上相當一致。

鎮森(Jensen, 1969)鑑於同卵雙生兒智力相關之高（相關係數接近0.90），乃有遺傳佔八成($r^2=0.90^2=0.81$)與環境佔兩成的說法。鎮森的環境佔兩成的觀點，頗受教育學家、心理學家、少數民族領袖等的駁斥與抨擊。根據較為新近的估計，遺傳所佔的比率是在五至六成之間(Plomin & Rende, 1991)，或在七成左右(Bouchard, 1996)。雖然多數心理學家頗重視遺傳的行為基礎，但不願就遺傳對智力影響的比重作公開的猜測，更不

表9-2　雙生兒在魏氏智力量表係數分測驗得分的相關

魏氏量表分測驗	同卵雙生兒	非同卵雙生兒
知識(Information)	0.81	0.51
字彙(Vocabulary)	0.71	0.50
算術(Arithmetic)	0.61	0.52
類似(Similarities)	0.73	0.58
理解(Comprehension)	0.80	0.62
動物房(Animal house)	0.82	0.40
圖像完成(Picture completion)	0.69	0.26
迷津(Mazes)	0.61	0.45
幾何圖形(Geometric design)	0.72	0.25
積木設計(Block design)	0.68	0.43

（採自 Wilson, 1975）

願意就種族在智商的差異作特定的解釋。試圖將種族間智商的差異歸根於遺傳因素，常導致火爆的爭論，使討論偏離理性的科學研究，淪為是否帶有種族歧視的情緒性爭辯。

二、環境對智力的影響

　　環境影響所有生物的生長與發展，因此它也影響人類行為的發展與表現。遺傳無疑地是智力的重大決定因素，然而遺傳基因必須在適當的環境下才能充分地表達其潛能。就以稻農為例，選擇良好的稻種固然重要，只有在理想的種植氣候下，提供適當的土壤、灌溉、肥料、蟲害控制等，才可預期良好的稻米收成。韓特(Hunt, 1961)認為，良好的早期教育不僅愈早愈好，而且可使平均智商提高30，這是堅信環境或經驗影響智力發展的具體代表。

　　根據紐西蘭學者傅林(Flynn, 1987)的統計，自1930年代到現在，在20個國家裡，人民的智商平均每10年提高3分。儘管70年前的平均智商以統計方式定為100，70年後的現在也調整為100，但從測驗上的實際表現相比較，則70年前的智商應該是76而不是100。人們稱這個令人鼓舞的智商遞增現象為**傅林效應**(Flynn effect)。就智商而言，誰說一代不如一代？自1930年以來，教育程度提高、營養改善、見聞廣闊、生活經驗豐富、應

考技巧進步等是智商逐漸增高的可能原因。這不就是環境影響智商的有力證據嗎?

賈柏(Garber, 1988)讓瀕臨智障的幼童養育在非常優越的環境中。於6歲時,他們的智商高於控制組兒童30分;至14歲時,他們的智商仍然高於控制組兒童10分。坎培爾(Campbell & Ramey, 1994)將低收入家庭的嬰兒留在良好的環境中成長。結果,在六歲入學之前,他們的智商顯著地超過控制組兒童。法國的施福(Schiff et al., 1978)發現,貧困兒童被中上家庭領養後,平均智商為111;未被領養但仍然與親生父母同住的貧困兒童,平均智商則為95。法國的卡普倫的研究(Capron & Duyme, 1989)也有類似的結果: 貧下階級兒童的平均智商為92.4; 但貧下階級兒童被中上階級家庭領養後,其平均智商則為103.6。

這些例證顯然支持「富有家庭收養貧窮家庭兒童」對智商的正面影響。反之,如果「貧窮家庭收養富有家庭子女」,其結果又將如何呢?卡普倫也發現:富有家庭子女被富有家庭收養後,其平均智商為119.6;但富有家庭子女被貧窮家庭收養後,其平均智商為107.5。

其他研究也支持環境影響智商的觀點: 刺激的多樣性增益嬰兒或幼兒的智力(Bloom, 1964; Bruner, 1966); 家庭子女愈多,子女的智商愈低(Zajonc, 1976); 家庭中的長子與小家庭的兒女有較佳的智商(Zajonc & Mullally, 1997);多數試圖改善智力的教學計劃,如為低收入家庭的學前兒童所設計的各種領先班(Head Start Programs), 有令人鼓舞的短期成效(Lazar & Darlington, 1982; Zigler & Muenchow, 1992)。

上述研究令人對環境改變智商有更積極與樂觀的看法。然而, 對領養的研究作持續的追蹤,被領養者已達成人階段時,其因領養而增加的智商卻幾乎完全消失(McGue et al., 1993)。換言之,隨著年齡的增加,遺傳的影響也因而更為明顯(Bouchard, 1995, 1996), 可見環境對智商的影響並不是絕對的。

第三節　智力的評量

　　人人皆有智力，然而我們無從直接觀察智力。習慣上，一般人常從被觀察者的言談、舉止、學習、或成就上估計其智力。但是這種做法必須考慮到：智力是如何界定的？使用什麼尺度來評量？其評量的效度與信度如何？

一、早期的智力測驗

　　科學的智力評量源自高爾登(Francis Galton, 1822–1911)與比納(Alfred Binet, 1857–1911)兩人。他們雖然都認為智力是可以測量的，但兩人的智力觀點可以說是南轅北轍：高爾登著重個體對物理刺激的心理反應；比納則重視個人的理解、推理、判斷等抽象思考能力。

1.高爾登的嘗試

　　高爾登是進化論者達爾文(Charles Darwin)的近親，他崇信「物競天擇、優勝劣敗」的演化觀，堅信可以使用量化的方法評量「人類智慧」(Human Faculty)，以支持他所倡議「優生學」。他認為智力表現在「適者生存」所需的反應時間、感覺精確度、肌力、頭顱的大小等。於1884年，他利用英國倫敦國際博覽會的機會，測試一萬名參訪的客人，結果那些顯赫名人的得分並不優於一般大眾，而且各子測驗之間彼此並無相關可言。由於智力界定的不當，使用粗糙的儀器與量表，其結果缺乏應有的效度，可以說是一次失敗的嘗試。

2.比納的成就

　　於1904年，比納應法國公共教育部的聘請，設法從一般學生中甄別

智障兒童以便實施特殊教育。 於1905年， 他與西蒙(Theodore Simon, 1873–1961)共同發展出一套**比西量表**(Binet-Simon Scale)。 該量表共30題， 試題由易而難排列， 旨在測試學童解決問題、數字、字彙、邏輯推理、常識、記憶等心智能力。結果， 這一量表被讚譽為歷史上第一個成功的智力測驗。

比西量表採用「心理年齡」以代表智力發展的程度。**心理年齡**（mental age， 簡稱**MA**） 是以年齡來代表被測試者的心智能力。同一年齡兒童在智力量表上所通過的平均試題值， 代表該群兒童的心理年齡。一個兒童不論是幾歲， 若他通過的試題值與一般十歲兒童所通過的試題值相同， 則該兒童的心理年齡便是十歲。因此， 若甲童是十歲， 而他的心理年齡是十二歲， 他便有高度的智力； 若乙童也是十歲， 而他的心理年齡只有七歲， 他可能有智力發展上的障礙； 多數十歲兒童有十歲的心理年齡。

後來， 德國心理學家史騰(W. Stern, 1871–1938)鑑於不同年齡兒童的不同心理年齡在比較上十分困難，乃於1912年發明**智商**（intelligence quotient， 簡稱**IQ**）。 智商是心理年齡(MA)與實足年齡(CA)的比率再乘以一百， 亦即IQ=(MA/CA)×100， 由此獲得的智商又稱為比率智商(Ratio IQ)。如以前述甲、乙兒童為例， 甲童的智商為120， 即(12/10)×100=120； 乙童的智商為70， 即(7/10)×100=70。

於1916年， 美國史丹佛大學心理學教授推孟(Lewis Terman, 1877–1956)將比西量表修訂成英文的**史比智力量表**(Stanford-Binet Intelligence Scale)， 並採用比率智商。其後於1937年、1960年、1972年、1986年作不同程度的修訂， 以便更適合時代的需求。

二、 現行個別智力測驗

目前， 有兩個相當著名而且普遍使用的個別智力測驗：一個是1986年修訂的史比智力量表， 另一個是後來居上的魏氏智力量表。現在我們分別看看他們的內容與主要區別。

1. 史比智力量表(Stanford-Binet Intelligence Scale, 1986)

這個量表可以測試二歲以上至成人的智力。量表將智力的概念擴大，它包括**晶體能力**(crystallized abilities)、**流體—分析能力**(fluid-analytic abilities)、**短期記憶**(short-term memory)。前面提到過，晶體能力是後天累積的經驗與知識，本量表藉語文推理與數字推理兩類試題測試晶體能力；流體—分析能力是與生俱來的潛能，本量表利用抽象（視覺）推理試題來測試它。整個量表包括四個部分，每一部分有不同數目的子測驗。茲列舉於下。

　　語文推理(Verbal Reasoning)
　　　　字彙(Vocabulary)
　　　　理解(Comprehension)
　　　　謬誤(Absurdities)
　　　　語文關係(Verbal relations)
　　數字推理(Quantitative Reasoning)
　　　　數量(Quantitative)
　　　　數序(Number series)
　　　　建立公式(Equation building)
　　抽象（視覺）推理(Abstract/Visual Reasoning)
　　　　型式分析(Pattern analysis)
　　　　複製(Copying)
　　　　矩陣(Matrices)
　　　　折紙與剪紙(Paper folding and cutting)
　　短期記憶(Short-Term Memory)
　　　　串珠記憶(Bead memory)
　　　　句子記憶(Memory for sentences)
　　　　數據記憶(Memory for digits)

實物記憶(Memory for objects)

測驗的結果有四個分數：晶體能力、液體—分析能力、短期記憶、總心智能力(g)。本量表使用離差智商作為標準分數。

2.魏氏智力量表(Wechsler Intelligence Scale)

魏斯勒(Wechsler, 1939)將智力界定為行動有目的，思考合理，與有效適應環境的能力。 他編製的量表包括**語文量表**(Verbal scale)及**作業量表**(Performance scale)兩大部分。在語文量表之外加上作業量表，是本量表的一大特色，可使在語文或文化上有困難的本國人或外國人能公平受試。使用這個量表可以得到三個智商：**語文智商**(Verbal IQ)、**作業智商**(Performance IQ)、與**全量表智商**(Full-Scale IQ)。

魏氏智力量表是一個通稱，它包括**修訂魏氏成人智力量表**(Wechsler Adult Intelligence Scale–Revised, WAIS–R, 1981)，適用於十六歲以上至成人智力的評量;**修訂三版魏氏兒童智力量表**(Wechsler Intelligence Scale for Children–Third Edition, WISC–III, 1991)，適用於六至十六歲個人智力的評量； 與**修訂魏氏學前兒童智力量表**(Wechsler Preschool and Primary Scale of Intelligence–Revised, WPPSI–R, 1989)，適用於三至七歲半學前兒童的智力評量。由於三個魏氏量表所使用的試題類別及形式頗為近似，因此只介紹1991年修訂的WISC–III的兩大量表及其分測驗。

語文量表(Verbal Scale)

知識(Information)

類似(Similarities)

算數(Arithmetic)

字彙(Vocabulary)

理解(Comprehension)

數字廣度(Digit span)

作業量表(Performance Scale)

圖像完成(Picture completion)

編碼(Coding)

圖像排列(Picture arrangement)

積木設計(Block design)

實物拼湊(Object assembly)

符號搜尋(Symbol searching)

迷津(Mazes)

全測驗除了報告前述三個智商外，十三個分測驗又可以歸納為四個新因素與新智商。這些新發展出的量表是：語文理解、知覺組織、免於分心、處理速度。可見使用修訂三版魏氏兒童智力量表，可以獲得六個量表智商與全量表智商。其特點在重視認知能力的測試，也迎合智力評量的新趨勢與新需求。此外，一些分測驗又可以用來診斷大腦功能異常、資賦優異、智力缺陷、或學習困難等。有了這些優越性，魏氏量表的使用比史比量表更加普遍、更受歡迎。

使用個別智力測驗，主試者一次只能測試一位受試者。個別智力測驗規定受試者必須瞭解試題並集中注意於作答，因此它的測驗效度高。受試者若不知所問，或知道答案但不知如何作答，或雖不知答案卻倖而猜中，或一時糊塗答非所欲答，或知而不願作答等，都可以由經過專業訓練的主試者察覺並作適當的處理，這一優點是團體智力測驗所難以匹敵的。

三、團體智力測驗

個別智力測驗，不僅須由受過訓練的測驗專家進行主試、記分、與解釋，同時一次只能測試一人。若人手與時間有限，也不需求高度精確的智力評量，則團體智力測驗可以作為概估智力的工具。團體智力測驗多以語文與數學為主要內容，如評量學習能力的**學業評量測驗** (Scholastic Assessment Test，簡稱SAT，原名Scholastic Aptitude Test)；也有非文字智力測驗或作業測驗， 如完全以圖式評量智力的**瑞文氏漸進圖形**(Raven's Progressive Matrices)智力測驗。

四、智力評量與大腦功能的透視

高爾登試圖以頭顱的大小、反應時間、肌力等評估個人的智力宣告失敗後，那些重視遺傳、神經、生化功能對智力影響的人，並不因而氣餒，畢竟所有心理現象都有其生理基礎。他們的新評量取向是：與其觀察頭顱的大小，不如衡量大腦的大小 (頭大不一定是腦多)；與其使用反應速度，不如觀察神經如何傳導訊息；與其測量肌力，不如察看代謝功能。

例如，使用MRI透視大腦以估計大腦的大小，結果發現智商與大腦大小的相關係數為+0.44 (Rushton & Ankney, 1996)；以訊息處理方式研析智力行為，結果發現高智力者檢閱刺激的速度快(Deary & Stough, 1996)，花較多時間於難題的宏觀設計上 (如問題編碼與擬定策略等)，花較少時間在執行策略上(Sternberg, 1981)；從代謝功能看智力，結果發現高智力者的代謝功能好，其大腦使用較少的葡萄糖，葡萄糖的使用也集中於一些必要區域(Haier et al., 1992)。總之，評量智力不僅可以從個人在紙筆或操作測驗上的反應來判斷，亦可以透視大腦的處理訊息策略與代謝功能的分析去瞭解。

五、智力評量與文化公平的考量

雖說智力測驗所要測試的是「智力」，但人們對什麼是智力持不同的看法。就以前節智力的定義來看，所有定義都是西方主體文化的產物。於1917年，美國的哥達德(Goddard, 1917)使用比西量表式的測驗，肯定79%的義大利移民與80%的匈牙利移民都屬於低能， 甚至一口咬定那些移民的「道德沒落」與他們的「低智能」有關。然而，根據新近的測驗所得(Ceci, 1996)，義裔美國人的智商已超過美國人的平均智商，這種「躍

進」當然要歸功於文化的融陶。換言之，現今在美的義裔已經完全採納美國文化中所標榜的智力行為了。

　　因此，一個智力測驗對受試者是否公平，牽涉到測驗與受試者兩者間的文化一致性問題。事實上，不同文化強調不同類別的智力發展(Heath, 1983, 1989; Helms, 1992; Serpell, 1994)。例如，若測試受試者對事物的分類時，非洲克培雷族(Kpelle)的智者與美國的愚夫同樣地根據事物的「功能」而分類；反之，美國的智者與克培雷族的愚夫一致地根據事物的「層次」而分類(Cole et al., 1971)。美國的智力測驗對克培雷族人來說，便有文化上的偏見，也因此是不公平的測驗。同理，美國傳統的智力測驗，被少數民族（如非洲裔美國人、原住美國人、西班牙裔美國人）或文化失利的族群（如貧民）認為是偏見的，是有失公平的；同時，他們在智力測驗上的平均得分遠低於歐洲裔或亞裔美國人。

　　不僅一智力測驗所測試的智力因文化的影響而有所偏倚，受試者的文化背景也常左右其受試態度與答題行為。例如，有些文化裡，成人不會將自己已經知道答案的問題去問兒童，或要求兒童予以解釋(Rogoff & Morelli, 1989)。根據辛哈(Sinha, 1983)的研究，未受西方文化洗禮的印度人，並不知道使用「我不知道」或「我沒法決定」來作答會降低他們的得分。也許你已經知道，對美國兒童來說，不管你問什麼問題，不管他們懂不懂，他們多數滔滔不絕，不會像印度人一樣地沈默。根據赫姆斯(Helms, 1992)的另一研究，非洲裔美國人對於試題要求他們提供顯然已知的答案，感到十分驚訝，他們寧願提供具有新創意的回答，也因此不符合制式的評分標準。史蒂爾(Steele & Aronson, 1995)在史丹佛大學的一項研究中指出，當美國黑人學生得知他們的測驗是為「解決問題」時，他們與白人學生不相上下；但是他們被告知測驗是為「測試語文能力」時，其表現遠遜於白人學生。顯然，少數民族參與智力測驗時，態度上的弱點加重他們受試時的心理負擔。

　　為克服智力測驗的文化偏見，也為避免測驗結果可能產生的負面後果，心理學家與教育家乃採取各種補救途徑：有人試圖編製所謂的**免文**

化智力測驗(culture-free intelligence tests)；有人開始推動文化公平智力測驗(culture-fair intelligence tests)。 由於智力是遺傳與文化環境互動的產物，編製免文化智力測驗的做法，不僅是一件嚴重的謬誤嘗試，其結果也完全失敗。為了使測驗達到「文化公平」的地步，可以避免使用反映文化偏見的語言文字，亦可在取材上選擇不同文化中的共同經驗。魏氏智力量表的作業量表或瑞文氏漸進圖形智力量表在形式上已合乎這些理念，但是它們對智力測試的功能便顯得相當有限。捨棄了語言，則試題難以評量複雜的心智歷程，作答反應也無法充分地表達。因此，現有的文化公平智力測驗，雖然有其一定的使用價值，但是只能評量相當有限的智力範疇。

六、良好評量工具應具備的條件

評量工具有良莠之分，良好的測驗可以達成評量的目的，不良的測驗可能對學生的能力產生誤解或曲解。有鑑於此，選擇測驗或自編測驗時，應採取「寧缺毋濫」的原則，作謹慎的取捨。良好的評量工具應該具備三個條件：信度高、效度高、標準化。

1.測驗的信度

測驗信度(test reliability)是測驗使同一受試者引起同樣反應的程度。具體地說，測驗信度是測驗分數的**一致性**(consistency)。例如，知道二加三等於五的幼童，每見試題2+3=? 時，一定以5回答，可見這個試題的信度高。反之，類似「你是否快樂?」或「智力的定義是＿＿＿＿＿。」則受試者的反應可能前後不一致，因此信度受到影響。

測驗信度的估計方式有：穩定性的評量、等值性的評量、穩定性與等值性的合估、內部一致性的評量等。**穩定性的評量**(stability measure)是使用一測驗測試一組受試者,於相隔一段時間後(從幾分鐘至幾年不等)，再使用同一測驗測試同一組受試者，然後觀察受試反應的前後一致性。這種評量穩定性的方法稱為**重測法**(test-retest method)。 一般而言，除非

兩次測試在時間上的間隔相當長久，否則重測法所得的信度係數有偏高的現象。此種現象，尤以速度測驗為然。

　　等值性的評量(equivalence measure)是使用一測驗的兩個複份，在短時間內分別測試同一組受試者，兩複份分數的一致性便是測驗分數的等值性。評量等值性的方法又稱為**複份法**(equivalent-form method)。複份法能避免重測法所難以防止的記憶因素。

　　穩定性與等值性的合估(stability and equivalence measures)是使用兩複份測試，但將先後測試的間隔予以延長，以增加穩定性的評量。

　　有些測驗既無複份，又限於情況無法要求原有受試者進行重測，則可以採用**內部一致性**或**同質性的評量**(internal consistency or homogeneity measure)。此法有三種不同的統計分析方式：分半法、寇李二氏法、與阿爾發係數。**分半法**(split-half method)是將測驗分成兩半評分（如單數題與偶數題），然後使用**斯比公式**(Spearman-Brown formula)估計其信度係數。分半法不宜使用於估計速度測驗的信度，而且不適用於測驗分半後兩組試題難度不相稱者。採用**寇李二氏法**(Kuder-Richardson Method)，可以使用電腦協助計算，亦可以選擇較易的KR21公式，但本法不適用於估計速度測驗的信度。**阿爾發係數**(coefficient alpha)是柯倫巴赫(Cronbach, 1951)所創始，可適用於多答案試題的測驗。

2. 測驗的效度

　　測驗效度(test validity)是指一測驗能夠真正測試該測驗所欲測試的程度。換言之，測驗效度是測驗目的達成的程度。任何測驗的編製都有明確的測試目的，但並不是所有測驗都能完成它們所欲達成的目的。不能達成目的的測驗，就像一支不能擊中目標的槍枝，沒有什麼用處。

　　一個測驗若能真正測得所欲測試的屬性，也一定有高的信度；但是測試結果頗為一致的測驗，便不能保證有高的效度。簡言之，效度高的測驗，其信度亦高；信度高的測驗，其效度不一定高。若一位受試者據實報告其年齡為三十五，則其報告有高效度（真年齡），也保證了其高信

度（年齡一致）；若另一位受試者屢次虛報其年齡為二十九（信度高），但其實際年齡為三十五，因此效度低。不同測驗各有其不同的目的，因而其效度性質與估計方式也不相同。主要的測驗效度有：內容效度、標準關聯效度、構想效度、表面效度。

內容效度(content validity)是指一測驗所包含的內容是否充分涵蓋該測驗所欲包括的內容。簡言之，內容效度指內容的代表性。假如有一份「本國史測驗」，既缺乏許多重要史實，又不包括民國初年以後的歷史，其代表性有限，內容效度將因而偏低。

標準關聯效度(criterion-related validity)是一測驗結果與另一作為標準的評量結果的相關程度。用以估計測驗效度的標準（例如代表學習結果的學業平均成績）稱為**效標**(criterion)。標準關聯效度又依效標是否與測驗同時獲得，或於未來獲得，而有同時效度與預測效度之分。**同時效度**(concurrent validity)是一測驗的結果與另一大約同時獲得的效標之間的相關程度。例如，誠正國中為估計其最近編製的「誠正團體智力測驗」的效度，便以該測驗與高效度的「修訂魏氏兒童智力量表」，同時測試取樣的國中學生。結果發現兩組測驗分數之間有高度的相關係數，因而肯定「誠正團體智力測驗」的同時效度。**預測效度**(predictive validity)是一測驗的結果與另一相隔一段長時間後而獲得的效標之間的相關程度。因此預測效度代表測驗的預測能力。假如一評量機構所編製的「大專學力性向測驗」，能成功地預測高中畢業生進入大學一年後的學業成績（即性向測驗分數愈高，其在大學的成績愈高；反之，低性向測驗分數者有低的大學成績），則該測驗有高的預測效度。

構想效度(construct validity)是一測驗結果可以憑其主要**構想**(hypothetical construct)予以解釋的程度。例如，一智力測驗的構想效度，是指受試者對試題作答的正確與否，可否被解釋為智力高低的表現。一智力測驗的構想效度愈高，其評量智力的能力亦愈高。如果有人指出：「我不相信那智力測驗真能測量我的智力！」 他所懷疑的便是該測驗的構想效度。構想效度可以從下列方法估計：（甲）分析心理歷程與試題之間的關

係；（乙）比較兩組受試者（如高智力者與低智力者）在同一測驗（如智力測驗）上的表現差異量；（丙）比較前測與後測的變化（智力變化少，成就變化可能多）；與（丁）求一測驗與其他類似測驗的相關等。

表面效度(face validity)是指一測驗在表面上看來可以達成其所欲測試的程度。它指受試者對測驗本身所獲得的印象。若一兒童在完成記憶部分的個別智力測驗時，不禁驕傲的對主試者說：「你看，我的記憶不錯吧！我很聰明哦！」這就表明受試者已覺識到測驗的真正目的，因而該測驗有高度的表面效度。

3.測驗的標準化

一個測驗有了理想的信度與效度，為了使測驗的結果得以比較，也為了使測驗分數獲得適當的定位，它便應該標準化。測驗的**標準化**(standardization)有兩個主要的措施：測試程序的標準化與測驗分數解釋的標準化。測試程序的標準化是指規定如何施測與評分。若測試與評分按照一定的條件、程序、規定，則測試結果完全代表被評量的個人屬性（如智力）。若主試者的行為、測試情境、答卷方式、時間控制、評分標準等缺乏一致性，一定會混淆測驗分數的代表性，使分數之間的比較產生困難。測驗分數解釋的標準化是指常模的建立。測驗的**常模**(norm)是樣本測試對象在該測驗得分的平均值。假如一測驗是為12歲至18歲的青少年男女而編製，則該測驗也必須提供不同性別與年齡的常模以資比較。一個十六歲的女生在測驗上的得分，可以與十六歲女生的常模相比較而獲得定位與解釋。經過標準化的測驗，常被稱為**標準化測驗**(standardized test)。

第四節　智力的個別與族群差異

　　由於天賦的不同與環境的差異，人們的智商也彼此互異。至於差異的分配是上智與下愚各半呢？還是另有其他的分配方式？本節將討論一般人民的智商的分配，男女間智商的比較，與種族文化間的差異。

一、智力商數的分配

　　根據斯比智力量表的測驗結果，一般人民智商的分配如表9-3。

表9-3　一般人民的斯比智商分配的百分比

智　力　類　別	智　商	百分比
極優異(very superior)	140以上	1.3
優異(superior)	120–139	11.3
中上(high average)	110–119	18.1
中等(average)	90–109	46.5
中下(low average)	80–89	14.5
近似心智缺陷(borderline defective)	70–79	5.6
心智缺陷(mentally defective)	30–69	2.6

（採自Terman & Merrill, 1960）

　　從表9-3可以看出，幾乎半數(46.5%)民眾的智力屬於中等；智力中上與中下的人數比例遞減，合佔約三分之一(32.6%)；智力優異與近似心智缺陷者合計約六分之一(16.9%)；智力極優異與心智缺陷的人數合佔約百分之四。可見智商的分配接近統計上所謂的常態分配。

1. 智能不足兒童

　　根據美國智能缺陷協會（American Association of Mental Deficiency，簡稱AAMD）的定義，智能不足(mental retardation)是指心智表現顯著地低於平均心智功能，並存在著一些缺陷性的適應技能。這個定義包括三

個要素：低於平均的心智功能（智商在WISC–III上低於67），缺陷性的適應行為（如語言溝通、社交技能、經濟自足等方面的適應困難），屬於發展期間所顯示的現象（發生於十八歲以前）。根據AAMD的分類法，智能不足有以下的類別。

輕微不足：智商52與67之間

中度不足：智商36與51之間

嚴重不足：智商20與35之間

深度不足：智商19以下

教育界過去常稱智能輕微不足者為「可教性」智能不足者；稱智能中度不足者為「可訓練性」智能不足者(Haring & McCormick, 1986)。不論如何稱呼，智能不足者的分類不應該只憑智商，適應困難與發展因素也應該在考慮之列。智能輕微不足兒童在學習的速度上比一般學生緩慢，理解程度多限於具體與簡易的事物，無法作抽象的思考活動。他們的注意短暫與精神難以集中，其學習效率不高；他們缺乏必需的認知技巧，無法解決許多問題，因而時常感到挫折、不安、自卑；他們的社交技巧欠佳，又不願參與團體活動，因而時常感到孤獨。

2. 資賦優異兒童

資賦優異(gifted or talented)是指個人所具有的超群的潛能，包括智力、創造力、藝術、領導能力、或學業成就。這一界說一面免除過去過分強調智商（130以上）的弊病，一面包容各方面的「天才」。一般而言，資賦優異兒童對抽象觀念的理解既快速又透徹，他們對複雜觀念的分析與組合能力也很特出。由於抽象思考的運用自如，他們頗能應用所學與解決問題。與一般兒童相比，多數資賦優異兒童在校功課佳，學業自我觀也高。智力高的學生常有高度的學業成就慾與競爭壓力；然而創造能力高的學生，喜歡與眾不同，其見解頗多特異之處，常被思考激流所「迷

住」，因而表現出「與世無爭」的心境。

　　儘管資賦優異者有上述的優點，他們在體能、社交、情緒等方面與一般資賦者沒什麼差異：有的健康良好，有的不然；有的頗有人緣，有的孤獨； 有的適應優越， 有的困難重重(Piechowski, 1991; Ysseldyke & Algozzine, 1995)。也因此，他們在體能上與社會上的自我觀就顯得平平。

二、男女智商的比較

　　男女的智商若以全量表智商比較， 彼此並無顯著的差異(Guenther, 1998)。但是可能由於遺傳的差異、興趣的不同、文化的影響、男女角色的扮演，男子於數學推理、機械能力、空間能力方面表現較佳，女子則於語文溝通、閱讀能力、文書處理速度與精確方面有較佳的表現(Bjork-lund, 1995; Kimura, 1992; Maccoby & Jacklin, 1974)。雖然男女在不同能力上略有差異，但此等差異在過去四十年來已有逐漸減少的趨勢(Feingold, 1988; Voyer et al., 1995)。

三、種族文化間的差異

　　人們對智力的個別差異現象還能平心靜氣地接受；對男女智商在某些領域上的些微差異，也頗以為然；但對種族文化之間智力是否有差異的現象，不僅見仁見智，也難得有個公正的看法。美國是個多種族的年輕國家，各種族有其傳統的特有文化。在這個高度競爭的社會裡，種族文化間的歧見與衝突在所難免。在種族之間仍有歧視存在的情況下，種族間智力差異的討論，容易陷於情緒多於理性、政治重於科學的偏離現象。

　　在美國，雖然種族眾多，但智力差異的焦點多放在黑、白之間。黑人曾經是白人的奴隸，也是目前美國的第二大族。黑白之間智商的平均差異約在15左右(Jensen, 1980)， 等於統計上的一個標準差，但是差異量已有遞減的現象(Grissmer et al., 1994; Thorndike et al., 1986)。至於為何有此巨大的差異，有許多不同的解釋，其中包括測量的公平性、環境的差

異、遺傳因素等。

測量的公平性與環境是可改變的。例如，我們可以提高智力測驗的效度，改善少數民族對智力測驗所持的態度，改進施測行為，避免智力測驗結果的濫用（如編班或聘雇），改善學生的家庭環境，增加學生的學習機會與效率，與改善學生的營養等。因此，將種族間智商的差異歸咎於測驗或環境因素，不僅是一種樂觀取向，而且環境改變對智商的影響已經被事實所證明。

然而，遺傳是難以改變的。鎮森(Jensen, 1969)在《哈佛教育評論》刊載的論文中，認為黑人智商的不如白人乃是遺傳的結果。後來，韓斯丁與其瑞(Herrnstein & Murray, 1994)合著一本稱為《常態曲線》(*The Bell Curve*)的專書，認為種族間智商的差異是遺傳與環境的綜合結果。當然這兩個論斷，引起相當強烈的批評(Helms, 1992; Hunt, 1995; Kamin, 1994)。在現階段裡，將種族間智商的差異歸根於遺傳，即使是純科學性的假設，也難以迴避有種族偏見或歧視的指控。

至於在美國的華人或在亞洲的日、臺地區的東方人，在智力測驗或學業成就上都有良好的表現(Chen & Stevenson, 1995)。許多人試圖對他們的優異表現予以合理的解釋，希望從中獲得一些啟示。以美、日、臺三地區學生相比較，日、臺地區的學生重視學業的價值，花更多在校學習與課後復習的時間；美國學生則花許多時間在工作(打工)、課外活動、社交等(Fuligini & Stevens, 1995; Geary et al., 1996)。值得注意的是，在美國的亞洲學生，剛移民美國時仍然保持「未來的成就繫於在校的成功」這一信念，但日子一久，這種學業第一的觀念已逐漸在新社會中「腐蝕」(Ritter & Dornbusch, 1989)。這提供了一個重要的啟示：智商在種族間的差異可能在歷史中逐漸消失。

四、與智力相關的重要變項

1. 智力與學業成就

智商與在校成績總平均的相關係數高過0.50 (Bloom, 1976; Sattler, 1988)。由於多數智力量表偏重抽象思考能力，因而智商與語文學科或數學的相關偏高，但同類測驗與美術或音樂科的相關則偏低。事實上，智力並非決定學業成就的唯一因素，他如學生的健康、情緒、興趣、動機、勤勉、教師因素等，均能影響成績的好壞。

2. 智力與人格特性

根據傳統的研究(Terman, 1925, 1926, 1930, 1947, 1959)，智力優異者比智力中等者有較佳的情緒適應與社會適應，有更多的機會成為領導人物。新近的資料(Piechowski, 1991; Ysseldyke & Algozzine, 1995)卻有不同的結論：智力優異者與一般智力者在社交與情緒適應方面並沒有顯著的差異。

3. 智力與創造力

根據鳩爾福(Guilford, 1967)的研究，智力低者少有創造力，但智力高者則創造力高低互見；由於創造力是新關係的發現或聯結的能力，若沒有相當的智力作基礎，創造力便要落空。根據另一有關兒童的研究(Wallach & Kogan, 1965)：（甲）高智力又高創造力者對自己可以控制自如；（乙）低智力但高創造力者對學校與對自己有憤怒性的衝突；（丙）高智力但低創造力者對學業成就異常熱衷，懼怕失敗；與（丁）低智力又低創造力者對「令人費解」的學校環境日月處於自我防備狀態。一般而言，智力與創造力有低的相關(Torrance, 1967)。

本章內容摘要

1. 智力是從經驗中學習與適應周遭環境的能力。司比爾曼認為智力包括普通因素與特別因素；卡特爾認為智力包括學習、推論、解決問題等的流體智力與累積知識與技能的晶體智力；薩斯通發現七種基本心智能力——語文理解、文字通暢、數字、空間、聯想記憶、知覺速率、推理；史坦波格將智力分為分析能力、實用能力、創造能力三部分；賈德納所提出的多樣智力論包括語言、邏輯—數理、音樂、空間、肢體運動、自知、人際等。

2. 遺傳對智力影響的研究多從兩方面探討：雙生兒在智力上的同質性與智力在不同環境下所保持的一致性。從雙生兒、兄弟姊妹、父母及子女等在智商上的相關研究，顯示遺傳關係愈接近，其智力愈相似。鎮森有遺傳佔八成環境佔兩成之說；也有遺傳比率佔五、六成或七成的最新說法。

3. 環境對智力影響的研究顯示：自1930年以來，由於教育程度提高、營養改善、見聞廣闊、生活經驗豐富、應考技巧進步，智商平均每10年提高3分；　智障的幼童養育在非常優越的環境中其智商高於控制組兒童；低收入或貧窮兒童在良好的環境中成長，其智商顯著地超過控制組兒童；富有家庭子女被貧窮家庭收養後，其平均智商反而下降；刺激的多樣性增益嬰兒或幼兒的智力；家庭子女愈多，子女的智商愈低；家庭中的長子與小家庭的兒女有較佳的智商。

4. 比西量表是歷史上第一套成功的個人智力測驗，美國史丹佛大學心理學教授推孟將比西量表修訂成英文的史比智力量表,並採用比率智商，以測試二歲以上至成人的智力。量表包括語文推理、數字推理、抽象推理、短期記憶四部分以評量晶體能力、流體—分析能力、短期記憶

等三個智力因素。

5. 魏氏智力量表包括語文量表及作業量表兩大部分。作業量表是本量表的一大特色，可使在語文或文化上有困難的本國人或外國人能公平受試。它現有的三套測驗是：修訂魏氏成人智力量表，適用於十六歲以上至成人；修訂三版魏氏兒童智力量表，適用於六至十六歲；修訂魏氏學前兒童智力量表，適用於三至七歲半學前兒童。

6. 團體智力測驗可以作為概估智力的工具。團體智力測驗多以語文與數學為主要內容（如評量學習能力的學業評量測驗），也有非文字智力測驗或作業測驗（如瑞文氏漸進圖形智力測驗）。

7. 評量智力不僅可以從個人在紙筆測驗或作業的表現來判斷，亦可以透視大腦的處理訊息策略與代謝功能去瞭解：如智商與大腦大小的相關係數為+0.44；高智力者檢閱刺激的速度快，花較多時間於難題的宏觀設計上，花較少時間在執行策略上；高智力者的代謝功能好，大腦使用較少的葡萄糖，葡萄糖的使用也集中於一些必要區域。

8. 一個智力測驗對受試者是否公平，牽涉到測驗與受試者兩者間的文化一致性問題，因為不同文化強調不同類別的智力發展。為了使測驗達到「文化公平」的地步，可以避免使用反映文化偏見的語言文字，亦可在取材上選擇不同文化中的共同經驗。現有的文化公平智力測驗，雖然有其一定的使用價值，但只能評量有限的智力範疇。

9. 良好的評量工具應該是信度高、效度高、標準化。測驗信度是測驗分數的一致性，它的估計方式有：穩定性的評量、等值性的評量、穩定性與等值性的合估、內部一致性的評量等。測驗效度是一測驗能夠真正測試該測驗所欲測試的程度，它有內容效度、標準關聯效度（同時效度與預測效度）、構想效度、表面效度。測驗的標準化包括測試程序的標準化與測驗常模的建立。

10. 智商的分配接近統計上的常態分配。智能不足是指心智表現顯著地低於平均心智功能，並存在著一些缺陷性的適應技能，包括輕微不足、中度不足、嚴重不足、深度不足等四類。資賦優異是指個人所具有的

超群的潛能，包括智力、創造力、藝術、領導能力、或學業成就。資賦優異者在體能、社交、情緒等方面與一般資賦者沒什麼差異。智力上，男子於數學推理、機械能力、空間能力方面表現較佳，女子則於語文溝通、閱讀能力、文書處理速度與精確方面有較佳的表現。種族文化之間智力是否有差異的現象，不僅見仁見智，也難得有個公正的看法。在美國，黑白之間智商的平均差異曾達15左右，但差異量已有遞減的現象。

11. 智商與在學成績總平均的相關係數高過0.50。 由於多數智力量表偏重抽象思考能力，因而智商與語文學科或數學的相關偏高。智力低者少有創造力，但智力高者則創造力高低互見。

第十章
生長與發展

　　對一個剛剛獲知自己懷孕的準媽媽來說，那是一個何等興奮的消息，也何嘗不是一件令她焦慮的大事。可不是嗎？她開始要注意胎兒的安全、營養與健康，猜測胎兒的性別，擔心生產是否順利，想像嬰兒的相貌，也開始憂慮將來子女的教育問題……。一個準媽媽所要知道的，除了繼續作定期的婦產檢查外，是一門介紹個體的生理、心理、社會發展的歷程及其影響因素的發展心理學(developmental psychology)。

　　人生的旅途，由產前期經嬰兒期、兒童期、青年期、成年期、至老年期，是一部隨著歲月與經驗增加而變化的身心發展史，它包括生理、認知、人格、社會等多方面的變化。在變化歷程中，個體發展的基本程序及其特徵已由來自父母的遺傳基因所決定，但其實質上的變化則無時無刻不受環境因素的影響；同時，身心發展既是持續性的量的變化，也是階段性的質的改變；它不僅有人類所特有的共同秉賦，也展現出人際間與文化間的差異特質。因此，本章將涵蓋整個人生的生長與發展歷程，並試圖回答下列幾個重要問題：

・遺傳與環境如何影響個體的發展？

・如何研究發展心理？

・產前期、新生嬰兒、早期身體發展的特徵是什麼？

・認知、語言、道德、社會、人格的發展歷程是什麼？有何主要的發展理論？

・父母的管教對子女有何影響？

・青春、成年、老年期在發展上有何重要課題？

第一節　生長與發展的研究

研究生長與發展與研究其他心理現象有個最顯著的差異：時間是它最主要的獨立變項。隨著年齡的增長，經驗不斷地累積，個體雖然維持其獨特的統整性，其身心屬性卻產生了質與量的不斷變化。研究發展心理學，在解釋何以在某特定時期內有顯著的身心變化，不可避免地會涉及到影響的歸因問題，也就是遺傳與環境相對作用的問題。由於「時間」這一特殊因素，研究發展心理學乃有其特異的研究法。本節將分別討論遺傳與環境的作用以及發展心理的研究法。

一、遺傳與環境的作用

帶著23個染色體的精子一旦進入帶有23個染色體的卵子時，瞬即形成一個受精卵，並快速地分裂而成胚芽。這23對新配對的染色體裡的基因，決定了個體生長與發展的遺傳基礎。然而，細胞分裂的程序及其協作，也受到來自母體的營養供應及其生長的生化與物理環境的影響。我們將影響生長與發展的因素，不論是個體在產前或出生以後，概分為遺傳與環境兩大類。

1.遺傳的作用

遺傳(heredity)是生長與發展的具體藍圖。體內各細胞染色體裡的基因，如同建築的藍圖，已經決定個人身心屬性的基本發展特徵。個人的性別、身高、體重、身材、髮色、臉形、五官、膚質、免疫力、代謝作

用、五臟功能、大腦、智力、特殊性向、情緒反應、社交取向、壽命長短等等都由基因奠定了基礎。影響這些生理與心理結構與功能的十萬對基因，有的是一對基因決定一個屬性（如酒渦、面斑、眼睛顏色等），有的是幾對基因決定一個屬性（如大腦結構、身高等）。

　　然而基因有顯性與隱性之別，若一對基因是一顯一隱，則顯性基因控制表象；只有一對基因都是隱性時，才有隱性的表象。例如，高個體基因是顯性，矮個體基因是隱性。若父母都高，則可能有矮個體基因；若父母都矮，就不會有高個體基因。有的基因不是以顯性或隱性取決的，而是靠一對基因屬性的平均值來決定的。例如，兒女的膚色便是由父母膚色分配決定的，因此黑白種混血所生的子女，其膚色既非黑也非白，而是介於黑白之間。最令人興奮的是，由於研究基因的快速進步，所有的基因圖譜已於最近被一一勾劃出來。破解了基因的密碼，使我們能更加瞭解身心發展上所遭遇的缺陷與症候，提供必要的預防與治療措施。例如，我們已知基因與一些癌症、糖尿病、心臟病、腎臟病、肌肉萎縮、嗜煙酒、肥胖、抑鬱、老年失憶症等有關。

　　本書第二章的第五節已經提到過，23對染色體裡的第23對是男女有別的，男人的一對是YX，女人的一對是XX，X染色體遠較Y染色體為大，所含基因也較多。女人有一對X染色體，隱性基因要成對其屬性才會表現出來；但是男人只有一個X染色體，其隱性基因所控制的屬性便容易呈現。我們稱這種現象為**性別關聯隱性特徵**(sex-linked recessive characteristics)。例如，男人的紅綠色盲或血友症（血流不止）出現的機率大，便是由於第23對染色體的隱性基因所引起。

　　我們在前一章討論智力的來源時，也觸及遺傳對智力的影響。如以同卵雙生兒住在一起，同卵雙生兒分開居住，異卵雙生兒住在一起，異卵雙生兒分開居住等四種情況作比較，其智力相關係數的差異被用來肯定遺傳對心理屬性的影響。然而介紹遺傳對生理與心理發展的影響，並不意味忽視環境的作用與功能。

2.環境的作用

我家男孩兒時愛鳥，便買了一對健康活潑的鸚鵡。只養了兩個星期，牠們開始生病，雖然全力醫療，仍不幸相繼死亡。那對鸚鵡在寵物店裡，健康活潑又「健談」，一到我們家便很快地不適應。後來我們才知道，那對可憐的鸚鵡受不了屋裡冷氣的日夜吹襲。一個生物的成長需要良好的環境，我們便沒有給予鸚鵡「良好」的環境，環境的重要可想而知。

人體在產前期的快速生長，看來是在母體裡受到適當的保護。但是孕婦的身心健康情形、營養平衡狀態、疾病病毒（如德國痲疹、梅毒、愛滋病、其他傳染病毒）、藥物的吸食（如尼古丁、酒精、迷幻藥、古柯鹼、安眠藥、鎮靜劑）、物理或化學物質的滲透（如鉛、汞、X光）等，都可能對胎兒及其後來有深遠的影響。我們稱那些有害胎兒生長的毒物為畸胎原(teratogens)。

嬰兒出生後，環境對其生長與發展的影響更為直接。嬰兒所處的環境也更為複雜，除了抗拒病毒與毒物外，還得與四周的人、事、物相互作用。在心理與社會的適應上，嬰兒開始以「學習」獲取適應環境的知能，個體依遺傳指令而「成熟」的機械歷程也相對地遞減。領養的研究顯示，環境的變遷影響智商的增減，環境與文化也深切地影響個人的情緒表達、自我觀念、人際關係、成就等。

3.遺傳與環境的互動關係

一顆黃豆擺在乾淨的桌面上是不會長芽的。同理，具有面斑基因的人，若不見陽光，面斑是不會呈現的。可見，遺傳與環境是互動的，這是億萬年演化結果的最終程式，也是我們在解釋身心發展現象所依據的最佳原則。

對個體發展而言，遺傳與環境的互動關係產生經驗的累積。就以家庭環境為例，若一家的成員是父母與一男一女共四人，我們不可能斷定兩個子女是在同一環境中成長。也許他們所共同分享的是近似的物理或

經濟環境，但決不是共同的經驗。子女出生的先後，子女的不同天賦，父母對子女的不同期待，子女對父母的看法，家庭生活狀況的起伏與改變等，產生了兩個子女的不同成長經驗。因此，遺傳與環境的互動比較能夠切實地陳述遺傳與環境二者的關係，也較能解釋個人的身心發展特徵(Scarr, 1990)。有人提議使用**生物生態模式**(bioecological model)，來表達遺傳與環境的互動關係，認為發展是在環境影響下遺傳基因實現的歷程(Brofenbrenner & Ceci, 1994)。麥亞斯(Myers, 1998)說得很貼切，與其說是「遺傳對環境」(nature versus nurture)，不如說成「遺傳透過環境」(nature via nurture)。

二、發展心理的研究法

　　發展心理對遺傳與環境的互動著重長時間的累積效果，也就是個體在不同年齡或發展階段的身心改變現象。因此，發展心理學採用的研究法有二：縱貫法與橫斷法。

1.縱貫法

　　縱貫法(longitudinal method)對個人或一個團體的心理或行為作長期性的定期觀察。例如，對一群個體自二歲起直到十八歲止，定期進行智力測驗或記錄與智力相關的行為，以瞭解智力的發展歷程，便是縱貫法的應用。此法因觀察研究與個體發展同步進行，評量個體在身心上的變化有相當一致的標準，而且記錄個體所處環境的變遷，也可以協助解釋發展的歷程，因此它最適合發展心理的研究。可惜，研究對象的中途流失，常使研究結果的解釋增加了限制。

2.橫斷法

　　橫斷法(cross-sectional method)同時比較不同年齡（如6, 9, 12, 15, 18歲）的各組研究對象在變項上的差異。因此，與其對同一個或一組研究對象作長期的定期觀察，本法同時取樣並評量不同年齡的研究對象，然

後依序將各組對象在變項上的數值，當作發展中的變化趨勢。例如，對6, 9, 12, 15, 18歲的青、少年各取樣200名，評量其智力，然後將各組智商依年齡順序排列或繪製成曲線。以此法研究發展心理，可以一舉評量或觀察千百人之眾，然後作必要的統計、分析、比較。然而，不同年齡個體在變項上的同時比較，並不等於個體年齡增長前後在變項上的比較，因此橫斷研究不能提供真正的發展趨勢。它只能顯示，在某一特定時間裡，不同年齡個體在某變項上的表現。

同一年裡一群人的出生，受當時社會環境的影響，因而在行為上具有共同的特色，稱為**同代效應**(cohort effect)。例如，同在大飢荒時期出生的人，與小康時期出生的人相比，由於時代的差異，可能有不同的身心發展特徵。為了避免縱貫法與橫斷法所共有的同代效應，可以採用橫斷法與縱貫法綜合的連續法。**連續法**(sequential method)以橫斷法同時比較不同年齡者的身心差異，然後輔以縱貫式研究，以便觀察發展上的改變，這樣便可避免同代效應。

第二節　早期的個體發展

個體自卵子受精開始，在母體內由胚芽期（0～2週）經胚胎期（3～8週）至胎兒期（9週至出生，約38週）作快速的成長。個體出生後，開始呼吸與吮食以維持其生長，直到兩歲之前，稱為嬰兒期。

一、產前期的發展

1.胚芽期（0至2週）

卵子受精後，精子與卵子裡各有的23個染色體開始彼此配對，這一過程約需24小時。此後，受精卵開始分裂，並經由輸卵管進入子宮，將

發展出來的胎盤植於子宮壁上，以便自母體吸取養分並排除廢物，這個歷程需時約一個星期。但須注意，只有約一半的受精卵成功地植入於子宮壁上，約一半已植於子宮壁上的受精卵能順利地生存下去。換言之，只有約四分之一的受精卵克服萬般的困境（基因缺陷、營養不良、疾病、毒物等）而成功地誕生，生命的可貴在於此。

2.胚胎期（3至8週）

個體自3至8週的胚胎期內，逐漸發展出身體的主要肢體與器官（見圖10-1）。由於胚胎期發展所需的養分完全依賴母體，因此任何可能傷害胚胎的畸形原應該避免由母體傳入。然而，由於孕婦至少要等到懷孕一個月後才知道有喜，因而缺乏應有的戒備，於無意間讓煙酒、病毒、或藥物進入身體而傷害胚芽或胚胎。當然，畸形原對個體的傷害程度，也因生長期的不同而有差異。一般而言，畸形原愈於早期進入胎盤，對個體的傷害程度愈大。就以德國麻疹為例，若於懷孕第一個月內發生，其傷害在50%左右，第二個月則降至22%，第三個月更降為7% (Bourne & Russo, 1998)。

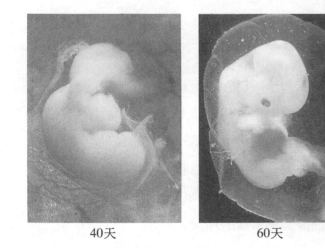 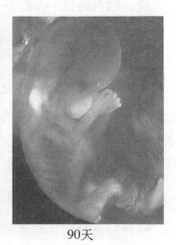

40天　　　　　　　　　60天　　　　　　　　　90天

圖10-1　胚胎期內身體的主要肢體與器官

3.胎兒期（9週至出生）

個體的肢體與器官在胎兒期作更精密的發展，抽動、吞嚥、吸吮等反射動作也因而開始呈現。胎兒初期，由於大腦皮質部尚未發展，其反射動作並不協調。到了22週，胎兒已擁有超過千億的神經元，它們開始相互聯結，肢體或感官也開始作用；從24到38週，體重增加一倍，神經組織的發展也非常快速，使個體能於離開母體後適應新的生活環境。這時期的胎兒有持續性的腦波出現，也有睡與醒的交替現象。

六足月後的胎兒在母體內蠕動或踢動，不禁令許多孕婦想起胎教的可能性。到底胎教有效嗎？有一個研究(Hepper, 1989)為此提供一些答案。在研究裡，有一組孕婦天天觀看「肥皂劇」並聽其主題曲，另一組孕婦並沒有這種經驗。胎兒出生後，每逢嬰兒哭叫便播放肥皂劇的主題曲，並觀察嬰兒的反應。結果，未觀看肥皂劇孕婦的新生兒，雖聞主題曲，卻繼續哭叫；反之，觀看肥皂劇孕婦的新生兒，一聽到主題曲便安靜下來，似乎在「聆聽」音樂。這一研究似乎支持胎教的可能性。然而，較為複雜的胎教，如對胎兒朗誦詩詞，是否能產生先入為主的詩詞教育效果，則有待進一步的研究。

二、新生嬰兒

嬰兒期從胎兒的誕生開始。對孕婦而言，生產是一件難忘的經驗，尤其是自然分娩；對胎兒而言，誕生是一種體驗上的大改變。胎兒在母體的羊膜（胞衣）裡，浸潤在暖和的胞液中，舔觸胞液的各種滋味，看見昏暗的光亮，聽見母親說話的聲音，也感覺母體的搖晃；出生後，四周是刺眼的燈光，吵雜的聲音，乾燥與清冷的空氣，也須開始自我呼吸。讓我們看看新生兒是如何地適應這個嶄新的環境。

1.反射的功能

人類為了種族的綿延不斷，讓新生兒具備一些生存所需的反射行為。

反射(reflexes)是與生俱來的本能行為。若以手指輕觸新生兒的面頰，嬰兒隨即轉向手指並張開嘴巴，這是**覓食反射**(rooting reflex)；輕觸新生兒的嘴唇，嬰兒開始作吸吮反應，這是**吸吮反射**(sucking reflex)；以手指置於嬰兒的手掌內，嬰兒立即緊握手指不放，甚至可使嬰兒以此懸空，這是**掌握反射**(grasping reflex)；觸摸新生兒的腳底，嬰兒的腳趾立即向外伸展，這是**巴賓斯基反射**(Babinski reflex)；將新生兒放進水缸並面部朝下時，嬰兒立刻踢水划游，這是**游泳反射**(swimming reflex)；對新生兒發出巨響，或讓新生兒突然失手降落，嬰兒會將手臂外張並呈驚訝狀，這是**摩洛（驚訝）反射**(Moro reflex)；將新生兒扶直，並讓其腳底觸及平面，則嬰兒會像步行般地踩踏平面，這是**踩步反射**(stepping reflex)。這些反射多數在3至6個月後自動消失，因為大量神經元間的相互聯結，使大腦皮質部逐漸掌控個體的行為，不再依賴本能性的反射動作以求生存。

2.感官的能力

個體在嬰兒期的感覺系統有相當驚人的表現。近年來的許多研究與發現，使我們不再認為新生嬰兒除了吃和睡以外一無所知。由於嬰兒不能以言語溝通，新的研究採用習慣化、眼動追蹤、吸吮強度、頭部轉動、心跳速度、腦波記錄等非語言方式觀察其行為的特徵。所謂**習慣化**(habituation)，是指個體對新奇事物的注意，時間一久便有開始減退的現象。例如，若我們讓兩週大的嬰兒看一個寬一公分的黑色圈圈，呈現幾次後，嬰兒對其注視的時間由四秒鐘減至兩秒鐘，這就是習慣化的結果。若我們在原圈圈外加一個圈圈，嬰兒對其注視的時間因而加長，則我們可以推斷嬰兒能識別一個圈圈與兩個圈圈的圖片差異。讓嬰兒吸吮有裝置記錄器的奶頭，若兩種不同的刺激引起不同的吸吮強度，則可以肯定嬰兒對所呈現的刺激有區辨的能力。現在看看嬰兒的不同感官能力。

A.**視覺能力**　新生嬰兒的眼球、視神經、大腦視葉尚未完全發展成熟，其眼球協作、視覺敏銳度都不佳，也相當近視，視覺刺激必須距離眼睛約24至30公分（這不就是餵奶時母親與幼嬰的視線距離嗎？）。雖然

如此，出生幾天後的嬰兒，對人面比對非人面有較多的注意(Fantz, 1963; Umilta et al., 1996) (見圖10-2)，對母親的面孔比對他人的面孔有較多的注意(Walton, et al., 1992)， 對緩慢移動的刺激物比靜止的刺激物有較多注意，對強烈對照或複雜的刺激有長久注視的興趣。嬰兒不僅愛注視母親的面孔，甚至於出生三天後也能模仿成人張口、吐舌、噘嘴(Meltzoff & Moore, 1992)。 這些視覺能力為嬰兒發展其攸關生存的社會關係所必需。

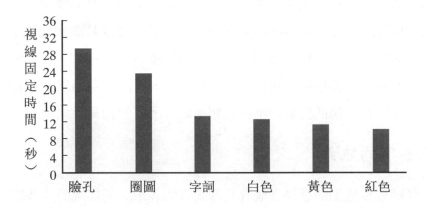

圖10-2　嬰兒對人面與非人面的注意(Fantz, 1963)

B.**聽覺能力**　一如視覺，嬰兒的聽覺系統也未完全成熟，雖說開關房門的碰然一聲會驚動他們，但他們的聽覺能力相當有限。即使如此，嬰兒常移動頭部以尋找聲音的來源，對高音調聲音感覺較佳，能區辨母親與外人的聲音，能分辨音調的差別，也能辨別不同重音或韻腳的多音節字(Sansavini et al., 1997)。也許因為如此，天下父母親多對自己的嬰兒以高音調、清楚、緩慢、重覆地說「嬰兒話」。

C.**味覺與嗅覺能力**　與視覺和聽覺相比，嬰兒的味覺與嗅覺能力則有相當良好的表現。糖水對嬰兒有鎮哭的效用，淡水則無(Smith & Blass, 1996)；嬰兒對甜食展示微笑，對酸性皺嘴唇，對苦味表現厭惡，這些表情與成人無異(Rosenstein & Oster, 1988)。嬰兒能對惡臭（如臭蛋或氨）表達厭惡，也能以嗅覺分辨出母親與他人的體味(Porter et al., 1992)。

三、早期的身體發展

　　足月誕生的嬰兒已經具備人體所應有的神經細胞與肌肉，只是神經元間的聯結不如成人的複雜與完備，肌肉的大小以及強度亦不如成人。因為如此，早期的身體發展是漸進的，其主要特徵是「由頭而尾的發展」(cephalocaudal development)。

1. 大腦的發展

　　嬰兒頭顱的大小是成人的70%，但是它已具有成人所需的千億以上的腦神經元。所不同的是，神經元之間的觸處聯結在出生時相當稀疏微弱；到四至五歲時，神經元之間的聯結便極為複雜綿密。我們無法回憶四歲以前的生活經驗，就是由於早期大腦的不夠成熟。圖10-3代表出生到十五個月時腦神經元聯結的變化圖，指明經驗愈豐富，腦神經元之間的聯結更為複雜周密。大腦的成熟，不僅影響個體的心智發展(Fischer, 1987)，更有助於嬰兒與兒童技能動作的協調與發展。

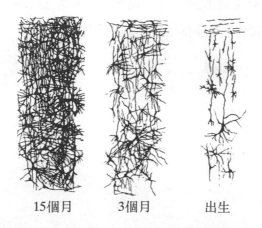

15個月　　3個月　　出生

圖10-3　出生到十五個月時腦神經元聯結的變化圖(Harvard University Press)
Reprinted by permission of the publisher from THE POSTNATAL DEVELOPMENT OF THE HUMAN CEREBRAL CORTEX, VOL I–VIII by Jesse LeRoy Conel, Cambridge, Mass.: Harvard University Press, Copyright © 1935–1975 by the President and Fellows of Harvard College.

2.肢體的發展

　　嬰兒的肢體自出生至兩歲有快速的發展。僅在頭一年，體重由約3.4公斤增加至11.4公斤，身長也由約53公分增高至70公分。此後至青春期，每年體重增加2至3公斤，身高增加6至7公分。由於生長是由頭而尾，個體在新生時，看起來頭顯大，佔身高的四分之一；至25歲時，頭部只佔身高的八分之一。不僅如此，個體的骨骼也逐漸強硬，肌肉也愈加結實，體力也因此日漸強壯。由於肢體增長的程序是胸腔與器官在先，手與腳在後，因此被稱為「由近而遠的發展」(proximodistal development)。

3.動作的發展

　　嬰兒與兒童期動作的發展與大腦、肌體的發展是息息相關的。從圖10-4可以看出，嬰兒的動作發展依次是：轉動與抬起頭部，以手臂撐起胸部，翻轉身體，坐立，藉扶持站立，爬行，藉扶持行走，獨立行走等。一般而言，嬰兒自十二個月起可以開始獨立行走，這種行動的自由與自主能力的實現，對嬰兒來說，是一個重要的轉捩點。嬰兒可因此對環境作更多的接觸與探索，也對環境的瞭解更為真實。

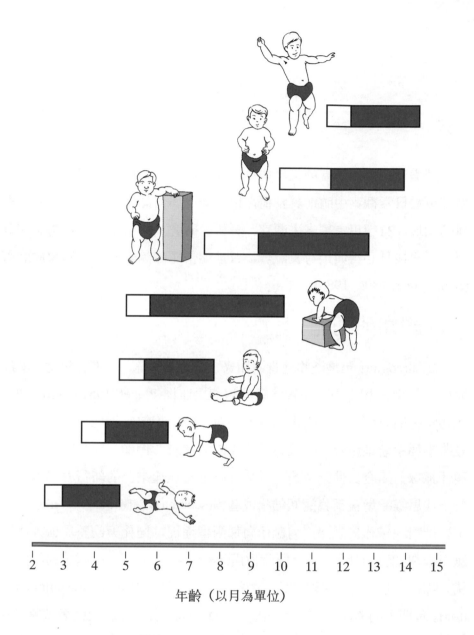

圖10-4　嬰兒動作發展的次序

第三節　認知的發展

稍微注意嬰兒發展的父母或育幼人員，對嬰幼兒的身體與動作的發展都可從日常觀察中瞭解其梗概，但嬰幼兒如何認知世界，是個非常複雜的領域，有賴專家學者去觀察、分析、研究。到目前為止，對認知發展的研究最具心得與最有貢獻者，首推瑞士認識論者兼心理學家皮亞傑(Jean Piaget, 1896–1980)。

一、認知的功能

認知(cognition)是泛指注意、知覺、理解、記憶、思考、語文、解決問題、智力、創造力等心智活動。根據皮亞傑(Piaget, 1952, 1968, 1969, 1970)，人類有兩種與生俱來的基本傾向：組織與適應。**組織**(organization)是將事物系統地組合，使成為系統完密的整體。例如，兒童將「看球」與「抓球」組合，使之成為「看到球就把它抓起來」的新行為或思維。行為或思維組型被稱為**認知結構**或**基模**(schema)。**適應**(adaptation)是個體不斷地對環境作出調適。適應傾向採兩個途徑：同化與調整。個人從經驗中吸取知識與技能，稱為**同化作用**(assimilation)；個人改變舊的認知結構，以配合由同化作用取得的新的認知結構，稱為**調整作用**(accommoda-tion)。當個人的舊認知與現實環境不能配合時，自然地產生**失衡狀態**(dis-equilibrium)。人有追求**平衡**(equilibrium)的本能，因此由失衡到平衡是人類求知的動機。

二、認知發展的分期

根據皮亞傑的觀察，個體與環境交互作用而認知其所處的環境。認知的發展須經歷四個本質不同的階段，　因此被稱為**非連續性發展階段**

(discrete developmental stages)。

1.感官動作期(Sensorimotor stage)

從出生至二歲。此時期嬰兒的認知活動是建立在感官的即刻經驗上。嬰兒的吮、舔、咬是瞭解周邊環境所必需，不是父母所誤認的貪吃；嬰兒的搓、推、撕、搖等是認知活動，常被成人誤解為無知的妄動。此期嬰兒的認知活動有下列幾個特徵：(甲) 從被動的反應 (抓住任何放在手裡的東西) 到積極而有意的反應 (伸手去抓東西)；(乙) 從不見即無知，進而目隨運動中的物體，以至瞭解**物體長存**(object permanence)——指顯現於眼前的物體若被另一物體所遮蔽，它並不因而消失，必定仍然存在；(丙) 藉操弄物體本身以瞭解物體的屬性；(丁) 先注意自己的身體，後認識外界的環境；(戊) 逐漸發現達到目的之新手段 (繞過桌子以抓取它後面的玩具，不再僅從桌子下鑽過)；與 (己) 缺乏以語言或抽象符號為物體命名或分類的能力。

2.準備運思期(Preoperational stage)

二至七歲。此時期的兒童開始以語言或符號代表他們經驗過的事物。主要的認知活動是跑、跳、運動、遊戲等身體的運動與看、聽、觸摸等知覺經驗。此期兒童的認知活動有以下幾個特徵：(甲) 逐漸能從記憶過去的經驗到想像未來 (李強昨天請我到他家吃生日蛋糕，我下次生日要請他來吃蛋糕)；(乙) 所使用的文字有其個人的私自意義 (爸爸跟我一樣「乖」)；(丙) 以**直覺**(intuition)與**感觸**(feeling)解釋其見聞，因而分辨不出自己與外在世界的不同 (自己喜歡的便是對的、好的)；(丁) 一切以**自我為中心**(egocentric)，不易為他人設想，不認為別人因經驗的不同而有不同的概念；(戊)認為萬物皆有生命(animism)，因而常與玩具交談；(己) 有專注於一時有趣事物的**集中現象**(centering)，因而忽略其他事物 (老師把故事講完了，他還停留在故事的某一點上)；(庚) 兒童於事物變化後對事物變化前的質量不能有正確的**保存**(conservation) (將液體自

高而窄的玻璃杯倒入矮而寬的杯中時，兒童便誤認為液體變少）；（辛）思考呈**不可溯性**(irreversibility)，即思維只能往前行，不能倒退（宋信義告訴老師，他有位哥哥名叫和平。老師問他宋和平有無兄弟，信義答稱「沒有」，他忘了自己是和平的弟弟）。此時期的兒童注意單一，思考不能逆溯，因而產生運思的困難，故被稱為準備運思期。

3. 具體運思期(Concrete operation stage)

七至十一歲。此時期兒童已能以具體的經驗或從具體事物所獲得的心像作合乎邏輯的思考。兒童開始操縱事物的屬性，並將它們轉換成更具選擇性的訊息。例如，兒童認為樹木不僅可供小鳥棲息，亦可供他們遮蔭、攀爬、當建材或柴火。雖然他們的運思局限於具體的經驗，但其思考邏輯可達相當複雜的程度。此時期兒童的認知活動有下列幾個特徵：（甲）思考有相當的彈性；（乙）思考可以逆轉、矯正、甚至重新開始；（丙）能同時注意一個以上的事物屬性；（丁）對同一問題能接受不同的觀點；（戊）雖然能瞭解原則或規則，但於應用時常「咬文嚼字」（例如，兒童堅持老師「先做數學後寫國文」的建議，不肯接受父母要求先做國文作業的臨時建議）。

4. 形式運思期(Formal operation stage)

十一至十五歲。此時期的青少年於認知上開始進入成人的抽象運思期。他們的運思不再受具體經驗或現實世界的限制，思考可以抽象地超越時、空、地而呈普遍性。此時期青少年的認知特徵是：（甲）思考為假設的與演繹的，將可能性化為假設並予以求證；（乙）思考為命題的思維——以句子代表命題(preposition)，並試圖發現命題間的關係；（丙）思考為組合性分析——將因素個別分析後予以綜合以解決問題。形式運思期內的青少年開始作科學的推理，發現自然的基本法則。這種假設與推論的認知歷程中，青少年常因環境中許多事物與理想原則相左而對現實表達不滿。青少年的違抗父母、批評師長，可能與此時期的認知特徵有關。

三、皮亞傑認知發展論的評價

　　到底是否人人必須「循序」經過皮亞傑所提出的四個認知期？各認知期的年齡起迄點是否固定不變？ 許多研究結果(Bryant, 1984; Epstein, 1980; Gelman & Baillargeon, 1983; Sprinthall & Sprinthall, 1987)便不以為人人都固定地經歷四個認知期。佛拉維爾(Flavell, 1985, 1992)以其最近的研究結果，批評皮亞傑的認知發展論過分低估嬰兒與兒童的認知能力，高估成人的運思能力，也過分強調預備運思期的自我中心傾向。雖則四個時期的順序有世界共通性，但由於文化差異的影響，個人在各期發展的速率便有所出入(Hughes & Hoppe, 1991; Leadbeater, 1991; Mwamwenda, 1992; Price-Williams et al., 1996)。

　　近年來，有所謂的**新皮亞傑論**(Neo-Piagetian theories)出現。新理論原則上支持皮亞傑的認知分期發展觀點，並使用嚴謹的科學研究法。有人(Arlin, 1975, 1990)主張加上**問題發現期**(problem finding stage)為第五期，以代表成年人在面對實際生活問題時所發展的認知能力。同樣地，有人(Kramer, 1990; Pascual-Leone, 1990)建議在正式運思期後加上**後正式思考期**(postformal thinking stage)，以說明正式運思期後更為複雜與多策略的思維方式。 此期的特徵是辯證的(dialectical)，試圖從許多可選擇的解答中尋求最可取的。

　　俄國發展心理學家維克次基(Vygotsky, 1956, 1962, 1978)對皮亞傑的認知論頗感興趣，但他強調社會文化對認知發展的功能。根據他的看法，兒童的認知是對社會文化及其歷史發展的認知與瞭解。兒童所處的周遭，不論是語言的、社會的、政治的、經濟的、文化的、或物質的，均有形或無形地影響兒童的知識、技能、信念。因此，兒童的認知是兒童、社會、文化不斷交互反應的結果。換言之，認知發展為社會、文化、歷史的內在化歷程。

　　維克次基認為，兒童的認知發展存在著一種臨近發展區。**臨近發展區**(The zone of proximal development)是兒童「自我發展」與經由「文化教

導」之間的差距；與其聽任自我發展，如能予以愈多的文化陶冶，愈能加速認知的發展。最能有效利用臨近發展區的教學是：示範、反饋、獎懲、問答、提升認知力。布魯納(Bruner, 1985)認為，臨近發展區的觀點提醒我們安排適當的環境，使兒童的認知能作更高的發展。

第四節　語言的發展

由於溝通訊息與發展人際關係的需求，嬰兒的大腦、視聽覺、口腔運作等一旦成熟，其語言也隨之快速地發展。在此首先簡介嬰兒及早期兒童語言的進展情形，然後看看專家如何解釋語言的發展。

一、語言的發展現象

事實上，出生嬰兒的號哭可以說是一種最原始的語言信號，否則嬰兒如何向世界「告知」他的新生。嬰兒二個月大時，開始發出類似注音符號裡的ㄨ與ㄚ音。表10-1敘述不同年齡的語言發展概況。

表10-1　不同年齡的語言發展概況

平均年齡（月）	語言能力
3	隨機出聲、發鴣鴣之音
4	轉移頭部以尋找人聲的來源，偶發咯咯而笑的聲音
6	開始牙牙學語：發ㄇㄚ、ㄇㄨ、ㄅㄚ、ㄅㄧ等聲音
12	重覆同樣的聲音，如ㄇㄚㄇㄚ、ㄅㄚㄅㄚ；似乎瞭解一些字詞或句子的意義
18	能使用3至50個單字，能發多音節字音
24	字彙在50個以上；能將字拼成詞，但不是句子
30	每天增添幾個新字；能以說話溝通訊息；詞組加長但使用短句；能瞭解他人的話語
36	能使用的字達1000以上；語言的錯誤少；句法更為複雜；句子也更長
48	字彙達1600個；對語法與語意的瞭解接近成人

二、皮亞傑的語言發展分期論

皮亞傑認為，個體的語言發展受其認知發展的影響。他將語言發展分為自我中心語言與社會化語言兩階段。

1.自我中心語言

兒童於二至七歲左右使用**自我中心語言**(egocentric speech)。雖然他們模仿而來的語言在語法上與成人的簡單語法相似，但其內容多以自我為中心，也以單一事項為主。說話既以自我為中心，他人的反應或意見多被忽略。

2.社會化語言

兒童於七至八歲起，與他人不斷交談的結果，逐漸發展其重視他人的反應與意見的**社會化語言**(Socialized speech)。由於他們的認知活動已進入運思期，兒童不僅能保持自己的知覺經驗，而且能感受他人的經驗，其語言呈現相互靈活交談的現象。

三、詹士基的語言發展理論

詹士基(Chomsky, 1959, 1965, 1986)是研究心理與語言關係的心理語言學家。他發現兒童具有驚人的語言運用能力，學習論又無法圓滿地解釋兒童語言的優越成就，乃持語言能力與生俱來的看法。換言之，兒童的語言能力是天生的，是成熟的結果。例如，使用華語的兒童可以輕易地學會他國語言，證明語文基本結構的普遍性與遺傳性。

依詹士基的觀點，兒童不斷地「發展」語言，而非「學習」語言。語言發展如同從一顆小小的樹木種子，經由發芽、成長，而變成枝葉扶疏的大樹。語言發展由直覺文法進展到轉換文法。轉換文法是由一些規則所組成的語言系統，兒童不僅能不學自通，而且能夠建造易為他人所懂的文句。轉換文法自然地將文句的語法（形）、語音（聲）、語意（義）

系統地聯結起來。由詹士基看來，語言產生的順序是規則在先，文句在後。成長中的兒童，話愈來愈多，語句愈來愈複雜，便是利用基本規則不斷衍生而來。

為說明心理與語言之間的關係，詹士基將語言區分為語言才能與語言表現兩方面。**語言才能**(linguistic competence)是理解語言的形、聲、義結構原則的心理現象；**語言表現**(language performance)則是視、聽、說、寫等具體的語言行為。語言才能是普遍的、人人皆有。世界上所有語言的完整句均包括主詞與述詞，因此兒童具有世界人類共同的**語言普遍概念**(language universals)；語言表現則因個人的語言練習程度、記憶能力等因素而呈現個別差異現象。根據詹士基，若一個人說他拙於言辭，他不是缺乏先天的能力，而是後天的表現不足。

四、學習論的語言發展論

行為主義者史金納(Skinner, 1957)認為，人類沒有不學而能的行為，因此他不承認人類有天賦的語言。他認為，從極簡單至複雜的語言行為都是經由學習而獲得。行為能否習得，端賴行為的後果來決定。同樣，語言行為的獲得亦由語言表現是否受到獎勵或懲罰而決定。例如，兒童模仿成人說話，說對則受賞，說錯就挨罰，為了趨賞避罰，兒童終於學會成人的語言。由於經驗是累積的，語言的學習便須從最基本的字聯字、句聯句開始，否則便無複雜的語言學習可言。

第五節　道德的發展

人類有異於禽獸者，道德是主要條件之一。多數人明辨是非、行善避惡、知理達義，是道德發展的結果。從嬰兒的無所謂是，也無所謂非，到成年的能明辨是非善惡，這種改變到底是如何發展而來的呢？柯爾柏

(Lawrence Kohlberg)在道德發展方面的研究有獨到的見解。

柯爾柏(Kohlberg, 1973, 1984)深受皮亞傑的《兒童的道德判斷》(*The Moral Judgment of the Child*, 1932)一書的影響，乃深入研究人類的道德發展。

一、柯爾柏的道德觀

柯爾柏指出，道德發展是個人與社會交互作用的結果。然而，柯爾柏偏重「道德觀念」或「道德判斷」的發展，而不是道德行為的變化，因此他認為道德發展必須依賴「認知能力」的發展。同時，柯爾柏強調：每一階段內道德發展的品質，決定於個人與其環境交互作用所獲得的社會經驗的品質，而非決定於社會或文化本身的特點。換言之，「道德經驗」重於「道德環境」。所謂「出汙泥而不染」或「良家出敗子」就是這個寫照。

二、柯爾柏的道德發展分期論

柯爾柏將道德發展分為三階段六時期，在三個階段中，每一階段包含兩個時期。六個道德發展期是依序進行的，順序不得紊亂或倒置。以下簡介各階段的發展特徵與各時期的道德思考與判斷標準。

1. 習俗前階段(Preconventional level)
——出生至九歲。道德價值來自外界事物或權威。

第一期：以懲罰與服從為準則(punishment-obedience orientation)。兒童的道德價值來自對外力的屈從或逃避懲罰。父母或成人是「力」的象徵，是非由他們的獎懲來決定。例如，對一早期兒童來說，哥姊們應該上學，否則他們會挨罵或挨打。

第二期：以功用與相對為準則(instrumental-relativist orientation)。兒童的道德價值來自對自己需欲的滿足，或偶而也顧慮他人需欲的滿足。對兒童而言，公平是「取與平衡」的現象。例如，學生放學後應立即回

家，否則他們會讓父母惦念。此時期兒童略顯功利，但其人際關係卻講求相對的相互滿足。

2. 習俗階段(Conventional level)

——九至十五歲。道德價值來自傳統上經多數人認可的是非標準。習俗具有道德的約束力。

第三期： 以人際和諧為準則(interpersonal-concordance orientation)。助人或取悅他人便是美德。在此時期，個人喜歡附和固定的善行標準，開始注意行為的意願而非僅僅行為本身而已——善行要有善意。例如，青少年認為，老師下班後就應立即回家幫家務，這樣做才是個好丈夫。

第四期： 以權威與社會秩序的維持為準則(authority and social order maintaining orientation)。履行個人的義務，尊重權威，與維持社會秩序便是美德。對青少年而言，好司機開車不超速，如此做，不僅遵守交通規則，而且維護交通秩序。

3. 習俗後階段(Postconventional level)

——十六歲以上。道德價值來自普遍的原則與個人內在的良知。

第五期: 以社會的契約與法律為準則(social-contract legalistic orientation)。社會公認的行為標準受到個人的重視，個人的價值不是絕對的，而是相對的，因此達成契約或制定法律的程序異常重要。契約與法律應依群眾的需求，並依法定程序或民主方式制訂與修改。對青年人而言，遵守契約或履行諾言乃是執行他們所同意做的事。

第六期: 以普遍的倫理道德原則為準則(universal-ethical principle orientation)。正義是來自良知的廣泛道德原則，人類的相互尊重與信賴是正義的根源。正義是平等的、互惠的，是為了維護人類的尊嚴而存在的。對成人而言，世上的是非善惡全賴人類的良知作判斷。

三、柯爾柏道德發展論的評價

柯爾柏的道德發展論雖然經過無數的研究調查，其分階分期的主張仍然相當的固定。然而，他的研究及其論斷並不是完美無缺的：（甲）其研究對象偏重男性(Gilligan, 1983, 1986)；（乙）其研究對象主要來自中產階級(Kurtines & Grief, 1974)；（丙）其研究過分偏重理性與認知方面的道德觀，因而忽略道德的感性作用(Hoffman, 1984, 1987; Vitz, 1990)。此外，由他所搜集的資料來看，大多數人的道德觀念很少超越第四期。

第六節　社會與人格的發展

新生嬰兒在清醒時對母親的臉、聲音、體味顯得格外有趣與親近，也能模仿成人張口、吐舌、噘嘴，這些都是與他人親近的**依附行為**(attachment)。依附行為有利於嬰兒的生存需求，也是人類社會行為的初期模式。依附行為的對象並不局限於生母，父親或照顧者都有可能同時成為依附對象(Bornstein & Lamb, 1992; Howes & Hamilton, 1992)。嬰兒的依附行為不僅很早就呈現個別差異現象，而且依附行為影響日後社會行為的發展(Goldsmith & Harman, 1994)，因此我們先討論依附行為，然後介紹社會與人格發展的主要理論。

一、依附行為的發展

嬰兒於出生後便不斷地尋求能令他們舒適、熟悉、滿足需求的人，凡能穩定而持續地成全這些基本需求的人就是他們依附的對象。現在分別介紹影響依附行為的因素，不同的依附類型，與剝奪依附需求的後果。

1.影響依附行為的因素

胎兒在母體裡的時候是相當緊貼的、暖和的、規律的、與無慮飲食的。他們出生後，也有強烈的類似需求，也因此體觸、溫暖、熟悉、易感應成為影響依附行為的主要因素。

體觸(body contact)是指嬰兒與母親或看護者身體間的實際接觸。體觸給予嬰兒安全感，嬰兒在焦慮不安時立即會投入母親懷抱裡。**溫暖**(warmth)是給予嬰兒暖和的依偎環境。對嬰兒而言，餵母奶與瓶奶餵嬰方式的區別是，前者不僅給予嬰兒更多的體觸，也讓嬰兒能依偎在同體溫的母體懷抱裡。**熟悉**(familiarity)來自規律性的環境與照顧，也是嬰兒安全感的重要來源。如果母臉可能對初生嬰兒產生**印記現象**(imprinting)，則頻頻更換照顧者，可能引起嬰兒對陌生者的恐懼與不安。**易感應**(responsiveness)是指母親或看護者對嬰兒的不同需求(如飢餓、潮濕、不適、要求注意、求抱等)作迅速而適當的反應。

根據哈婁(Harlow, 1971)對猿猴的研究，嬰猴在沒有母猴的情況下，在不同裝置的人工母猴中，牠們選擇有毛氈包裹的，迴避只用鐵絲架成的，選擇溫暖的，迴避冷漠的。甚至於身在毛氈包裹的人工母猴上，卻伸過頭去喝鐵絲架母猴身上的瓶奶水。這個研究指明，影響嬰兒依附行為的因素並不是等值的。對嬰兒而言，在有所選擇時，接觸與溫暖似乎比飲食更為重要。

2.嬰兒的不同依附類型

即使有同樣的養護因素，但是各個嬰兒的天生性情互異，自然有不同的依附方式發生。**性情**(temperament)是個體典型的情緒反應敏度與強度。嬰兒與生俱來的性情可大別為三類：平易近人、小心漸進、情緒困難(Chess & Thomas, 1987)。平易近人者相當愉快、輕鬆、寢食定時、隨遇而安；小心漸進者動作緩慢，遇新人即退縮，但能漸漸適應新經驗；情緒困難者易激、煩躁、愛哭、寢食不定。這些不同性情與不同養護的

交互結果，產生不同的依附類型。

　　愛茵思沃斯(Ainsworth et al., 1978)將嬰兒放置在一個新的房間裡，母親與陌生婦人交替出現數次，以觀察嬰兒對她們的出現與離去時的反應。她發現嬰兒有兩種互異的依附類型：安全依附型與不安依附型。**安全依附型**(secure attachment)嬰兒以母親為安全「基地」，她在時，嬰兒往四處探索，但時常返回其身邊；見母親離開便顯得不快，見她返回則以愉悅的姿態相迎。**不安依附型**(insecure attachment)嬰兒有母親在身旁也不嘗試往外探索；見母親離開就顯得不快與焦慮，見她返回反而生氣，甚至非常難以安慰。這類嬰兒有時焦急，有時冷漠。

二、佛洛伊德的人格發展論

　　佛洛伊德(Freud, 1949)鑑於當時的傳統心理治療方法欠靈，乃專心研析精神病患的起因。　他使用**自由聯想**(free association)與**夢分析**(dream analysis)對精神病患者進行研究。結果發現，多數問題源自患者早期生活的衝突經驗，因而斷定人格發展在六歲以前已經底定。他的人格論有兩大特點：發現**潛意識**(unconsciousness)對行為的影響，重視**性衝動**(sexual impulses)對人格發展的作用。　他的人格發展理論被稱為**心理性慾發展論**(psychosexual theory of development)。

1.人格發展的分期

　　依佛洛伊德的看法，人格發展的歷程是個體以不同身體部位來滿足其「性」衝動的過程。人類滿足性衝動的部位依序為口腔、肛門、性器、生殖器。各時期中，若性衝動獲得適當的滿足，則發展出健全的人格；否則產生過與不及的固著現象(fixations)，乃有各種不合理的人格出現。

　　A.**口腔期**(oral stage)　自出生至一歲。　嬰兒滿足快樂的途徑是吸吮、舔、咬嚼、吞嚥等口腔活動。由於外界（指父母或育嬰者）不能時刻滿足嬰兒的需欲，嬰兒需要等候與挨餓，甚至得到不合胃口的食物等，衝突與挫折便在小小的生命中開始。

B.**肛門期(anal stage)** 一至三歲。幼童滿足快樂的途徑由口腔轉移至肛門。幼兒開始學習控制其肛門括約肌，因此父母開始訓練其大小便的習慣。由於父母規定他們定時擇處大小便，幼兒便不能以任意排解為樂，衝突與挫折也因此產生。

C.**性器期(phallic stage)** 三至六歲。兒童自約三歲起逐漸放棄肛門區，轉而由性器滿足快樂。兒童於進浴或入廁時發現，他們可以經由刺激或玩弄性器以滿足其性衝動。此時期中，男童有喜愛接近母親而排斥父親的**戀母情結(Oedipus complex)**；女孩有喜愛接近父親以取代母親的**戀父情結(Electra complex)**。子女深恐這兩個情結會引起父母的報復，迫使他們向同性父母**表同(identification)**，因而發展其**性別角色(sex role)**。

D.**潛伏期(latent stage)** 六至十一歲。兒童在先前口腔期、肛門期、性器期所經驗的不安、嫉妒、恐懼等全被壓抑到潛意識裡；他們對學校裡的物質與社會環境開始注意，並引起興趣。

E.**生殖器期(genital stage)** 十一歲以上。進入青春期的青少年，由於荷爾蒙的刺激與社會環境的影響，他們對年齡相若的異性男女感到興趣。男女間的幾句閒談，使他們感覺快慰。他們從愛自己轉變成愛他人，從利己以至於利人。

2.佛洛伊德人格發展理論的評價

佛洛伊德對發展心理學的最大貢獻有二：發現潛意識對行為的影響，重視人類因消除焦慮所採取的各種防衛行為。他認為兒童於六歲之前已經奠定其人格發展的基本形態，此一觀點的效度有待研究與驗證，但他的確喚醒人們對早期兒童養護與教育的重視。

三、艾律克森的人格發展論

艾律克森(Erikson, 1974, 1982)是佛洛伊德的支持者。他與佛洛伊德一樣，認為人類具有來自內在的需欲，但他更重視個體與社會環境的相互影響，他的學說乃被稱為**心理社會發展論(psychosocial theory of devel-**

opment)。

1.心理社會發展論的要點

根據艾律克森的觀察，一個正在生長中的人，有一種注意外界並且與外界交互作用的需求，人格便在這種交互作用中發展。健全人格對環境有純熟的統御，有完整的行為功能，對自我和世界有正確的認識與瞭解。然而，在人格發展歷程中，擺在個人面前的是一系列的「危機」有待解決。成功而合理地解決危機方能發展健全的人格；否則，不健全的人格便相對地產生。合理地解決一個危機，對次一危機的解決有積極的助長作用；相反地，不合理地解決一危機，對次一危機的解決有消極的阻滯作用。個人欲合理地解決危機，有賴社會環境的通力合作。

2.人格發展的分期

艾律克森不僅重視社會對個人人格發展的功能，而且認為人格發展應該是整個人生的歷程。他將人格發展劃分為八個階段，每一階段各有其有待解決的危機。

A.信賴對不信賴(trust vs. mistrust)　出生至一歲。新生嬰兒最迫切需求的是內在的確實感(inner certainty)。嬰兒必須確定父母或養育者在照顧他，在愛他。他們所面臨的危機抉擇是：（甲）如果父母給予嬰兒持續而穩定的哺育與關照，則嬰兒與父母間發生真摯的感情，嬰兒視世界為安全而且值得信賴的地方，因而發展其對他人信賴的人格；（乙）如果父母的照顧不周，環境多變，哺餵習慣無常，或待嬰態度惡劣等，使嬰兒無法滿足其內在的確實感，只有發展對他人不信賴的人格。

B.自動對羞恥與懷疑(autonomy vs. shame and doubt)　二至三歲。幼兒開始試探自己的能力。他們所面臨的危機抉擇是：（甲）如果父母允許並鼓勵幼兒依其自己的能力、速度與方法做他們能力所及的事，則他們從而體會自己的能力，養成自動自發的人格；（乙）如果父母過分溺愛與保護，或經常操之過急，事事替幼兒做主與代行，幼兒只有懷疑

自己是否有用，因而養成自覺羞慚的人格。

C.**主動對內疚**(initiative vs. guilt)　四至五歲。兒童開始發展其想像力，並對自由參與活動感到興趣。他們所面臨的危機抉擇是：（甲）如果父母或幼稚園老師對兒童所發的問題耐心地聽取與誠意地回答，並對他們的建議給予適當的鼓勵與妥善的處理，則兒童不僅欣賞採取主動的價值，而且發展其理解是非的良知良能；（乙）若父母或老師對兒童的問題感到厭煩或不屑一聽，或對兒童的建議加以禁抑或譏諷，兒童只有發展拘謹、壓抑、被動、內疚的人格。

D.**勤奮對自卑**(industry vs. inferiority)　六至十一歲。此時期兒童絕大多數是小學學童，他們所追求的是能力的充實與成就感。他們所面臨的危機抉擇是：（甲）如果兒童的學習成績與工作表現優異，其成果獲得認可、讚許、嘉獎，則學童以成就為懷，以成功為榮，因而培養樂觀進取與勤勉奮發的人格；（乙）如果學童的學習效果不佳或屢遭敗績，經常受到鄙視或譏笑，即使有些成就也受到冷漠的對待，則他們不可避免地自視不如他人，發展自卑的人格。

E.**統一對角色混淆**(identity vs. role confusion)　十二至十八歲。青少年期是尋求自我統一與廓清自我角色的時期。由於生理上的變化，在社會上與經濟上處於半獨立狀態，追求異性朋友時對自己作認真的評估，在此青黃不接的情況下，如何對「自己是什麼」下一個明確定義，保持自我的一致性，並不是一樁簡易的事。擺在眼前的危機抉擇是：（甲）如果家庭與學校所提供的工作與社交經驗，足以協助他們發展明確而一致的性角色、社會角色、職業角色，則統一的自我得以發展；（乙）如果家庭或學校給予的差事令他們覺得不當，或由於社交時招來譏諷，使他們無法找出一致的自我觀，乃發展出自我角色混淆的人格。

F.**親近對孤立**(intimacy vs. isolation)　青壯年期。人到青壯年期，開始與他人分享自我。他們所面臨的危機抉擇是：（甲）個人若能愛人，也能被愛，能與鄰居或工作同仁和睦相處，也喜歡以「我們」取代「我」，必能順利地分享自我而養成與人親近的人格；（乙）若個人既不能愛慕他

人，又無法令人喜歡，加上混淆不清的自我，則只好「孤芳自賞」，孑然一身。

G.**繁衍對停滯**(generativity vs. stagnation)　壯年期。成年人開始推展其興趣與關懷。他們所面臨的危機抉擇是：（甲）如果個人有成功的事業，有令人喜愛的子女，也有足夠的財力與精力照顧其後代並造福社群，則發展成樂於綿延後代與報效社稷的人格；（乙）如果個人內攝其興趣，無視其生命的延續，則興趣停滯於私自的日常生活裡，事事以利己與自娛為懷。

H.**完整對絕望**(integrity vs. despair)　老年期。他們所面臨的危機抉擇是：（甲）經驗信賴、自動、主動、勤奮、統一、親近、與繁衍等健全的人格行為者，一旦進入老年期，便成為一個統整的完人，處事泰然，與世無爭，對生不存奢望，對死不懷恐懼；（乙）經歷過不信賴、羞恥、內疚、自卑、角色混淆、孤獨、與停滯的絕望老人，既自悲又悔恨，生為一場惡夢，死為一條絕路。

3.艾律克森人格發展論的評價

艾律克森重視整個人生的心理社會發展歷程，是值得歡迎的。然而，至今沒有具體的研究資料可以支持或反駁八個時期的正確性。他詳述性質上完全不同的八個發展時期，但缺乏完整的基本理論依據；而且八個發展時期中的危機與抉擇，與其說是跨文化的，不如說是更切合西方文化的。令人擔憂的是，一個內疚的幼童，是否就一輩子內疚呢？如果一個人在一個危機中失落（例如角色混淆），他如何處理下一發展期的危機呢？

四、父母管教對子女發展的影響

個體自出生至青年期大多數在家庭中成長，接受父母的養育與管教。父母的養育與管教的品質，決定個體的遺傳與環境如何相互作用。因此，我們來看看父母如何管教子女，子女的依附行為，與自我觀如何受到家

庭環境的影響。

1. 管教方式

父母對子女的管教不是即興的或毫無原則的。如果仔細觀察，我們可以看到兩個重要的行為變項：父母對子女的控制，與父母對子女的需求與意願的反應。父母對子女控制的高低與父母對子女需求的接納與否，交織而成不同的管教方式。 根據鮑穆林(Baumrind, 1967, 1973, 1983, 1991)的看法，父母對子女的管教方式有三：專制型、寬容型、權威型。

A. **專制型父母**(authoritarian parents) 此類父母對子女有高度的要求，但對子女的需求與意願則保持冷漠或不予反應。因此他們為子女決定所有的行為規範，並要求子女絕對服從以達成其控制的目的。此類父母管教下的子女雖然還算負責與守法，但多不快樂、情緒欠穩定、易恐懼、退縮、不自然、易激動。

B. **寬容型父母**(permissive parents) 此類父母對子女殊少控制，卻完全順應子女的需求與意願。他們既然以子女的需求與意願為依歸，因此沒有控制行為的家規，也很少懲罰子女。可見，寬容型與專制型完全相反。此類父母管教下的子女缺乏自律、愛衝動、不負責、欠成熟、易攻擊。

C. **權威型父母**(authoritative parents) 此類父母對子女有高度的要求，也對子女的合理需求與意願有高度的尊重與反應。他們對子女設定清楚可行的行為標準與規則，也要求子女瞭解並尊重父母的期待與要求。規則的實施雖嚴明一致，但對無心的觸犯予以原諒；施懲時必令子女瞭解懲罰的原因。這類父母管教下的子女多能自我控制、與人合作、愉悅、友善、社交能力強、精力充沛。

2. 對子女依附行為的影響

前面已介紹過，嬰兒的依附行為有安全依附型與不安全依附型兩類。到底這兩類社會行為傾向與父母的管教方式有無關聯呢？根據觀察，安

全依附型嬰兒的父母多溫暖、重反應、講究滿足嬰兒的需求(Thompson, 1986)；反之，不安全依附型嬰兒的父母多冷漠、不一致，對嬰兒的情緒或行為反應遲鈍、無動於衷、或模稜兩可(Isabella et al., 1989)。不僅是家庭中的父母，甚至托兒所的看護人員，他們對嬰兒照顧的品質也影響依附行為的發展。

3.對子女自我觀的影響

對自己的能力、性向、興趣、態度等所作的自我描述，稱為**自我觀念**(self-concept)。自己對自我觀念的評價，稱為**自尊**(self-esteem)。個人對其所處環境的認識， 是基於特定的參照結構(frame of reference)而進行，以確定其意義與價值。自我觀念便是個人認知世界的參照結構。小茜認為自己美，不免愛說同學醜；小強自認智力過人，常嫌他人愚蠢不堪。不論個人對自己所抱持的評估是否客觀或正確，它為判斷的主體，認知的中心，因此影響個人的行為。

自我觀念的發展是自我與其環境交互影響的結果。自我觀的形成自家庭開始，因此學前兒童的自我觀最受父母及親人的影響。個人的生活體驗經常在考驗自我能力： 成功的累積常形成**積極的自我觀**(positive self-concept)；頻頻挫敗常形成**消極的自我觀**(negative self-concept)。古柏史密斯(Coopersmith, 1967)認為，溫暖、尊敬、期望為父母培養子女積極自我觀的主要條件。例如，小強在家被父母及哥姊等稱呼為「帥哥」，當然形成其「帥」的自我觀。

自我觀念在發展中有逐漸分化的傾向(Marsh, 1990)。在兒童時期，個人仍然保持**整體的自我觀**(global self-concept)；後來，自我觀念分化為**學業自我觀**(academic self-concept)與**非學業自我觀**(non-academic self-concept)。學業自我觀又可分為各學科自我觀，如數學自我觀、語文自我觀等；非學業自我觀則可再細分為體能、儀表、同儕關係、親子關係等自我觀。可見，個人的自我觀念經過分化後，它對行為的影響常視情境的需求與行為的動機而定。例如，一個有高度語文自我觀的大學生，可能

欣然接受即席作一篇短詩的挑戰；又自覺擁有悅人的儀表，他信心十足
地表示願意當眾朗誦其作品；但由於他有恐懼數學的數學自我觀，即使
是指導小弟的簡易代數也望而卻步。

第七節　青春、成年、老年期發展的重要課題

前面幾節介紹個體早期發展的一些重要屬性，以及貫穿不同年齡的
認知、語言、道德、社會與人格發展的主要歷程、特徵、理論。現在我
們來探討在青春期、成年期、老年期中所面臨的一些重要發展課題：如
青春期的身心適應問題，成年期的情感、婚姻、家庭、事業的挑戰，與
老年期所面臨的健康、退休、死亡問題。

一、青春期的身心適應問題

雖然青春期是整個人生發展中必經的階段，但是由於個體性賀爾蒙
的陡增，身高體重的快速增長，性能力與第二性特徵的成熟，與伴隨的
心理上的變化，使得此時期成為兒童變為成人的「轉換期」。並不是每個
青少年都能在這急劇的變換中找到自我：「到底我是什麼?」此時期的青
少年：若說是「大人」，卻仍多的是「小孩子氣」；若認為可以獨立自主，
卻仍需要依賴父母的支持；若視為能負責的成人，卻仍錯誤頻生，必須
從旁指引與協助；雙親的影響力日漸式微，同儕的影響力卻不斷高升；
青少年的理想與父母的現實觀點格格不入，一家人已沒有往日的平和互
敬，親子間的衝突也日增。一個正在快速變換的個人，在這些兩極之間
尋找自我，並不是一件易事；緊張、焦慮不安、敏感、衝動、易怒等情
緒反應在所難免，但它們非過去學者所形容的「風暴與壓力」。

幸而，多數人在青春期的奮鬥中決定人生的目標，評判社會價值，

進行自我評量，因而逐步看清自己、認同自己。有些人乾脆取消自我定位的權利，讓父母決定自己的角色；也有一些人暫時不做痛苦的抉擇，將自己的定位予以「緩議」；更有一些人不幸在諸多選擇中迷失。

　　男女性的早熟或晚熟所引起的社會經驗是另一個重要的身心適應問題。早熟女子與晚熟男子面臨較大的困難。與同年齡青少年相比，早熟女子長得高，發育的乳房與臀部引人注意；她們對早熟而引起的身高、體重、體型並不滿意；父母對她們是否交友也有戒心；為交異性朋友，只好尋找年紀較長者；性關係較早，犯過也較多。晚熟男子則相反，他們比同年齡男子矮小，甚至不如同年齡的女子，常成為被譏諷或忽略的對象，其自信心也較差。

　　海威赫斯特(Havighurst, 1980)列舉這一時期的青年應該完成的任務。如果下列任務都能圓滿達成，便有利於青少年進入成年期的發展。

(1)學會與同齡青少年有更成熟的新關係。

(2)學會男女的社會角色。

(3)接受並充分運用自己的身體。

(4)學會在情緒上獨立自主，不再依賴別人。

(5)學會在經濟上獨立。

(6)選擇並準備就業。

(7)準備成家立業。

(8)發展良好公民應具的智慧與概念。

(9)學會對社會負責的行為。

(10)獲得指導行為的價值與道德系統。

二、成年期的主要挑戰

　　成年期是20歲至65歲的相當漫長的發展階段，也是人類在感情、家庭、事業、經濟、社會等各方面發展與成就的重要時期。此時，若個人有了旺盛的體力、充分的智慧、專精的專業知能、良好的人際關係，則不僅可以成家立業、養育子女、造福社會，而且能夠從自我實踐中創造

合乎自己所期望的人生。我們不妨談談此時期的婚姻、事業、與終老等重要課題。

1. 婚　姻

男女彼此相親相愛、情投意合、互許終身，婚姻是一個重要的結局，從為自己而生活轉換到為家庭而生活。從單身至成偶，不止是為了彼此互愛、滿足性生活、或生兒育女，而且必須共同處理家庭經濟、教養子女、分擔家務、對待親友、解決意外等，因此是一個重要的人際關係考驗期。

婚禮時，新郎與新娘的許願，主婚人的祝福，加上親友們的慶賀，都指望一對新人「永結同心」。然而在美國，雖然有九成以上的成年男女已經成婚，但是半數以上的夫婦是曾經離過婚的。既然男女雙方都山盟海誓，願意永浴愛河，為何又反目成仇、彼此仳離呢？心理學家對此提供了一些解釋。

首先，**愛情**(passion)有別於**誼情**(companionship)。男女在結婚前後的感情是熱呼呼的愛情，但維繫婚姻所需的感情是穩定而深入的誼情(Hatfield, 1988)，只有愛情而缺乏誼情，婚姻難以持久。其次，夫妻關係應該平等，夫妻彼此平等，才能互惠、互尊、互愛，重要決定也經由共同協商來取決，有成就則共勉與共享，遇失敗則共同擔負責任，不致推諉互責，真正做到「相敬如賓」的地步。再者，夫婦必須親密。**親密**(intimacy)是彼此沒有隔閡，沒有隱藏，勇於傾吐心聲，敢於揭開自我的秘密。夫妻相互親密，才能互愛，感情才能持久(Collins & Miller, 1994)。最後，持久的婚姻來自彼此積極的互動，避免消極的對待。積極的互動常表現在經常的微笑、相互觸摸、彼此讚美；消極的對待則使用譏諷、批評、甚至中傷。從心理學觀點看，我們希望人人都有美滿的婚姻，若是不幸的結合與家庭暴力的痛苦，則離婚比勉強維持婚姻更為可取。

由於婚前同居作為試婚的人愈來愈多，不少人以為婚前先行同居有益於結婚的持久性。你同意嗎？根據對一萬三千名美國成人的研究，婚

前同居者在婚後十年內分居或離婚的比率，比婚前未同居者高出三分之一(Bumpass & Sweet, 1989)。至於已婚的成人中，有離婚的意願者，婚前同居者是婚前未同居者的一倍(Greeley, 1991)。這種現象在加拿大與瑞典也非常類似。為什麼呢？根據分析(Axinn & Thornton, 1992)：婚前同居者對離婚本來就持較開放的態度，也喜歡「來去自如」的同居方式；婚前的同居經驗增長個人對離婚的接納性，認為不滿意的婚姻就該拆離。可惜，「試婚」的美意被結婚者的放任態度所傷害。

至於婚姻的滿意度是如何走向的呢？一般而言，結婚後的早期是最滿意的；中期由於忙著養育子女，婚姻的滿足感開始有調整性的減退；到了後期，子女長成而離去，婚姻的滿足感又開始回升(Spanier et al., 1975)。事實上，**空巢**(empty nest)對多數身為父母者而言是愉快的(Adelmann et al., 1989)，那些與子女仍然維繫密切關係者，尤其對其婚姻感到滿意。

2.工　作

除了成家之外，立業是另一件成人的大事。就理想而言，工作是為了自我潛能的實現；由於境遇，許多人只好在不同的職業中選擇或轉業；達三分之一的早期成人甚至完全改行(Phillips & Blustein, 1994)。一般而言，人們對自己的工作感到稱職與滿意，因此成人對生活總體一直保持相當高的滿意度(Inglehart, 1990)。由於工作對個人的自尊、自信異常重要，許多婦女也在養護子女的同時加入工作行列。快樂、進取、成功、滿足的工作者都重視工作的品質，工作同仁間的關係，與工作對自我挑戰的機會。當然，若工作不能令人滿意，收入難以支撐日常開支，日夜陷於壓力與焦急之中，對自我的打擊與傷害很大。只要注意那些頓時失業者的痛苦感受，不難體會「工作神聖」的意義。

自從雷文森(Levinson, 1986)在其成年發展論中提出「中年危機」一說之後，許多人爭相將它引用於自己、親友、或同事身上。所謂**中年危機**(midlife crisis)是指45歲左右的中年人，在自我評估其婚姻、家庭、事

業、成就、道德、人生價值後，對其未來有可能採取進一步調適的壓力。根據調查(Hunter & Sundel, 1989; McCrae & Costa, 1990)，這一階段的成年人大多數並沒有嚴重的中年危機適應問題。這一段年齡的人，子女多已相繼長大，事業也有相當的成就，對往日相當滿意。但是，有些人深感奮鬥了半輩子，已經證明自我的能力與成就，乃有嘗試新的生活方式，也有賦予新生命意義的想法與做法；也有一些人，覺得庸碌半生，事事不如己意，覺得鬱鬱寡歡，乃沈湎於不良嗜好，以解除沈悶的痛苦。

三、老人的適應問題

由於注意保健與醫療，人們的平均壽命愈來愈長，老年人在人口中的比例愈來愈高。換言之，我們到處可以看到老年人在打牌、散步、工作、旅遊。許多老年人選擇早日退休，以便享受遊山玩水之樂，探望遠方的子孫，或趁機做些自己愛做但以前未能做的事。成功的退休生活來自：事先有良好的計劃與準備，對自己的成就感到滿足，健康良好，與無經濟顧慮(Davis & Palladino, 1997)。同時，那些經常運動、閱讀、運用思考的老人，其心智能力的衰退也比較緩慢(Schaie, 1994)。不幸，並非每個老年人都能如此，不少老人一旦退休，迅即一蹶不振。

死亡是老年人無法迴避的問題。事實上，從懂事到終老，人們時常對其死亡表示不同的關切與焦慮，尤其以青春期與早期成年期為最(Kastenbaum, 1992)。姬卜洛─羅斯(Kubler-Ross, 1969, 1975)發現，面臨死亡者經歷「否認」、「憤怒」、「討價還價」、「抑鬱」、「接受」等五個反應階段。**否認**(denial)指不認為自己會死亡，乃要求醫師重診其病情或傷勢，或傾力求治；**憤怒**(anger)指對死亡竟將降臨其身上而憎恨；**討價還價**(bargaining)指試圖以善行作「交易」，請求醫師、親人、或神靈等給予延長生命；**抑鬱**(depression)指討價無望後，開始沮喪、難過；**接受**(acceptance)指接納命運的安排，表情異常平靜，等待死亡的來臨。然而，根據後來的研究(Corr, 1993; Kastenbaum, 1986)，個人對死亡的反應常因人而異，也視死因與死亡情境而不同。

本章內容摘要

1. 發展心理學是一門研究個體的生理、心理、社會發展的歷程及其影響因素的科學。卵子受精後，23對染色體裡的基因決定了個體生長與發展的遺傳基礎。十萬對基因中，有的是一對基因決定一個屬性，有的是幾對基因決定一個屬性。基因有顯性與隱性之別。第23對染色體男女有別，男人的一對是YX，女人的一對是XX。

2. 孕婦的身心健康情形、營養平衡狀態、疾病病毒、藥物的吸食、物理或化學物質的滲透等，都可能對胎兒有深遠的影響。嬰兒出生後，環境對其生長與發展的影響更為直接。

3. 生物生態模式是表達遺傳與環境的互動關係，認為發展是在環境影響下遺傳基因實現的歷程。

4. 發展心理學所採用的研究法中：縱貫法對個人或一個團體的心理或行為作長期性的定期觀察；橫斷法同時比較不同年齡的各組研究對象在變項上的差異。

5. 個體在母體內：胚芽期自卵子受精至2週，細胞快速分裂，但只有約四分之一的受精卵成功地誕生；胚胎期自3至8週，逐漸發展出身體的主要肢體與器官；胎兒期自9週至出生，個體的肢體與器官在胎兒期作更精密的發展，已擁有超過千億的神經元，體重也快速增加。

6. 新生兒具備生存所需的反射行為：嬰兒轉向受指觸面頰並張開嘴巴的覓食反射；嘴唇被輕觸而作吸吮的吸吮反射；緊控他人的手指不放的掌握反射；腳趾因輕觸而向外伸展的巴賓斯基反射；在水內俯身踢水划游的游泳反射；面對巨響與空中失落時手臂外張並呈驚訝狀的摩洛（驚訝）反射；像步行般地踩踏平面的踩步反射。

7. 新生嬰兒的眼球、視神經、大腦視葉尚未完全發展成熟，其眼球協作、

視覺敏銳度都不佳，也相當近視；其聽覺系統也未完全成熟，聽覺能力相當有限；其味覺與嗅覺能力則有相當良好的表現。

8. 皮亞傑認為，人類與生俱來組織與適應兩種基本傾向。認知的發展須經歷四個本質不同的階段：感官動作期（從出生至二歲），認知活動建立在感官的即刻經驗上；準備運思期（二至七歲），兒童開始以語言或符號代表他們經驗過的事物；具體運思期（七至十一歲），兒童已能以具體的經驗或從具體事物所獲得的心像作合乎邏輯的思考；形式運思期（十一至十五歲），青少年於認知上開始進入成人的抽象運思。

9. 維克次基強調社會文化對認知發展的功能，認為兒童的認知是對社會文化及其歷史發展的認知與瞭解，兒童的認知發展存在著一種臨近發展區，它是兒童「自我發展」與經由「文化教導」之間的差距。

10. 嬰兒二個月大時開始發出類似注音符號裡的ㄨ與ㄚ音；3個月，隨機出聲，發鴣鴣之音；6個月，開始牙牙學語；12個月，重覆同樣的聲音；24個月，字彙在50個以上；36個月，能使用的字達一千以上；48個月，字彙達1600個，對語法與語意的瞭解接近成人。

11. 皮亞傑認為個體的語言發展受其認知發展的影響，他將語言發展分為自我中心語言與社會化語言兩階段。詹士基持語言能力與生俱來的看法，兒童不斷地「發展」語言，而非「學習」語言；語言發展由直覺文法進展到轉換文法；語言產生的順序是規則在先，文句在後；語言可區分為語言才能（普遍的）與語言表現（學習與記憶的）。

12. 史金納認為，人類沒有不學而能的行為，人類沒有天賦的語言，從極簡單至複雜的語言行為都是經由學習而獲得。

13. 明辨是非、行善避惡、知理達義是道德發展的結果。柯爾柏將道德發展分為：習俗前階段、習俗階段、習俗後階段等三階段；以懲罰與服從為準則、以功用與相對為準則、以人際和諧為準則、以權威與社會秩序的維持為準則、以社會的契約與法律為準則、以普遍的倫理道德原則為準則等六時期。

14. 依附行為是人類社會行為的初期模式，其對象不局限於生母，父親或

照顧者都有可能成為依附對象；體觸、溫暖、熟悉、易感應為影響依附行為的主要因素。嬰兒與生俱來的性情可大別為三類：平易近人、小心漸進、情緒困難。依附行為又可分為安全依附型與不安依附型。

15.佛洛伊德使用自由聯想與夢分析發現多數個人的心理問題源自早期生活的衝突經驗，乃認為人格發展在六歲以前已經底定。他的人格論有兩大特點：發現潛意識對行為的影響，重視性衝動對人格發展的作用。佛洛伊德的心理性慾發展論，將人格發展分為五期：口腔期（自出生至一歲），嬰兒以吸吮、舔、咬嚼、吞嚥等滿足快樂；肛門期（一至三歲）幼童由肛門滿足快樂；性器期（三至六歲），兒童由刺激性器滿足快樂；潛伏期（六至十一歲），兒童對學校裡的物質與社會環境開始注意；生殖器期（十一歲以上）青少年對年齡相若的異性男女感到興趣。

16.艾律克森的心理社會發展論重視個體與社會環境的相互影響。人格發展劃分為八個階段，每一階段各有其有待解決的危機：信賴對不信賴（出生至一歲）；自動對羞恥與懷疑（二至三歲）；主動對內疚（四至五歲）；勤奮對自卑（六至十一歲）；統一對角色混淆（十二至十八歲）；親近對孤立（青壯年期）；繁衍對停滯（壯年期）；完整對絕望（老年期）。

17.父母的養育與管教的品質，決定個體的遺傳與環境如何相互作用。父母對子女的管教方式有：專制型父母──父母對子女有高度的要求，但對子女的需求與意願則保持冷漠或不予反應；寬容型父母──父母對子女殊少控制，卻完全順應子女的需求與意願；權威型父母──父母對子女有高度的要求，也對子女的合理需求與意願有高度的尊重與反應。父母對子女的管教既影響子女的依附行為，也影響其自我觀。

18.青春期的主要適應工作是如何找到自我，獲得良好的社交經驗；成年期所面對的挑戰是如何促進婚姻的美滿，如何自工作中實現自我、滿足自己；老年人所面臨的是健康、退休、休閒、死亡等問題。

第十一章
行為的動機

　　打開報紙的社會版，可以看到一些感人的事蹟，但它也充斥欺詐、偷盜、搶劫、謀殺的報導。到底那些善行或惡行是為了什麼？這就是我們有興趣探索的「動機」問題。萬事皆有因，行為亦然。飲食與性行為是人類的生理行為，各有其動因，你能一一列舉它們嗎？有些人在學業或事業上力爭上游；有些人喜歡成群結社，唯恐被人忽視或冷落；更有些人希望有個一官半職或為民喉舌。你也能為這些行舉找出一些動因嗎？事實上，行為容易察看與記錄，動機就比較難以研判，因為多數動機是內在的，只有當事人知道得比較多（當然，有時當事人也搞不清）。本章的敘述與討論，希望對下列有關動機的問題提供正確的解答：

· 什麼是動機？有何不同的動機理論？

· 饑餓的生理因素是什麼？何種心理因素影響進食？肥胖的原因
　何在？如何減肥？

· 性行為的生理與心理動機在哪裡？男女的性行為有什麼不同？
　什麼是性取向？何種因素影響性取向？

· 什麼是成就動機？影響成就動機的家庭與社會因素是什麼？

· 什麼是歸屬動機？

· 什麼是社會讚許動機？

· 為什麼人們追求權力？高權力動機有何陷阱？

· 何種領導風格可以激勵員工？

第一節　動機的基本概念

一、動機的意義

動機(motivation)是一種驅動力，它引起並維持活動直到該活動達成目標為止。可見動機包括驅力、活動、目標三部分。這個定義有以下幾個特徵：（甲）不論動機是來自體內（如饑餓、好奇、求勝）或體外（如金錢、情景、危險），它是一種引發與驅策行為的動力；（乙）動機不是盲目的或隨機的，是有目標的（如深夜還苦讀，是為明天的月考作準備）；與（丙）在目標未達成之前，行動是不斷維持的（如還沒念完應考的章節，仍然耐心念下去）。

如果動機是來自個體內部的需求或刺激，它被稱為**內在動機**(intrinsic motivation)；反之，若動機是來自個體外面的刺激或誘因，則被稱為**外在動機**(extrinsic motivation)。為購買襯衫而進商場是內在動機使然；進了商場，卻瞥見美麗大方又大減價的領帶，不買可惜，這是外在動機的結果。同一活動，有時由內在動機開始，有時由外在動機啟動，有時兩者兼具。有些活動的動機先是外在的，歷經時日與經驗的累積，內在動機起而代之。例如，剛開始是為豐富的收入而工作，後來愛上工作的挑戰，轉而為工作的興趣而工作。反之，有些活動發自內在的動機，後來外在的誘因反客為主，成為工作的主要動機。例如，開始當律師是為伸張正義，後來受不了收入的誘惑，錢少的案子乾脆不辦了。心理學家常擔憂的是，個人的內在動機因外在誘因的呈現而逐漸腐蝕，因為這種情形在工商界非常顯著。例如，許多工人年年為更高的收入而罷工，早已忘了當年的工作熱誠。

二、動機的不同觀點

　　動機既然是活動的驅動力，對於引起活動的驅動力是如何來的，心理學家觀點不一，不過主要的有五：本能論、驅力論、刺激論、誘因論、需求階梯論。

1. 本能論

　　本能論(instinct theory)認為，所有行為是基因程式的具體表現，是先天的，不學而能的，也是固定不變的，普世共有的。本能論多用以解釋動物的重覆出現的共同行為，動物的交配、育嬰、冬眠、攻擊、移棲(migration)等便是典型的本能行為。若以基因程式解釋動物的一些基本行為模式，並沒有什麼爭議。若列舉本能行為，將行為的由來「推給」基因，卻不能予以適當的解釋，這是本能論的弱點。它在達爾文時代雖盛極一時，現今已因缺乏解釋能力而被逐漸冷落。

2. 驅力論

　　自1940年代起，本能論開始沒落，繼之而起的是驅力論。**驅力論**(drive theory)認為，個體必須時刻維持生理（如體溫與體內水分）的平衡狀態(homeostasis)，如果它們一旦失衡（如冷、渴），個體立即感到緊張(tension)，乃自動產生驅力、策動行為，以求平衡的恢復。例如，食物的剝奪產生饑餓(Hull, 1943)，饑餓引起對食物的需求，同時產生尋求食物以滿足需求的驅力；一旦獲得食物，需求已被滿足，則驅力立即減除，身體恢復平衡。根據這樣的推論，它又稱為**驅力減除論**(drive-reduction theory)。我們餓則食、渴則飲，正合乎驅力論的觀點。然而人類的行為，豈止於維持平衡狀態呢？我們不是經常在尋求刺激、改變現狀嗎？此外，需求的滿足並不是絕對的、刻板的，它也受情境因素的影響。例如，人們饑餓時，並非填飽肚子就算；有性慾需求時，也不致於「饑不擇食」。需求的滿足也受到需求的對象與情境因素的影響。

3.刺激論

刺激論(arousal theory)認為，人類有尋求與維持適量刺激的動機(Csikszentmihalyi, 1996; Fiske & Maddi, 1961)。適量刺激(optimal level of arousal)是指刺激力度的高低適合個體的滿足需求。刺激力度是否適量，是有個別差異的：有人經常尋找相當高度的刺激，如爬高山峻嶺、賽車、跳傘；有人喜歡適中的刺激，如跳舞、旅遊、園藝等。刺激論解釋了人類的好奇、探索、追求挑戰與快樂等活動。可不是嗎？人們常對尋常、平淡、乏味、不變的身心狀態或所處環境，只有感到無聊或厭煩。誰說「無事一身輕」？人們總是「閒得無聊，沒事找事做」啊！

4.誘因論

個體與環境是互動的：個體影響環境，環境影響個體。誘因論(incentive theory)認為，環境中對個人引起正面或負面後果的刺激便是動機的來源。例如，我們學會了金錢、名位、權勢、目標的價值，因此我們被它們「誘引」而有所作為（如工作以獲得薪俸，社交以接近權勢）；我們也認知貧困或輕視使我們痛苦或不快，乃以行動（以勤儉來致富，藉成就贏取尊敬）來迴避它們。當警務單位難以偵破重大案件時，常有「重金懸賞」的措施，以「誘引」知情者「密報」或能幹者「多勞」，希望「重賞之下必有勇夫」，期收案情突破的效能。

5.需求階梯論

為適當地解釋「人類行為」的動機，馬斯洛(Maslow, 1970)提出需求階梯論。需求階梯論(hierarchy of needs)認為，人類有生理、安全、歸屬、尊重、自我實現等依優先順序排列的五種需求（見圖11-1）。換言之，生理的需求必須滿足後才有安全的需求；安全的需求獲得滿足後才有尋求歸屬的需求；有了適當的歸屬，人類才會重視被人尊重的需求；上述需求都被滿足時，人類便有自我實現的最高需求。我們常引申的「衣食足

而知榮辱」，代表需求階梯論的基本精神。需求階梯論被廣泛地應用於教育、諮商、商業界，旨在提醒人們，在要求他人有更令人滿意的行為時，注意其先前的需求是否已被滿足。他們認為，不要期望早晚憂慮溫飽的人，能專心致力於工作的成就以獲取尊敬。雖然這個理論的確有其應有的正面價值，也道出人本心理學的積極人文取向，但是有人懷疑五個需求的層次，是否一如馬斯洛所倡議的刻板地排列。

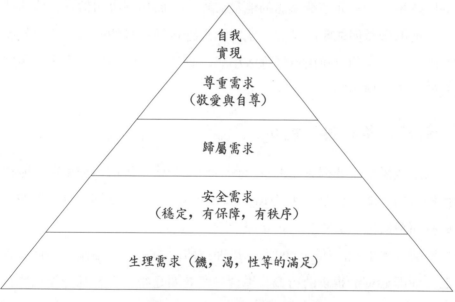

圖11-1　馬斯洛的需求階梯論

第二節　饑　餓

「民以食為天」道出人類飲食的重要性。我們進食通常是因為饑餓，饑餓使我們感到胃部不適、身體乏力、精神無法集中、食物佔據了思考。到底為什麼會餓呢？我想你會迅速地給我一個相當普遍的答案：胃部空了。但是，從來不吃早餐的人，經過整個夜晚，胃部必定是空的，為什麼他們不像我們打早就叫餓呢？為什麼我們已經進食，又遇到盛宴，卻

還有蠻大的食慾，再嗑下不少食物呢？以下我們來探討饑餓的生理因素、影響進食的心理因素、肥胖與體重控制等重要課題。

一、饑餓的生理因素

　　個體有維持其身體能量在平衡狀態的需求：若營養不足或能量不繼，個體為了生存，必須補充其所缺乏的營養與能量。為此，個體有一套天然的監控系統，一面偵測個體的能量需求，一面控制專司飲食機構的活動，以獲取營養與能量的補充。空胃的不適是被監控的訊息之一，若將胃切除，並使食物直接由食道進入小腸，雖無空胃的不適，患者仍會感到饑餓。為什麼呢？

1.饑餓、飽和與下視丘

　　決定饑餓的主要因素是血糖(glucose)的高低。 調節血液中與細胞裡的血糖量的大腦結構是下視丘(hypothalamus)。它控制胰臟，以分泌胰島素與糖原分解因。**胰島素**(insulin)將血糖與養分由血液送到細胞裡，或儲存在肝臟或脂肪細胞(fat cells)裡，以保持能源的充實，個體也因而感覺饑餓，並開始促動進食的行為。進食一段時間之後，下視丘分泌**糖原分解因**(glucagon)，將儲存在肝臟或脂肪細胞裡的糖原轉化成血糖。可見，胰島素與糖原分解因是身體能源「儲」與「放」的主要賀爾蒙，使饑餓與飽和得以平衡。研究顯示：下視丘的**側下視丘**（lateral hypothalamus，簡稱LH）充當**進食中心**(eating center)，負責饑餓的感應與進食的促動；並由**中底下視丘**（ventromedial hypothalamus，簡稱VH）充任**飽和中心**(satiation center)以感知飽食並節制進食(Hernandez et al., 1992; Miller, 1995)。然而，影響饑餓與飽和的因素非常複雜，兩個中心的相互節制，已無法完全滿意地解釋人類的許多進食行為。

2.長期的進食規律與體重的定點

　　前面所提的饑餓與飽和的監控，只解釋日常的進食行為；人類的長

期進食行為，還有更高一層的基因或早期飲食習慣作規律性的操控(Gar-
ner & Wooley, 1991; Keesey, 1995)。我們知道，人們的胖瘦少有大變動的：
胖的一直是胖的，瘦的也一直保持瘦樣子，可以說相當穩定。問題是：
個體以何種方式規律進食與維持體重呢？目前已知有兩種規範方式：體
重的定點與基本代謝率。

　　雖然個人的體重在一個固定點上作微量的波動，但很少偏離該點，
因此被稱為定點(set point)。支持定點論者認為，定點一旦確定，它便操
控著個人的長期進食行為。個人若一連幾天少吃而導致體重減輕許多，
則食慾將會大增，以逐漸恢復到定點體重；反之，若一連幾天多吃以致
體重大增，則食慾將會大減，以逐漸恢復到定點體重。若定點果真一成
不變，你固然會為理想的體重定點者慶幸，你也許會為體重定點過高（過
胖）或過低（過瘦）的人叫屈。當然，這個現象適用於健康的常人，若
體重因疾病或內分泌異常而反常地增減，這就不能靠定點來規範。

　　除非進行劇烈的活動，個體平時消耗約三分之二的能量於維持生命
活動的呼吸、心跳、體溫、大腦活動等。維持生命活動的「能量使用率」，
稱為基本代謝率（basal metabolic rate，簡稱BMR）。它因人而異：基本代
謝率高的人，消耗能量大，食量也大；基本代謝率低的人，消耗能量少，
食量也小。雖然個人的基本代謝率相當固定，若一連幾天大吃盛餐，則
基本代謝率會提高，以消耗多餘的熱能；反之，若一連幾天比平時少吃，
則基本代謝率會下降，以節省熱能的支出。這種基本代謝率的適應性升
降，旨在維持個人的定點體重(Keesey & Powley, 1986)。事實上，定點與
基本代謝率並不完全規律個人的進食行為，畢竟心理因素也是一個重要
決定者。

二、影響進食的心理因素

　　儘管從生理的觀點看，進食是為了營養的攝取與熱能的供應，人們
的進食也受到食物的味道、文化經驗、學習、社會情境，與個人對自己
體重的曲解等因素的影響。

1. 食物的味道

除了甜與鹹兩種人類共賞的味道外，個人所進食的食物與其所喜愛的調味有關。有人愛吃辣味，有人愛吃酸味，有人喜歡苦澀的食物，有人喜歡酥香的食物；有人吃得很淡，有人吃得很鹹。因此，合乎「胃口」的食物不妨多吃，不合「胃口」的食物則盡量少吃，甚至寧願不吃。

2. 文化的影響

個人對食物的喜好或排斥也深受文化的影響。世界各國或各地區各有其深遠的食物文化背景。由於同一文化裡的人已習慣於同一類的食物，對於新的、外來的不熟悉食物都相當戒慎，甚至於排斥。幸好「熟悉生感情」，許多人對外來的新食物，從初嚐至逐漸熟悉，也由排拒變成喜愛。多少住在美國的華人，剛開始吃不慣沙拉、漢堡、或披薩，日子一久，幾乎不再排斥它們了。同理，愈來愈多的「老外」也喜歡上中餐館。

3. 學習的功能

文化的影響顯示學習的功能。個人對某些食物的嗜好，頗受學習的影響。一些食物與美味的配對，與營養的聯結，與健補的關聯，與節氣的配合，成為許多人取食的對象。相反地，普通食物若與令人不快的對象相聯結（如油炸過的蟑螂或蟋蟀），使人見而畏懼，拒絕進食(Rozin et al., 1986)。

4. 社會情境

一般而言，與親友共膳比單獨用膳食量較大；但青少年女子若與男友共餐，反有少吃以突顯其女子氣質的現象(Pliner & Chaiken, 1990)。與眾人一起用餐，愈在餐桌上久待，吃得愈多(de Castro & Brewer, 1992)；與親朋好友用餐，也會吃得更多(de Castro, 1994)。

5.異常進食行為的心理背景

　　青春期的女子本來對自己的身裁非常敏感，總希望有個「模特兒」的身段，以便在群芳中爭艷(Ruderman & Besbeas, 1992)；一旦自覺過於肥胖，便只有減食與減肥。有些中上家庭出身的女子對自己的體重有嚴重的曲解，總認為自己過度肥胖(Thompson, 1996)，這種現象在富裕與崇尚苗條身裁的社會裡，尤其顯著。若一個人的體重已經低於應有體重15%以上，但仍自覺肥胖，並有強迫性的減肥行為，稱為**厭食症**(anorexia nervosa)。嚴重的患者因極度消瘦虛弱有致死的危險。

　　有些青春期的女子不能阻止其「暴食」的衝動，但又深恐因而肥胖，乃於食後立即促使上吐（如以手指刺激喉嚨）或下瀉（如服用瀉藥），稱為**暴食—吐瀉症**(bulimia nervosa)。此症患者可以一次吃下一個披薩或半加侖的冰淇淋，然後完全吐光。雖無生命的危險，若經常如此，可能導致身體失水過多、小腸受害、營養失衡、或其他疾病。

　　上述兩種飲食失常的症候，大多數屬於女性，也是中產階級女子崇尚苗條身裁的社會產物，因此它與社會環境密切相關。但是，飲食失常發生在同卵雙生兒身上的比率高達50%以上，非同卵雙生兒只有5%(Holland et al., 1988)，可見它與遺傳因素也有重大關聯。在這兩大因素的交互影響之下，不少青春少女對自己的身裁產生認知上的扭曲，加上個人完美主義的心理壓力，飲食失常症也就難以避免。幸好，在大量的關愛與支持下，並得到適當的心理治療與調整飲食，這兩種症候都有治癒的可能。

三、肥胖與體重控制

　　隨著經濟條件的改善與體能活動的相對減少，肥胖的人數愈來愈多。**肥胖**(obesity)是指個人的體重超出其應有的理想體重20%者。過度肥胖的人有不少負面的後果，患糖尿病、高血壓、心臟病、膽結石、癌症、風濕及其他疾病的機會大(Bray, 1986)；常被刻板地譏諷為慢、懶、差勁、

意志薄弱(Ryckman et al., 1989)；工作機會、收入、找婚姻對象等都比一般體重者為差(Gortmaker et al., 1993; Pingitore et al., 1994)。胖者真是難為，但為什麼偏偏有人變胖呢？如何成功地減胖呢？

1.肥胖的生理因素

肥胖來自脂肪。脂肪是身體熱能（卡洛里）的主要來源。個人若進食比代謝需求多出的食物，便被轉換成脂肪，並儲存在脂肪細胞(fat cells)裡。決定胖瘦的是脂肪細胞的「數目」與「大小」。雖然一般人約有300億脂肪細胞，胖者比瘦者多出許多的脂肪細胞；胖者的脂肪細胞是飽滿的，瘦者的脂肪細胞是空扁的。胖者若節食，其脂肪細胞會縮小，但其數目不因而減少；胖者若大吃大喝，其脂肪細胞會撐大，甚至因此分裂而增加其數目。請記住：脂肪細胞的數目只增不減。

個體的體重到兩歲時便有一個定點。與平均體重相比，胖者有高的定點，瘦者有低的定點。此時個體的新陳代謝率也已經決定。當體重增加時，新陳代謝率也跟著上升，以減緩體重的增幅；當體重減輕時新陳代謝率也跟著下降，以減緩體重的減幅。如此，新陳代謝率的調整是在維護體重的定點，也因此胖者一直維持在高的體重定點上。

基因的決定也是肥胖的主因之一：胖的同卵雙生兒，不論是住在一起或分開居住，仍然是胖的一對(Plomin et al., 1997; Stunkard et al., 1990)；子女的體重與親生父母的體重接近，與領養父母的體重無關(Grilo & Pogue-Geile, 1991)。

2.肥胖的心理因素

雖然肥胖有其遺傳基礎，但是遺傳並不能完全解釋肥胖的現象，飲食的控制與運動的成效也是影響肥胖的重要因素。在美國，肥胖人數在低層階級中的比例是高層階級的六倍；肥胖人數在美國社會高於歐洲社會；肥胖人數在現今的美國社會高於1900年代的美國社會。由於電視的普遍，汽車的替代步行，甜食的泛濫，因此美國人吃得多、動得少，每

三個人中有一個是肥胖者。可見，不能有效地節制飲食，又缺乏適量的運動，是體重不斷增加的重要因素。

3.減肥的成敗

肥胖不僅有害健康，令自己不快，也被社會大眾所畏懼，因此許多人試圖進行各種減肥措施：吞服抑制食慾的減肥劑，以手術移除脂肪，節食，與運動等。吞服藥物以抑制食慾，雖然其功效在商業上被廣泛地宣傳，實際結果並不理想；許多人辛苦地減胖後很快地又恢復減去的體重(Garner & Wooley, 1991)。以手術刮除或吸去肚皮或腰圍裡的脂肪細胞，效果還算令人滿意，但花費昂貴。最有效的減胖法是「節制飲食」與「適量運動」同時並重(Brownell & Wadden, 1992; Foreyt et al., 1996)。節制飲食可以減少能量的引進，防止多餘能量被轉換成脂肪；適量運動可以消耗能量，迫使被儲存的脂肪轉化成活動熱能。這兩個措施雖然有效，但實施時最大的阻力是：人們時常低估自己的進食量與高估自己的運動量，而且於加入減胖作業後虎頭蛇尾、毅力不足。

第三節　性動機

飢餓與性動機是人類生存的主要動機，難怪人們常將「食」與「色」相提並論。「食」是維持「個體生命」所必需；「色」則是維持「生命的世代延續」所必需。兩者不同的是：我們若不吃，可能致死；沒有性行為卻不致於有生命的危險。我們不能想餓就飢餓，但是我們卻可以隨時激起性慾。性動機不僅是為了傳宗接代，它對維繫夫妻關係頗為重要(Feder, 1984)。

對性行為的科學研究可以溯自美國生物學家金賽(Kinsey, et al., 1948, 1953)的大規模訪問調查。有17,000人接受其調查，結果在當時是令

人震驚的：90%的男子與約一半的女子有過婚前的性行為；幾乎所有男子與多數女子有過手淫；一半的已婚男子與26%的已婚女子有婚外情；約40%受過大學教育的已婚夫婦有過口交。這兩次調查的對象是教育程度高、年紀輕的中產階級白人，其代表性相當有限；而且調查訪問所使用的一些語句帶有「導引」的嫌疑，因此方法上有瑕疵。近年來有一些較客觀的研究也陸續提供人類性行為的新近資料。例如，90%的已婚男女忠於自己的婚姻，有91%的美國成人反對婚外情(Laumann et al., 1994; Smith, 1996)。

　　本節將討論性行為的生理基礎、性行為的心理因素、男女性行為的差異、性取向。

一、性行為的生理基礎

1. 性賀爾蒙的功能

　　雖然個人的長期性男女性徵受到性賀爾蒙的充分控制，但是短暫的人類性行為受性賀爾蒙的影響相當微小。就以男子而言，其**男性賀爾蒙**(testosterone)雖然在日常生活中上下波動，但對性驅力幾乎沒什麼明顯的作用(Byrne, 1982)；以女子而言，其**女性賀爾蒙**(estrogen)雖在排卵期略微上升，但對其性驅力也沒多少影響(Davidson & Myers, 1988)。這指出了一個要點：性賀爾蒙是性驅力與性行為的基礎，但性賀爾蒙的增減對性驅力的激起與性行為的維繫並無明顯的關係。然而這個原則只適用於人類，因為其他動物的性驅力與性行為完全受控於性賀爾蒙。在動物界，性賀爾蒙最高的時候，也是牠們發情的時候；時間一過，性賀爾蒙低下，牠們對「性」毫無興趣的跡象。性賀爾蒙是由下視丘主控的。刺激下視丘，可以引發性行為；破壞下視丘，可能導致性行為的停止。

2. 性反應的周期

　　根據馬斯特斯與詹森(Masters & Johnson, 1966)對男女志願人員的觀

察與記錄，男女雙方的性反應相當近似，都經歷興奮、高原、高潮、消退四個階段（見圖11-2）。於**興奮期**(excitement phase)，性器開始充血，男子的陽具部分勃起，女子的陰蒂也因此脹大、陰唇潤滑、胸脯與乳頭脹大。於**高原期**(plateau phase)，個體非常興奮，呼吸與心跳加速、血壓陡增，陽具完全硬挺，部分液體與精液潤濕陽具的頂端，陰蒂內縮、陰唇潮濕、胸脯挺脹。一旦進入**高潮期**(orgasm)，呼吸與心跳快速、血壓高亢，男女性器作規律性的抽搐，引發極度的快感與性發洩感；此際男子開始射精，女子的搐動也有助於精液的存儲與內流(Furlow & Thornhill, 1996)。至**消退期**(resolution phase)，個體逐漸還原到性興奮前的狀態，血液開始從性器官減退；　此際男子有一段短時間的**失控期**(refractory period)，暫時無法使性器重新勃起以進行性交。

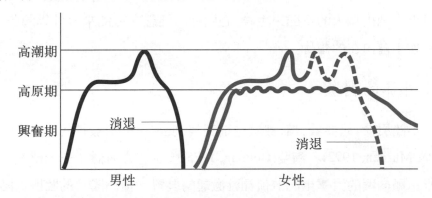

圖11-2　男女性反應的四個階段（材料取自Masters & Johnson, 1966）

3.男女的擇偶

　　性行為雖然有傳宗接代的功能，但是由於男女性機能上的差異，便不得不採取不同的策略。　根據近來**演化心理學**(evolutionary psychology)的觀點，男女的不同性策略由來有自，而且是逐漸演化而來的。就以性成熟的男子來說，只要能找到「願意」交配的女子，每年可以生產數以千百的子女；可是性成熟的女子，每年平均只能有一個左右的子女，而且還得花費幾年的時間把子女養大。為了生命的綿延不斷，男子必須競逐有限的「卵子」，並且大量地繁殖後代；女子則由於生殖能力有限，必

須尋求高品質的配偶， 使受精卵有最佳的生存可能。 根據布斯(Buss, 1989, 1994)對來自不同地區與文化達萬人以上的調查研究，結果發現：男人「愛美」並樂於「施財」，女人善於「獻美」並不忘「求財」；男子愛年輕的女子以確保健全後代的繁殖，女子卻愛年長的男子以獲取更多生活所需的財源支持。愈來愈多的心理學家接受演化的性動機論，以解釋男女擇偶與性忌妒的共同現象。你同意這種看法嗎？有些心理學家則更有興趣於性的心理學觀點。

二、性行為的心理因素

前面已經提到過，性賀爾蒙（性激素）對人類性驅力與性行為的影響已逐漸式微，心理因素的影響力也相對地增加。換言之，人類的性生活已大大地由個人的意願來主控。心因性的性慾念可能來自外界的刺激，也可能來自內在的想像。

1. 外界的刺激

不論男女，只要看、讀、或聽色情資料，便有可能引發性的慾念(Stockton & Murnen, 1992)。海曼(Heiman, 1975)曾在這方面做了一次研究。她要求志願參與的大學生配上偵測性激起的裝置（偵測陽具的膨脹或陰唇的變色），然後分組觀看色情、浪漫（羅曼蒂克）、浪漫與色情、中性（屬於控制組）四種不同的影帶。結果發現，由女子引發並集中描繪女子性反應的色情片，對男女都是最能激起性慾的。

然而，重覆觀賞色情片也會產生慣性作用，因而減低其刺激的效能，導致視而不見的現象。同時，有暴力傾向或姦淫的色情片可能引起反感而產生性的抑制作用。必須記住：觀賞俊男美女的現身或畫照，會減弱現存男女之間的相互吸引力(Kenrick et al., 1989)；觀看黃色淫穢影片，也足以減低性的滿足感(Zillmann, 1989)。

2. 內在的幻想

　　人類善於幻想。根據研究(Leitenberg & Henning, 1995)，達95%的男女自陳有過性的幻想：男的不僅想得較多，較為動作化，也較少浪漫化。然而，性幻想不能被視為性行為出了問題(Myers, 1999)。一些男女以手淫方式幻想自己與對象發生性關係(Hunt, 1974)，許多男女也有夢中性交並達到性高潮的經驗。

三、男女性行為的差異

　　男女在性行為上的差異是：男子比女子愛先動情(Segall et al., 1990)；男子手淫次數較多；　男子在選擇性對象時比較隨便(Oliver & Hyde, 1993)；男子愛看色情影片，女子則愛看浪漫劇情片(Malamuth, 1996)；男子較易於同意「男女相識就可以有性關係」(Sax et al., 1996)，女子較為愛情而有性行為(Laumann et al., 1994)。

四、性取向

　　上面提及性動機與性行為時，是根據一個前提：「性」是「男女之間」的事。然而，人類或近似人類的實際生活中，不僅異性相引，也有同性相吸的現象。個人感到異性或同性對象對自己的吸引程度，稱為個人的**性取向**(sex orientation)。大多數的人與異性交往或做愛感到滿意，這是**異性取向**(heterosexual)；亦有少數人（約佔3%或4%）與同性交往或做愛感到滿意，這是**同性取向**(homosexual)；也有更少數的人（少於1%）對異性與同性同感滿意，這是**雙性取向**(bisexual)。在過去，異性取向被認為是順乎自然的，因此是正常的；同性取向（或同性戀）或雙性取向則被看作是違反自然的，是罪惡的，也是應該禁止的。依現代心理學的觀點，性取向與手的左右撇一樣，是生長與發展的結果，因此應該被視為一種個別差異現象。儘管多數人已逐漸接受同性與雙性的個人性取向，但是有這類性取向的人對於是否向親友、同事、或雇主坦言，常感到猶豫與

不安(D'Augelli, 1993)。

　　同性戀者在青春期後開始有些感覺，到20歲時便有清楚的體驗(Garnets & Kimmel, 1990)。性取向與大腦的生理結構有密切的關係(Bailey & Pillard, 1995; Zhang & Odenwald, 1995)；與胎兒期的性賀爾蒙有關(Meyer-Bahlburg, 1995)；它也非常難以改變(Haldeman, 1994)。研究顯示，性取向並不是早期親子關係的不當或初期男女關係的不歡經驗所引起(Bell et al., 1981)。

第四節　心理與社會動機

　　人類除了「食」與「色」的基本需求外，還有許多重要的需求，以便發揮自己的潛能，尋求社會的認可，並控制所處的環境。我們暫且將這些行為的動機歸類為心理與社會動機，並分別討論成就動機、歸屬動機、社會讚許動機、權力動機，並介紹激勵員工（工作或服務）的領導風格。

一、成就動機

　　世界上充滿了有成就的政治家、經濟家、哲學家、科學家、藝術家、教育家、宗教家等。即使在社區裡，也有許多日以繼夜為民服務的教師、牧師、公務員、產業家、作家、學生、工人等。到底他們為的是什麼？那些有高成就動機的人有什麼特殊的行為特徵？

　　成就動機(achievement motives)是克服困難、追求高度成就、超越他人的意願。成就動機必須具備兩個條件：至少有中等程度的成功機會，與有相當誘人的代價或報償(Atkinson, 1982)。研究成就動機與其評量而著有名望的莫瑞(Murray, 1938)、馬克力蘭(McClelland, 1985; McClelleand et al., 1953)、艾金遜(Atkinson, 1964)等有個共同發現：預測成就的最有效

途徑是個人的「幻想」(fantasy)。馬克力蘭編製一套評量成就動機的**主題統覺測驗**（Thematic Apperception Test，簡稱TAT）。此一測驗（見測驗樣本圖11-3）包含一些圖像，要求受試者根據圖像編寫一段短篇故事。圖像導引受試者將內在的成就動機「投射」於文字裡，測驗家便藉表述的文字推論個人成就動機的高低。根據研究，這種「投射測驗」比一般的問卷方式更能評鑑個人的長期成就動機(McClelland et al., 1989)。

　　成就的意願人人皆有，只是程度上有個別差異罷了。成就動機高的人，工作勤奮、非常進取、堅忍不拔、高度自律、熱衷於成功；他們將成功歸因於自己的能力與努力；他們希望能專精於所從事的工作，不為失敗而恐懼(Elliot & Church, 1997)；他們具有高度的自我效能，因而有強烈的工作毅力與高度的成就意願(Bandura, 1988, 1997)；他們選擇「難度適中」的工作，一方面確保成功的機會，一方面可以藉機挑戰自己的能力(McClelland & Koestner, 1992)。至於那些成就動機低的人，挑選非常容易或非常難的工作，容易的工作可以輕易獲得成功，若因工作艱難而失敗，則可以振振有詞(Geen, 1984)。另外，所謂男子追求成功、女子畏懼失敗的成就動機論(Horner, 1970)，已因社會上男女升遷大門的敞開與公平的對待，而失去其理論的基礎。

　　個人的成就動機與家庭背景有關。高成就動機的人多來自鼓勵子女獨立與獎勵成就的父母。這類父母在子女幼小時便要求小孩自己穿著衣鞋，自己處理飲食，在校好好求學，並對子女的成就表達欣慰。換言之，父母常將成就與正面的情緒（如歡樂）相聯結，使情緒成為成就的良伴。根據研究(Falbo & Poston, 1993)，第一胎或獨生的孩子在校有較佳的學業成就，較高的智商，也以較高的比率進入著名大學。也許這跟第一胎或獨生子受父母的關照較多、期望較高、與資源較豐有關。

　　成就動機也與個人的社會文化背景相關聯。在重視個人主義的社會裡，個人的成就象徵財富、自由、平等、享樂；但在群體主義的社會裡，個人的成就是為了榮耀父母、家族、社稷(Matsumoto, 1994; Triandis, 1990, 1994)。強調個人主義的社會，時刻鼓勵與標榜個人的成就與榮譽；重視

圖11-3　主題統覺測驗的樣本

群體觀念的社會，處處提醒個人不可忘記群眾福利的提升。一個社會從重視群體福祉走向強調個人榮耀時，如何使其人民的成就動機有適當的定位，是值得大家省思的。

二、歸屬動機

　　人是群居動物，有強烈的歸屬需求。**歸屬動機**(affiliation motives)是指個人欲與他人接觸與交往的需求。人們不僅喜歡交朋友、參與群眾（甚至於湊熱鬧），也樂於關照他人、接受支持、並分享快樂。一般而言，人們都能在獨處與社交之間保持適當的平衡：即使我們時常有獨處的必要，我們卻需抽空去享受友誼與社交。歸屬動機有個別差異：有人選擇人際關係較多的職業或活動，有人卻從事獨處機會較多的工作或活動。

　　與人交往除了維護種族的生存所需，到底為個人帶來什麼好處呢？希爾(Hill, 1987)認為，我們可以從他人身上獲得動力、注意、刺激、資訊、情緒上的支持等。這就可以解釋下列的一些情況：一個人有心理壓力時，會有強烈的歸屬需求；病人在手術前，要求有親友在旁；一個人在遇事

不知所措時，會歡迎他人的援手；一個人有了榮譽時，欣然接受大家的鼓掌祝賀。

三、社會讚許動機

與歸屬需求關係密切的另一個動機是社會讚許動機。**社會讚許動機**(need for social approval)是個人尋求他人認可或讚許的意願。我們在生活裡、學業上、或工作中經常有尋求他人認可或讚許的強烈需求。他人點頭的，我們做起來特別賣勁；他人讚譽的，我們特別珍惜；他人搖頭的，令我們卻步；他人反對的，使我們三思。

個人在幼兒期若能發展良好的社會讚許動機，與社會環境維持和諧的人際關係， 年長後常成為瞭解他人需求與感觸的領袖人物(Waters et al., 1979)。反之， 一個常與他人對抗或一意孤行的幼兒，常於後來有情緒上的困擾問題。

四、權力動機

權力動機(need for power)是個人力求獲得權威以影響他人的一種意願，也就是我們常說的「權力慾」。溫特(Winter, 1991)認為，人們有一種以獎懲為手段以便控制他人行為的意願。有高度權力動機的人，喜歡尋求公職，獲取領導地位，以便左右他人的言行。任肯斯(Jenkins, 1994)曾經追蹤大學畢業的女生達14年之久，那些在大學四年級時是高權力動機者，後來多數從事於與運用權力有關的職業。

事實上，權力動機使許多人成為領袖。根據一項對美國歷屆總統就職演說的分析(Spangler & House, 1991)， 行政效率高的總統有高度的權力動機，並且將其權力運用在社會目標上，而不是運用在自己的目的上。而且， 各國領袖權力動機的高低，也成為預測世界和平或戰爭的重要指標(Winter, 1993)。

一個權力動機高的領袖與一個權力動機低的領袖相比， 前者比較忽略重要的反面訊息或不重視道德問題(Fodor & Smith, 1982)。可見，權力

動機高不見得都是可取的。根據一研究(Winter & Stewart, 1978)，權力動機與打架、爭吵、酗酒、使用禁藥、賭博、剝削異性等有關。權力動機使用不當，反足以危害社會。我們不是有一些濫權、枉法、循私、舞弊的官僚與民代嗎？他們或者攀援而上，或者騙取選票，一旦登上權勢的寶座，負面的相關行為便應運而生，以致禍害社稷與國家。

五、激勵員工的領導風格

權力動機使人力求向上、獲得權威，許多人因而成為領導人物，足以影響他人的行為。但是僅僅獲得權威或成為領袖，並不能確保會有效地帶動群眾，管理下屬，以達成領導的職責。有效領袖的特色是：培養部屬的內在動機，瞭解部屬的動機差異，擬定合理的目標，並選擇適當的領導方式(Myers, 1998)。

1. 培養內在動機

內在動機是來自個體內部的需求或刺激。學生的學習、工人的工作、職員的服務若是發自內在的需求，則其目的清楚、行動堅持、創意眾多，並有高成就的把握。一個有效的領袖便十分重視內在動機的培養，期能獲得最大的成就表現。然而，這並不表示因而忽略獎賞一類的外在動機的可能貢獻。以獎懲影響行為有兩種用意：控制與告知。若以獎懲控制行為，則獎懲必須時常呈現，否則效果不佳；若以獎懲告知下屬表現的良莠，則可以激勵自我評量與自求進步。一般而言，過量的獎勵可能削弱內在動機(Ryan, 1980)，若能減少控制性獎懲，並以告知性獎懲與培養內在動機互補，可兼收內、外在動機的優點。

2. 瞭解部屬的動機

人們從事同樣的工作，可能有互異的動機。梅爾(Maehr & Braskamp, 1986)建議，經理應該評量員工的工作動機，以便調整其管理方式。例如，對重視「成就」的員工，要他們嘗試新工作，並強調優異的表現；對重

視「名譽」的員工，給予合乎其意願的注意；對重視「歸屬」的員工，給予公司是家的感覺，並令其參與決策；對重視「權力」的員工，鼓勵參與競爭、獲取成功。

3. 擬定合理的目標

明確而具有挑戰性的目標，若輔以進度的報導，可以激發高度的成就(Locke & Latham, 1990; Mento et al., 1987)；明確精細的目標可以化成具體的計劃，引導注意的焦點，提升奮鬥的層次，並引發創新的策略。合理的目標實現可能性，影響工作者對其自我的評價(White et al., 1995)。換言之，目標愈合理，愈有達成的希望，也因而增加自我能力的正面評價。一個有效的領導人物，必須在部屬的參與下，共同訂定明確的目標，以激發大家的承諾，並共同分享進展的成果。

4. 選擇適當的領導方式

民主領導方式有廣泛的群眾基礎，也是最穩定而有創意的管理方式。但是，它的效能則受到領袖人物與領導情境的影響。現今很少心理學家花費心血去尋找領袖的「萬靈丹」，因為人格、智慧、情境、群眾特質等都影響領導的品質與效能。就拿領導的取向而言，有人擅長工作領導，有人擅長社會領導。**工作領導**(task leadership)是指領導者決定標準，組織工作，著眼於工作目標的實現；**社會領導**(social leadership)是指領導者調解衝突，並建立盡其在我的團隊精神。工作領導使大家的注意力集中在任務上，若善於指令，則能順利完成使命。社會領導講究民主風範，集思廣益，並且權責分明，因此員工士氣高昂。根據研究(Smith & Tayeb, 1989)，有效的領導兼顧工作與社會兩個取向。你心目中有個有效的領導人物嗎？他（她）的領導是屬於哪一種取向呢？

領袖人物往往對人的行為動機持不同的態度。麥格瑞加(McGregor, 1960)將經理們對人類動機的觀點區分為二：理論X與理論Y。屬於**理論X** (Theory X)的經理認為：員工基本上是懶散的、易錯的，是完全由金錢

來誘動的，因此給予員工簡易的工作，隨時監督他們的工作，並以酬賞激勵工作熱忱。屬於**理論Y (Theory Y)**的經理認為：員工的工作動機是自發的，是為提升自尊而工作，希望由工作實現其潛能，並與同事保持和睦關係。當然你現在不難看出：理論Y已經逐漸被現代工商界的經理們所採用，以提高員工的士氣與生產力(Naylor, 1990)。

本章內容摘要

1. 動機是引起並維持活動直到該活動達成其目標的驅動力。依其驅力的來源而分，動機有內在動機與外在動機之別。

2. 主要的動機論有五：本能論認為所有行為是基因程式的具體表現，是先天的，不學而能的；驅力論認為個體必須時刻維持生理的平衡狀態，如果它們一旦失衡，個體立即感到緊張，乃自動產生驅力、策動行為，以求平衡的恢復；刺激論認為人類有尋求與維持適量刺激的動機；誘因論認為環境中對個人引起正面或負面後果的刺激便是動機的來源；需求階梯論認為人類有生理、安全、歸屬、尊重、自我實現等依優先順序排列的五種需求。

3. 決定饑餓的主要因素是血糖的高低。調節血液中與細胞裡的血糖量的大腦結構是下視丘，它控制胰臟，以分泌胰島素與糖原分解因。下視丘的側下視丘充當進食中心，負責饑餓的感應與進食的促動；中底下視丘充任飽和中心，以感知飽食並節制進食。

4. 長期規律進食與維持體重的兩種方式是：體重的定點與基本代謝率。個人若體重減輕許多則食慾將會大增，以逐漸恢復到定點體重；若體重大增則食慾將會大減，以逐漸恢復到定點體重。基本代謝率提高可以消耗多餘的熱能，基本代謝率會下降可以節省熱能的支出。

5. 個人的進食也受到食物的味道、文化經驗、學習、社會情境，個人的

對自己體重的曲解等因素的影響。若個人的體重已經低於應有體重15%以上，仍自覺肥胖，並有強迫性的減肥行為，稱為厭食症；若個人不能阻止其暴食的衝動，卻深恐因而肥胖，乃於食後立即促使上吐或下瀉，稱為暴食—吐瀉症。兩者都有治癒的可能。

6. 肥胖是指個人的體重超出其應有的理想體重20%者，它來自脂肪。基因是決定肥胖主因之一。胖者比瘦者多出許多的脂肪細胞；胖者的脂肪細胞是飽滿的，瘦者的脂肪細胞是空扁的。胖者有高的體重定點，瘦者有低的體重定點。飲食的控制與運動的成效也是影響肥胖的重要心理因素。肥胖不僅有害健康，令自己不快，也被社會大眾所畏懼。目前使用的減肥措施有：吞服抑制食慾的減肥劑，以手術移除脂肪，節食，與運動等。減肥效果欠佳，因為人們時常低估進食量與高估運動量，同時減胖行為虎頭蛇尾、毅力不足。

7. 性動機不僅是為了傳宗接代，它對維繫夫妻關係頗為重要。性行為的科學研究起自金賽對17,000人的大規模訪問調查，其結果在當時非常令人震驚。但因樣本代表性有限，方法上也有瑕疵，其效度受到懷疑。

8. 雖然個人的長期性男女性徵受到性賀爾蒙的充分控制，但性賀爾蒙對短暫的人類性行為影響相當微小。男女雙方的性反應相當近似，都經歷四個階段：興奮期、高原期、高潮期、消退期。

9. 演化心理學對男女的不同性策略有相當有趣的解釋：男子必須競逐有限的卵子，並且大量地繁殖後代；女子則由於生殖能力有限，必須尋求高品質的配偶，使受精卵有最佳的生存可能；男子愛年輕的女子以確保健全後代的繁殖，女子卻愛年長的男子以獲取更多生活所需的財源支持。

10. 心因性的性慾念可能來自外界的刺激，也可能來自內在的想像。外界刺激包括看、讀、或聽的色情資料；內在的想像包括對性的幻想。男子比女子愛先動情；男子手淫次數較多；男子在選擇性對象時比較隨便；男子愛看色情影片，女子則愛看浪漫劇情片；男子較易於同意「男女相識就可以有性關係」，女子較為愛情而有性行為。

11. 個人感到異性或同性對象對自己的吸引程度，稱為個人的性取向。人類的三種性取向是：異性取向、同性取向、雙性取向。性取向與大腦的生理結構有密切的關係，與胎兒期的性賀爾蒙有關。同性取向在青春期後開始有些感覺，到20歲時便有清楚的體驗。

12. 成就動機是克服困難、追求高度成就、超越他人的意願。成就動機必須具備兩個條件：至少有中等程度的成功機會，與有相當誘人的代價或報償。主題統覺測驗是評量成就動機的投射測驗，比一般的問卷方式更能評鑑個人的長期性成就動機。成就動機高的人：工作勤奮、非常進取、堅忍不拔、高度自律、熱衷於成功；將成功歸因於自己的能力與努力；希望能專精於所從事的工作；具有高度的自我效能；選擇難度適中的工作。高成就動機的人多來自鼓勵子女獨立與獎勵成就的父母。重視個人主義的社會裡，個人的成就象徵財富、自由、平等、享樂；講究群體主義的社會裡，個人的成就是為了榮耀父母、家族、社稷。

13. 歸屬動機是指個人欲與他人接觸與交往的需求。歸屬動機有個別差異：有人選擇人際關係較多的職業或活動，有人卻從事獨處機會較多的工作或活動。與人交往，我們可以從他人身上獲得動力、注意、刺激、資訊、情緒上的支持。

14. 社會讚許動機是個人尋求他人認可或讚許的意願。他人點頭的，我們做起來特別賣勁；他人讚譽的，我們特別珍惜；他人搖頭的，令我們卻步；他人反對的，使我們三思。

15. 權力動機是個人力求獲得權威以影響他人的一種意願。高權力動機的大學生，畢業後多數從事於與運用權力有關的職業。權力動機也使許多人成為領袖。但是，權力動機與打架、爭吵、酗酒、使用禁藥、賭博、剝削異性等有關。若權力動機使用不當，反足以危害社會。

16. 有效領袖的特色是：培養部屬的內在動機，瞭解部屬的動機差異，擬定合理的目標，並選擇適當的領導方式。工作領導是指領導者決定標準，組織工作，著眼於工作目標的實現；社會領導是指領導者調解衝

突，並建立盡其在我的團隊精神。屬於理論X的經理認為，員工基本上是懶散的、易錯的，是完全由金錢來誘動的；屬於理論Y的經理認為，員工的工作動機是自發的，是為提升自尊而工作，希望由工作實現其潛能，並與同事保持和睦關係。

第十二章
情　緒

　　人類文化的多彩多姿，情緒反應扮演著重大的角色。不僅在日常生活裡我們親身體驗愛、恨、喜、怒、哀、樂、怨、妒、驚、懼、慮、憎等情緒反應，它們也被技巧地刻畫在小說、繪畫、影劇裡，使我們能分享劇情中感人的情緒表達，也令我們多了一道「宣洩」情緒的渠道。然而情緒達到高潮時，往往理智活動便受到相當程度的壓抑，情緒因而失控，導致社會上許多不幸的自我毀傷或人際衝突。這並不是說情緒沒有正面價值。人間充滿喜愛、歡樂、驚奇、興奮、愉悅的「樂章」，它們令人嚮往、追求、回味，也成為生命活動的重要動機。

　　情緒(emotion)是對刺激的一種身心反應，它包括生理反應、表達行為、意識經驗三部分。當我們感到憤怒時，我們不僅有自律神經系統、內分泌、大腦、肌體等相互配合，透過面部與姿態作適當的表達，也在認知上有合理的詮釋與體驗。本章對情緒的討論，將對下列問題提供適當的答案：

‧情緒如何分類？情緒有何功能？

‧情緒的生理反應是什麼？測謊與情緒的評量有何關係？

‧情緒如何表達？情緒有何文化與性別差異？

‧什麼是肢體語言？感官的回饋與肢體的活動如何影響情緒？

‧什麼是快樂？決定快樂的因素是什麼？

‧憤怒的功能是什麼？如何控制憤怒？恐懼與悲傷的功能是什麼？

‧主要情緒理論之間有哪些異同點？

·什麼是情緒智慧？如何控制與運用情緒以維持或增進人際關係？

第一節　情緒的類別與功能

　　人生充滿了愛、恨、喜、怒、哀、樂、怨、妒、驚、懼、慮、憎等情緒反應，即使許多低等動物也有賴以生存的愛、怒、懼等基本情緒。根據傳統的觀察：人類的情緒從初生嬰兒的類化性激動分化為快活與惱怒；自三至六個月逐漸自惱怒分化出憤怒、厭惡、恐懼；自六至十二個月快活又分化為得意與憐憫；於一歲半前幼兒已有嫉妒的情緒表現。但是，根據新近的研究(Izard et al., 1995)，只有十週大的嬰兒也能有快樂、興趣、愁苦、憤怒等面部表情。至於成年人的情緒，有人將它歸納為全人類所共有的快樂、憤怒、悲哀、恐懼等四個基本情緒(Ekman, 1992)，有人認為還應加上厭惡、驚訝、焦慮、內疚、興趣而成為九個基本情緒(Turner & Ortony, 1992)。

　　成人的情緒不下幾十種，除了上述四個或九個基本情緒之外，其餘的情緒是由不同的基本情緒摻和或混合而成。**摻和的情緒**(blended emotion)是不單純的情緒，如喜中有憂的情緒，或憤怒中夾帶關懷與憐惜的雜感；**混合的情緒**(mixed emotion)則是各種情緒的混雜或先後相繼而成，如個人因失戀而引發的情緒可能包括拆離的不快、失歡後的嫉妒、甜蜜的回憶、問題提早解決的僥倖感。

　　情緒的功能很多，它的激發有的是為了種族的生存與綿延，有的是為了個人的生存與發展。在日常生活裡，人們因憤怒而攻擊，由恐懼而逃脫，如此可以維護個體的生存；因嫉妒而爭奪，可以增加競爭的動力；由憂慮不安而作事前的準備，可以未雨綢繆、防患未然；因喜愛而趨近，則可以增加接受與佔有的機會；表現孤獨難過，可以博取同情與社會支

持；以羞愧作防衛工具，則自我尊嚴得以維持；以歡樂與興奮表達成功的快樂，容易獲得他人的讚許與認可；甚至輕鬆的一笑，足以解除身心的緊張，恢復身心的平衡。秦巴寶(Zimbardo & Gerrig, 1996)將情緒的功能歸納為動機作用、社會功能、記憶功能三大類。

一、情緒的動機作用

情緒一如動機，也是促動或增強行為的一種動力。例如，對周遭的人、事、物，我們感到喜愛的就會接近，覺得恐懼的就想逃避，感到厭惡的就會排拒，覺得焦慮時會坐立不安，墜入抑鬱時就沈默寡言。我們不僅面對真實環境產生情緒，也時常由幻想而引起情緒，兩者都能因而引發具體的行動。不僅如此，行動的維持也需要相當程度的情緒作支持，否則後繼無力。常見人們受到激勵時，工作起來愈做愈起勁；人們受到羞辱時，其抗拒力愈加堅強。

二、情緒的社會功能

人們在群居時，情緒有規範社會行為的功能。它使社會成員能和睦地生活在一起，它也使一些人排拒另一些人以表示關係的失和。當人們在一起而感到快樂時，彼此更能互助(Schroeder et al., 1995)；當人們感到內疚時，會作義務性的工作以資補償(Carlsmith & Gross, 1969)。當然，情緒有溝通訊息的作用：見人微笑時，不妨親近；見人怒火沖天時，最好遠離，以免殃及；見尊長或權威人物時，不禁自我收斂，以表達敬意。許多人際的訊息是依靠此種**無言的符號**(nonverbal signals)來溝通。

三、情緒的記憶功能

情緒影響記憶有幾個重要的範例：正情緒的學習效應、閃光燈記憶、依情回憶。一般而言，於愉悅的情境下學習，比在憂鬱的情境下學習，有較佳的保持，是**正情緒**(positive emotion)的學習效應；引起高情緒反應的重大突發事件，如甘迺迪總統被刺或挑戰者號太空梭升空爆炸等，雖

 心理學

已經過多年仍然記憶猶新、絲毫不忘，稱為閃光燈記憶(flashbulb memory)；學習與回憶在同樣的心情（愉快或憂鬱）之下進行，比在不同的心情下進行，有較佳的記憶效果，稱為依情回憶(mood-dependent recalls)；這些現象都是基於編碼的特定原則(encoding specificity principle)，亦即學習時被編碼的情緒也成為回憶同一學習材料的指引(Anderson, 1995; Bower, 1981; Eich, 1995)。

情緒既然是人類求生存發展所必備，它必須有生理的反應基礎，也必須適當地表達以溝通訊息，更需要認知的體驗以決定其意義。

第二節　情緒的生理反應

我們的情緒有複雜的生理反應作支持——喜愛、憤怒、恐懼、羞慚等都有內在的生理反應相伴隨。當我們的情緒被激發時，我們的自主神經系統、內分泌作用、大腦等都為情緒的激起、增強、維持、消退而活躍。本節將與情緒有關的類化性自主反應、不同情緒的特殊反應、大腦的情緒中心等分別敘述，然後評介情緒評量的應用。

一、類化性自主反應

任何情緒都伴隨著自主神經系統的類化性反應。自主神經系統是自律的，它包括相互作用的交感神經系統與副交感神經系統（見第二章第二節）。例如，交感神經系統負責放大瞳孔、抑制唾液、加速呼吸、加快心跳、增釋血糖、分泌腎上腺素與副腎上腺素、抑制消化活動、鬆弛膀胱、與抑制性器功能等；副交感神經系統則相對地縮小瞳孔、刺激唾液的分泌、減緩呼吸、減慢心跳、刺激膽囊、分泌腎上腺素與副腎上腺素、刺激消化活動、收縮膀胱、刺激性器等。情緒的強弱有賴於自主神經系統的協調：交感神經系統活躍時，副交感神經系統被相對地抑制；等到

交感神經系統減弱時，副交感神經系統便逐漸活絡起來，使身體得以恢復平靜。

二、不同情緒的特殊反應

　　情緒因個體的生長而逐漸分化，因此成人有各種不同的情緒表達與情緒經驗。固然自主神經系統控制生理的一般性激動，不同的情緒是否有互異的特殊生理反應呢？從常理判斷，憤怒與恐懼是不同的情緒狀態，雖具有共同的激動現象，應該各有其不同的生理反應方式。為偵測不同情緒的特殊生理反應方式，艾克曼(Ekman et al., 1983)等訓練受試者先學習運用面部肌肉去表達快樂、憤怒、驚訝、恐懼、悲哀、厭惡等表情，然後受試者面對鏡子為每個情緒表達十秒鐘之久，並讓裝置在受試者身上的儀器同時記錄其生理反應。結果顯示：不同的情緒有明顯的生理反應差異。例如，雖然憤怒與恐懼都增加心跳，但是憤怒使體溫增高，恐懼使軀體冰冷。 同理， 一個人在受窘時不僅臉紅耳赤， 而且渾身發熱(Shearn et al., 1990)，這與憤怒或恐懼在生理反應上又有明顯的差異。這些不同情緒的不同生理反應方式是跨文化的，即使是不得在公眾之前表露負面情緒的印尼西蘇瑪特勒文化，與情緒表達非常開放的美國文化相比，也是如此(Levenson et al., 1992)。事實上，不同情緒在大腦裡甚至有不同的神經通道(Kalin, 1993)。例如，當個人有負面情緒（如厭惡）時，其右腦比較活躍；當個人有正面情緒（如快樂）時，其左腦則比較活躍(Davidson, 1992; Goleman, 1995)。

三、大腦的情緒中心

　　與情緒有關的大腦組織是邊緣系統(limbic system)，它包括扁桃體、中隔、海馬、下視丘等，是非常原始的神經組織。對貓的邊緣系統的某一區域予以刺激會產生憤怒反應，刺激另一區域則產生恐懼反應。當老鼠的扁桃體被破壞時，牠竟無法對可怕的東西感到恐懼(LeDoux, 1996)。

　　有些情緒是快速與自動的，是不經大腦額葉的；有些情緒則與主司

智慧的大腦皮質部相關聯。同時，嬰兒見到媽媽或嚐到甜食時，左腦比較活躍；嬰兒見到生人或嚐到酸味時，右腦比較活躍(Fox, 1991)。近似的研究(Davidson, 1993; Fox et al., 1995)顯示，那些左腦活躍的兒童或成人比較愉快、熱心、有趣；那些右腦活躍的兒童或成人則比較膽怯、恐懼、不安、抑鬱。

四、情緒評量的應用──測謊的虛實問題

由於情緒有可以偵測的生理反應，因此利用測得的特定生理反應模式，可以推知某項情緒的存在與否及其強度。加之，情緒經常代表個人對其環境或自我所作的反應，經由生理反應的評量，我們可以窺探其情緒所「掩蔽」的意義。如果人類的行為是內外一致，如憤怒則攻擊、恐懼則逃脫，我們便能輕易地瞭解心理的一切。事實不然，人類為了生存，為了保護自我的利益，時常掩飾其行為或感受，其中包括「不可告人」的行為或感情。

欺騙是不合理的行為。當一個人有欺騙的嫌疑時，常見的偵訊辦法是誘、哄、逼，甚至曉以大義以感召之。心理學家鑑於情緒有可以偵測的生理反應，如心跳加快、血壓增高、呼吸加速、排汗增多等，乃應用一套記錄心跳、血壓、呼吸、排汗等反應的工具，稱為**多線圖記錄器**(poly-graph recorder)；若將它使用於偵訊個人是否作不實的報告或口供，則稱為**測謊器**(lie detector)。

測謊時，口頭偵訊(oral examination)必須與多線圖記錄相配合。口頭偵訊使用「控制偵詢」與「相關偵詢」兩種方式，以便比較兩種偵訊下個體反應的差異性。**控制偵詢**(control questioning)是偵訊時所問的問題與實際案情無關，如「你小時有無偷竊別人的東西?」，其目的是建立情緒反應的基線；**相關偵詢**(relevant questioning)是偵訊時所問的問題與實際案情密切相關，如「你昨晚有無偷取你姐姐皮包裡的八百元?」，其目的在引起強烈的情緒反應。同樣是偷竊，一是一般性的，另一是與案情有關的，只有案情裡的偷竊者與偵訊者知道「姐姐皮包裡的八百元」失竊。

當偷竊者被突然地問到這一相關問題時，原以為無人知曉的案情，竟被清楚地揭露出來，不禁產生強烈不安的情緒反應，自然地會在多線圖上顯示出來。若相關偵訊的反應顯著地超越控制偵訊的反應，則假定個體有說謊的嫌疑。

「作賊心虛」是相當正確的心理敘述。當不可告人或見不得人的事被揭露時，個人會不自主地感到羞愧或不安，並有臉紅或體溫頓增的現象(Shearn et al., 1990)，這時測謊器可以發揮其應有的功能。然而，在實際生活裡，有些誠實不欺的人居然被測謊器誤測為撒謊(Patrick & Iacono, 1991)， 有些慣竊或騙徒卻能輕易地通過測謊器的考驗(Honts et al., 1994)，這就給測謊器的效度帶來了困擾。大體言之，測中與誤測的比例是七比三。固然三成的說謊者瞞過了測謊器是個遺憾，但將誠實者誤測為說謊者則是莫大的冤枉。加上人們可以經由訓練來通過測謊器的考驗(Alliger et al., 1996)，也鑑於許多騙徒於事後頻頻當眾發誓以示清白，使許多地區的司法單位不再採信使用測謊器所得的結果。

第三節　情緒的表達

一個人的情緒不僅有大腦與神經系統的內在生理反應，而且有「語文」與「非語文」的外在行為表現。在表達情緒時，語文行為是間接的與複雜的，它不似非語文行為的直接與單純。因此心理學家對於情緒的表達，著重在研究不善於掩飾的非語文行為上。情緒的非語文表達可以從面部表情與身體語言兩方面來觀察與推論。

一、面部表情

以面部表達情緒是溝通訊息的重要管道。人們憤怒時的面紅耳赤、怒目而視、甚至於咬牙切齒，旨在警告對方「攻擊在即」。被警告的對象

也可經由觀察憤怒的表情，作適當的處置，以免後患。使用面部表情與體察他人的面部表情，都代表個體天賦的一種生存方式(Darwin, 1872)，因此一些情緒的面部表達有普遍性與共通性。換言之，不論是在世界上的哪一個地區，人們通常都可以辨識出他人的基本情緒來。圖12-1分別代表驚訝、厭惡、快樂、憤怒、憂愁、恐懼六個表情，你能正確地指認嗎？

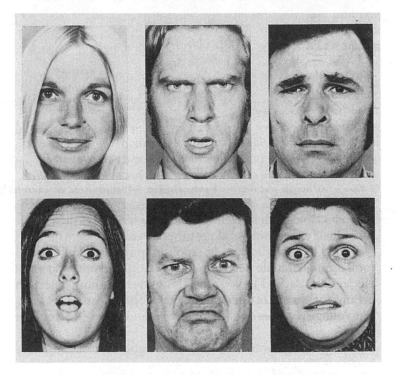

圖12-1　六個不同的情緒表情

　　然而，並非所有的情緒都明顯而強烈地表現在臉上，我們有時需要借助於情境因素去推敲他人的情緒(Carroll & Russell, 1996)，我們有時要問「你怎麼了？」來找尋線索。憤怒或快樂較易於覺識；內疚或慚愧較難以察覺。至於那些被刻意掩飾的情緒，就難以用肉眼正確地辨識了。根據一項研究(Ekman & O'Sullivan, 1991)，大學生、精神科醫生、法官、警察、測謊專家、聯邦密探等分別從面部去猜測說謊者的表情時，只有聯邦密探及格，其餘與瞎猜無異。

　　從文化層面看，情緒的表達頗受文化傳統的影響。在西方社會裡，快樂或憤怒等情緒的表達比較被容忍；在東方社會裡，不快或自炫等情緒的表達比較被壓抑，同情、尊敬、或羞恥等情緒的表達被更為強調。可見，在情緒的普遍性裡，我們不可忽略情緒表達的文化差異性。否則，若「入境不能隨俗」，不僅可能鬧出笑話，甚至於闖了禍而不自覺。

　　情緒的面部表情有性別差異：男性對憤怒的表達強過於女性；女性對快樂的表達比男性更為明顯(Coats & Feldman, 1996)。對他人情緒表達的感知能力也有個別差異。有些人善於察顏觀色，有些人對他人情緒的感應相當遲鈍。一般而言，內向型的人較外向型的人善於覺察他人的面部表情(Ambady et al., 1995)。

　　雖說以做作的面部表情可以相當成功地瞞過我們的肉眼，卻很難逃過一種稱為**面部電肌圖**（facial electromyograph，簡稱EMG）所提供的資料與判斷。我們臉部的80條微細肌肉分別協調出近7000種的面部表情。面部電肌圖將個人在真情時的面部肌肉活動以電流反應記錄下來，可以查閱不同情緒與不同部位肌肉活動的相關。例如，個人於快樂時，面頰肌肉的活動增高；個人憤怒或恐懼時，前額與眉部肌肉的活動增高。因此做作性肌肉活動所產生的假笑或假哭，可以從其面部電肌圖予以識破(Tassinary & Cacioppo, 1992)，也可以從左、右腦是否活躍來判定。

二、肢體語言

　　情緒也可以經由身體來表達。**肢體語言**(body language)是以行走、站立、坐下、姿態等表達個人的情緒。例如，我們以昂首、闊步、擺動身子、雙手前後擺盪等方式行走，以表示快樂；我們以低頭、慢步、拖拉僵足來行走，以顯示不快(Montepare & McArthur, 1988)。

　　情緒的另一傳達途徑是凝視。**凝視**(gaze)是以眼睛對一個焦點持續傳達訊息。我們以一種盯眼方式向對方表達愛慕、關心、友誼，如男女間的「眉來眼去」「頻送秋波」；也可以另一種盯眼方式向對方表達敵仇、警告、或不滿，如情敵之間的「怒目相視」。可見，凝視若發生於好友之

間，表示情誼、溫暖；凝視若發生於敵我之間，則明示冷酷、敵意。如果一個人不斷地閃避他人的凝視，可能表示有意迴避、冷漠、害怕、羞澀、或不關心。

觸摸也是一種情緒的傳達方式。觸摸所傳的訊息多表達個人對他人的情誼，也表露其對屬下或幼輩的支配感與控制慾。在他人的肩膀或頭部輕拍或輕摸帶有鼓勵之意；與他人對掌拍打，帶有相互慶賀之意。當然，相互擁抱表示強烈的情誼或感情。根據梅哲(Major et al., 1990)對男女在街道、超市、大學校園、機場、其他公共場所等所作的觀察，男人觸摸女人超過女人觸摸男人。至於男女之間的觸摸方式，根據另一項對4,500對男女的研究(Hall & Veccia, 1990)，男子對女子多數是以手搭肩或摟抱其腰，女子對男子則多數是以腕勾腕。

三、感覺的回饋

快樂使你裂口而笑；是否「裂口而笑」會使你感到快樂呢？這就是感覺的回饋問題。雷亞德(Laird, 1974)對這個問題提出**面部回饋假設**(facial-feedback hypothesis)，認為面部表情不只是表達情緒，它也激起情緒經驗。他在受試者面上貼上電極，以記錄面肌的活動，同時要求受試者緊縮面肌，使雙眉向中擠（顰眉），以顯示不悅。結果，面肌的活動增強受試者的不悅情緒。同理，受試者被要求擺出一幅快樂的面孔後，也增強了快樂情緒。類似的實驗(Duclos et al., 1989; Laird, 1984)也證明，模擬某一面部表情，著實增加該表情的力度。即使是重覆發出e與ah的聲音（發出此二母音時，其口形如裂嘴而笑，這與照相時說cheese相似），個人會覺得愉悅些；若重覆發出德文的ü音後，個人難免感到不悅(Zajonc et al., 1989)。可見，如果你逗弄人家笑，你就在改變人家的情緒，給了人家笑的開端。

感覺的回饋並不局限於面部表情，肢體語言也有類似的效應。為了證明這一點，有一個研究(Stepper & Strack, 1993)讓受試者在書寫時分別坐在不同的椅子上：一組坐在椅子上時，必須腰、背直立才能順利書寫；

另一組坐在椅子上時，要彎腰駝背地俯首而寫。結果，在完工之後，腰背挺直的一組比彎腰駝背的一組對工作的成果更加感到自傲。我們知道，那些快樂、自信、自傲的人多數保持腰背挺直的姿勢，那些不快、灰心、自責的人多數垂頭喪氣、彎腰駝背。

　　一個成功的演員善於利用感覺回饋的效應。一個演員為了成功地扮演劇中的某一角色，不僅深入研究劇情，並且試圖模仿所扮演角色的言行。結果，愈能逼真地模仿原角色的表情、體姿、言行，愈能體會原角色在劇中的真正心境，使劇情能發揮得淋漓盡致。一個善於模仿的人，演什麼就像什麼，這就是感覺回饋的具體寫照。

第四節　情緒的體驗

　　情緒不僅有反應的生理基礎，有面部與肢體的表達方式，也有真實的內在認知體驗。由於情緒有基本的，也有摻和與混合的，因此情緒的體驗可能非常複雜。羅索(Russell, 1980)將所有情緒依「快與不快」與「強與弱」兩個主軸分為四個區域：快而強、快而弱、不快而強、不快而弱。快樂、興奮、歡欣、愉悅、驚喜等屬於快而強的情緒；同意、滿意、安寧、恬靜、沈著、放鬆、疲憊等屬於快而弱的情緒；警惕、恐懼、緊張、憤怒、挫折、惱怒、悲痛等屬於不快而強的情緒；悽慘、悲哀、憂鬱、黯然、無聊、憔悴等屬於不快而弱的情緒。這種圓環四分法(circumplex)是跨文化的(Larsen & Diener, 1992)，它受到另一新近研究的支持(Lang, 1995)。

　　雖然圓環四分法有其理論上的結構性優勢，但在實際應用上稍嫌廣泛而有欠精確。因此我們在討論情緒的體驗時，不妨涉及常見的幾種基本情緒，如快樂、憤怒、恐懼、悲傷，並作較深入的探討。

一、快　樂

快樂(happiness)是相當長久性的主觀幸福感(well-being)。 它可以從個人是否有高度的正面情感，與是否對自己的生命覺得滿意去衡量。據跨國際的研究(Diener & Diener, 1996)大多數人認為自己是快樂的。人類既然有不斷追求快樂的願望與企求，心理學家對這方面的研究也有快速增長的趨勢。

一般而言，自認為快樂的人有下列一些屬性：情緒暢快、自信心高、身心健康、自控良好、多美好記憶、對未來樂觀(Myers & Diener, 1995)；覺得社會安全(Johnson & Tversky, 1983)； 易於作決定(Isen & Means, 1983)；對自己的人生感到滿意(Schwarz & Clore, 1983)； 也樂善好施(Salovey, 1990)。然而，即使是快樂的人，由於生活中的壓力、人際間的失和、或工作上的挫折，不快的情緒便可能交替而來。幸好，快樂者能於事後很快地恢復其愉快的心境，又樂觀地面對將來。

到底快樂是怎麼來的呢？ 換言之，快樂的決定因素是什麼？ 小時快樂、中年煩惱、老年憂傷，是真的？ 男人快樂無憂、女人多愁善感，是真的？ 教育水準愈高愈快樂，是真的？ 有子女比沒有子女會更快樂，是真的？ 相貌誘人者比相貌平凡者更快樂，是真的？ 收入愈高或財富愈多會更快樂，是真的？ 研究顯示(Myers, 1993; Myers & Diener, 1995; Strack et al., 1991)， 個人是否快樂與其年齡、性別、教育程度、有無子女、相貌等無關，但與其收入有短暫的相關。

大幅度的增薪或營業上的收入，的確令人覺得自我能力受到肯定，興奮與自滿是自然的反應。然而至多三個月，成就的滿足感或幸福感便因情緒的復原而消失(Suh et al., 1996)。事實上，幾乎人人在追求財富與高收入，為什麼財富與高收入卻不能提供個人長期的快樂呢？ 在這方面有兩個相當令人信服的解釋：一是適應水平論，另一是相對剝奪論。**適應水平論**(adaptation-level theory)認為，新的高收入、高財富雖能帶來一時的快感，但是由於適應作用，既有收入與財富很快地變成舊收入、舊

財富而習以為常，個人只好追求更高的收入與財富以獲取另一輪的快樂。因此，拚老命賺大錢的人難得享受「知足常樂」的滋味。難怪許多四、五十歲的富豪竟是精神醫療機構的常客(Csikszentmihalyi, 1990)。**相對剝奪論**(relative deprivation theory)認為，個人與他人比較財富後，總覺得自己受到委屈，受到不合理的剝奪。見他人升官或發財，再看看自己的官銜或財運，不禁增高對自己的期待，深覺若「上天有眼」，本人應比那些人受到「更合理的對待」。在美國，有許多球星拒絕簽署年薪一、二百萬的合約，只因他們認為自己這麼優秀的球星竟被如此地虧待。若不能抱持「比下有餘」的自足感，老是為「比上不足」而不平，則更多的財富也買不到快樂。難怪，近五十年來美國人的年收入在淨值上增加了一倍，覺得非常快樂的人數仍然停留在三分之一左右(Niemi et al., 1989)。

　　既然前述的一些因素與快樂無緣，到底哪些因素可以用來預測個人的快樂呢？麥亞斯(Myers, 1996)認為，快樂的人有高的自尊，相當樂觀與外向，有摯友或終身良伴，工作或閒暇能施展所長，有意義深厚的宗教信仰，加上睡眠良好與運動適度。喀欣將預測個人快樂的因素歸納為三：社會關係、職業生涯、健康。他指出一個快樂的人：在社會關係上，有積極的社交生活、親近的朋友、美滿的婚姻；在職業生涯上，有穩定而具挑戰性的工作；在身體上，健康良好。

二、憤　怒

　　憤怒(anger)是異常不快的情緒反應。憤怒因起因不同與處理方式的差異而有各種情緒反應型式出現：如微怒、忿怒、憤慨、盛怒、怨憤、憤恨、惱怒、慍怒等。我們平時因惱人的瑣事而生氣的機會很多，如忘記要事、走路不慎、購物上當、天氣酷熱、身體不適等；我們對那些蓄意的、不公的、本來可以避免的「蠢行」或「謬誤」特別感到憤怒。事實上，78%的憤怒與親友或熟人有關，只有13%的憤怒是對著陌生人而發的(Averill, 1983)。

　　學會表達情緒與控制情緒是情緒發展的重要目標。就以憤怒來說，

我們不僅要懂得如何溝通我們不悅的訊息，而且要知道在什麼場合、什麼時候表達最有效益。有良好情緒適應的人，憤怒能恰到好處地表達，既能抒發內心的憤懣，又不致於傷害他人；反之，情緒適應不良的人，有時勃然大怒、言行暴躁以致難以收拾，有時忍氣吞聲、抑鬱不快以致懷恨在心。在一些西方社會裡，由於重視個己的感受，因此主張大膽的、即時的暴怒以發洩憤怒；在東方社會裡，由於重視社會秩序的和諧，為求息事寧人，乃期待個人容忍或壓抑憤怒情緒。

到底宣洩憤怒是否有洗滌(catharsis)作用呢？那些發行以暴怒與攻擊為題材的電影商，堅信觀賞暴怒與攻擊電影有助於發洩或洗滌觀眾積壓的憤懣。然而有些心理學家(Geen & Quanty, 1977)認為，只有事後不覺得內疚或焦慮的宣洩，才會得到一時的清淨效應。否則，憤怒增強憤怒，一如火上加油，越發不可收拾，甚至傷害健康，破壞人際關係(Deffenbacher, 1994; Tavris, 1989)。

為什麼有些人憤怒時就容易動粗呢？卡拉特(Kalat, 1999)認為，過去有些心理學家誤指自尊心低為愛動粗的原因。 他支持另一相反的看法(Baumeister et al., 1996)：一個人的高度自尊受到威脅時，常以打擊他人來維護其優越感。他進一步指出，過去有暴行與衝動經歷，住在充滿暴力的社區，看了不少暴行的電視節目，傷害他人而不覺內疚，曾經試圖自殺，與身體比常人更易於激動等，是決定一個人憤怒時是否動粗的重要因素。欲減少社會上的暴行，我們應該注意這些個人的負面經歷與特質。

動輒發洩或一味容忍都不足取。為避免發洩或容忍所帶來的不良後果，麥亞斯(Myers, 1998)介紹兩種憤怒的因應策略：讓時間去稀釋憤怒（如數一至十或百，怒氣自然逐漸消失）；從事運動、練習技藝（如練琴、繪畫）、或獲取親友的精神支持。

當然，憤怒並不是一無是處。它有時成為動機的重要來源。例如，一公司因業務的需要而裁員，有的被裁者痛恨公司不仁不義，有的卻能化悲憤為力量，轉危機為契機，全力開創自己的事業。在戰場上，戰士

因憤恨敵人的掠奪國土，因而士氣高昂、勇往直前。即使是個懦夫，在憤慨之際，也會有挺身而出、仗義直言的時候。在人際關係或國際關係上，適當地表達對某事件的不快，常使事件停止惡化，甚至化險為夷。

三、恐　懼

另一種影響人生的重要情緒是恐懼。恐懼(fear)是感到自己（或親友）可能受到傷害的一種不安的情緒反應。個人覺得恐懼時，有一種不安定與不能掌控的感覺。如果個人感到恐懼，但又不能清楚地確認恐懼的來源時，稱為焦慮(anxiety)。恐懼有來自天生的（如對失恃、巨響、創傷的本能性反應），有來自制約的（如怕閃電、見交通警察尾隨而不安、恐懼症等），也有來自模仿的（如見他人逃避，自己也驚慌地跟隨）。學習恐懼的主要神經結構是扁桃體。扁桃體受傷的患者，雖仍能回憶制約的歷程，卻無法引起應有的恐懼反應(Schachter, 1996)。個人的恐懼有的來自真實的刺激或情境（如毒蛇、猛獸、洪水、火災、病痛等），有的來自想像的（如考前怕失敗，講演前先冒汗，手術前怕有意外等）。

恐懼是求生存的適應行為：為了避免受到傷害，或者逃離現場，或者尋求保護；參與群體或結合群力以嚇阻或擊退對方；為減少傷害、化險為夷，乃發展有效的策略去解決問題或準備應變；鑑於傷害的可怕後果，乃與對方妥協或停止敵對。恐懼有明顯的個別差異：你視為平常的情境，我可能頗為畏懼；令你膽戰心驚的事，我甚至樂而為之。有的人天不怕、地不怕；有的人處處小心、時時緊張。這些不僅是由於個人的經歷與體驗使然，先天遺傳也扮演重要的角色。據研究(Lykken, 1982)，即使分開居住的雙生兒也有相當近似的恐懼特徵。

四、悲　傷

悲傷(sadness)是因失去親人、摯友、或遭受嚴重失望時所產生的不快情緒反應。深沈而持久的悲傷稱為哀怨(grief)。悲傷與哀怨都與「喪失」或「離別」有關，因此「生離死別」是悲傷的主要根源。悲傷有其生存

的適應價值：悲傷所帶來的難過令人設法迴避，因此人人力求相聚，避免離散，力求生存，避免死難；悲傷獲取同情，因而可以得到他人的支持；悲傷促進變革，乃以新的做法取代令人失望的過去。

第五節　情緒理論

情緒既然包括生理反應、表達行為、認知體驗三部分，究竟生理反應與認知體驗孰先孰後，還是二者同時發生？試圖回答這個問題的理論有四：詹郎二氏情緒論、坎巴二氏情緒論、沙辛二氏情緒論、認知仲裁情緒論。

一、詹郎二氏情緒論

詹姆士(James, 1884)與郎吉(Lange & James, 1922)認為，一個人先有生理上的反應，隨即產生主觀的情緒體驗，此一情緒觀點稱為**詹郎二氏情緒論**(James-Lange theory of emotion)。根據這個論點，我們哭了才感到傷心；我們攻擊後才覺得憤怒；我們發抖了才產生恐懼。若你在黑夜中獨自一個人在空巷裡行走，一時瞥見背後有人跟隨，頓時冒出冷汗，然後覺得恐慌，只好拔腿就跑。根據這個敘述，情緒發生的程序是：刺激→生理反應→認知體驗。

二、坎巴二氏情緒論

詹姆士的女婿坎南(Cannon, 1929)對詹郎二氏情緒論提出兩個質疑：（甲）同一生理反應如何引起不同的情緒？（乙）刺激出現後，緩慢的自律神經系統的作用有可能成為快速的情緒反應的動因嗎？於是，坎南對情緒提出以下的看法：當個體感受刺激後，訊息立刻進入傳訊中心的視丘，再由視丘「同時」分送到大腦皮質部（主心理反應）與交感神經（主

生理反應），因此情緒反應與生理反應同時出現。就以前述暗巷裡獨行為
例，一時瞥見背後有人跟隨，就同時產生恐慌與拔腿就跑的反應。坎南
的同事巴德(Bard, 1934)同意這個觀點，並予以闡釋，故稱坎巴二氏情緒
論(Cannon-Bard theory of emotion)。然而，這個理論也有它可議之處：視
丘何以知曉哪種訊息必須送往交感神經系統呢？難道視丘有情緒的識別
功能嗎？無疑地，我們只好求助於重視認知功能的情緒理論。

三、沙辛二氏情緒論

　　沙克特與辛格(Schachter & Singer, 1962)同意生理反應在情緒中所扮
演的角色，但認為生理作用本身不足以引起不同的情緒反應。沙辛二氏
認為，情緒的引發包括兩部分：生理反應與對生理反應的認知標籤，因
而此說又稱二因情緒論(two-factor theory of emotion)。根據沙辛二氏情緒
論(Schachter-Singer theory of emotion)，某一刺激情境下所引起的特定生
理反應有其賦予的認知標籤，對交感神經的作用賦予什麼標籤就有什麼
情緒反應。如果你在排長龍，眼看見前面有個人插隊就生氣，他一回頭，
那個人原來是好鄰居老張，你立刻輕鬆地微笑。同樣由插隊所引起的生
理激動，是生人就生氣，是好友則微笑。但是這個理論並未受到實質上
的支持(Reisenzein, 1983)，因為我們無法證明生理反應是情緒的先決條
件，對一般性生理反應貼上不同的情緒標籤也無濟於事。

四、認知仲裁情緒論

　　拉茲勒斯(Lazarus, 1984, 1991, 1996)鑑於認知對情緒的決定性作用，
乃提出認知仲裁情緒論(cognitive-mediational theory of emotion)。他認為，
情緒是個人對刺激評估並予以裁決後所產生的身心反應。個人對刺激情
境的評估是情緒的決定因素，而評估的程序包括初級評估與次級評估。
在初級評估中，個人必須決定事情發生的後果是什麼；在次級評估中，
個人要決定該做什麼，當情勢需要時，也許還要重估。可見，認知在前，
情緒在後。就以在暗巷裡獨行為例，對暗巷的位置與其安全有了評估(如

此地從未發生搶劫案），有助於決定是否可以在該處放膽地夜行；對突然出現在後的人進行試探（如故意走快些，並觀察其尾隨的程度），可以決定該跑、躲避、或依舊慢行。換言之，對個人來說，怎樣的認知評估，就有怎樣的情緒經驗。情緒既然來自認知的評估，結果愈與個人有關，情緒的強度也就愈高。拉茲勒斯也提醒我們：簡單情緒（如驚訝、懼怕）的認知評估是在無意識中進行的。

可是，柴安斯(Zajonc, 1980, 1984)指出，當刺激出現後，我們的一些情緒反應常比思考來得快。他因此認為，情緒是基本行為，無須事先由認知來評估。他從演化的觀點指出，低等動物雖然也有情緒，卻不見得有評估情境的認知能力；人類也是先有情緒的體驗，後有情境的評估。顯然，柴安斯將情緒與認知分開，不贊同認知評估為情緒的先決條件。

從研究神經傳遞訊息的途徑來看(LeDoux, 1996)，當刺激訊息由感官進入視丘後，那些傳到杏仁體（情緒控制中心）的，迅即作出適當的情緒反應；那些傳入大腦皮質部（思考中心）的，需作詮釋、回憶、期待、評估等複雜活動，因而顯得反應緩慢，思考的結果有時會推翻較早的非認知性情緒反應方式。例如，見小爆竹彈到腳旁，你害怕地往旁跳開，注視一會兒（也思考了一會兒），你猜那是一枚不爆的爆竹，也就泰然自若了。可見簡單的情緒反應是自動的，殊少有認知的需求；複雜的情緒（如愛、恨、憂慮）則深深地受到認知的影響。由這一推論來看，情緒理論的爭議似乎不是生理與認知孰重或孰先的問題，而是何一情境需要快速的情緒反應，何一情境需要多量的認知評估，其目的是為個人提供最適宜的反應方式。

第六節　情緒的控制與運用

瞭解情緒的定義、種類、功能，認識情緒的生理反應、表達方式、

認知體驗，與探討不同的情緒理論之後，讓我們進一步尋求如何控制情緒以發揮情緒的社會與專業功能。高曼(Goleman, 1995)曾經出版一部暢銷一時的《情緒智慧》(*Emotional Intelligence*)一書，從演化觀點認定情緒為生存所必需。他認為我們有理智的心(rational mind)與情緒的心(emotional mind)，後者時常統御前者。他感慨現今社會只關切語文與數學能力的低落，卻絲毫不重視情緒能力的不足。書中強調情緒的控制與運用在事業成敗上所扮演的重要角色。他的觀點頗受現今社會的歡迎。高曼(Goleman, 1998)後來出版《情緒智慧的運用》(*Working with Emotional Intelligence*)一書，一再肯定情緒技巧在工作上的重要性，認為情緒智力的重要性遠超過一般智力或專業知能。他指出，要在工作上有卓越的成就，良好的情緒技巧可以使之「無往不利」。以下先摘要介紹高曼對情緒智慧的運用的主要觀點，然後簡介葛特曼(Gottman, 1994)為解決男女間情緒衝突所提的建議。

一、情緒智慧的運用：高曼的觀點

1.男女在情緒表達上的異同

高曼指出，男女在情緒智慧上分不出高低，只是各有其優缺點罷了。一般而言，女人比較感知自己情緒的存在，比較能感觸他人的情緒，也比較善於處理人際間情緒上的往來。反之，男人比較自信與樂觀，較易於調適自己的情緒，也比較善於處理心理壓力。雖說男女有這些情緒技巧上的差異，他們之間的相似性遠超過相異性。

2.情緒智慧的主要指標

高曼認為，情緒智慧從五個方面表現出來：(甲)自我覺識——包括確認自己的情緒及其後果，知道自己的優點與缺點，並肯定自己的能力與價值；(乙)自我規律——包括控制自己的衝動行為，保持誠信與統整，對自己的言行擔負責任，面對改變時富有彈性，與接受新的觀念；(丙)

動機——勤於改進、追求優異，為團體或組織的目標而奉獻自己，時機一到自動行事、堅忍不拔、排除萬難；（丁）感性——能預知、確認、滿足顧客的需求，依他人的需要去協助他人發展，力求各族群的均衡發展，注意大眾的情緒流向與權勢關係，並且善於知人；（戊）社會技巧——凝聚各種策略以說服他人，傳遞明確的訊息，啟發與領導群眾，成為促動改變的媒介，經由協商解決歧見，培養緊密的人際關係，為共同目標而協力合作，利用團隊的群力去達成共同目標。

3.專業上的成功實例

高曼警惕我們：情緒智慧並不單是對人示好，必要時應該直率地告訴他人蠢行的惡果；情緒智慧並非情感用事，而是使情緒在控制下能適當而有效地表達出來，以順利地達成共同的目標。例如，那些從未被患者控告瀆職的內科醫生比起那些容易被告瀆職的內科醫生，更善於與病患溝通，告知病人治療的可能效果，與病人談笑，聽取病人的意見，查詢病人對病症的瞭解程度，並鼓勵病人發問。對病人來說，要成為有感性的醫生，只要花三分鐘的時間。高曼又指出，許多人從事於兜售保險的業務，具備情緒智慧的業務員可以有一般業務員兩倍的業績。有一個全球性飲料公司，採取忽略情緒智慧的一般標準來聘僱經理，兩年內卻有一半離職而去；公司後來採取兼顧與情緒智慧有關的標準聘僱經理，兩年後只有6%的離職率。顯然，領導或經理人物的情緒智慧對公司業務的順利開展非常重要。別以為那些成功者所具備的情緒智慧都是天生的，高曼指出，它的絕大部分是由學習與經驗而來的。這對大多數人來說可以說是一個令人振奮的喜訊。

4.情緒智慧運用的自我評量

下面是一個簡易的自我評量表。以「是」或「非」回答下列十二個問題，看看你的情緒智慧有多高？

是　非　A、你知道你的優點和缺點嗎？

是　非　B、他人能否信賴你處理細節？你是否不讓事情敗壞？

是　非　C、你是否安於改變並接納新觀念？

是　非　D、你的動機是否為了達到你自己的優越標準？

是　非　E、當事情失誤時，你是否保持樂觀？

是　非　F、你能否從他人的觀點看事並感知他人所最關切者？

是　非　G、你是否以顧客的需求決定如何去服務他們？

是　非　H、你是否樂於協助同事發展其技能？

是　非　I、你能否精確地認知辦公室裡的政治情境？

是　非　J、你能否從協商與衝突中獲得「雙贏」的結果？

是　非　K、你是否為人們所爭取的對象？你是否樂於與人合作？

是　非　L、你是否經常令人信服？

　　如果你有超過五個以上的「是」，並且你的答案也獲得你「知己」的確認，則證明你善於運用你的情緒智慧。恭喜你了。否則，針對前面所列情緒智慧的一些主要指標，參考所舉的一些例子，抓住機會好好學習，成功在望。

二、男女間情緒衝突的解決：葛特曼的建議

　　再快樂的婚姻也不是沒有衝突的。葛特曼(Gottman, 1994)認為，衝突給予婚姻帶來喜悅與穩定。葛特曼在其所著的《婚姻為何成功或失敗：如何從研究結果中學習以獲得長久的婚姻》一書中指出，夫妻關係的成長只有從「成功地妥協歧見」中獲得。他闡釋道：夫婦要想排除那些終將傷害婚姻的行動，一定數量的衝突是必須的。

1.男女對情緒衝突的反應差異

　　葛特曼提醒我們：男女對衝突的反應是互異的，這在情緒上的衝突更是明顯。男人多壓抑或護衛情緒，女人則易於表達情緒。因此在處理

男女之間的情緒問題時，女人較勝一籌。女人善於處理男女間相處所引起的情感問題，不僅對問題較為敏銳，而且比較願意將它們提出來。一旦雙方想合力解決歧見時，雙方互異的做法反而時常糟蹋他們的一切努力。為什麼呢？

葛特曼發現，在男女衝突中有兩個阻撓問題解決的情緒反應方式：氾濫與退守。氾濫(flooding)是指情緒高漲、心跳急速、血壓陡增，情緒難以控制、思考能力薄弱的情緒反應狀態。在婚姻衝突中，男人的情緒氾濫更甚於女人，他們因此無法聽取對方的言辭，也難以作有效的溝通。在情緒高漲與氾濫之後，男人開始採取一種退守性的抵制策略。抵制(stonewalling)是在爭辯中採取防守態勢，既不聽取對方的意見，也無意解決問題。然而，當男人從氾濫中突然採取抵制策略時，女人常將它視為對她們的不敬、冷漠、或拒絕，甚至視為一種力（霸道）的表現。結果，女方常因而更加挫折與激怒，也跟著氾濫其情緒。當女人在情緒氾濫時，她們不用男人的抵制做法，反而更強烈地將其情緒表達出來（如大聲叫罵、哭訴）。女人的情緒氾濫更助長男人的抵制，解決衝突的希望也因此更為渺茫。那麼，葛特曼對此有無「妙方」呢？

2.解決情緒衝突的步驟

葛特曼為了化解男女雙方的情緒衝突並增進婚姻關係，提供四個具體的步驟。

第一步，雙方都應注意男女處理情緒衝突的差異性。男方應向女方解釋他們抵制的理由。如果女方瞭解男人的抵制是為了使其情緒不致於失控，則她們不再有被排拒的感覺，不再誤指男人缺乏解決歧見的意願。為了避免誤會，男方可以解釋道：「我要獨自靜下來，想想妳剛說的話，稍後回來再繼續跟妳談。」女方應當接受這個暫停的請求。要求暫停20至30分鐘，並答應回來繼續交換意見以解決衝突，是非常有效的策略，因為一個人的生理反應至少需要20分鐘以冷卻其激動的情緒。

第二步，在暫停期間，雙方會一面想剛才的爭論，一面自言自語。

這時各方應注意自言自語的態度取向。暫停的作用是在尋求衝突的解決，不是準備稍後給予對方更嚴厲的反擊。因此，與其憤恨地說：「他×的，這個×××，居然敢對我×××，簡直不知×××。」不如改以積極的口氣說：「靜下來好好地控制情況吧！基本上這是個良好的夫妻關係，我畢竟愛他（她）啊！」

　　第三步，男方應盡其所能地尋求解決之道。這時，男方不應該說：「算了、算了，就算我錯，不要再提此事了！」以迴避問題或搪塞對方。若女方老是「尋求」衝突，只因她希望與男方共同解決問題，因為問題的存在阻礙彼此的親暱關係。換言之，如有一方不斷地引發情緒衝突，即使冒感情破裂之險也在所不惜，那是因為他（她）深深關切雙方之間的友愛。也許夫妻的「吵吵鬧鬧」，旨在求得「恩恩愛愛」吧！

　　第四步，女方雖然應該一如往常地提出問題，但應保持冷靜，避免人身攻擊。問題的提出與表述，最好能在維繫或增進雙方情誼的架構下進行。雙方能否在良好的情緒下共同解決問題，有賴於各方是否以「愛」為出發點。果如此，情緒只有助益、沒有妨礙。

本章內容摘要

1. 情緒是對刺激的一種身心反應，它包括生理反應、表達行為、意識經驗三部分。成年人的情緒，可以歸納為人類共有的快樂、憤怒、悲哀、恐懼等四個基本情緒，也可以加上厭惡、驚訝、焦慮、內疚、興趣而成為九個基本情緒。

2. 秦巴竇認為情緒的功能有：成為促動或增強行為的一種動力，規範社會行為，與影響學習與記憶（如正情緒的學習效應、閃光燈記憶、依情回憶等）。

3. 任何情緒都伴隨著自主神經系統的類化性反應。自律的自主神經系統

包括相互作用的交感神經系統與副交感神經系統。不同的情緒（如憤怒與恐懼）雖具有共同的激動現象，應該各有其不同的生理反應方式。研究顯示，不同情緒在大腦裡甚至有不同的神經通道。與情緒有關的大腦組織是邊緣系統，包括扁桃體、中隔、海馬、下視丘等。正負情緒與左、右大腦的活動有關。

4. 情緒有可以偵測的生理反應，如心跳、血壓、呼吸、排汗等。記錄此等反應的工具稱為多線圖記錄器，若將它使用於偵訊個人是否作不實的報告或口供，則稱為測謊器。測謊時，口頭偵訊使用「控制偵詢」與「相關偵詢」兩種方式，以便比較兩種偵訊下個體反應的差異性。使用測謊技術時，測中與誤測的比例是七比三。

5. 以面部表達情緒是溝通訊息的重要管道。驚訝、厭惡、快樂、憤怒、憂愁、恐懼是六個人類普遍與共通的情緒表達。情緒的表達受文化傳統的影響，也有性別差異。情緒也可以經由行走、站立、坐下、姿態等肢體語言表達個人的情緒。面部表情不只是表達情緒，它也激起情緒經驗。

6. 羅索將情緒經驗依「快與不快」與「強與弱」兩個主軸分為四個區域：快而強、快而弱、不快而強、不快而弱。這種圓環四分法，不僅是跨文化的，也受到另一新近研究的支持。

7. 快樂是相當長久性的主觀幸福感。個人是否快樂與其年齡、性別、教育程度、有無子女、相貌等無關，但與其收入有短暫的相關。財富與高收入卻不能提供個人長期的快樂，其主要的解釋有：適應水平論與相對剝奪論。一個快樂的人：有積極的社交生活，親近的朋友，美滿的婚姻，穩定而具挑戰性的工作，與健康良好。

8. 憤怒是異常不快的情緒反應。憤怒有微怒、忿怒、憤慨、盛怒、怨憤、憤恨、惱怒、慍怒等不同表達方式。78%的憤怒與親友或熟人有關，只有13%的憤怒是對著陌生人而發的。學會表達情緒與控制情緒是情緒發展的重要目標。心理學家認為，只有事後不覺得內疚或焦慮的宣洩，才會得到一時的清淨效應，否則憤怒增強憤怒。憤怒的控制策略

有：讓時間去稀釋憤怒；從事運動、練習技藝、獲取親友的精神支持。
憤怒有時成為良好動機的重要來源。

9. 恐懼是感到自己或親友可能受到傷害的一種不安的情緒反應。感到恐
懼但又不能清楚地確認恐懼的來源時，稱為焦慮。恐懼可能來自天生、
制約、或模仿。恐懼有來自真實的刺激或情境的，也有來自想像的。
恐懼是求生存的適應行為。

10. 悲傷是因失去親人、摯友、或遭受嚴重失望時所產生的不快情緒反應。
深沈與持久的悲傷稱為哀怨。悲傷有其生存的適應價值。

11. 四個主要情緒理論是：詹郎二氏情緒論認為，先有生理上的反應，隨
即產生主觀的情緒的體驗；坎巴二氏情緒論認為，情緒反應與生理反
應同時出現；沙辛二氏情緒論認為，特定生理反應有其賦予的認知標
籤，對交感神經賦予什麼標籤就有什麼情緒反應；認知仲裁情緒論認
為，情緒是個人對刺激評估並予以裁決後所產生的身心反應。情緒理
論的爭議不應是生理與認知孰重或孰先的問題，而是何一情境需要快
速的情緒反應，何一情境需要多量的認知評估。

12. 情緒智慧論認為，人類有理智的心與情緒的心，後者時常統御前者。
高曼指出：男女在情緒表達上有差異，但他們之間的相似性遠超過相
異性；情緒智慧從自我覺識、自我規律、動機、感性、社會技巧等五
個方面表現出來。要在工作上有卓越的成就，良好的情緒技巧可以使
之「無往不利」。

13. 再快樂的婚姻也不是沒有衝突的。葛特曼認為：衝突給予婚姻帶來喜
悅與穩定；男女對衝突的反應是互異的，男人多壓抑或護衛情緒，女
人則易於表達情緒；衝突中氾濫與退守是阻撓問題解決的情緒反應方
式。葛特曼為解決情緒的衝突提出四個步驟：雙方都應注意男女處理
情緒衝突的差異性；在暫停期間，雙方應注意自言自語的態度取向；
男方應盡其所能地尋求解決之道；問題的提出與表述最好能在維繫或
增進雙方情誼的架構下進行。

第十三章
心理壓力與健康

　　健康與快樂是人生希望保持或追求的兩大目標。然而在這個世界裡，人們自出生以後總是免不了要忍受病痛之苦。時到今日，人們對疾病的診療大多重視病毒的鑑定與移除或生理功能缺陷的調適或整治。然而事實證明，來自環境或由自己引發的心理壓力也是影響健康的重要因素。

　　心理壓力(stress)是個人處理事務的能力受到挑戰或威脅時所產生一種負面的心理狀態(Lazarus, 1993)。當個人的能力受到挑戰時，其心理壓力成為解決問題或完成任務的動力。許多人的卓越成就是接受了挑戰而獲得的。但是，當個人深感其能力、地位、或名譽受到威脅時，其承受的心理壓力對身心產生一定程度的傷害。許多人所患的氣喘、腸胃潰瘍、頭痛、便秘、關節炎、高血壓、心臟病等便與心理壓力有相當的關聯。臨床心理學家與精神科醫師將這些由心理問題所引起的生理異常，稱為心身性異常症候(psychosomatic or psychophysiological disorders)。引起心理壓力的人、事、物、思想，稱為壓源(stressors)。在日趨忙碌與緊張的高度工業化與現代化社會裡，影響生理而導致疾病的壓源急速地增加，一天或一週下來，許多人已因過度緊張而精疲力竭。無怪乎一到週末，多數人禁不住要說：「真高興，又是星期五！」

　　我們的心理雖來自身體，也回頭控制身體，這就是所謂的「心靈主控身體」(mind-over-body)。有鑑於此，安斯汀與蘇貝爾(Ornstein and Sobel, 1987)肯定地說，大腦的主要功能是保健，它分泌千百種生化物質，不是為了思考或推理，而是使身體免除麻煩。

佛理德曼(Friedman, 1991)感慨地指出，許多疾病與人格相關，但他從未看見「因不健全人格而致死」的死亡證書。杜波夫斯基(Dubovsky, 1997)進一步建議，在這心身性疾病盛行的今天，我們可以利用心靈來療養身體。可不是嗎？許多被醫生告知只有一年半載可活的絕症患者，由於勇敢面對疾病，快樂的活下去，竟然多活了好幾年，醫學界指為超越醫學常理，嘆為奇蹟與不可思議！

　　研究心理壓力與健康的關係便是保健心理學的重要課題之一。保健心理學(health psychology)是研究心理因素如何影響健康、疾病、治療的一門心理學。保健心理學的其他主要課題有：研究增進與危害健康的行為，探討患者與醫療人員的專業關係，尋求能加速病患康復的心理、情緒、態度因素，並且研討影響復健的社會因素等。

　　本章的討論將集中於解答下列有關心理壓力與健康的問題：

‧何謂心理壓力？心理壓力的來源有哪些？壓源的判定受哪些因素的影響？身體對心理壓力如何抗拒？
‧心理壓力對心臟、免疫功能、癌症有何負面的作用？
‧何種人格特質有助於抗拒心理壓力？
‧哪些行為與活動可以增進個人的抗壓能力？

第一節　心理壓力

一、心理壓力的來源

　　從早到晚，從年初到年底，從個人到社會，從天上到地下，都存在

著心理壓力的來源。為方便起見，我們可將壓源概分為四類：異常的災禍、生活的巨變、日常瑣事、挫折與衝突。

1. 異常的災禍

地震、火山爆發、颱風、龍捲風、嚴重水患、野火等天災，或火災、戰亂、暴亂、車禍、工廠毒氣外洩等人為的禍害，都是屬於難以預測的異常災禍(catastrophes)。由於它們傷害的程度大，損失慘重，幾乎對任何人都構成威脅性的心理壓力——到底受害者能否恢復所蒙受的巨大損失呢？能否重新站立起來？雖然災後有政府或社會的救助與支援，但災禍帶給災民的不便、傷痛的記憶、健康上的殘害等相當驚人。一項對52個不同災難的綜合分析研究(Rubonis & Bickman, 1991)指出，火災、風災、水災後的抑鬱與焦慮等心理異常症候比平時多出17%。就以1994年的洛杉磯大地震為例，震後二小時內，震央附近居民因心臟病而死亡的人數竟增加了五倍之多，其中只有13%的死亡是由於逃避或搬遷殘物而引發(Muller & Verrier, 1996)。

在殘酷的戰爭中目擊悲慘的死傷與破壞後，許多戰士因而患有嚴重的適應困難。這種困難在第一次世界大戰中稱為**彈震病**(shell shock)，在第二次世界大戰中稱為**戰鬥疲乏症**(combat fatigue)，現在通稱為**創後心理異常症**（posttraumatic stress disorder，簡稱PTSD）。那些因參戰（第二次世界大戰、韓戰、越戰等）而患有創後心理異常症的退伍美軍，其惡夢、慘景閃現、驚動等現象比一般戰士高出許多(Fontana & Rosenheck, 1994)。美國邁阿密市民在強烈颱風過境後幾個月內，居然有三分之一的市民患有創後心理異常症的症候(Ironson et al., 1997)。據報導，約32%被姦污的婦女與約15%參與戰爭的士兵罹患創後心理異常症(Foa & Meadows, 1997)。

2. 生活的巨變

另一類造成心理壓力的因素是來自生活的巨變，如失去親人或摯友、

喪失工作、離婚等。根據研究(Dohrenwend et al., 1982)，失去親友、喪失
工作、離婚者較易於罹患疾病。根據一個對約六萬九千名芬蘭喪偶者的
研究(Kaprio et al., 1987)，在喪失伴偶後一星期內死亡者有倍增的現象。
有些人遷居至完全陌生的地方（如留學或派駐國外），加上有語言溝通或
宗教信仰的困難，則容易造成沈重的心理壓力。

　　賀姆斯與瑞西(Holmes & Rahe, 1967)編製一套包括43個主要生活變
遷的**社會再適應評量表**（Social Readjustment Rating Scale，簡稱SRRS），
以評估個人面對生活中重大變遷時所承受的心理壓力。這個被普遍應用
的量表有個新的簡化版本(Miller & Rahe, 1997)，它包括21個主要生活變
遷，每個變遷附有壓力指數。表13-1便是新的量表。

表13-1　社會再適應評量表(Miller & Rahe, 1997)

生活變遷	平均指數
喪偶	119
離婚	98
近親死亡	92
被革職	79
自己受傷或生病	77
摯友死亡	70
懷孕	66
經濟情況改變	56
工作條件改變	51
結婚	50
性困難	45
生活條件改變	42
住處改變	41
學期開始或結束	38
自己的重大成就	37
轉學	35
與上司有麻煩	29
改變自己的習慣	27
改變睡眠習慣	26
休假	25
輕微地觸犯法律	22

　　依據這個量表，如果一個人在過去六個月內累積300分以上，或一年
內累積500分以上，必定容受高度的心理壓力，其引發心因性身體症候的

危險性大大地增加(Miller & Rahe, 1997)。也許你會感到奇怪，表內的許多生活變化中，若是負面的（如親友死亡或自己被免職等），當然產生傷害性的心理壓力，為什麼那些正面的（如結婚、大成就、學期結束等），也有壓力指數呢？事實上，每個人在生活的切身問題上發生重大變化時，不論正負，常有一時不知如何處置的壓力。結婚固然是喜事，婚禮的準備與親友的注意、關切、慶賀反使當事者感到不安：到底大家對這門親事的看法與期待是什麼？

3. 日常瑣事

異常災禍實屬少見，生活上的巨變也不頻繁，日常瑣事卻是人類的最重大的壓源(Kohn & Macdonald, 1992)。日常瑣事雖是日常生活中的芝麻小事，但是它們從早到晚、無時無刻不在煩擾個人。人們嚮往現代都市生活中的挑戰，但也必須付出心理壓力的代價。日常生活中的壓力，如工作、時間、交通、人際、社會、經濟、健康、情緒、子女等大小問題不斷地累積，使個人窮於應付、疲於奔命，因而影響身心的健康。日常瑣事不僅一時影響個人的心情，也影響個人平日與長期的健康(Wu & Lam, 1993)，受害者感到精疲力竭(burnedout)。一個精疲力竭的人已經覺得有氣無力、力不從心、挫折、僵固、冷漠，在面對新事件時更是提不起勁(Cordes & Dougherty, 1993)。日常瑣事對健康的傷害性總被那些忙於應付的人們所忽略，認為他們還能勉強支撐下去，甚至接受更多的承諾與擔負，以致健康深受其害。因此把日常瑣事看作人類最重大的壓源，並不為過。

身為一個大學生，也有不少煩人的日常瑣事吧！勉強上自己不喜歡的課，與女（男）友之間的摩擦，室友音響的吵鬧，報告寫得不合意，操場上運動競技能力的不足，缺乏適量的消遣活動，關切自己的外貌，無法分身做自己想做的事等，都能令人傷腦筋，深深覺得自己的能力與自尊受到威脅。無怪乎，美國大學生在週末與假期酗酒的情形相當嚴重。他們之中，許多是藉機輕鬆、解除緊張，不少人卻在借酒澆「愁」（沈重

的心理壓力)。

4.挫折與衝突

挫折(frustration)是個人朝向目的之行為受到延誤或阻滯時所引起的不快反應。衝突(conflicts)是個人試圖從不能和諧並存或相互對立的刺激中，作抉擇時所產生的矛盾心態。挫折是心理壓力的重要來源。試想：你辛苦準備的講稿，到時忘了帶上場，你不覺得氣炸嗎？你驅車到機場迎接訪客，中途爆胎，你不急死嗎？時常遇上挫折，你不抱怨嗎？若你懷疑自己的能力不足，豈不是心理壓力的主要特徵嗎？

衝突也是心理壓力的重要來源。我們可以隨俗地將所有衝突分成三類：雙趨衝突、雙避衝突、趨避衝突。雙趨衝突(approach-approach conflict)是個人在兩個喜愛的刺激中，只能挑選其一時所處的心理困境，一如「魚與熊掌」二者不能兼得時的無力感狀態。雙避衝突(avoidance-avoidance conflict)是個人在兩個都欲迴避的刺激中，必須忍受其一的心理困境。若你的體育選課只有排球和籃球，雖然你二者都不喜歡，只好硬著頭皮選其一，可是你心甘嗎？趨避衝突(approach-avoidance conflict)是個人必須接受具有兩個相反屬性（喜愛與討厭）的同一刺激時，心理所感受的困境。如果你看上一個人，你欣賞他的聰明，但厭惡他的傲慢；若你愛上了他，只有無奈地忍受他的傲慢。一般而言，人們碰上趨避衝突時，多猶疑不決，增添不少心理壓力。

二、壓源的判定

颱風或龍捲風摧毀了一個村莊，有些村民眼看傾家蕩產、感到萬劫不復，有些村民則認為大難不死、必有後福。同理，同樣被公司遣散，有人怨天尤人、積恨終身，有人自組公司、力求發展。可知，一個事故是否成為壓源，不是人人一致，而是受到一些因素的影響，其中主要的有：事故的可預知性，事故對個人的意義，情境可控制性，與自己的才幹。

1.事故的可預知性

人們對突發事件常有一時無法適應或難以招架的現象。火山爆發、山崩、瓦斯管爆裂、親人心臟病突發、自己突感眩暈、電視機突然失靈等難以預知的事故，令人無法以通常慣用的方式去處理，也難以預測其後果，因此產生高度的心理壓力。反之，我們若已獲知火山將於近期爆發，知道親人有心臟痼疾，或電視過去已失靈多次等，事故的發生是預料中之事，內心既然已有準備，處理上與心理壓力方面都比較輕易得多。

2.事故對個人的意義

認知對事故的評估影響壓源的判定。面臨外界的刺激，個人在認知上的評估決定何者是挑戰，何者是威脅。自己的房產被洪水淹沒，自己的親友突然病故，自己被公司解僱，自己無法趕上重要的會議等事故，不論其大小，由於與自己的自尊、權益、責任、信念、健康、福祉等關係密切，因此自然地被視為壓源。反之，若發生的事故與自己的自尊、權益、責任、信念、健康、福祉等沒有直接或間接的關聯，則成為壓源的可能性不大。只要注意表13-1社會再適應評量表所包括的生活變化，哪個不是與自己關係密切呢？

3.情境可控制性

決定壓源的另一個因素是，個人對事故與其情境能否作有效的控制。自己參與控制的程度愈多，愈能減少心理壓力。例如，洪水高漲時，若你備有沙包、抽水器、柴油發電機等，加上人手充足，則你家至少有堵水防災、控制水患的機會，心理壓力自然減輕很多。不然，眼看洪水高漲，你赤手空拳，對情境毫無控制能力，內心的無助感與壓力也隨著情況的惡化而增高。

許多人剛移民到新國家時，常遭遇到接受新文化的困難。新移民若屬於少數，則必須尊重多數民族的文化，許多對自己的文化習以為常的

人，顯然對新文化有不同程度的適應困難，因而產生心理壓力。語言、生活習慣、禮俗、社交、價值、宗教信仰等的失調，可能引發居住、教育、種族、宗教、職業的衝突危機。我們稱這種壓力為**文化適應壓力**(ac-culturative stress)。少數民族對整個文化的控制力相當有限，也必須作長期的調適，因此文化適應壓力也相當嚴重。

4. 自己的才幹

事故的發生正是個人評估自己處理事故能力的時候。自認對事故的處理可以勝任的人，心理壓力小；自認對事故的處理有力不從心的人，心理壓力大。自認有高度自我效能(self-efficacy)的人，對處理事故有較高的工作動機與較持久的工作耐力(Bandura, 1988)，對事故的解決有較大的幫助，心理壓力也將因而減低。

可見，由於不同的可預知性、自我意義、控制機會、控制能力，同一事故對不同的個人產生不同的壓力，不同事故對同一個的人也施予不同的壓力。

三、身體對心理壓力的抗拒

根據內分泌學家薩賴(Selye, 1976)的研究，白鼠在持續壓力之下，不論是何種壓源（電擊、高溫、低溫、或強制活動），都會引起一種稱為**一般適應症**（general adaptation syndrome，簡稱GAS）的抗拒反應。人類亦復如此。一般適應症包括警惕期、抗拒期、衰竭期等三個階段。於**警惕期**(alarm stage)，大腦立即促動交感神經系統，釋放腎上腺素，動員可資利用的一切熱能。於**抗拒期**(resistance stage)，個體以其動員所得的資源對抗壓力，但長期的壓力可能將資源消耗殆盡，因而進入下一期。一旦進入**衰竭期**(exhaustion stage)，由於能量消耗殆盡，個人對疾病的抵抗力非常微弱，可能因而病倒，甚至死亡。

第二節　心理壓力對健康的危害

　　多數人都能面對現實，成功地相繼處理大小事故，使心理壓力減到最低點，以維護健康、保持快樂。愈來愈多的證據顯示，心理壓力與心臟病、免疫功能減弱、癌症等關係密切。因此，我們不能在談論如何維護與增進健康時，只注意疾病本身的防止與醫療，因而忽略心理壓力對健康的危害。本節將分別介紹心理壓力與心臟病、免疫功能、癌症等的密切關係。

一、心理壓力與心臟病　

　　一提起心臟病，人們自然會想到危害心臟功能的吸煙、高膽固醇、高血壓、肥胖、高脂肪食物、缺乏運動、遺傳性心臟異常等。事實上，個人所面臨與承受的心理壓力與心臟病的關係相當密切。心臟科醫師們為了探索心理壓力與心臟病的關係,乃比較40位財稅會計師在報稅前(一至三月份)、報稅時（至四月十五日的年度報稅截止日）、報稅後（五至六月份）三個時段膽固醇的高度與血液凝固的速度。結果發現，財稅會計師在報稅前後一切都很正常，但在報稅期間，膽固醇與血液凝固兩項評量均達危險階段。他們的結論是：心理壓力可以用來預測心臟病的可能性(Friedman & Ulmer, 1984)。

　　也許你已經聽到過A型與B型兩種人格類型(Friedman & Rosenman, 1974)。這裡所指的A型與B型人格與血型無關，請勿混淆。屬於A型人格者的主要特徵是：（甲）感到時間的急迫性，總是在愈短促的時間裡安排愈多的活動；（乙）普遍地感到憤怒與敵意，因此易怒與易激；與（丙）野心勃勃、戰戰兢兢、喜歡競賽，競賽時又非贏不可。屬於B型的人，其行為特徵與A型行為恰好相反：輕鬆、緩慢、從不計較，也沒多大野心。

研究顯示(Rosenman et al., 1975)，在258位心臟病發作的患者之中，約有七成屬於A型人格，約有三成屬於B型人格。到底A型人格的哪些特徵與心臟病有關聯呢?: 是急迫? 是憎恨? 還是高成就慾? 根據最近對一系列研究的綜合分析(Miller et al., 1996)，A型人格中的「敵意」是「禍首」，急迫與高成就慾與心臟病無關。這麼一說，我對自己放心多了。然而，敵意又可再細分為二: 神經質敵意與反抗性敵意。**神經質敵意**(neurotic hostility)是經常發牢騷或動輒發脾氣; **反抗性敵意**(antagonistic hostility)則是喜歡挑釁或製造衝突， 這類敵意與心臟病關係密切(Marshall et al., 1994)。不過，社會上有些「冒牌的」B型人物，外表看來冷靜、沈著、毫無野心的樣子，實際上頗為緊張、敵視、戰戰兢兢，他們患心臟病的機會更甚於反抗性A型人物(Burgess et al., 1988; Shedler et al., 1993)。

二、心理壓力與免疫功能

持續的心理壓力可以減弱個體的免疫功能。 **免疫系統**(immune system)是一套完整的巡邏系統，包括骨髓、脾臟、胸腺、淋巴結等器官。免疫系統包括三種重要成員: B型淋巴球、T型淋巴球、巨食者。**B型淋巴球**(B lymphocytes)是一種來自骨髓的白血球，專門釋出抗體（抗生素）以消滅細菌; **T型淋巴球**(T lymphocytes)是一種來自胸腺的白血球，專門攻打癌細胞、 過濾性病毒、 以及其他外來的有害物質; **巨食者**(macrophage)則負責隔離、 包圍、 吞食各種有害物質 （包括破碎的紅血球）。免疫系統的成員遍佈於主要器官與血液裡，隨時迎戰入侵身體的有害物質，以保護身體的健康(Tizard, 1992)。

根據對老鼠的研究(Moynihan & Ader, 1996)，那些受喧鬧、擁擠、或無法逃避受懲的老鼠，比起沒有這些壓力的老鼠，其免疫細胞的活動明顯地下降。同理，根據對26位喪偶者的研究(Barthrop et al., 1977)， 由於喪偶的哀痛， 他們的免疫功能大為減弱。 另一項對48名志願者的研究(Stone et al., 1994)證實: 那些報告他們有快樂近況的人，身體有提升抗體的反應; 反之，那些報告他們近來有不快經驗的人， 身體有抗體減低的

反應。即使在實驗室裡做複雜的數學題，也改變了免疫細胞的活動達一、二小時之久(Cohen & Herbert, 1996)。

有趣的是，免疫系統的反應可以經由古典制約而「學習」。換言之，經由古典制約，可以使含有味道的水抑制免疫系統的反應(Ader & Cohen, 1975)。這一發現促成了一門新興的**心理神經免疫學**（psychoneuroim-munology，簡稱PNI），以專門研究心理、神經、內分泌、免疫系統之間的互動關係對健康的影響(Ader et al., 1995)。免疫系統既然可以經由學習而反應，它的被抑制，使身體抵抗疾病能力因而削弱，健康自然會受到傷害。

學生最感頭痛的是由考試所帶來的壓力。格雷澤夫婦(Kiecolt-Glaser & Glaser, 1993)以醫學院的學生作研究對象，結果發現，即使是通常的考試壓力也足以影響他們的免疫系統。事實上，個人只要歷經30分鐘的挫折性作業，其免疫系統就有短暫性的改變(Cohen & Herbert, 1996)。但是，也請你留意：並不是每個人對同樣的心理壓力產生同等的免疫系統變化，有些人的確比較「脆弱」，其免疫系統容易感受心理壓力的影響。

三、心理壓力與癌症

人們通常認為，只有基因或致癌物質(carcinogen)才會導致癌症的發生。事實上，心理壓力與抑鬱都與癌症有重要的關聯。雖然我們不能斷言心理壓力與抑鬱可以致癌，但是心理壓力與抑鬱寡歡使癌症患者的免疫系統減弱，身體的抗癌能力因而受損，使癌細胞得以迅速擴散(Anderson et al., 1994)。根據瑞士的一項大規模研究(Courtney et al., 1993)，有長期心理壓力經歷的職工患結腸癌的人數是沒有類似經歷職工的5.5倍，可是他們的年齡、吸煙、喝酒、體質並沒有差異。另外，史丹佛大學醫學院曾對患乳癌的86名婦女進行研究(Spiegal et al., 1989)，那些參與團體心理治療者平均多活37個月，那些未參與團體心理治療者平均只多活19個月。團體心理治療的特點是患者彼此分享感受、相互支持、相互鼓勵，因而減少心理壓力，也對未來增加希望與信心。團體心理治療對癌症患

者的延壽功能，證明心理與健康的密切關聯。

第三節　抗拒心理壓力的人格特質

　　我們在前面提醒過，同樣一件事對某些人產生壓力，對某些人是個挑戰，對另一些人則無關痛癢。心理壓力的判定雖然受到事件的可預知性、事故對個人的意義、情境的可控制性、對自己才幹的評估等因素的影響，然而個人的人格與其社會文化特質也成為抗拒心理壓力的重要因素。我們已經知道能抗拒心理壓力的人格與社會特質有：樂觀進取的態度、堅強的個性、內在控制觀、自我維護等。茲分述於後。

一、樂觀進取的態度

　　在處理日常事務上，有人樂觀進取，盡力去解決問題；有人則悲觀消極，事事推辭或敷衍。**樂觀者**(optimists)相信並期待事情將有好的結果；**悲觀者**(pessimists)相信並期待事情將有不良的結果(Scheier & Carver, 1992)。樂觀進取的人將危機看成契機，心理壓力因而減到最少；悲觀消極的人將危機看作負擔，因而感受沈重的心理壓力。樂觀的人不僅心理壓力減低，而且有較少的心身性疾病；悲觀的人心理壓力增高，免疫功能減弱，容易罹患高血壓、心臟病、腸胃病、過敏症、頭痛等病症(Gullette et al., 1997; Wiebe & Smith, 1997)。

　　塞利格曼(Seligman, 1991)則認為，樂觀或悲觀取向是源自個人對事物「好壞」的「解讀方式」。根據他的分析，樂觀者把成功歸功於內在的、長期的整體因素，將失敗歸咎於外在的、短暫的特殊因素；反之，悲觀者將成功解釋為外在的、短暫的特殊因素使然，把失敗歸咎於內在的、長期的整體因素。換言之，樂觀者將成功與自己、失敗與外界關聯起來；悲觀者則把成功與外界、失敗與自己結合在一起。如果你是個樂觀者，

你同意這樣的解釋嗎？塞利格曼進一步安慰悲觀者，告訴他們樂觀是可以經由學習而獲得的。他建議有悲觀取向的人採取下列三個步驟：（甲）先想出一個逆境，（乙）用一般常用的悲觀論調去解讀事情，（丙）以事實反駁原來的解釋。如果你有悲觀取向，不妨試試看。

二、堅強的個性

堅強(hardiness)的個性包括控制、擔當、挑戰三部分。控制(control)是確信所採取的行動可以直接左右事情的結果；擔當(commitment)是許諾與實踐所確定的目標與價值；挑戰(challenge)是積極地面對新經驗並試圖解決問題。在面對心理壓力時，堅強是非常重要的心理武器。柯巴薩(Kobasa, 1979)研究200名有心理壓力的公司主管，將他們分為兩組以資比較：一組時常患病並指出他們的病痛與壓力有關，一組雖有壓力但健康良好。結果發現兩組人員在年齡、教育、職權、收入、種族、宗教等並沒有什麼差異，但他們在對待自我與待人接物上顯然有別。那些在壓力下健康良好的主管，的確具備控制、擔當、挑戰等特徵的堅強個性。堅強個性被視為個人與壓力之間的緩衝力，其中的「控制」因素扮演最主要的角色(Funk, 1992)。

三、內在控制觀

個人對成敗的控制來源所作的看法影響其心理壓力的抗拒力。人們對影響成敗的來源有兩種不同的看法：認為成敗的控制關鍵是來自自己的能力與努力，是屬於內在控制觀(internal locus of control)；認為成敗的控制關鍵是來自環境因素或幸運，是屬於外在控制觀(external locus of control)。由於持內在控制觀者相信一切事情的後果反應自己的能力與努力，在面對壓源時盡其在我、努力以赴，其心理壓力因而減輕。反之，持外在控制觀者認為事情的後果是由於幸運或外力，在面對壓源時只有無奈與恐懼，因此心理壓力增高。兩者相比，內在控制觀者比外在控制觀者有較少的心理壓力，也有較少的心身性症候(Stern et al., 1982; Wiebe

& Smith, 1997)。

四、自我維護

　　自我維護(self-assertiveness)是個人為了保護自己的權益，公開表達不接受外界所授予或加諸自己的職責。有高度自我維護特質的人，在是否接受任何外來的任務、職責、活動、名位時，完全根據它們是否合乎自己的權益而定，決不是為了取悅他人而勉強自己。因此，有人乾脆將自我維護簡稱為「勇於說『不』」的行為特質。「勇於說不」確實減輕許多不必要的擔負與心理壓力，因此成為抗拒心理壓力的「擋箭牌」。如果一個人並不情願參與被邀的活動，礙於情面只好勉強答應，但內心不是心甘情願，反而為自己增添不快的心理壓力。

　　在個人主義(individualism)社會裡，個人的權利、價值與尊嚴受到尊重，個人的權益至上，因此個人在作決定時頗注意於「對自己的決定負責」的原則，必要時以說「不」來保護自己，至於他人如何想，就不予過問或理睬了。既然大家彼此彼此、習以為常，大家也不會介意。可是，在集體主義(collectivism)社會裡，維護社會福祉與和諧是每一份子的職責，必要時應犧牲小我、完成大我。為了「顧全大局」，說「是」或「好」是理所當然，卻使個人不斷累積大量的承諾，也殊難抗拒隨之而來的心理壓力。在東方集體主義社會中，自我維護的作風的確有相當程度的困難；不過由於西風的影響，許多年輕一輩的人也時常啟口說「不」了。

第四節　減少壓力與增進健康

　　人生充滿了災禍或煩人的壓源，使人們終日為抗拒心理壓力而奮鬥或打拼。由於各人能力有別，對事務的觀點與評估也互異，因此有人壓力多且大，有人壓力少而小。加上，同樣的面對壓力，有人有良好的抗

拒力，有人卻難得有喘息的機會。心理壓力對健康的傷害已逐漸被心理
學家與醫學界所重視，因此他們經常研究或探求對付心理壓力的最佳策
略，以維護或增進身心健康。本節先介紹常見的應付心理壓力的策略，
然後提出幾個有效的減壓活動以供參考。

　　人人都經歷過不同種類與程度的心理壓力，為了生存，卻各有一套
對付心理壓力的策略。我們可以將所有應付心理壓力的策略或行為概分
為兩類：針對情緒的對策與針對問題的對策(Lazarus & Folkman, 1984)。
針對情緒的對策(emotion-focused coping)是個人集中精力於應付由心理
壓力所引起的「情緒騷擾」，不打算解決問題，卻試圖學會與問題和平相
處；**針對問題的對策**(problem-focused coping)是個人以實際行動應付產生
心理壓力的根源問題，試圖以問題的解決作為減少心理壓力的手段。當
人們自認可以克服壓源時，會先使用針對問題的對策；以後他們若發現
無法解決實際問題時，自然轉而採取針對情緒的對策。假如一位職員沒
能獲得預期的年度升遷，始則鼓足勇氣向上司力爭，結果不能如願，後
來只好連夜在外喝得酩酊大醉，嘗試忘卻或減少因羞辱或難堪而引起的
情緒紛擾。針對問題的對策的確優於針對情緒的對策，也合乎長期保健
的原則。雖說針對情緒的對策（如醉酒或使用否認、理由化、投射、替
代等「防衛機構」）並非善策，其效用也頗為短暫，然而一些人為求得一
時的壓力舒解，乃頻頻採用而成積習，以致無法真正減少心理壓力。

　　如果問題無法解決，心理壓力持續影響身心的正常運作，不妨採用
已被證實有效的減壓行為與活動：如改變思路、放鬆、運動、保持信仰、
社會支持等。茲分別介紹於後。

一、改變思路

　　每當思及事件就感到心理壓力時，我們可以設法改變思路，以減少
壓力的負荷。改變思路有兩種方式可用：對事件重新評估與轉移注意。

1. 對事件重新評估

心理壓力既然是個人覺得其處理事務的能力受到挑戰或威脅時所產生一種負面的心理狀態,若能將事務對自己能力的威脅予以適當的重估,有可能減輕個人對威脅的感受,因而減少壓力。例如,將臨時交辦的重任看作威脅時,因責任重大而感到莫大的壓力;若把交辦重任重新評估為挑戰自己能力的時機,則不再是被動應付,而是主動迎接。積極主動比消極被動不僅更能激發工作動機、開拓創意,而且更能愈挫愈奮。

2. 轉移注意

改變思想的另一途徑是轉移注意。煩心的事若老是耿耿於懷,必定對個人產生長期的心理壓力。一般人的規勸是:盡量不要去想它,不去想它就沒事了。根據我們的日常經驗,越是叫自己不要去想的,越是想得厲害。這種稱為反彈效應(rebound effect)的心理現象,也獲得實驗研究的支持(Wegner, 1994)。因此,若煩心的思念繚繞不去,與其驅趕不成反而更糟,不如來個「轉移注意」的分心策略。

轉移注意(distraction)是每當一個不喜歡的思考來臨時,立即進行另外一個無關的思考。這個歷程與第六章第一節裡所陳述的反制制約相似,因此注意的轉移是思考的取代。由於一心難以二用,新的思考暫時取代了原有的思考,原有思考所挾帶的心理壓力也暫且消失,這對可能緊繃的肌體有舒解的作用。轉移注意既沒有壓抑思考的反彈惡果,又可以逐漸代以無害的思維,頗為心理學家所薦用(Cioffi & Holloway, 1993; Gross & Levenson, 1997; Wegner, 1994)。事實上,做學生的時常使用這個策略:當他們覺得為上一堂乏味的課而痛苦無奈時,他們便習慣地「神遊」去了。

二、練習放鬆

放鬆(relaxation)是一種以改變生理反應作為減輕壓力的壓力管理

(stress management)技巧。當個人因心理壓力而感到頭痛、肌肉緊張、或心跳加速等生理反應時，他可以採取放鬆的保健反應方式以取代緊張的傷身反應。目前在心理學界較為實用的放鬆方式是放鬆反應。

放鬆反應(relaxation response)是哈佛大學心臟科醫師本森(Benson, 1975, 1993)所使用的壓力管理技巧。放鬆反應與超驗靜坐 (transcendental meditation，簡稱TM) 一樣，由佛教的「靜坐」衍生而來。使用此一技巧的步驟是：（甲）清靜而舒適地坐下，兩眼閉合，並使從頭到腳的全身肌肉都鬆弛下來；（乙）呼吸減緩並加深；（丙）在呼氣時重覆發出無聲的字詞（如重覆「一」字）；（丁）讓心思自由地滴流而消失。每天依此練習二次，一次約20分鐘。當煩人的思念返回時，盡量重覆字、詞、或音調。若能勤練，必然產生抗壓的生理反應。根據一項研究(Sheppard et al., 1997)，一組經過12週放鬆反應練習的人比另一組只聽取如何減壓講演的人，其焦慮與抑鬱的減低更為長久。即使接受放鬆訓練只有一個月的老年人， 其疾病免疫的能力遠超過那些未參與放鬆訓練的老年人(Kiecolt-Glaser et al., 1985)。

三、運　動

當個人感到心理壓力時，交感神經系統釋放腎上腺素，以動員可資利用的一切熱能，作為抗拒壓力的生理反應。此際心跳加快、血壓增高、肌肉緊張，大有「非戰即逃」的情勢。運動（尤其是有氧體操）便可以將亢增的熱能作有系統的消耗，而且可以使緊繃的肌肉因運動而舒鬆，使運動後的身體感到舒暢與平靜(Mobily, 1982)。同時，根據一項對大學生的調查(Brown, 1991)：那些健康欠佳的學生在遭遇壓力時，多數生病就醫；健康良好的學生則頗能容受壓力，而免於病痛。運動不僅增進健康(Thayer, 1987)、延年益壽(Paffenbarger et al., 1986)、增強推理與記憶力(Etnier et al., 1997)，而且可以減少壓力的衝擊，可謂一舉數得，何樂而不為？

四、保持信仰

有80%的美國人相信宗教與靈修關係個人的健康(Mathews, 1997)。難怪哈佛醫學院自1995年舉辦的「靈修與醫療」年會，每年有2000名熱衷的保健專業人員參與盛會。美國心理協會也於1996年出版《宗教與心理臨床執業》一書，以彰顯信仰在心理治療中所扮演的積極角色。時代雜誌也在1996年專題報導「信仰與復原」。

調查與研究也強烈支持宗教與靈修對保健的關係。從3900名以色列人於十六年之間的死亡作研究，正教團體會員的死亡率只有非正教集體農場會員死亡率的一半(Kark et al., 1996)。從約九萬二千名馬里蘭州某縣居民的死亡率來看，每週上教堂作禮拜者的死亡率，只有非每週上教堂者死亡率的一半(Comstock & Partridge, 1972)。達特茅斯醫學院對已做過開心手術的232名患者作半年的追蹤研究， 其間死亡者的生前宗教活動是：12%屬於從未或少有上教堂者；5%屬於較常上教堂者；無一屬於信仰深入者(Oxman et al., 1995)。

雖然我們不能肯定宗教信仰本身是減少死亡的原因，但是信教者的生活方式（如少用煙酒、素食、參與社區活動、信徒間的交往等）可能導致較佳的身心健康，也有較強韌的抗壓能力。美國精神科醫師協會的平克斯(Pincus, 1997)提醒其同僚道：「提供保健服務的人，再也不能忽視靈修或宗教與健康的關係。」因此，不論你信什麼教，只要信得虔誠，信仰堅定，自然有助於評估自己的抗壓與制壓的能力，以保持健康的身心狀態。

五、社會支持

社會支持(social support)是指從他人獲得各種資源的歷程。人們雖然有要求一時獨處與幽靜的時候，卻最怕孤獨與寂寞。個人從小依附父母或養護者，也與其他年齡相若的同儕一起遊玩，因此人際間友誼關係的建立是個人正常身心發展的必要歷程。個人面臨壓力時，對於社會支持

特別覺得需要與寶貴。人類是群居的靈長類，當個人有心理壓力時，若自覺負荷能力受到威脅，則不僅希望在心理上獲得他人的支持，也在解決問題時期待人們從旁協助。

前面提到史丹佛大學醫學院對86名患乳癌婦女的研究(Spiegal et al., 1989)，那些參與「團體心理治療」者平均多活37個月，那些未參與團體心理治療者平均只多活19個月。這一結果證明心理治療中患者彼此分享感受、相互支持、相互鼓勵，因而減少心理壓力。根據一項對2800人長達七年的健康追蹤研究(Berkman et al., 1992)，那些因心臟病發而住院者，無社會支持者（無人與他們聊天或討論問題）與有社會支持者（至少有人與他們聊天或討論問題）相比，前者的死亡率是後者的3倍。患癌症的已婚者比患癌症的未婚者平均多活5年(Taylor, 1990)。與他人同宿者心臟病再發的機會少於獨宿者(Case et al., 1992)。可能的解釋是：社會支持有降低血壓、減少壓力激素、加強免疫功能的作用(Uchino et al., 1996)；社會支持中的交談與鼓勵，　也往往使被支持者對事件有更合理的看法(Clark, 1993)。可見病人不僅需要醫護人員的治療與照顧，同時需要親友或同事的出現、關懷、支持。將病人往醫院或療養院一送，只解決問題的一部分。

然而我們必須惦記：社會支持的品質是決定心理壓力是否增減的重要依據。不願接納或不受歡迎的外來支持，若引起反感，可能使情況反而惡化。有些人乾脆捨棄缺乏可靠性或惱人的親友，轉而尋求可以時刻依偎身邊的貓、狗等「忠厚」「無邪」的寵物。當壓力來臨時，那些有狗作伴的老年人訪問醫師的次數少於那些無狗作伴的老年人(Siegel, 1990)。可見，平時有貓、狗、金魚等作為寵物，對個人心理壓力的調適有相當的助益，也證明社會支持並不局限於來自人類。

一個病患或深受壓力煎迫的人需求他人的同情、瞭解與支持是正常的行為。有了適當的社會支持，不僅使被支持者感到「雪中送炭」的人際溫暖，也受益於社會支持具有的抗拒壓力的保健功能。我們不妨這麼建議：有心理壓力的人不要自我獨撐；也給予有心理壓力的人適當的社

會支持。

本章內容摘要

1. 心理壓力是個人處理事務的能力受到挑戰或威脅時所產生一種負面的心理狀態。健康心理學是研究心理因素如何影響健康、疾病、治療的一門心理學。

2. 心理壓力的來源可概分為四類：異常的災禍——地震、火山爆發、颱風、龍捲風、嚴重水患等天災，或巨大火災、戰亂、工廠毒氣外洩等人為的禍害；生活的巨變——失去親人或摯友、喪失工作、離婚等；日常瑣事——日常生活中的工作、時間、交通、人際、社會、經濟、健康、情緒、子女等大小問題；挫折與衝突——個人朝向目的之行為受到延誤或阻滯時所引起的挫折感，與個人試圖從不能和諧並存或相互對立的刺激中，作抉擇時所產生的衝突。

3. 一個事故是否成為壓源，受到一些因素的影響，其中主要的有：事故的可預知性，事故對個人的意義，情境可控制性，與自己的才幹。

4. 對付心理壓力的一般適應症包括三個階段：警惕期——大腦立即促動交感神經系統，釋放腎上腺素，動員可資利用的一切熱能；抗拒期——個體以其動員所得的資源對抗壓力；衰竭期——由於能量消耗殆盡，個人對疾病的抵抗力非常微弱，可能因而病倒。

5. 心理壓力可以用來預測心臟病的可能性。根據研究，A型人格中的「敵意」與心臟病有關，尤其是反抗性敵意。持續的心理壓力可以減弱個體的免疫功能。免疫系統的成員遍佈於主要器官與血液裡，隨時迎戰入侵身體的有害物質以保護身體的健康。但是，免疫系統的反應可以經由古典制約而學習。心理壓力與抑鬱寡歡也使癌症患者的免疫系統減弱，身體的抗癌能力因而受損，使癌細胞得以迅速擴散。

6. 抗拒心理壓力的人格與社會特質有：樂觀進取的態度——樂觀進取的人將危機看成契機，心理壓力因而減到最少；堅強的個性——堅強個性（包括控制、擔當、挑戰）為個人與壓力之間的緩衝力；內在控制觀——相信一切事情的後果反應自己的能力與努力，在面對壓源時盡其在我、努力以赴；自我維護——為了保護自己的權益，公開表達不接受外界所授予或加諸自己的職責，因此勇於說「不」。

7. 應付心理壓力的策略或行為可概分為兩類：針對情緒的對策——個人集中精力於應付與心理壓力相關的「情緒騷擾」，不打算解決問題，卻試圖學會與問題和平相處；針對問題的對策——個人以實際行動應付產生心理壓力的根源問題，試圖以問題的解決作為減少心理壓力的手段。

8. 有效的減壓行為與活動是：改變思路——對事件重新評估與轉移注意；放鬆——改變生理反應作為減輕壓力的壓力管理技巧，如放鬆反應的訓練；運動——將亢增的熱能作有系統的消耗，而且可以使緊繃的肌肉因運動而舒鬆，使運動後的身體感到舒暢與平靜；保持信仰——信仰虔誠與堅定有助於增進自己的抗壓與制壓的能力；社會支持——與親友分享感受、獲取支持與鼓勵，有助於減少心理壓力、增進健康。

第十四章
人格與人格評量

在我們的日常生活裡，「人格」一詞已被普遍地使用。我們用「人格高尚」一詞來表達對社會賢達的崇敬之意；我們也使用「人格掃地」來比喻那些不肖之徒的為非作歹；我們時常聽到一個人的行為或操守受到攻擊或質疑的時候，慨嘆地指出他的「人格」受到傷害或污衊；也有人為了給予對方必要的信賴，莊重地宣誓以「人格」作擔保。到底什麼是「人格」？

人格(personality)是個人表現在思想、行為、情緒上的特有組型。它是相當持久的、前後一致的，也是與他人有差異的。由於人格的持久性與一致性，人際間的交往更有可靠的依據或準則，今天見到的張三是昨天認識的張三，既是同一個個人，必有同樣的行為特徵。否則，我們無法與他人作持續性的來往。在不同情境下維持相當近似的言行、思考、態度，是人格一致性的充分表現。由於一人格與另一人格之間有差異性，即使「異中有同」，但每個人的人格是獨特的，與眾不同的。換言之，人格的差異有如指紋，只有類似，沒有完全相同的。可見人格一旦形成，必定經得起時間與空間的考驗。

既然人格代表多方的個人特徵，許多人便從不同的角度與方法去探索它的內涵、結構、發展。研究人格可以從思想、行為、情緒、或價值等個別領域去著手，也可以從統整的觀點去探討。從統整觀點看人格，常自成一套完整的人格理論，因為良好的人格理論有助於充分瞭解個人的行為及其特徵。目前主要的人格理論有：心理分析論、特質論、人本論、社會認知論。本章將簡扼

地介紹主要人格理論與常用的人格評量法，並試圖回答下列重要
問題：

· 什麼是人格？主要的人格理論有哪些？

· 精神分析論的共同觀念是什麼？佛洛伊德心理性慾論如何看潛
  意識的功能與人格的動力結構？人格如何分期發展？新佛洛伊
  德學說的特點是什麼？榮格、阿德勒、霍妮等的人格主張有何
  特色？精神分析論的優缺點在哪裡？

· 特質論的基本觀念是什麼？奧波特如何看特質？卡泰爾的特質
  從何而來？艾森克的特質論是什麼？什麼是大五特質論？特質
  論的優缺點在哪裡？

· 人本論的基本觀念是什麼？羅哲思對人格的基本見解是什麼？
  馬斯洛如何看自我實現？人本論的優缺點在哪裡？

· 社會認知人格論的基本觀念是什麼？班度拉如何看人格？洛特
  與米協爾的人格論是什麼？社會認知論的優缺點在哪裡？

· 什麼是自陳式人格評量法？其優缺點在哪裡？什麼是投射式人
  格評量法？其優缺點在哪裡？

第一節　心理分析論

　　心理分析論 (psychoanalytic theory) 是佛洛伊德 (Sigmund Freud,
1856–1939) 所首創。重視「潛意識」在人格動力、結構、發展上所扮演
的功能是心理分析論各派別的共同觀點。以下分別介紹佛洛伊德的心理
性慾論以及榮格 (Carl Jung, 1875–1961)、　阿德勒 (Alfred Adler, 1870–
1937)、霍妮 (Karen Horney, 1885–1952) 等所代表的新佛洛伊德學派的人

格論。

一、佛洛伊德心理性慾論

　　佛洛伊德(Sigmund Freud, 1856–1939)出生於奧地利一個貧窮的猶太家庭，是六個子女中的老大。他天賦聰明而好學，深受其母親的疼愛，也是一位難得的獨立思考者。自維也納大學醫學院畢業後，他擔任神經學(neurology)醫師。後來，他到巴黎從師於法國的名神經學醫師沙寇(Jean Charcot)，研究轉換性異常的歇斯底里症(hysteria)的診療。患此類症狀的人，雖沒有神經功能異常的生理基礎，卻常有身體局部（如手、臉、眼睛）一時麻痹失感的現象。沙寇認為歇斯底里症與患者童年時的重大創痛有關，並使用催眠術(hypnosis)成功地移除身體的麻痹失感現象。對一個研究神經學的佛洛伊德來說，這是個奇蹟，也埋下他日後發現神秘「潛意識」的一顆種子。有了這個重大學習與領悟，他乃回到維也納執醫，試圖帶給祖國的歇斯底里症患者復健的新希望。

　　然而，佛洛伊德的行醫並非原來想像中的順暢：並非所有患者能被成功地催眠，許多治療也沒有持久的療效。所幸，在他協助患者回憶童年的不快經驗時，竟發現患者有回憶困難、不能啟齒的「隱情」，因而斷定「潛意識」的存在與作祟。佛洛伊德是潛意識的發現者，也是有史以來潛意識的首位發言人。

1.潛意識的探索

　　根據佛洛伊德(Freud, 1900, 1946, 1949, 1954, 1963, 1964a, 1964b)，**潛意識(unconscious)**是個人意識界不可及（不能覺識）的心理境界，因此患者所能回憶的童年經驗並不是造成歇斯底里症的原因，只有那些欲言又止的（突然無法說下去，感到不安或內疚）、轉移的（如恨警察是恨父親的一種轉移）、經過化裝的（夢中看到陌生人）、或不小心溜嘴（呼叫丈夫「明華」為「志清」）等潛在欲念，才是為害患者的種因。因此佛洛伊德創用自由聯想、夢分析、溜嘴等**心理分析法(psychoanalysis)**去探索與分

析那些擾人的潛意識。**自由聯想**(free association)是讓患者輕鬆地仰臥在沙發上，自由自在地說出任何進入意識界的人、事、物。**夢分析**(dream analysis)則是試圖從個人所回憶的夢（稱為顯性內容）去推論他所欲成全的潛在欲望（稱為潛在內容）。例如，作一個自己「由高處下跌」的夢，可以被解釋為具有潛存「恐懼失敗」的焦慮。

佛洛伊德不僅發現潛意識，他也斷定那些潛意識裡的不快經驗與「性」有關。他生長在男女關係極其嚴謹的維多利亞時代裡，他不僅目睹女患者「移情」於醫生的事例，連他的一位女患者居然在治療過程中不顧時俗地擁抱他。這種帶著「性慾」的轉移現象深深地影響他對人格結構與人格發展的觀點。佛洛伊德講潛意識與重性慾的人格論，至今仍然家喻戶曉、廣被談論（尤其是文學、藝術、廣告）。以下分別介紹他的人格結構論、焦慮與防衛機構、人格發展論。

2.人格的結構

佛洛伊德將人格分成三個組成部分：本我、自我、超我（見圖14-1）。這三個部分代表個人在環境中生存時彼此互動的三個不同需求。

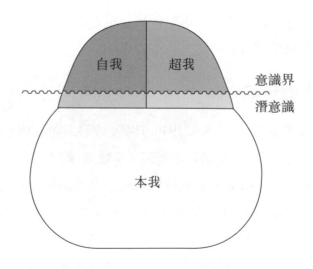

圖14-1　佛洛伊德的人格結構觀

　　本我(id)是最原始的「我」，它是天生的、本能的、衝動的，也是完全潛意識的。有人乾脆稱它為獸性。它是人生綿延不息的動力，它的動力來源稱為**慾力**(libido)。既然是「生存第一」，本我是依照「唯樂原則」行事的。**唯樂原則**(Pleasure principle)是指一切行為必須「立即」與「完全」滿足所有的慾念。若每個人只有本我，社會便充滿毫無禁忌的衝動與慾念的滿足。所幸，從本我衍生一個制衡的超我。

　　超我(superego)是個人經由內在化而獲得的社會習俗、道德、理想。換言之，超我是經由學習而獲得的：父母的獎或懲，社會的鼓勵或限制，習俗的允許或禁忌等。因此超我是後天的，是部分意識的與部分潛意識的。超我包括自我理想與良知。**自我理想**(ego-ideal)是理想與完美的自我，是自我應該做到的。**良知**(conscience)是自我不可違背或冒犯的規則。一個人做好事、有善舉，便符合自我理想，感到自傲與榮耀；反之，一個人違規背俗，便傷害良知，感到內疚與羞愧。這樣看來，超我與本我在基本上是相反的兩種需求：一個是維繫社會和諧的道德約束，一個是滿足個體慾念的衝動。在兩相夾擊之下，有個負責折衝、仲裁、調適的「自我」來收拾。

　　自我(ego)是調和本我與超我之間的衝突，期在現實環境中獲得最大滿足的決策機構。它也是從本我衍生而來，使個人能在社會習俗、道德、理想的限制下，充分滿足本我的需求。因此，自我的行為規範是**現實原則**(reality principle)：在現實情況之下，決定於何時、何地、何種方式滿足個人的不同需求。如此一來，個人所採取的適當行為，既能盡量滿足內在的強烈慾念，又能兼顧社會習俗與道德的規範。自我是兼具意識與潛意識的一個負責任的執行者。

3.焦慮與防衛機構

　　理想的本我、自我、超我的互動，應該既能滿足慾念，又能遵從禮俗與道德的規範。事實並非經常如此。在現實情況下，許多本我與超我的衝突令自我感到焦慮不安。由於焦慮使個人難以心平氣和地自處，乃

潛意識地扭曲與否定現實，以消減衝突所帶來的焦慮，此種措施稱為**防衛機構**(defense mechanisms)。可見防衛機構是一種維持自我的自欺性策略。常見的防衛機構有：壓抑、退化、投射、取代、合理化、昇華、反向等。

壓抑(repression)是防止引起焦慮的、不為社會所接受的慾念進入意識界。例如，一個人到旅館登記並卸物後外出進餐，事後竟完全記不起該旅館的名字與房間號碼(有不可告人的往事曾在此發生)。**退化**(regression)是回復到幼稚時期的行為方式。例如，緊張時吸手指；事情不能如願時號啕大哭。**投射**(projection)是將不為社會所接受的慾念加諸於他人。例如，自己開車超速被交警截下時，大嘆「大家都開快車」。**取代**(displacement)是以較能被社會接受的行為代替原來不為社會接受的行為。例如，被長輩訓斥時，怯於回應，只好於購物時，怒罵小店員一番。**合理化**(rationalization)是給予自己的行為最佳的藉口。例如，考試結果不理想，諉稱由於自己對該課程缺乏興趣所致。**昇華**(sublimation)是將不為社會所接受的慾念代之以社會所贊許的慾念。例如，上臺擁抱歌星是輕舉妄動；上臺向歌星獻花則是彬彬有禮。**反向**(reaction formation)是所作所為與原來的慾念背道而馳。例如，把「愛你」說成「恨你」；內心雖充滿恐懼，外表卻顯得十分勇敢。

上述防衛機構是消減焦慮的潛意識自欺的一時做法，並不是真正解決衝突之道。人們偶而使用以減輕煩人的焦慮，並無不可，但不能當作一套簡便的消慮萬靈丹而頻頻使用。只有在意識界裡面對現實地去解決問題，才是健全的做法。

4.人格的發展

佛洛伊德使用自由聯想、夢分析等探索精神病患的病理時發現到：人格的發展在六歲以前已經底定；人格的發展是自我解決本我與超我之間衝突的歷程。人類滿足性衝動的部位依發展的順序是口腔、肛門、性器、生殖器，人格發展也依序分為五個時期，但是口腔、肛門、性器三

時期對人格的影響最為深遠。佛洛伊德的五個人格發展期已於第十章的第六節人格發展中介紹過，於此不再贅述。

　　個人如能自環境限制中順利地滿足其性慾，便有正常的人格發展。在任何發展時期內，若性慾的滿足有「過與不及」的情形，就不免產生「固著現象」。**固著現象**(fixation)是個人停滯於某一發展期而不能順利向前發展的現象。佛洛伊德便用固著現象來解釋形形色色的人格發展特徵，他甚至於認為榮格(Carl Jung)之背離他，是由於榮格有待解決的「戀母情結」問題。茲將口腔、肛門、性器三時期固著現象的一些例子介紹於後。

　　口腔期： 影響此一時期性慾滿足的環境因素是「斷奶」的訓練。過早或太遲的斷奶，使嬰兒不是沈湎便是缺乏口腔活動的滿足，一旦因而產生固著，此後便有口腔性格的出現——需求飲食、吸煙、吮手指、咬鉛筆、電話裡談個不停，或變成被動、依賴、強求。

　　肛門期： 影響此一時期性慾滿足的環境因素是「進廁」訓練。若幼兒在肛門期的「排放」不是毫無節制便是受到嚴苛刻板的大小便訓練，一旦固著，則呈現出肛門性格——浪費、髒亂、缺乏組織、反叛，或吝嗇、嚴謹、守時、頑固、過分自律。

　　性器期： 影響此一時期性慾滿足的環境因素是子女與父母的關係。不適當的「母子」或「父女」關係一旦固著，則形成性器人格——男童無法擺脫閹割恐懼與戀母情結，或女童苦於陽具妒與戀父情結。若一個廿來歲的男人對年齡相若的女子缺乏興趣，反而迷戀五、六十歲的女人，在佛洛伊德看來，就是固著於性器期戀母情結的人格特徵。

二、新佛洛伊德學說

　　佛洛伊德的人格理論發表後，獲得一些人一時的尊崇與追隨。然而，對他的基本觀點的支持並不能阻止對他的一些看法的不同批評。原來與佛洛伊德在同一陣營裡，但不久就背離他的有榮格、阿德勒、霍妮等人。這些人的基本觀點雖與佛洛伊德近似，但各有其特殊的看法，因此稱為**新佛洛伊德學說**(neo-Freudianism)。

1.榮格的分析心理學

榮格(Carl Jung, 1875–1961)在進入醫學 (尤其是精神醫學) 界之前非常熱愛哲學、神學、人類學、考古學，因此他對人性與人類潛能有其獨特的見解。他被佛洛伊德視為自己的繼承者，並於1910年扶持他為國際心理分析學會的首任會長。然而，佛洛伊德要他堅持性慾觀的心理分析論，他卻堅信潛意識裡不是只有性慾，也有創造與自我實現等生命動力，這點使他難以見容於佛洛伊德。四年後他告別國際心理分析學會，並獨樹一幟，建立**分析心理學**(analytical psychology)。

根據榮格的分析心理學，一個人的潛意識包括個人潛意識與集體潛意識兩方面。**個人潛意識**(personal unconscious)是自我在本我與超我間折衝而獨具的生活體驗; **集體潛意識**(collective unconscious)則是先民所累積的集體經驗。 榮格稱那些代表人類集體潛意識的共同心像為**原型**(archetype)，如宗教、神話、英雄、民歌、族舞、夢、幻覺等。有了原型，人類不論住在何處，仍然能夠分享先民所累積下來的普遍文化，並藉以彼此溝通。

榮格認為，人格包括相互競存但力求調和的相對勢力，如意識與潛意識，男性化與女性化，內向型與外向型，理智與感情，感覺與啟迪。人格發展是這些相對勢力逐漸調和的歷程，它要到成年期才逐漸發展完成，並不同意佛洛伊德所堅持的六歲以前底定的看法。這些相對勢力發展的結果，通常有一方佔優勢。因此，有人重理智，有人重感情; 有人比較男性化，有人比較女性化; 有人相當內向，有人相當外向。

2.阿德勒的個別心理學

阿德勒(Alfred Adler, 1870–1937)是維也納的一位醫生， 也曾是佛洛伊德的信徒。他於1910年擔任維也納心理分析協會的會長，但一年後竟與心理分析絕緣，另創個別心理學，並於1933年定居於紐約。根據阿德勒(Adler, 1927)，人人有與他人合作以及關切他人福祉的社會天性，而不

是以性慾為主導的生理性衝動；人們有追求社會興趣的表達與實現，而不是與社會習俗或規範相抗爭。可見他重視社會需求的天性與社會興趣的實現，這與佛洛伊德的講性慾與衝突完全不能相容。

阿德勒也發現， 人有**追求卓越**(striving for superiority)的強烈動機——它是與生俱來、力求完美的內在動力。但他特別指出，「追求卓越」並不是獲得駕馭他人的權力，而是力求自我實現、止於至善的向上心。可惜，由於並非人人獲得卓越，一些人反而時刻在設法克服一種誇大的身心與社會的不足感，他稱之為**自卑情結**(inferior complex)。在克服自卑情結的路程上，各人發展出一套特有的應對方式，阿德勒稱之為**生活型態**(styles of life)。個人的生活型態在五歲之前便已成型，它代表個人的思考、行為等人格特徵。

3.霍妮的觀點

霍妮(Karen Horney, 1885–1952)畢業於德國柏林大學醫學院，是一位自己曾經接受心理分析的心理分析醫生。她於1932年由柏林移居美國，並於1937年出版《現代神經質人格》(*Neurotic Personality of Our Times*)一書，並活躍於心理分析陣營裡，擔任在紐約的美國心理分析學院院長一職，但她的心理學取向已大大地遠離「正統」的心理分析學說。

霍妮認為人格發展的主要影響力是來自親子間的**社會互動**(social interaction)， 而不是源自佛洛伊德所指的性慾。 兒童處於有敵意的世界裡， 他們所感覺的孤獨與無助感，稱為**基本焦慮**(basic anxiety)， 它不是佛洛伊德所提出因衝突而引起的。在一個冷漠、孤獨、缺乏尊敬與鼓勵的家庭環境裡，兒童是不會有安全感的，他們必須面對基本焦慮，發展其應付策略，以減少焦慮並維繫適當的人際關係。個人對基本焦慮的反應方式稱為**神經質取向**(neurotic trends)， 它是誇大的心理取向(Horney, 1945)。她舉出三類不同的神經質取向：（甲）趨向他人——需求他人的情感與贊同，取悅與順從他人；（乙）對付他人——需求獲取權力，剝削他人，超越他人；（丙）迴避他人——需求孤高與超然，獨立，自給自足。

除了重視社會環境對人格發展的影響以及分析神經質人格的起因之外，霍妮的另一貢獻是女性心理學的啟蒙。佛洛伊德主張「陽具妒」是女性發展中的必然現象，因此女人必須把自己看成「被閹割的男人」。霍妮則認為男女雙方在戀母的情境下各有所嫉妒，因此男人有男人的子宮妒(womb envy)，是男人因無法像女人一樣地懷孕與養育子女而引起的強烈嫉妒感。既然男人無法在生兒育女方面取勝，只好藉由外界成就作為補償。她進一步指出，女人的自卑感不是天生的，女人處在男性專斷的社會裡，學習了自己的不足，有些女人因此壓抑自己的女性，變成冷漠，甚至希望成為男人。可見，男人中心的社會文化不僅塑造了自卑的女性，也使女人不能充分發揮其應有的潛能。

三、評精神分析論

於1993年11月，時代雜誌提出了一個有趣的問題：「佛洛伊德死了嗎?」，意指「佛洛伊德的影響還在嗎?」當然，對數百名美國心理學會心理分析組的成員來說，佛洛伊德仍然「音容宛在」、「遺訓萬年」；可是對那些行為學派的心理學家而言，佛洛伊德早已仙逝，認為他的精神分析論也應該隨之消聲匿跡。事實上，至今沒有一本人格心理、異常心理、心理病理、或心理治療的書籍不介紹佛洛伊德的心理分析論，足以證明這個歷史上最為統整的人格理論不因它的缺陷而消失。到底，精神分析論有哪些要點受到批評呢？

1.理論中的要點難以作科學的證驗

佛洛伊德的理論中所使用的主要辭彙，如本我、自我、超我、壓抑、潛意識、固著作用、戀母情結、戀父情結等既缺乏操作性定義，更難以用目前的科學方法進行實驗研究。佛洛伊德在診所裡進行心理分析，一則只涉及過去（尤其是童年期）的經驗，一則沒有適當的控制與比較，其結果只能被視為對個案的敘述，缺乏作為類推的依據(Macmillan, 1997)。心理學既然是一門科學，只有被證驗的理論才能被接受，佛洛伊

德的理論由於有證驗的困難，至今仍然是一個被討論中的理論。

2.以精神病患的資料應用於常人

佛洛伊德的理論主要是建立在他從病患所獲得的分析性資料，那些資料作為心理異常的病理研究比用以建立人格理論更為恰當。我們日常所感受的焦慮，就無須從本我與超我的觀點去分析，可以就實際生活中的挫折或對心理壓力的反應去處理；我們熟練地打字、開車、賽球時的程序性記憶，就是一種認知性潛意識，它不需要是壓抑的、內疚的、或衝突的(Westen, 1998)。

3.過分強調童年經驗對人格發展的決定性作用

佛洛伊德認為人格在六歲以前已經底定，固然引起人們對幼童教養的注意，是個重大貢獻，但因而忽略人格持續發展的事實，便頗值得商榷。佛洛伊德從未進行過人格發展的長期性縱貫研究，缺乏支持其分期發展的實證資料。也由於理論上的專斷（口腔、肛門、性器三期決定終身人格），使幼童期以後的人格發展完全被忽略。最近的研究顯示，不僅貧困兒童的早期經驗可以經由後來的良好環境而改善(Werner, 1995)，而且個人的人格發展可以持續至成年中期(Costa & McCrae, 1997)。

4.過分強調「性慾」在人格發展中的角色

佛洛伊德堅信「性慾」在人格結構及其發展中扮演主要的角色，不僅令生活在男女關係非常嚴謹的維多利亞時代的人為之譁然，許多原來支持他的基本理論者也因而很快地離他而去。那些新佛洛伊德理論者不再將性慾看成人格的主要動力，他們試圖以社會興趣、社會影響或自我實現來取代性慾。事實上，佛洛伊德理論中的所謂的口腔人格或肛門人格（都與性慾滿足與否有關）也尚未獲得科學研究的支持。

第二節　特質論

當我們談到某人的人格時，我們自然而然地使用「誠實」「可靠」「害羞」「急躁」「內向」等形容詞，來敘述他所具有的特質。當我在為學生寫介紹信時，除了記述其優異行為之外，也使用「獨立」「可靠」「負責」「好奇」「合作」「上進」等正面的形容詞，以彰顯其人格特色，希望有助於其入學許可的申請。我們這樣做是基於一種觀點，認為每個人具備有別於他人的一些特殊人格品質。

特質(traits)是指個人具有的相當穩固的行為傾向。**特質論**(trait theory)視個人的人格是由一群特質所組成的綜合性描述。因此持特質論的人格心理學者偏重行為的評量與描述（如內向型或外向型），無意解釋行為的動因；試圖尋求行為的個別差異或類別，無視人類行為的共同性。由於重描述、輕動因，因此特質論並不強調個人的特質是天生的或後學的，它只特別指出特質跨時空的一致性(consistancy)與穩定性(stability)。換言之，個人的特質並不因時間的差異或情境的變遷而改變。具體地說，人們可以從個人的特質去預測其行為：一個害羞的人，不論何時或到哪裡去，總是害羞的。以下分別介紹奧波特的特質論、卡泰爾的特質論、艾森克的特質論、大五特質論。

一、奧波特的特質論

奧波特(Gordon Allport, 1897-1967)在年輕時曾經親自訪問佛洛伊德。當時他為了減輕開始時無言的尷尬，講了一個車上一對母子談論座位欠潔的故事，佛洛伊德聽完之後在他耳邊輕問道：「那個男孩不是你嗎?」他頓時頗為窘困，也因此深有所感，認為佛洛伊德竟如此習慣地分析他人，連一個年輕人的好奇造訪也予以忽略。於是他決心從事於人格

的評量與敘述。

　　奧波特(Allport & Odbert, 1936)從英文字典中找出18,000個描述人們的字詞，其中4,500個是描述個人特質的，他再將相關的字詞聚集起來並簡化成200個特質，認為人格是由這200個特質所組成。於是奧波特被尊為人格特質論的大師。

　　奧波特認為個人的特質可從三個不同層次去看：主要特質、中心特質、次要特質。**主要特質**(cardinal trait)是最高層次的特質，是個人特質的總代表。如果我們稱美國前總統雷根是一位「樂觀的保守主義者」，這就是雷根先生的主要特質。　**中心特質**(central traits)是在主要特質下代表個人所具有的一些重要特質。就以雷根先生而言，他給予人們的印象是：剛毅、自信、服人、友善、幽默，這些都是雷根的中心特質。至於**次要特質**(secondary traits)是指在某些特殊情況下才出現的人格特質。雷根先生平時和藹可親、時帶笑容，但在一次總統競選辯論會，為了力爭他的發言權，握著麥克風憤怒地說：「我已對此付了帳了！」

二、卡泰爾的特質論

　　卡泰爾(Cattell, 1965)使用統計學的因素分析法，將200個特質簡化為35個基本特質。　後來他將特質區分為代表外顯行為的**表面特質**(surface traits)與代表行為來源的**源本特質**(source traits)。他所編製的**16人格因素問卷**（Sixteen Personality Factor Questionnaire，簡稱**16PF**），便是根據他從統計分析所得的16個源本特質而發展出的人格量表，表14-1列舉這個問卷所包含的16個因素。每個人在個別因素上，是落在兩極端之間的因素範圍內。

表14-1　16人格因素問卷所包含的因素

因素	極端的一邊	極端的另一邊
1	孤獨的、不愛社交的	外向的、社交的
2	較不聰明的、具體的	聰明的、抽象的
3	受感情左右的	感情穩定的
4	順從的、謙遜的	支配的、肯定的
5	正經的	隨便的
6	權宜的	謹慎的
7	膽怯的	勇敢的
8	硬心腸的	敏感的
9	信賴的	多疑的
10	實際的	想像的
11	坦白的、直爽的	精明的、有謀略的
12	自我確定的	惶恐的
13	保守的	愛實驗的
14	依眾的	自恃的
15	無所拘束的	嚴控的
16	輕鬆的	緊張的

　　看完上面十六個人格因素，你或許會眼花撩亂，未必還能對一個人的人格保持一個完整的概念。現在介紹一個十分簡明的艾森克的特質論。

三、艾森克的特質論

　　英國的心理學家艾森克(Eysenck, 1982, 1990)認為人格的許多屬性可以從與基因活動相關的兩個方面去探討：「內外向性」與「情緒穩定性」。**內外向性**(introversion-extraversion)是指大腦的活動程度與尋求刺激的傾向；**情緒穩定性**(emotional stability)是指自律神經系統持續活動的穩定程度。例如，大腦的活動程度過低者必須尋求外界刺激，因此其人格屬外向型；自律神經系統活動不穩定者，有神經質的傾向，因此其人格屬不穩定型。可見艾森克是從個人的兩個生理反應去看人格特質的。然而這兩個特質是互動的，因此構成如圖14-2的艾森克人格特質論的解析圖。

　　由圖可以看出，艾森克將人格分為四個基本類型：內向穩定型、內向不穩定型、外向穩定型、外向不穩定型。**內向穩定型**(Introverted-Stable)者由內向而趨於穩定時，表現出由被動、謹慎、深思熟慮、安和、自律、

可靠、脾氣好、以至鎮定；**內向不穩定型**(Introverted-Unstable)者由內向而趨於不穩定時，表現出由沈靜、孤獨、保留、悲觀、清醒、刻板、焦慮、以至情緒多變；**外向穩定型**(Extraverted-Stable)者由外向而趨於穩定時，表現出由愛社交、愛外出、健談、反應靈敏、隨和、活潑、無憂無慮、以至善於領導；**外向不穩定型**(Extraverted-Unstable)者由外向而趨於不穩定時，表現出由積極、樂觀、衝動、善變、易激、多攻擊、不安、以至善感。例如，一個謹慎從事的人有相當內向而稍微穩定的特質；一個時常衝動的人有相當外向但情緒不十分穩定的特質。艾森克的特質論不僅簡單易懂，而且其特質的生理理論基礎也受到實驗的支持(Deary et al., 1988; Stelmack et al., 1993)。

圖14-2　艾森克人格特質論的解析圖(Eysenck, 1990)

四、大五特質論

由於統計技術的進步，卡泰爾的35個基本特質被一再因素分析的結果，終於呈現五個主要人格特質，通稱**大五人格因素**(Big Five Personality Factors)。大五人格因素包括：神經質（情緒穩定性）、外向性、開通性、合意性、誠摯性，此五大特質不僅相當穩定，而且有跨國界的普遍性

(Digman, 1990; Goldberg, 1993; McCrae & Costa, 1997; Wiggins, 1996)。茲將大五因素的主要內容表列於下。

表14-2　大五人格因素的主要內容(Gardner, 1995)

因素	名稱	低限	高限
1	神經質	鎮定	憂慮
		少情緒表現	易情緒化
		堅強	脆弱
2	外向性	保留	親切
		孤獨	從眾
		靜默	健談
3	開通性	實際	想像
		傳統	創新
		依慣例	多樣式
4	合意性	對抗	默許
		心腸硬	心腸軟
		多疑	信賴
5	誠摯性	懶惰	勤勞
		盲然	進取
		放棄	保存

　　大五人格因素論既不過分繁雜，也不致過於簡略，為一般支持特質論者所偏愛，也有相當的實用價值。例如，工商界挑選公關人員時，總希望找到情緒穩定、外向、善於應變、容易投合、誠心投入的雇員。研究發現(Manuel et al., 1993)，女警員較男警員有更高的合意性與外向性，更適合於建立警察與社區的人際關係。

　　既然艾森克的特質論有其生理的依據，證明遺傳基因對其二特質的影響力。到底大五人格因素是遺傳的天性還是學習的結果呢？根據雙生者的人格特質在不同環境下的比較研究，發現遺傳對神經質與外向性二特質的影響最大（約佔50%），對開通性與誠摯性二特質的影響次之，對合意性竟毫無影響可言(Bergeman et al., 1993; Bouchard, 1994; Plomin, 1990)。可知遺傳與環境對已知特質的影響程度，因不同人格因素而異。

五、評特質論

假如我們在張媽面前提起她兒子張台安的人格時，她總是說：「台安這個孩子從小就是那樣──好客、易處、樂天、健談、從不暴躁，是老好人一個。」這說明了一個事實：人格特質相當穩定，不因歲月而有太多的改變(Costa & McCrae, 1994)。既然是人格特質，是否在不同情境下還能維持穩定不變呢？研究顯示(Buss, 1989)，人格特質在熟悉、近似、非正式、私下的情境下是相當一致的；但在特異的不同情境下，自然產生「個人與情境互動」(person-situation interaction)的結果，人格特質也因而顯得不一致了(Mischel & Shoda, 1995)。

特質論對人格重視評量與描述，改善行為的預測與個別差異的甄別為其最大的貢獻。但特質論也受到下列不同的批評：（甲）對行為的動機沒有予以適當的解釋（如，沈默的人為什麼沈默，心腸軟的人為什麼心腸軟）；（乙）只給個人的行為傾向一些不同的標名，未對整個人格提供充分的理論基礎；（丙）只描述個別差異，但未解釋差異「為何」與「如何」發展而來。

第三節　人本論

於1940與1950年代裡，佛洛伊德的心理分析論與史金納的學習論成為相互對抗的兩大陣營，一些心理學家既不同意於過分強調潛意識與性慾功能的心理分析論，又不能苟同於只研究如何以增強與懲罰控制外觀行為的學習論，卻感到有主宰自己命運的獨特性「自我」已在對抗中被忽視。他們所重視的是不斷地生長與發展以求「自我實現」的自我，不是夾在本我與超我間尋求妥協與自衛的自我；他們所講求的環境是對自我富含意義的「主觀世界」，而不是環繞個人的客觀環境。自我是主動的、

有創意的、是能作自我選擇的。在他們看來，真正的心理學必須「以人為本」，他們因此組成**人本心理學會**(Association of Humanitic Psychology)，以推動這股被稱為「第三勢力」的心理學。

人本心理學偏重對人格方面的整體性研究，在這方面具有卓越成就而成為領航者，首推羅哲思與馬斯洛兩位心理學家。他們同樣重視人性善良的一面，自我實現的人生需求，與自我觀的核心價值。現在分別介紹二者的主要觀點。

一、羅哲思的自我中心人格論

羅哲思(Carl Rogers, 1902–1987)是在美國中西部的農村中長大，在轉學至哥倫比亞大學專攻臨床心理學之前,他曾經在神職學院進修兩年。羅哲思認為，一個人的人生觀必須從個人的經驗中發展出來；個人的主觀經驗決定他對世界的認知性質，可見他也深受哲學上現象論的影響。**現象論**(phenomenalism)認為，由個人所知覺與理解的世界才是真正的世界，因此一切事象的意義是由當事者賦予的。若一個小女孩與姐姐爭寵，說媽媽偏愛其姐姐，不管媽媽如何辯解，對她而言，媽媽確實「偏愛姐姐」。

羅哲思的人格論(Rogers, 1951, 1961, 1980)是他在心理諮商與心理治療經歷中發展出來的。他認為：（甲）個人有天生的、內發性的自我實現的需求；（乙）個人有天生的獲取無條件積極關照的社會需求；（丙）自我觀念是個人認知世界與決定行為的參照結構。

1.自我實現的需求

自我實現(self-actualization)是天賦的內在驅力，是自我潛能的充分發揮與實踐。個人的所有行為都是在維護、加強、實現自我的大前提下進行的。我們上學、運動、爭取成就、交友、協助他人、參與社團活動、就業、結婚等哪個不是在實現自我呢？當行為符合自我實現的需求時，個人會有滿足感；若行為不符合自我實現的需求時，個人將感到挫折。

2.積極關照的需求

個人在生長與發展中尋求他人的接納時，所需的關照是無條件的，而不是有條件的。**無條件積極關照**(unconditional positive regard)是指個人的被愛、被尊重、被接受是沒有先決條件的，即使個人並不符合他人所決定的標準或期待時，亦應如此。例如，父母因關愛你上下學的方便而協助你購買機車時，從不提出你必須維持學科成績乙等以上作為條件，雖然他們一直希望你能盡其在我。　**有條件積極關照**(conditional positive regard)則恰恰相反，個人的行為必須符合他人的期待或達到一定的標準，方能獲得被愛、被尊重、被接受。例如，父母答應協助你購買機車，但是有個條件，你在校學科總成績必須達到乙等以上，否則免談。前者有助於自我實現，後者可能導致自我衝突。

3.自我觀

人本論的核心是「自我」，它是經驗的中心，是決策的參照點。**自我觀**(self-concept)是個人對自己的能力、性向、興趣、態度等所作的自我描述與評估。不論個人對自己所抱持的評估是否客觀或正確，它是認知的中心，是判斷的主體，它影響個人的行為。要瞭解一個人的行為傾向，必須對其自我觀有充分的認識。自我觀是自我與環境交互影響的結果，環境的影響主要是來自父母、親人、師長、同儕等。在親友或師長之中，凡足以影響個人的自我觀者，稱為**有意義的他人**(significant others)。

力求自我和諧是個人的天性，但自我在環境中發展的結果並不盡然如此，有的自我觀是和諧的，有的是不和諧的。根據羅哲思的分析，在自我發展中個人有兩個自我：真實我與理想我。**真實我**(real self)是根據自己的實際生活體驗而獲得的自我觀；**理想我**(ideal self)則是自己希望達成的自我觀。若兩者是一致的，則個人對自己感到滿足與快樂；若兩者不一致，甚至相互衝突，則個人對自己感到失望或挫折，甚至有適應上的困難。當兩者不一致時，羅哲思建議個人盡量以建設性經驗充實真實

我，同時少注意於他人對自己的期待。

二、馬斯洛的自我實現人格論

馬斯洛(Abraham Maslow, 1908–1970)是與史金納同時代的心理學家，也曾經是一位研究猿猴行為的行為主義者。他第一位孩子出生後給予他的新經驗，使他有感而言：「有孩子的人不可能是個行為主義者！」也因而改變他的心理學觀點。馬斯洛(Maslow, 1954, 1968)對人格的主要論點有二：需求階梯論與自我實現的境界。

1.需求階梯論

馬斯洛的需求階梯論已於本書「行為的動機」一章中簡介過，並有圖11–1作為輔助說明。他所列舉的生理、安全、歸屬、尊重、自我實現等五個需求中，前四種由匱乏而產生，因此又稱為**匱乏性需求**(deficiency needs)，最高層次的自我實現則是屬於**成長需求**(growth need)，故又稱為**存在需求**(being need)。匱乏性需求必須獲得滿足，才有存在需求的驅動力。常言道「衣食足而知榮辱」，這在精神上與需求階梯論不謀而合。

2.自我實現的境界

既然自我實現需求的滿足是人生達到巔峰狀態的心理境界，馬斯洛乃分析卅八位成就卓越的舉世名人，如林肯總統、愛因斯坦、貝多芬、羅斯福總統夫人、傑弗遜總統等，以瞭解他們在人格方面的共同特徵。表14–3列舉馬斯洛所歸納出的自我實現者的主要心理特徵。

表14-3　馬斯洛歸納出的自我實現者的心理特徵(Maslow, 1968)

1.對現實環境有精確的認知
2.有高度的獨立性、自主性、創造性
3.有少數但深入的知交
4.有高度的幽默感
5.接受自己，也接納別人
6.專注於解決問題
7.有愉悅與滿足的巔峰經驗

如果你有以上的人格特徵，自然已臻自我實現的境界，可謂修養到家；但若自覺仍然遙遠得很，請勿氣餒，畢竟馬斯洛所分析的人格特徵是來自全世界極少數的聖賢之士。

三、評人本論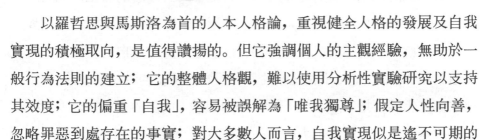

以羅哲思與馬斯洛為首的人本人格論，重視健全人格的發展及自我實現的積極取向，是值得讚揚的。但它強調個人的主觀經驗，無助於一般行為法則的建立；它的整體人格觀，難以使用分析性實驗研究以支持其效度；它的偏重「自我」，容易被誤解為「唯我獨尊」；假定人性向善，忽略罪惡到處存在的事實；對大多數人而言，自我實現似是遙不可期的夢境。

第四節　社會認知論

班度拉(Bandura, 1965)既不滿意於心理分析論的重視性慾本能， 亦不同意學習論的過分強調環境對行為的操控能力，乃以社會學習論解釋人格形成的歷程。他認為個人的人格是經由模仿學習而來的。他試圖以重視環境因素（模仿他人），來矯正心理分析的本能衝動；也強調自我增強與替代學習等認知功能，以改善學習論對認知的忽視。自1960年代以來，社會學習的人格論經歷不斷的實驗研究，已逐漸成熟，將認知、行為、環境三大因素同時納入人格系統之中，使之成為目前較為完整的科學的人格論。

一、班度拉的社會認知人格論

班度拉(Bandura, 1986)提倡**社會認知人格論**(social cognitive theory of personality)。他認為人格是由認知、行為、環境三大因素共同決定的。

三因素之間的關係是相互影響、彼此作用的，因此稱為相互決定論(recip-rocal determinism)。圖14-3說明人格三因素的互動關係。

根據相互決定論，個人的思想、信念、價值、判斷等認知活動影響其行為，行為的結果也影響個人原有的認知；個人所處的物理與社會環境影響個人的認知，受到左右的認知也影響其對環境的看法；個人的行為影響或改變其所處的環境，變遷後的環境也影響個人的行為。例如，你第一次應朋友之邀同去觀賞蘭花展，事後乃決定在自己住處的窗臺上養植蘭花(認知)，平時不種花草的你也開始為蘭花的養護而忙碌(行為)，你家窗臺也因而增添幾朵悅人的花卉 (環境)；成功的養蘭經驗 (行為)，不僅改變你對自己種花能力的信心(認知)，也使家居的生態有了變化(環境)。近年來，班度拉對認知在人格中的作用有更多的研究與詮釋，茲就「自我規律」與「自我效能」兩方面作進一步介紹。

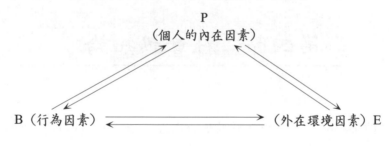

圖14-3　社會認知論人格三因素的互動關係

1. 自我規律

自我規律(self-regulation)是個人對行為的自我操控，有別於環境對行為的影響。班度拉(Bandura, 1989, 1991, 1996)認為，嬰兒與早期兒童的行為多數是由父母或養護者操控的。然而他們在操控行為時，也不斷地向兒童溝通行為應該達到的標準。例如，媽媽告誡孩子「要端坐在椅子上才有餅乾吃」，這就是媽媽在控制兒童行為的同時，也傳遞行為標準的訊息 (端坐才能進食)。隨著兒童的生長與發展，原來的外來操控歷程與外界行為標準，逐漸經由內在化而成為內在自我操控的行為標準。班度拉(Bandura, 1997)進一步指出，個人一旦建立行為標準，它便成為行為的指

導、動機、規範——依標準行事有自滿與自我價值感，違背標準行事則引發自我譴責。

　　然而學習自我操控需要適當的認知能力，因此各種行為的自我操控是終身學習的歷程。班度拉相信，行為的自我操控也是經由「直接觀察」與「模仿」的社會學習歷程而獲得的。

2.自我效能

　　既然操控是重要的，自我系統中最具關鍵性的因素是自我效能。**自我效能**(self-efficacy)是個人自認是否有能力去組織與執行某特定行為，以獲得預期結果的一種自我信念(Bandura, 1997)。它可能影響個人對動機、思考、情緒、行為、環境的操控，它可能影響行動的取決、需要的資源、阻礙的克服、堅忍的需求、成果的水準等。

　　自我效能信念的建構來自：制定性練達經驗、代償性經驗、語文說服、生理與情緒狀態等四方面。**制定性練達經驗**(enactive mastery experiences)是自我效能的指標，是個人從工作的難易與成敗中體驗出的效能信念，也是自我效能信念的最主要來源；**代償性經驗**(vicarious experiences)是由觀察、模仿，與相對比較（如跟他人相比而知道自己還不錯）而獲得的經驗；**語文說服**(verbal persuasion)是他人給予的適宜的鼓勵、支持、或貶抑；**生理與情緒狀態**(physiological and affective states)是個人的體能成就（如徒步遠行、體能競技等）、健康狀態、抵抗壓力的能力、情緒穩定性等。這些資訊來源並不各自直接作用於自我效能信念，它們必須經過選擇、加權、整理等認知的處理與考量方能奏效。因此，個人處理上述四項資訊的認知能力影響自我效能。

　　你也許希望知道自我效能與學業成就的關係。研究顯示(Bouffard-Bouchard, 1990; Pajares & Johnson, 1996; Pajares & Kranzler, 1995; Schunk, 1989)，自我效能信念高的學生，比具同等認知能力但低自我效能信念的學生，有較佳的學業成績。一般而言，自我效能信念高的學生，尋求更具挑戰的工作；反之，自我效能信念低的學生，只好避重就輕。

二、洛特與米協爾的社會學習觀

洛特(Rotter, 1966, 1990)與米協爾(Mischel, 1973; 1990)兩人也重視認知在人格中所扮的角色。洛特指出，某一情境下的行為取決於個人對行為受增強的主觀期待與對增強的價值評估。因此他的**控制所在論**(locus of control)認為，人們對行為成敗的決定來源有不同的認知：認為自己決定自己的命運，稱為**內在控制**(internal locus of control)；認為外界決定自己的命運，稱為**外在控制**(external locus of control)。

米協爾的**認知社會學習論**(cognitive social-learning theory)認為，決定行為的五個個人因素是：才幹（心智、身體、社會、創造等能力），編碼策略（如何處理他人與情境的資訊），期待（個人對成敗原因的看法），主觀價值（何種結果能產生增強），自我規律系統（制定目標、自我監控、評估進程、規劃未來）。可見米協爾的人格觀點與班度拉的理論有許多近似之處，他們同樣重視認知對行為取向的影響。

三、評社會認知人格論

社會認知人格論試圖以認知、行為、環境三因素的互動關係來解釋複雜的人格，也是目前以實證研究作基礎的主要人格理論。其優點是：（甲）講究社會學習對人格發展的功能；（乙）重現自我規律系統中的自我效能信念；（丙）強調認知的功能；與（丁）成為目前盛行的「認知—行為治療法」的重要理論依據。唯社會認知人格論殊少涉及人格的生理與遺傳基礎，也忽略個人具有的人格特質，可以說是一個重視認知的學習論。我們知道，傳統行為主義的學習論沒有為人格提出一套特別的理論，它視人格為各種行為的集合體，而行為是由環境的獎懲來形成與改變的。

第五節　人格的評量

　　人們時常試圖從學業、工作、與社交中「測試」自己的能力與人格特徵，也因此獲得諸如「蠻聰明」「有點內向」「非常謹慎」「肯負責」「脾氣好」一類的人格標籤。當然，要獲得更為精確的人格面貌，必須依賴合乎科學的評量，使結果有更理想的信度與效度（詳見第九章第三節「良好評量工具應具備的條件」）。事實上，人格評量工具的使用相當普遍：大型企業用以選拔人才或任用員工；心理診所與精神醫院用以協助心理診療；大學與研究機構用以進行心理實驗、調查、或研究。評量人格有兩種截然不同的方式，一是自陳法，一是投射法。茲分別介紹於後。

一、自陳法

　　自陳法(self-report method)是以問卷方式，要求受試者以「是」或「非」來表達每一陳述對自己的感觸、思考、或行為的代表性。例如，如果你對「我時常感到手腳冰冷」這一陳述以「是」答之，便是認同此一陳述；否則以「非」答之。採用自陳法評量人格的**單一量表**(scale)或**多項量表**(inventory)，包括一連串的陳述，以便受試者一一作答。許多量表要求受試者對每一陳述選擇「是」或「非」；也有量表將兩個相對的陳述並列成對，要求受試者從中選擇其一。例如：(甲)「我喜歡參與社團活動」，(乙)「我愛一個人獨自創作」，受試者必須以「甲」或「乙」答之。配對陳述可以防止受試者偏愛答「是」或偏愛答「非」的缺點。

1. 自陳量表舉例

　　明州多樣人格量表（Minnesota Multiphasic Personality Inventory，簡稱MMPI）是著名的自陳量表。它是1940年代發展出來的(Hathaway &

McKinley, 1943)，主要目的在評量異常人格。作者編寫幾百個認為可以代表異常行為特質的句子（陳述），以「是」「非」方式填答。當初的受測對象有兩類：精神病患者與探訪病患的正常人。結果，凡能在人格因素上（如壓抑、妄想、狂躁等）區別正常者與異常者的陳述便被選取。例如，對評量抑鬱的某一陳述，若多數抑鬱病患者答是，但多數正常人答非，則該陳述有區辨力。原量表共500題，評量10個人格因素。最近修訂的量表於1990年問世，簡稱為MMPI-2，同樣包括10個分量表，每個分量表的題數由32至78不等（但分散混合排列），共計567題。為了提供你一個概念，現在將MMPI-2的十個臨床量表(clinical scales)，決定作答效度的四個效度量表(validity scales)，以及各量表的典型陳述列於表14-4。

表14-4　MMPI-2的十個臨床量表、四個效度量表、及其典型的陳述

量表	典型的陳述
臨床量表	
臆想(Hypochondriasis, Hs)	我一星期內有數次胸痛（是）。
抑鬱(Depression, D)	我希望跟別人一樣快樂（是）。
歇斯底里(Hysteria, Hy)	我有過暈厥現象（是）。
精神異常(Psychopathic deviation, Pd)	我與他人公平交易（非）。
男性化／女性化(Masculinity-Femininity, Mf)	我愛插花（是——女子）。
妄想(Paranoia, Pa)	邪惡者欲影響我的心思（是）。
精神衰弱(Psychasthenia, Pt)	我時常因人事而焦慮（是）。
精神分裂(Schizophrenia, Sc)	我常覺得事情不是真的（是）。
輕躁狂(Hypomania, Ma)	我在平淡時愛尋求興奮（是）。
社會內向(Social introversion, Si)	我盡量迴避群眾（是）。
效度量表	
無法回答(?)	（選擇「無法回答」的總數）
說謊(Lie scale, L)	我永遠說實話（是）。
稀罕(Infrequency, F)	什麼都是一樣味道（是）。
防衛(Subtle defensiveness, K)	他人批評我時，我十分不快（是）。

　　MMPI-2易於實施與計分，測試結果多繪成剖面圖(profile)以便觀察量表分數起伏的全貌。臨床量表所得分數的效度首先要由效度量表得分來稽查與校正，以確定是否迴避作答（?量表），把自己說得太完美（說謊量表），草率、混淆、作假（稀罕量表），或自我保護（防衛量表）。

　　到底MMPI-2效度如何？目前它在世界上有115種語言版本(Butcher,

1990)，這是對量表應用價值的一種肯定。一般而言，它有相當令人滿意的信度與效度，但還不算十分理想(Helmes & Reddon, 1993)。從許多不同精神病患的MMPI-2剖面圖來看，解釋一個人的測試結果是相當複雜的，也應該特別謹慎從事。由於貧困與低教育程度者對題意的解釋可能有異，在測試與解釋上應特別注意。

與MMPI-2類似但測試正常人格的量表有：包括462題（幾乎一半試題來自MMPI）的**加州人格量表**（California Psychological Inventory，簡稱**CPI**）；包括187題的**16人格因素問卷**（Sixteen Personality Factor Question-naire，簡稱**16PF**）；新近編製以測試大五人格因素的**NEO人格量表**(NEO Personality Inventory)， 此一量表被認為是極具發展潛力的新人格量表(Matarazzo, 1992)。

2.自陳法的優缺點

以自陳法評量人格，其作答、計分、繪製剖面圖等相當簡易（現在多用電腦代勞），而且結果的信度與效度也頗令人滿意。但是，由於試題陳述的目的相當清楚（例如，「我盡量迴避群眾」表示愛孤獨），受試者可能隱瞞作假； 受試者也有可能朝**社會願望**(social desirability)的方向作答，以呈現更能夠被接受的人格特質；受試者的反應情結（有人偏愛答「是」，有人則偏愛答「非」）影響測驗效度。下面介紹的投射法可以減少這些評量上的缺點。

二、投射法

投射法(projective technique)是提供相當曖昧的墨跡或不明確的圖片，令受試者描述或編造故事，以便於不覺之中將其潛在意識投射在敘述或故事裡。投射法可以避免自陳法直接披露自我人格特質的威脅，藉第三者（墨跡或圖片）來抒發自己的真實感受而不自覺，是一般測驗所不及的。

1.投射測驗舉例

　　羅夏克墨跡測驗(Rorschach Inkblot Test)是瑞士精神科醫生羅夏克
(Hermann Rorschach, 1884–1922)於1921年編製應用的。該測驗共有十張
墨跡，其中五張是黑白的，五張是彩色的。圖14–4是類似羅夏克墨跡測
驗所使用的墨跡。

　　測試時，依序一次提示一張墨跡圖片，並詢問受試者「這是什麼?」。
受試者對圖片的所有作答反應都被一一記錄下來。測試手冊提供計分法
及其解釋。個人在本測驗上的作答反應可以用來預測患者對心理治療的
反應(Meyer & Handler, 1997)；測驗也相當有效地測出精神分裂症(Vin-
cent & Harman, 1991)。儘管如此，從墨跡測驗所獲得的有限個人資訊，
現在多被用來作其他評量的出發點或補充資料。

圖14–4　類似墨跡測驗的曖昧墨跡

　　主題統覺測驗（Thematic Apperception Test，簡稱TAT）是美國心理
學家莫瑞(Murray, 1943)發展出來的投射測驗。它有31張圖片，但僅選用
其中的20張，其中一張是空白的。圖片是立意不明或曖昧的人物繪畫（見

第十一章，圖11-3），受試者被要求以圖片的人物作主題，說出圖片所顯示的情境、人物間的關係、情境發生的原因、演變的結果、未來的動向等。換言之，受試者要為每張圖片當即編造一個簡短而完整的故事。測驗的基本假定是：受試者所編造的故事代表其內在的需求與感受，故事的編造只不過是一種投射歷程。

主題統覺測驗多使用於臨床情境與正常行為的研究，尤其是成就動機的研究。故事評分包括動機、需求、憂慮、人際衝突、衝突的解決。心理學家對故事的評分相當一致，評鑑者間的評量信度係數達0.85；受試者所編述的故事頗能「揭露」其人格特質(Cramer, 1996)。

2.投射法的優缺點

投射法的最大優點是，它獲得豐富的個人資訊，而這類屬於「質」而非「量」的資訊特別有助於瞭解個人的需求、動機、衝突、行為異常，與對心理治療的反應。然而，經由投射法獲得的材料不僅在信度上有待改善，其效度也仍然受到多方的懷疑(Anastasi, 1988; Kaplan & Succuzzo, 1997; Rorer, 1990)。況且，只有受過投射技巧訓練的專業人員，方能實施與解釋投射評量，因此其應用自然受到限制。目前，投射法的使用多數屬於協助性質，希望藉其資訊來補充自陳法或其他方法（如觀察法、會談法）的不足。

有些人對筆跡與人格的關係很有興趣。從「筆跡分析」來瞭解人格也是一種投射技巧。到目前為止，即使經過相當審慎的資料分析，仍然看不出兩者有任何的關聯(Tett & Palmer, 1997)。這麼一說，你暫且可以因此省略一筆分析筆跡的時間與費用；或許中文書寫與英文拼音字有異，但願未來這方面有正面的科學驗證。

本章內容摘要

1. 人格是個人表現在思想、行為、情緒上的特有組型，是相當持久的、前後一致的、與他人不同的心理與行為特徵。

2. 重視潛意識在人格動力、結構、發展上所扮演的功能是心理分析論各派別的共同觀點。

3. 根據佛洛伊德，潛意識是個人意識界不可及的心理境界。他創用自由聯想、夢分析、溜嘴等心理分析法去探索與分析那些擾人的潛意識。他也斷定那些潛意識裡的不快經驗與「性」有關。

4. 佛洛伊德將人格分成三個組成部分：本我是最原始的「我」，它是天生的、本能的、衝動的，是完全潛意識的，是依照「唯樂原則」行事的；超我是個人經由內在化而獲得的社會習俗、道德、理想，是部分意識的與部分潛意識的，包括自我理想與良知兩部分；自我是調和本我與超我之間的衝突，期在現實環境中獲得最大滿足的決策機構，兼具意識與潛意識兩部分，是依現實原則行事的。

5. 根據佛洛伊德，許多本我與超我的衝突令自我感到焦慮不安。由於焦慮使個人難以心平氣和地自處，乃潛意識地扭曲與否定現實，以消減衝突所帶來的焦慮，此種措施稱為防衛機構，常見的有壓抑、退化、投射、取代、合理化、昇華、反向等。

6. 佛洛伊德發現人格的發展在五歲以前已經底定，人格的發展是自我解決本我與超我之間衝突的歷程。人格發展依序分為口腔、肛門、性器、潛伏、生殖器等五個時期，前三時期對人格的影響最為深遠。在任何發展時期內，若性慾的滿足有「過與不及」的情形，就不免產生「固著現象」。

7. 榮格、阿德勒、霍妮等人的基本觀點雖與佛洛伊德近似，但各有其特

殊的看法，因此稱為新佛洛伊德學說。

8. 根據榮格的分析心理學，一個人的潛意識包括兩方面：屬於自我而在本我與超我間折衝而獨具生活體驗的個人潛意識；屬於先民所累積的集體經驗的集體潛意識。人格包括相互競存但力求調和的相對勢力，如意識與潛意識，男性化與女性化，內向型與外向型，理智與感情，感覺與啟迪。

9. 根據阿德勒，人人有與他人合作以及關切他人福祉的社會天性。阿德勒也發現，人有追求卓越的強烈動機——它是與生俱來、力求完美的內在動力。由於並非人人獲得卓越，一些人反而時刻在設法克服被稱為自卑情結的一種誇大的身心與社會的不足感。個人的生活型態在五歲之前便已成型，它代表個人的思考、行為等人格特徵。

10. 霍妮認為人格發展的主要影響力是來自親子間的社會互動。兒童處於有敵意的世界裡所感覺的孤獨與無助感，稱為基本焦慮。個人對基本焦慮的反應方式稱為神經質取向，如趨向他人、對付他人、迴避他人等。男人中心的社會文化不僅塑造了自卑的女性，也使女人不能充分發揮其應有的潛能。

11. 精神分析論受到的批評有：理論中的要點難以作科學的證驗；以精神病患的資料應用於常人；過分強調童年經驗對人格發展的決定性作用；過分強調「性慾」在人格發展中的角色。

12. 特質是指個人具有的相當穩固的行為傾向。特質論視個人的人格是由一群特質所組成的綜合體的描述。特質論者偏重行為的評量與描述，並尋求行為的個別差異或類別。

13. 奧波特將4,500個描述個人特質的字詞簡化成200個特質，認為人格是由這200個特質所組成。 奧波特認為個人的特質可從三個不同層次去看：主要特質——最高層次的特質，是個人特質的總代表；中心特質——在主要特質下代表個人所具有的一些重要特質；次要特質——在某些特殊情況下才出現的人格特質。

14. 卡泰爾使用統計學的因素分析法，將200個特質簡化為35個基本特質。

他將特質區分為代表外顯行為的表面特質與代表行為來源的源本特質。16人格因素問卷是根據他從統計分析所得的16個源本特質而發展出的人格量表。

15. 艾森克認為人格的許多屬性可以從與基因活動相關的兩個方面去探討：內外向性——自律神經系統持續活動的穩定程度；情緒穩定性——大腦的活動程度與尋求刺激的傾向。艾森克將人格分為四個基本類型：內向穩定型、內向不穩定型、外向穩定型、外向不穩定型。

16. 大五人格因素包括：神經質、外向性、開通性、合意性、誠摯性。此等特質不僅相當穩定，而且有跨國界的普遍性。研究發現，遺傳對神經質與外向性二特質的影響最大（約佔50%），對開通性與誠摯性二特質的影響次之，對合意性竟毫無影響可言。

17. 特質論受到的批評有：對行為的動機沒有予以適當的解釋；只給個人的行為傾向一些不同的標名，未對整個人格提供充分的理論基礎；只描述個別差異，但未解釋差異「為何」與「如何」發展而來。

18. 人本論所重視的是不斷地生長與發展以求「自我實現」的自我；它所講求的環境是對自我富含意義的「主觀世界」，而不是環繞個人的客觀環境。

19. 羅哲思的人格論認為：個人有天生的自我實現的內在需求；個人有天生的獲取無條件積極關照的社會需求；自我觀念是個人認知世界與決定行為的參照結構。

20. 馬斯洛對人格的主要論點有二：需求階梯論——匱乏性需求（包括生理、安全、歸屬、尊重等需求）；成長需求——自我實現需求。

21. 人本論受到的批評有：它強調個人的主觀經驗，無助於一般行為法則的建立；它的整體人格觀，難以使用分析性實驗研究以支持其效度；它的偏重自我，容易被誤解為唯我獨尊。

22. 班度拉提倡社會認知人格論，認為人格是由認知、行為、環境三大因素共同決定的。三因素之間的關係是相互影響、彼此作用的，因此稱為相互決定論。班度拉重視自我規律與自我效能對個人人格的影響。

23.洛特指出，某一情境下的行為取決於個人對行為受增強的主觀期待與對增強的價值評估。他的控制所在論主張，人們對行為成敗的決定來源有不同的認知：認為自己決定自己的命運，稱為內在控制；認為外界決定自己的命運，稱為外在控制。

24.米協爾的認知社會學習論認為，決定行為的五個個人因素是：才幹，編碼策略，期待，主觀價值，自我規律系統。

25.社會認知的人格論所受到的批評有：殊少涉及人格的生理與遺傳基礎；忽略個人具有的人格特質。

26.評量人格有兩種截然不同的方式：自陳法與投射法。自陳法是以問卷方式，要求受試者以「是」或「非」來表達每一陳述對自己的感觸、思考、或行為的代表性；投射法是提供相當曖昧的墨跡或不明確的圖片，令受試者描述或編造故事，以便於不覺之中將其潛在意識投射在敘述或故事裡。

27.MMPI–2是典型的自陳量表，其作答、計分、繪製剖面圖等相當簡易，結果的信度與效度也頗令人滿意。但是，由於試題陳述的目的相當清楚，受試者可能隱瞞作假，可能朝社會願望的方向作答，其反應情結也足以影響測驗效度。

28.羅夏克墨跡測驗與主題統覺測驗是典型的投射式評量工具。它獲得豐富的個人資訊，特別有助於瞭解個人的需求、動機、衝突、行為異常，與對心理治療的反應。然而，經由投射法獲得的材料不僅在信度上有待改善，其效度也仍然受到多方的懷疑。而且只有受過投射技巧訓練的專業人員，方能實施與解釋投射評量，其應用受到很大的限制。

第十五章
社會心理

　　人是群居的靈長類，生活在非常複雜的人際關係社會裡，這給予研究社會心理學的人一個重大的挑戰。 社會心理學(social psychology)以科學方法研究個人的知覺、思考、行為、人際關係如何受到他人的影響，也如何影響他人。瞭解社會心理，有助於解釋群居中的個人行為以及團體之間的互動關係。社會心理幅員廣闊，限於篇幅本章將分節討論以下關係社會心理的問題：

・人知覺的形成根據哪些原則？哪些因素影響人知覺？

・何謂行為的歸因？歸因論有哪些基本概念？歸因有哪些誤差？

・何謂態度？它如何形成？態度與行為是否一致？影響態度改變的因素是什麼？何謂認知失調？它如何改變態度？

・決定人際吸引的因素是什麼？愛的理論有哪些？良好的婚姻關係有哪些特徵？

・何謂從眾、順應、服從？為何人們有這類社會行為？

・何謂旁觀者效應、社會閒蕩、非個人化、社會促進？為何人們有這類社會行為？

・團體決策有哪些缺陷？為什麼這些缺陷存在？

・親社會與反社會行為的差異在哪裡？攻擊行為受哪些因素的影響？

第一節　人知覺

　　人與人之間的關係起初多建立於彼此間的相互覺識：「你是何許人?」。一個人見到必須與之來往的陌生人時，自動地形成對他（她）的印象。形成他人印象的歷程稱為**人知覺**(person perception)，因屬人際間的知覺，又稱**社會知覺**(social perception)。人知覺是持續的歷程，但被稱為**第一印象**(first impression)的首次社會知覺經驗，通常為人知覺打下相當堅固的基礎。如果你說「李老師第一次上課時給我的印象是『她有學者之風』」，雖說她後來頻頻呈現非學者式的作為，你會忽視這些「例外」，仍然會維持她這個「學者之風」的印象。以下先敘述人知覺形成的主要原則，然後分別說明影響人知覺的主要因素。

一、人知覺形成的主要原則

　　人知覺形成的主要原則有四(Hockenbury & Hockenbury, 1997)：（甲）一個人對他人的反應是由「知覺」來決定的，與「真實的他人」無關；（乙）從他人身上獲取什麼資訊與多少資訊受到「瞭解目的」的影響；（丙）對他人的評鑑有一部分決定於對他在情境內的行為期望；（丁）一個人的自我知覺影響對他人的知覺。

　　我們不妨用一個例子來說明前述四個原則。例如，今年大二的傅文燦去錢府應徵當家教，很快地他跟錢府談好條件，為一位初二的男孩子錢振信補習英文。傅文燦一回到宿舍便跟舍友聊起他對錢振信的印象：錢振信「害羞」；英文奇差，問他幾句英語，他啞口無言；傅文燦臨走時他居然躲起來。現在我們來看看：傅文燦心目中的錢振信是真正、平常的錢振信嗎?不見得，不過他只是傅文燦所知道的錢振信（甲原則）。傅文燦為什麼只知錢振信害羞、英文差等特質呢?傅文燦認為，錢府徵英

文家教一定是錢振信的英文能力差，或許他還有學習行為方面的弱點，因此他只注意觀察這方面的弱點，其他一無所知（乙原則）。既然要補習英文，不妨測試錢振信的實力，果然一如所期，他啞口無言（丙原則）。由於傅文燦英文底子還不錯，自信錢振信可以經由他的教導而改善其英文能力（丁原則）。

二、影響人知覺的因素

影響人知覺的因素很多而且也很複雜，茲舉出比較重要的，如相貌、認知結構、刻板印象等，並予以解釋。

1.相　貌

雖然我們時常警惕「不要以貌取人」「評書不能光看封面」「美貌如膚淺」，相貌在人知覺之中佔有重要的角色(Jones, 1990)。現代社會，尤其是西方社會，不斷標榜「美」的價值，甚至於將「美」與「好」，「醜」與「惡」聯結起來。就以故事、電影、電視、漫畫等來看，幾乎很少例外地把這種「美─好」「醜─惡」作最極致的寫照。你看過哪部電影不是帥哥演英雄、美人演淑女？結果，人們習慣地將相貌與心理屬性聯想在一起(Eagly et al., 1991)。

研究資料指出，相貌與智力、身心健康、或人格特質沒有什麼相關，但人們總覺得相貌好的人比較聰明、快樂、能適應、友善、甚至較為性感(Feingold, 1992)。在「貌美利多」的趨勢下，相貌好的人在職業的聘僱、評量、升遷、薪資上「佔了便宜」(Kalick et al., 1998)。有趣的是，那些有娃娃臉的人（大眼睛、滑潤皮膚、豐圓下巴）被看為誠實可信(Zebrowitz et al., 1996)但相當柔順、無助、天真(Zebrowitz, 1996)。然而，相貌好並非樣樣是正面的，他們知道相貌的優勢給他們在社交上帶來方便，可是他們辛苦耕耘的成就卻被認為是托了美貌之福(Major et al., 1984)；同時，相貌好的人反而容易被認為比較自負、不謙虛(Feingold, 1992)。

你同意「愛美是天性」嗎？演化心理學家對人的「愛美」提供了一

個相當新穎的解釋。他們認為這一社會知覺上的偏袒是早期演化環境下的重要適應取向(Krebs & Denton, 1997)，也就是「物競天擇」的結果。就以選擇配偶來說，女性的「美」與「繁殖潛能」有關，男性的「俊」與健康、活力、聚集財富有關。因此「龍鳳配」乃是「天作之合」，人知覺的偏愛美貌只是依循天擇的大道罷了。

2.認知結構

認知結構又稱基模(schemata)，是個人對人、事、物所具有的認知。個人的認知結構是認知的基礎。例如，我對俄文沒有認知結構，任何俄文、俄語對我不產生意義。在社會認知領域中，我們對於他人、角色、事件、自我等都有一定的基本知識。若你告訴一位同學，說他很適合擔任小學老師，他反問你為什麼，你給予他的所有解釋代表了你對「小學老師」的特質及其角色的「認知結構」。記得我家男孩幼小時，他問我為什麼要他幫忙清理客廳，我說要「請客」，他頓時歡喜若狂。原來在他心目（認知結構）中，請客便是「可以大吃大喝沒人管」。我們的認知結構有共同之處，因此我們得以彼此溝通（我出去「當家教」，你知道我大概幹啥去了）；由於經驗的不同，我們認知結構也有某些程度上的差異（我出去「逛街」，你對此舉可能有不少的猜測）。

人知覺離不開既有認知結構的參與，我們怎麼想，就怎麼看，因此我們以既有認知結構去解釋、評量、判斷另外一個人。如果有一位心理學教授第一次應邀到你班上講課，課後要你評鑑他的講演，如果你認為優異的教學一定是內容專精（你對優異教學的認知結構），則你的評鑑將對內容部分特別注意，至於其他特點可能就忽略了，但是你鄰座的小姐卻可能頻頻稱讚他的幽默感。對一個人所產生的認知結構，以第一印象最為深刻，雖說後來有不斷的新知加入，但總不如第一印象的影響力，這就是人知覺的起始效應(primacy effect)。我們的認知結構雖幫助我們認知另外一個人，它也侷限我們對他人的充分瞭解。

3.刻板印象

　　我們面對複雜的環境，仍能處之泰然，不被同時向我們五官作用的千萬個刺激所混淆，是因為我們有「化繁為簡」的生存功能。這種簡化功能使我們在對付複雜的環境時，既省時又省事。在人知覺裡，與其對每個人作個別的觀察、分析、評斷，我們時常會以個人所屬的團體來看他。　這種以團體的屬性來描述其成員特質的認知傾向，　稱為刻板印象(stereotyping)。例如，一提起韓國人，不管他姓金、姓李、或姓崔，反正他們個性很「勇猛」；一談起法國人，不禁想起他們的「浪漫」習性；甚至我們也自傲地指出自己「勤儉打拼」的精神。

　　刻板印象在人知覺裡相當泛濫，不僅有上述民族性的標名，我們隨時可以聽到宗教上的「猶太人……」，種族上的「黑人……」，地域性的「下港人……」，職業上的「律師……」，性別上的「女人……」，年齡上的「年輕人……」等諸多以偏概全的敘述或感嘆。以過分簡化的方式來描述一個團體，既有失實或偏倚的危險，而且對其成員也缺乏應有的代表性。我們一旦給予個人戴上一頂刻板的「帽子」，依此對待之，不僅容易忽略他的個人特質，更可能導致不必要的誤解或虐待。請注意：刻板印象常與偏見相互助長。

第二節　行為的歸因

　　在人際交往時，人們不但對人格特質有瞭解的需求，也對人的行為動機有解釋的興趣。對他人與自己的行為動因作推論性的解釋，稱為歸因(attribution)。如果你的室友突然不吭聲，令你不禁猜想「為什麼?」當然依你的認知與關懷，可能提出一些合理的解釋。你的解釋也影響你的行為：如果你認為他是無端衝著你來的，你可不願意承擔這個冤枉；如

果你認為前些日子你可能對他說了一些重話，你必須賠個不是才對。

也許你會問：「到處是人類的行為，我會對哪些行為予以歸因呢?」根據一項歸納(Weiten, 1998)， 在下列情況下我們會對行為作出歸因：（甲）不尋常的事引起我們的注意時；（乙）事情對我們個人產生後果時；（丙）當他人的行為出乎意料時；（丁）當我們對某人的行為動機覺得可疑時。

一、歸因論的基本概念

海德(Heider, 1958)是最早研究人們如何對行為歸因的。 根據他的歸因論， 人們對行為原因的推論可以分為兩類： 內在歸因與外在歸因。 **內在歸因**(internal attribution)又稱**個性歸因**(dispositional attribution)，是將行為歸因於內在的個人屬性，如智能、人格特質、情緒等；**外在歸因**(external attribution)又稱**情境歸因**(situational attribution)， 是將行為歸因於外在的情境因素， 如環境的要求與限制。歸因的例子比比皆是： 飛機失事，是因駕駛員的錯誤（內在歸因），還是由於惡劣旋風（外在歸因)？女友突然沒有應約，是她變了心（內在歸因），還是真有要事，無法分身（外在歸因)？

凱利(Kelley, 1967)延伸海德的歸因論， 認為行為歸因受到下列三個因素的影響： 一致性、一貫性、獨特性。**一致性**(consensus)指在同一情境中的其他人是否也有同樣的行為；**一貫性**(consistency)指個人在同一情境中先後是否有同樣的行為； **獨特性**(distinctiveness)指個人在不同情境中是否有不同的行為? 下面是使用凱利的**共變模式**(co-variation model)的可能結果：

一行為若一貫性高、一致性高、獨特性高，則屬外在歸因；
一行為若一貫性高、一致性低、獨特性低，則屬內在歸因。

現在舉例說明上述結果。記得前述當家教的傅文燦吧，他在三個月

後被解雇了。他的室友猜想：到底是傅文燦不稱職（內在歸因），還是錢振信的父母不喜歡他（外在歸因）？傅文燦做事非常穩健，每次教學一定充分準備，也從不遲到或早退（一貫性高）；他跟其他家教一樣地認真教學（一致性高）；不過於最後半個月，他每次回來就對錢振信的表現有些失望（獨特性高）。在這模式的檢驗下，傅文燦的去職要歸因於錢家孩子的不合作而引起的（外在歸因），不是傅文燦的不稱職。

雖然凱利的模式證明非常有用，可是一般人在為他人或自己的行為歸因時，很少一一檢驗，倒喜歡憑自己的直覺去下判斷，也因此時常有誤差的發生。

二、歸因誤差

我們希望每個人對他人或自己行為的歸因是正確的，以便作適當的因應或處置。然而，我們在解釋行為的原因時，殊少使用上述凱利的模式一一檢驗其效度，結果難免產生誤差。常見的誤差有：基本歸因誤差、行動者—觀察者效應、自我表揚偏差、自我殘障策略、公平世界假設、謙虛偏差等。

1.基本歸因誤差

個人在解釋「他人」的行為原因時，多傾向於「內在歸因」，這稱為**基本歸因誤差**(fundamental attribution error)。這種歸因誤差相當普遍。人家開車超速，我們說他愛飆車、不知死活（個性歸因）；期末考試，人家沒考好，不是笨、就是懶（個性歸因）。可見，歸因並不是在找尋行為的真正原因，而是推舉能為自己接受的解釋。

2.行動者—觀察者效應

個人在解釋「自己」的行為原因時，反而傾向於「外在歸因」，這稱為**行動者—觀察者效應**(actor-observer effect)。我們自己開車超速，是因大家猛超車，逼不得已（情境歸因）；我考試沒考好，是由於老師出題欠

妥，準備時間不足，或課本太艱澀（情境歸因）。

問題是：為什麼我們對「他人」與「自己」的行為歸因時有這麼大的差異呢？根據分析(Jones & Nisbett, 1972; Watson, 1982)，主要原因有三：（甲）我們知道自己的行為在不同情境中的變異情形，但並不瞭解他人在不同情境中的行為變化；（乙）我們多對不預期的或驚訝的行為作內在歸因，但自己的行為少有突然的或令人驚訝的；（丙）我們很少觀察自己的行為，我們只注意或分析他人的行為。如果我們將他人與自己的角色互換（使行為者變成觀察者，使觀察者變成行為者），則歸因誤差會相對地減少。

3. 自我表揚偏差

自我表揚偏差(self-serving bias)是一種防衛性偏差(defensive attribution)，指個人將自己的成功歸功於自我因素，將自己的失敗歸咎於環境因素(Sedikides et al., 1998)。例如，買賣股票賺大錢，說是自己有眼光；投資股票賠了本，責怪政府財政措施失誤或證券管理不當。在「競爭激烈」與「標榜自尊」的社會裡，爭取勝利與獲取信賴是生存所必須，因此自我表揚與自我衛護是必然的歸因傾向。

4. 自我殘障策略

自我殘障策略(self-handicapping strategies)與自我表揚偏差異曲同工，個人故意將自己置於「殘障」的不幸境地，以便為預期的失敗找藉口。例如，明知明天的大考不會如意，乾脆今晚跳舞到通宵，考壞了可以歸咎於睡眠不足。可見自我殘障策略是一種「苦肉計」，也是一種防衛性偏差。

5. 公平世界假設

公平世界假設(just-world hypothesis)認為，在一個公平的世界裡，「善有善報」，「惡有惡報」是個鐵則。個人獲知事故發生的消息，不去注意

所有的可能肇因，立刻想起「事事必有報應」。例如，據報有人在國外旅遊時路上挨搶，想必是他們自己招搖惹的禍；聽說有模特兒被強姦，想必是由於衣著大膽，誘人作惡。有這種偏差的人，多認為這類不幸的事不可能發生在像「我」這樣謹慎者的身上。可見這也是屬於防衛性偏差。

6.謙虛偏差

到底行為的歸因有無文化差異呢？　根據報導(Moghaddam et al., 1993)，講究集體和諧與公共利益的亞洲社會裡，人民多不願自露鋒芒(強調「滿招損、謙受益」，警戒「樹大招風」)，因而產生**謙虛偏差**(modesty or self-effacing bias)──將自己的成功歸因於外在因素（運氣好、別人讓步），並把自己的失敗歸因於內在因素（我真笨、不夠用功），這與歐美個人主義社會的自我表揚偏差剛好相反。因此，講究集體利益的亞洲、非洲、與拉丁美洲社會裡，基本歸因誤差較不普遍，個人多將他人的行為歸因於外在因素(Triandis, 1994)。文化對行為的影響又獲得另一佐證。

第三節　態　度

態度(attitude)是個人對他人、事物、環境所抱持的信念、情感、行為傾向。個人對特定的人、事、物常表現出因喜愛而親近、因厭惡而迴避的行為傾向，這種愛則親、惡則避的心理及行為傾向便是態度的具體表現。態度的三大因素裡，**信念**(beliefs)是指對人、事、物所知曉的事實、意見、價值判斷；**情感**(feelings)是指對人、事、物所持的愛、恨、喜、憎等情緒性反應；**行為傾向**(tendency to behave)是指對人、事、物所作的接近、迴避、或冷漠等反應傾向。

一、態度的形成

　　態度的形成除受到基因的影響外，也受父母、家庭、學校、同儕、鄰居、社會等環境因素的左右。態度的學習可能來自古典制約（被惡犬所嚇，因而不喜歡狗），得自操作制約（對長者彬彬有禮而頻受嘉獎後，乃樂於敬老如賓），獲自模仿（見他人反戴棒球帽，覺得挺神氣，因而仿效之），經由認知推理（幾經推想，終於決定投身於社會慈善事業），亦可能來自訊息處理歷程（一時想不出對方的名字，不如裝出從未謀面的樣子）。

二、態度與行為

　　態度與行為並不是經常一致的。例如，勒皮耶(LaPiere, 1934)於美國反華情緒達高潮時期的1930年代，進行一項研究。他帶了一對華人到過184間餐館去用餐，只有一家拒絕了他們。六個月後，他送了調查表到那些造訪過的餐館，詢問餐館老闆們是否願意接納華人用餐，在收回的問卷中，高達90%的答卷者表示不願意。這一結果使勒皮耶清楚地看到，偏見者不見得會作出歧視行為。換言之，他認為態度難以預測行為。

　　從分析88個態度與行為的相關研究中看出(Kraus, 1995)，兩者的平均相關係數為0.38，並不算高，預測價值也相當有限。為什麼「相信」是一回事，「行動」又可能是另外一回事呢？首先，態度的表述常常是一般性的，因此無法用以預測特殊行為(Ajzen & Fishbein, 1980)。例如，在1930年代，美國華僑被當時排華的政客形容為自私、污穢、迷信，因此餐館對勒皮耶問卷的多數回答也反應這種歧視華人的態度。但是，當勒皮耶親自陪伴一對華人到餐館用餐時，眼看兩位彬彬有禮、乾淨樸實的東方客人，自然不會有拒客的無理行為。其次，態度裡所包含的行為因素是一種「傾向」，它能否依原來的傾向而成為具體的行為，要由情境因素與態度的互動來決定(Ajzen, 1985)。就以勒皮耶的研究為例，華人進餐館是由美國人陪同，餐館又是公眾聚集之處，在此情況下，老闆既不好

意思當場拒絕，也不便當眾表現其歧視行為。

三、態度的改變

一般而言，態度一旦形成後便相當穩定，但這並不表示態度不可能改變。學習心理學家有個共同的看法：「凡能學習的，必能消止」。因此，態度中習得的部分當然可以改變，只是改變的難易受態度的強弱與牽涉因素的多寡而定。遊說(persuation)是一種改變態度的常用技巧，藉訊息的溝通以改變個人的態度。我們的日常生活裡充斥著遊說他人改變態度的例子：勸他人多吃青菜、少吃肉；要學生多念書、少貪玩；自勸好好戒除煙癮等。事實上，我們也身處於宣傳充斥的時代，多少機構（如政府、工商、社教、宗教、利益團體等）藉用各種傳媒日以繼夜地對我們進行宣傳，希望我們的態度能改變得更符合他們的需求。然而態度能否改變，受訊息來源、訊息內容、訊息收受者三方面互動的影響。

1.訊息來源

影響訊息來源的品質有二：可信度與可愛度。訊息的可信度(credibility)愈高，被接納的可能性也愈多(O'Keefe, 1990)；訊息的可愛度(likability)愈高，愈能誘引個人去接受宣傳(Roskos-Ewoldsen & Fazio, 1992)。高可信度訊息來自我們平時所信賴的人物與專家，如政治領袖、醫師、學者、工程師、牧師、藝術家等；高可愛性訊息來自令人仰慕的名人、作家、明星、球星等。權威性消息能打動人心；名人或群星所推介的事物也頗為誘人。

2.訊息內容

在提供訊息時，可用單面說詞，（如「只有這個觀點是正確的」，「這是你的最佳選擇」），亦可用兩面論證（如「兩種產品各有其良莠之處，歡迎你比較、選擇、試用」）。使用單面說詞時，應集中於所「強調」的訊息，避免弱點的暴露(Friedrich et al., 1996)；兩面論證法令人感到不偏

不倚，容易取得個人的信賴，因此效果較佳(O'Keefe, 1990)。不論採取何種方式，給予訊息時應避免讓個人覺得有人企圖改變其態度，應設法維持個人的自尊（如，不該說「只有蠢貨才會堅持那種想法！」），並盡量重覆同一訊息(Boehm, 1994)。

欲以甲信念取代乙信念時，兩信念之間的差距是愈大愈好，還是愈小愈好？答案是：甲信念至少要能被收訊者接受（不能太離譜）；兩信念之間的差距以「適中」為原則。因此，信念間的差距過大時，個人常常不予理會(Siero & Doosje, 1993)；反之，信念間的差距過小時，引發不出改變態度的動機（反正都差不多，何必費神）。

為了加速宣傳效果，有人不惜使用「恐懼」以便施壓。例如說，「如果你不投票給甲候選人，若乙候選人因而當選，政府將立即陷於混亂。」到底使用引起恐懼的宣傳是否有效呢？一般而言，高恐懼產生大改變，低恐懼產生小改變，但要使恐嚇確實有效，它必須具體地指出接納它的好處與不接納它的可能嚴重後果(Gleicher & Petty, 1992)。例如，展示愛滋病患罹病者的病危照片，比用文字或統計數字更能引起恐懼，並改變對愛滋病疏忽的態度。一味地以恐懼施壓，使個人無法理解何去何從，為了避免不快，個人乾脆置之不理。

3.收訊者的個人因素

宣傳是否有效，還得看收訊者的個人因素：（甲）個人既存的根深蒂固的態度很少有改變的可能(Zuwerink & Devine, 1996)；（乙）若個人的觀點與宣傳訊息格格不入，則個人信念難以改變(Edwards & Smith, 1996)；（丙）若個人受到預警訊息，知道有人即將設法改變自己的態度，則將減弱訊息的效果(Petty & Cacioppo, 1979)。例如，你進車行看新車，愈是預期有銷售員會過來兜攬生意，你愈有抗拒的心態。

斐狄(Petty & Cacioppo, 1986)提出人們應付遊說的雙軌模式：核心軌道與外圍軌道。若個人對問題本身有能力、有興趣去研究，乃針對問題的核心，並講究邏輯與實證，稱為**核心軌道**(central route)；若個人對問題

本身缺乏能力或興趣去研究，只重視問題的枝節，傳訊者的名氣、外貌、口號、情緒表現等，稱為**外圍軌道**(peripheral route)。例如，在公職人員競選期間，循核心軌道的選民勤於分析與評判政見，並研究其實切性與可行性；循外圍軌道的選民，注意候選人的外貌、穿著、言辭、情緒表現、群眾反應等。一個善於競選的人，既能投合核心軌道者的求知願望，又能滿足外圍軌道者的看熱鬧心態。若失去前者，政見必定流於空洞；若失去後者，政見會一定顯得單調乏味。

四、認知失調論

費斯丁格(Festinger, 1957)提出認知失調論以解釋態度改變的原因與其方向。**認知失調**(cognitive dissonance)是個人的觀念或信念不一致或彼此衝突時所產生的緊張心理境界。排除認知失調所引起的緊張狀態，追求認知一致(cognitive consistency)，乃成為個人改變態度的內在動機。認知失調論所指的心理緊張與伴隨的生理反應的確受到研究的支持(Croyle & Cooper, 1983; Elliot & Devine, 1994)；許多成功的態度改變是由於認知失調而引起(Aronson, 1980)。

費斯丁格與其友人(Festinger & Carlsmith, 1959)進行一項研究以支持認知失調論。他們要求受試者重覆進行「無聊的工作」(如將栓子放進木板上的栓孔裡、轉方向、取出等)。工作一小時後，他們必須告訴在室外輪值等候的人(由研究人員裝扮成預備受試者)，告訴他們剛才進行的是「有趣的工作」。一組受試者因而接受一美元的報酬，另組受試者則接受廿美元的報酬。根據你的推想，哪一組受試者會有認知失調的現象呢？

事後所有受試者被要求誠實地報告工作對他們是否有趣。結果，收受一美元報酬者指出工作是有趣的，收受廿美元報酬者則指出工作仍然是無聊的。換言之，前者有了認知失調，並迅速地將原來「無聊的」工作改變為「有趣的」工作；後者並不因為收受廿美元的報酬(於1959年，它是個高幣值)而改變他們的原有看法，堅信工作是無聊的。顯然，受試者已經說謊在先，為了微薄的一元美金來換取信念的改變實在不值，

乾脆自己由衷地改變信念算了。如果你的一位朋友不輕易幫你忙，你只好答應以你微薄的財力去回報他，結果他反而覺得不如自願幫你忙，免得沾上獲取酬報的美譽，這就是善用認知失調的一例。

常見許多人為自己的行為辯護，這也是認知失調所引起。認知失調不僅產生於信念與信念之間，也發生在信念與行為之間。當個人的言行與其所持的信念不一致時，常有改變信念以「遷就」行為的作法，這就是所謂的替行為辯護(effort justification)。明明走錯路，反而覺得那一趟路走得不冤枉，有意外的收穫；既然排長隊才買上電影票，雖然電影演出平平，也只好讚譽該電影的優點啊！競選公職落選，「算是幸運」，因為「無官一身輕」啊！

五、偏　見

偏見(prejudice)是對一團體或其成員所持的負面的刻板化印象，因此它是個人對另一群人所持的不公平態度。若偏見付諸於行動，則其行為稱為歧視(discrimination)。常見的偏見有種族偏見與性別偏見。許多偏見不僅有害而且不實。在美國，有一群英國文學教授要求新課程加入女性主義者與非西方作家的作品，研究者要求傳統英國文學課程（如莎士比亞、荷馬、喬叟等的著作）的護衛者猜測為何對方如此做。結果他們多數認為，課程改造者要學生「只讀」女性主義者與多元文化的作品(Robinson & Keltner, 1996)。可知個人常存有偏見而不自我覺察。

第四節　人際關係

人既然是群居動物，人際關係十分重要。人們在一起雖有偶而爭吵或打架的現象，多數時候人們相互交談、接觸、學習、嬉戲、合作、競技等。心理學家對人與人之間相互吸引的現象特別感到興趣。到底人與

人之間如何相識與親近？男女之間又如何喜歡、戀愛對方？本節將人際
關係分一般性人際吸引與特殊友誼兩方面來介紹。

一、人際吸引

　　人際吸引不僅來自生理與社會的本能需求(Baumeister & Leary,
1995)，也受到鄰近性、相似性、平等、相貌等四大因素的影響。

1.鄰近性

　　鄰近性(proximity)是指人與人之間空間的接近程度。換言之，兩人因
居處、工作地點、遊樂場所、社交場合、或交通工具而相互接近，則能
逐漸接受對方。這種只因鄰近性而吸引對方的效果，稱為**單純暴露效應**
(mere exposure effect)。所謂「近水樓臺」「愈看愈中意」便是這個原則的
寫照。

2.相似性

　　相似性(similarity)是指人與人之間在年齡、容貌、體形、智能、學力、
態度、興趣、價值觀、宗教信仰、背景等各方面的近似程度。知道某人
與我分享共同的興趣與態度，總覺得與他有親近感(Byrne, 1961)；知道他
人與我志同道合，增強了我的信心與自尊(Suls & Fletcher, 1983)。因此屬
性的相似性是人際吸引的共同基礎(Tan & Singh, 1995)。

　　既然「物以類聚」，難道就沒有因個性互異而產生人際吸引的現象嗎？
答案是「有」，但這類的人際吸引多數是短期的，而且它必須是彼此「互
補」才行(Dryer & Horowitz, 1997)。所謂**互補**(complementary)，是雙方的
特質並不是相反或對抗的，而是相互需求、取長補短的。例如，你我有
共同的目標與興趣，但在實現目標的過程中，你喜歡帶領，我喜歡追隨，
你愛講，我善聽，這就產生互補的效應。

3.平 等

平等(equity)又稱互換(exchange)，指一個人喜歡某人時，也期待某人也喜歡他；一個人給予他人好處時，也希望他人相對地回報他。在人際關係中要求平等，就是要求互惠(reciprocity)，也就是我們常說的「有來有往」。例如，每次在樓梯口見面時，我向你打招呼，也希望你向我打招呼；上次我上餐館請你吃飯，下次你別忘了請我客。如果彼此平等對待，就有可能相互吸引，增進友誼；否則，缺乏公平性的友誼難以持久。請記住：在初期相識時，有人為來往次數「記分數」，別虧待對方！

4.相 貌

人性愛美。雖然人的相貌之美沒有絕對的標準，若將二、三十個同性的個人面照用電腦予以「平均」並畫出一個新面孔時，它成了最被選擇的相貌(Langlois & Roggman, 1990)。換言之，平均的、正常的、沒用不規則的面貌(absence of irregularities)，便是美。前面「人知覺」中已經提過，「美女」與「帥哥」常被認為與聰明才智相伴隨，因此容貌與身裁成為人際吸引的因素。

二、愛 情

愛(love)與喜歡(liking)有許多重疊之處，雖然我們平時交互使用它們，但愛所伴隨的高度情緒反應與性慾激動是喜歡所缺乏的。假如你是個年輕男生，喜歡樓上的歐巴桑，也愛上她的女兒，若將它改換成你愛上樓上的歐巴桑，也喜歡她的女兒，就顯得不倫不類。

男女相戀、互愛、以致結婚，是特殊的人際關係，它不僅深入而且相當持久。然而什麼是男女之間的「愛」呢？愛(love)是非常複雜的身心境界，以科學方法研究它是較為新近的事。我們對它的瞭解仍然有限，因此我們對它的主觀感受多於對它的客觀認知。目前，心理學家多以統整的理論觀點去看它、解釋它。以下分別介紹愛的二分法、愛的三因素

論、依附論、依存論、以及演化論的擇偶觀。

1.愛的二分法

　　男女之間的感情總少不了熱愛，但是柏喜德(Berscheid, 1988; Berscheid & Walster, 1978)與哈菲德(Hatfield, 1988; Hatfield & Rapson, 1993)兩位女士認為「愛」包括熱愛與友愛。**熱愛**(passionate love)是全心凝聚於對方，有易發的性感，以及摻和著痛苦與狂喜的情緒；**友愛**(companionate love)是對他人感到溫暖、關懷、信賴和容忍，而且人己的情感彼此相互交織。在男女關係中，熱愛與友愛可能並存，但不一定如此。只有熱愛而缺少友愛的夫妻，雖彼此有強烈的情感，但婚姻往往不能持久；只有友愛而沒有熱愛的夫妻往往相敬如賓、彼此關懷，雖然關係持久，但沒有強烈的情緒互動。一般而言，男女開始戀愛或初婚時，多熱愛而少友愛，到了中晚年期由友愛取代熱愛，這也說明失去老伴時感受孤苦的緣由。

2.愛的三因素論

　　與上述熱愛與友愛觀念相類似的另一個理論來自史坦波格(Sternberg, 1986)。他認為男女之間的愛應該包括三個因素：親暱、熱愛、承諾。**親暱**(intimacy)是親近與分享，代表情緒因素；**熱愛**(passion)是性愛與合而為一的需求，代表動機因素；**承諾**(commitment)是要求維持人己關係，代表認知因素。一些心理學家認為，這是目前對愛的意義陳述得比較適切的理論(Aron & Westbay, 1996; Barnes & Sternberg, 1997)。當然，男女之間的愛並不是全然一致的，它所包括的三因素不僅時間上有發展的差異，而且在程度上有不同的組合。圖15-1描述三因素在時間上的發展差異。

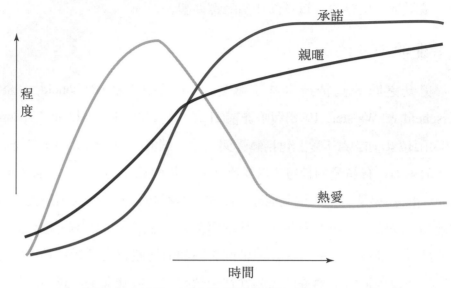

圖15-1　愛的三因素的發展過程(Sternberg, 1986)

　　從圖15-1可以看出：熱愛一開始即急劇上升，然後快速退熱，乃至後勁不足；親暱則逐漸攀升，從未減弱；承諾起步穩重而緩慢，最後堅持不懈。你認為這個愛的發展過程是否符合目前社會上男女戀愛與婚姻的現況呢？現在再看愛的三因素在不同組合時的愛情特色（見表15-1）。

表15-1　愛的三因素在程度上的不同組合(Sternberg, 1988)

親暱		熱愛		承諾		愛情特色
低	＋	低	＋	低	＝	無愛
高	＋	低	＋	低	＝	喜歡
低	＋	高	＋	低	＝	迷戀
高	＋	高	＋	低	＝	浪漫的愛
低	＋	低	＋	高	＝	空愛
高	＋	低	＋	高	＝	友愛
低	＋	高	＋	高	＝	癡愛
高	＋	高	＋	高	＝	完美的愛

　　由於個人對愛的需求與付出不同，男女之間的關係可能落在上列八個愛的境界之一：從低親暱、低熱愛、低承諾所形成的無愛關係，至高親暱、高熱愛、高承諾所交織出來的完美之愛。根據史坦波格的看法，如果男女能終身浸潤於這種完美的人際關係之中，當可避免殘缺或破裂

的愛情與婚姻。

3.依附論

　　盡管我們把理想的男女關係設想在完美之愛上，事實上成人一如嬰兒對父母（或養護者），也呈現三種不同的依附方式：安全、逃避、焦慮一曖昧(Hazan & Shaver, 1987)。**安全**(secure)指個人易於接近他人，覺得人己間的相互依賴是合適的；　**逃避**(avoidance)指個人對來自他人的接近感到不安，不信賴、也不依靠他人；　**焦慮一曖昧**(anxiety/ambivalence)指個人認為他人對於親近會感到猶豫，常憂慮他人不真正愛自己或不願與自己來往，並深恐自己與他人合一的願望會嚇走他人。個人的依附方式頗能預測人際關係的素質(Feeney & Noller, 1990)；感到安全的依附者比起逃避或焦慮一曖昧的依附者，有更多的承諾、滿足、相互扶持、適應與長期的伴侶關係(Collins & Reed, 1990)；焦慮一曖昧式的依附者與伴侶衝突時會感受高度的心理壓力(Simpson et al., 1996)；逃避式的依附者較易於有隨便的性關係(Brennan & Shaver, 1995)。

4.依存論

　　前述三種理論都涉及愛情與婚姻的重要因素，如熱愛、友愛、親暱、承諾、依附等，卻很少觸及男女雙方如何去滿足對方的重要需求。**依存論**(dependence model)認為：個人必須判定親暱、性愛、承諾、情緒、友誼、智慧等何者於對方是重要的；每個需求能從雙方關係中獲得多少的滿足；除了伴侶之外有否第三者也能滿足個別需求；需求有可能被其他關係滿足的程度(Drigotas & Rusbult, 1992)。顯然，男女相愛則各取所需、各盡所能；若雙方無法彼此滿足重要的需求，一些需求又可從另外的關係中獲得滿足，則原有的依存關係可能轉移。如果男女間有一方說：「我的事你一點也不關心。」這便是依存上的警訊，辯解將無補於事；假使有外人的介入（表達其關心），則雙方的依存關係可能引起變化。

5.演化論

以上諸理論將愛看成「個人」在人際關係中所引起的生理（性慾）與心理（情緒與認知）反應；然而**演化論**(evolutional perspective)將愛看作「種族」在優勝劣敗、世代綿延的競存中所必須具備的本能。由於「物競天擇」，男人在擇偶時必須尋找有最佳生殖能力的女人，與此相關的女子屬性是年輕、健康、貌美，因此具有這些屬性的女人便是男人的最愛；反過來說，女人在擇偶時特別注意男人的保家與養家能力，而健康、勤奮、有社會地位、有積蓄的男人便是女人愛慕的對象(Buss, 1996)。這種現象不僅上古時代是如此，現今社會亦復如此：男方覓偶時誇耀自己的地位，大方地贈送禮物，以展示自己的豐富資源與財力；女方覓偶時注意衣著、飾物、打扮以增加身體的引誘力，並向男方表白自己情有獨鍾。

演化論把男女的感情看作生物演化過程中的必然現象，並且賦予男女「相愛」的意義。然而，以繁衍後代機械地解釋男女關係的結果，不免忽略「生殖」功能以外的男女關係，並且無視於人們尋求「競存」以外的人際關係。

三、婚姻關係

從男女互愛到結婚，並沒有什麼刻板的公式可以依循。不過男女對未來婚姻生活的事先評估，與良好婚姻特徵的瞭解，有助於良好婚姻的建立與夫妻關係的長存。

1.男女關係的評估

斯萬(Swann & Gill, 1997)要求男女對婚姻生活中的一些實際問題個別提供答案以便比較。例如：

（甲）婚後是否要常到父母或岳父母家？

（乙）要幾個孩子？何時？

（丙）如何養育子女？是否一個人留在家看護幼童？是否兩人分擔

育兒的責任? 或者把小孩送進托兒所?

（丁）如果兩人分別在距離遙遠的地方任職，如何適應?

（戊）如果一時經濟發生困難，收支如何平衡?

（己）是否常去作禮拜?

（庚）如何去度假? 到哪裡去?

（辛）多久可以個別去找自己的朋友玩?

如果一方的答案很清楚，但並不瞭解對方的答案，不要難過，大多數人都是如此。如果雙方的答案很不一致，這就是婚後衝突的普遍理由。果如此，雙方千萬不要「因誤會而結婚，因瞭解而離婚」或「戀愛時盲目，直到婚後才清醒」。

2. 良好婚姻關係的特徵

良好的婚姻關係有下列幾個特徵(Karney & Bradbury, 1995)：

（甲）夫妻的態度與人格相當類似；

（乙）雙方在性方面都滿足；

（丙）兩人的工作與收入都穩定；

（丁）丈夫對其職業感到自尊；

（戊）妻子不在婚前懷孕；

（己）雙方的父母都有成功的婚姻。

上述特徵的優點在於「敘述」成功的婚姻，並沒有「應該如何如何」的說教。我參加婚禮，為許多「祝福」而慶幸，但為「說教」而不安，畢竟說教可能已經太遲。

第五節　社會影響

在人際關係裡，個人如何容受他人的影響是社會心理學的另一重要

課題，例如我們日常見到的從眾、順應、服從等社會行為。這些行為的共同特點是：它們都因受到他人或群眾的影響而改變行為。到底我們為什麼要接受社會所建立的常模？我們為什麼要依從他人的意旨行事？我們為什麼必須服從上司或權威？以下分別介紹從眾、順應、服從。

一、從眾

從眾(conformity)是個人修改其行為，以便與群體的行為常模相互一致的歷程。例如，排隊候車是社會已經建立的常模或行為規範，我們走近站牌便自動地跟隨他人排隊，這就是從眾行為。我們常說的「入境問俗」，確切地表達這個社會影響的現象。

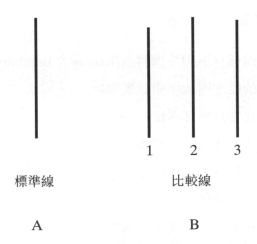

標準線　　　　　　　　　比較線

A　　　　　　　　　　　B

圖15-2　艾適的從眾研究設計(Asch, 1951)

提起從眾，必須介紹艾適(Asch, 1951)的著名實驗。他的實驗表面上是研究知覺，要求受試者指出A紙版上的豎線，與B紙版上的三條豎線哪一個等長（見圖15-2）。你我都會迅速地指出，A紙版上的豎線一定與B紙版上的2號線等長。但是艾適在受試者不知情之下，安排六位事先串通的同謀者一起參與實驗。同謀者的任務是故意選擇B紙版上的3號線，硬說它與A紙版上的豎線等長。這樣的壓力使得有37%的真正受試者同意錯誤的選擇。這種現象也從後來一些研究認知的實驗中獲得支持(Larsen,

1990; Schneider & Watkins, 1996)。

雖然大多數受試者(63%)在社會壓力下仍能獨立判斷，為什麼37%的受試者明明知道選擇3號線是錯誤的，但決定「將錯就錯」呢？一般的解釋是：在社會壓力下，為了避免冒犯大眾、蒙受譏諷、或被排斥在外，只好改變自己的行為或觀點，以求與常模一致(Levine, 1989)。於另一個實驗中，艾適讓每個人寫下自己的答案，不予以公開，結果所有的受試者都選擇了正確的答案。到底哪些因素影響從眾的程度呢？

影響從眾的因素有：（甲）團體的人數——三至四人最為有效；（乙）團體的凝聚力——愈是團結的團體有愈高的從眾行為；（丙）社會地位——中等社會地位者比高階層或低階層社會地位者更容易有從眾的行為；（丁）常模的一致性——常模的一致性愈高，愈引起從眾行為；（戊）文化因素——歐美的個人主義社會從眾比例較低，亞非的集體主義社會從眾比例較高(Bond & Smith, 1996)。

二、順　應

順應(compliance)是個人改變自己的行為以迎合他人的請求的歷程。在他人的指示或請求的壓力下，個人有時做一件事、不做一件事、或調整其行為。例如李某逛街，本來無意購買手錶，但是經不起店員的「甜言蜜語」，還破費買了一個金錶。如果你需要他人順應你的要求而修改其行為，不妨使用下列技巧(Sternberg, 1998)：

（甲）正當化(justification)——為要求辯護，使要求合理化。

（乙）互惠(reciprocity)——給予對方好處，暗示對方有回饋的義務。

（丙）低球法(lowball)——給予對方最佳待遇並使之接受，然後附加要求。

（丁）足在門裡(foot-in-the-door)——先提出容易被對方接納的要求，以便為更難的要求鋪路。

（戊）面對門扇(door-in-the-face)——先作過分的要求，讓對方拒絕，然後提出更為合理的要求，令對方失去抗拒的理由。

（己）不止於此(That's-not-all)——先提出高的要求，趁對方還沒來得及反應之前，立刻加上許多與要求相關的好處。

（庚）機會難得(hard-to-get)——告訴對方，所提的要求千載難逢、勿失良機。

三、服 從

對同儕的要求同意接受是順應，對權威的指令表示接受是服從，因此服從(obedience)是個人改變行為以迎合權威訓令的歷程。例如，我們開車時，經常要服從交通警察的臨時指揮；我們上班時，也時常聽從上司的指令行事；我們上課時，接受老師的指定交作業。在社會制度裡，權威的運作與部屬的服從是不可分的。

有關服從的聞名實驗來自繆格倫(Milgram, 1963, 1965, 1974)。他藉名研究懲罰對學習的影響，要求受試者充當教師並操控施懲的電壓計（見圖15-3A），坐在鄰室的是學習者（見圖15-3B）。教師大聲誦讀文字，並測試學習者的配聯回憶能力。答對了，繼續學習；答錯了，教師給予正確答案，但立即施以電擊。電壓計上標明15伏特的「微弱」電擊至450伏特的「危險」電擊（一般家電多為110伏特或220伏特），以每15伏特為單位而增加。

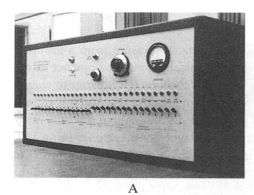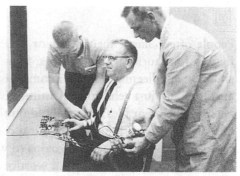

A　　　　　　　　　　　　　　　B

圖15-3　繆格倫研究電擊的裝置(Milgram, 1965)
From the film OBEDIENCE copyright 1965 by Stanley Milgram and distributed by Penn State Media Sales. Permission granted by Alexandra Milgram

　　由於學習者的回憶錯誤愈來愈多，電擊的強度也愈來愈高。受懲時的反應由100伏特的埋怨，150伏特的要求停止學習，至285伏特的哀號慘叫與拒絕回答。在中高度電擊過程中，教師時有猶豫與抗拒的現象，但在實驗者從旁要求與命令下，實驗仍然繼續進行，即使高達300伏特也沒有一位教師因而退出。堅持施懲到450伏特才告停止的教師達65%之多；不僅男教師如此，女教師施懲到450伏特的居然也多達65%。

　　事實上，實驗中所謂的電擊並沒有真正的電流；學習者的所謂受懲而哀叫，也是同謀的佯裝行為。但是研究的結果出乎所有人的意料——人們在權威的命令下，有這麼多的人表現出如此高度的服從境界。在繆格倫看來，納粹軍官奉命屠殺猶太人時的狠毒行徑，不過是人類盲從的一種悲慘下場。

　　到底為什麼人們要服從權威呢？有一個解釋是：人們對權威覺得有義務感，只要來自權威的命令，必定指認它是合理的(Milgram, 1974)。同時，命令既然來自權威，服從者的所作所為就不代表其本身的自我道德操守。另一個說法是：服從的參與者對整個情境缺乏真正的瞭解(Nissani, 1990)。就以繆格倫的實驗為例，受試者被告知一切都會安全無恙，他們也信賴實驗人員的所有安排，哪知道實驗另有不同的目的。

第六節　社會行為

　　前述的順應與服從是來自他人的要求或命令，然而另一個社會影響的現象是，覺察他人在場或大家一起工作，個人的行為也產生變化，如旁觀者效應、社會閒蕩、非個人化、社會促進等。

一、旁觀者效應

　　旁觀者效應(bystander effect)是指個人在人群中比在單獨時較少提供他人需要的協助。例如，一個人在游泳池旁休憩，突見池裡有個小孩喊叫求救，他見四面無人，便立即跳進池裡救溺；如果當時池邊還有兩三個其他成人，他便有可能遲疑片刻，看看他人如何處置。這種看來似乎是「見死不救」「袖手旁觀」的「推諉」現象，是典型的旁觀者效應。據一項統計(Latane & Nida, 1981)，個人在單獨時，提供協助的機率是75%，但夾在人群中時，其提供協助的機率下降至53%。然而，如果需要協助的條件非常明確時，個人就不會遲疑，這種差異就不存在了。

　　為什麼有旁觀者效應的存在呢？換言之，為什麼在他人需要協助時，不能立即給予一臂之力，還得查看是否只有自己抑或還有別人？主要的解釋有：需要協助的情況曖昧時，大家都在猜測，都在等候別人的行動，結果難以果斷行事；只有一人，則責無旁貸；旁觀者多，責任自然分擔，不免因而有**責任分散**(diffusion of responsibility)的現象。責任一分擔，每個人遲遲不動；又覺得別人或許有好辦法，只好乾等候。心理學家稱此一現象為**多元的無知**(pluralistic ignorance)。

二、社會閒蕩

　　如果一人做事一人當，是獎是懲都在同一個人身上，為了求賞避懲，

多數人都能盡其在我。若一件事指定三個人一起做，是否三個人都能盡其在我呢？答案是：不見得。如果因為人數增加，其成員的工作努力程度因而相對地減低，稱為**社會閒蕩**(social loafing)。例如，個人獨唱時，盡量表現得完美無缺；團體合唱時，有人可能趁機「閒蕩」，只張口而不唱。社會閒蕩一如旁觀者效應，人一多，責任自然分攤，成員也藉機「偷懶」。還記得「三個和尚沒水喝」的教訓吧！

但是，社會閒蕩並不是團體工作的必然現象。社會閒蕩的情形可以改善，假如（甲）團體成員彼此熟悉；（乙）大家屬於重要社團；（丙）工作重要而有意義(Karau & Williams, 1993)。例如籃球賽，雖然它是團隊性比賽，但球員們彼此熟悉，比賽又重勝負，賽球時眾目睽睽，因此個個都不敢怠忽。有趣的是：男人比女人善於社會閒蕩，因為女人多已習於為家事操勞；個人主義社會的成員（如在歐美）比群體社會的成員（如在中、臺、日、以色列）善於社會閒蕩，因為後者比較重視整體利益與社會義務(Bond & Smith, 1996; Karau & Williams, 1993; Matsumoto, 1994)。

三、非個人化

非個人化(deindividuation)是指個人身處團體時的匿名意識與自我覺識的低減現象。例如，個人參與示威遊行時，覺得自己是示威團體的一部分，不再把自我當作個人來看待，並跟著領隊搖旗吶喊。即使平時說話都不敢大聲的人，往往在示威遊行中也高喊口號，乃至嘶啞。非個人化的產生是由於自我覺識的減低與自律的喪失(Diener, 1980)，這與社會閒蕩中責任均攤的本質相近似。許多社會暴亂，非個人化是個重要的因素。我們知道，一、兩個人打砸店鋪容易受罰，千百人打砸店鋪少有全體挨罰的可能，因此非個人化在社會暴亂時產生非常難以預測的惡果。

四、社會促進

社會參與或社會行為並不都是消極面的，有時會出現積極的助長作

用。**社會促進**(social facilitation)是指當他人出現時，個人的簡易與熟練行為因而有提升效率的現象。例如，與他人一起跑比自己單獨跑要快得多。社會促進只限於簡易與熟練的行為，複雜的行為（如解決困難問題）在他人的出現時反而有抑制作用(Guerin, 1986)。考試時有人在旁站著，總覺得有無法專心的干擾作用。

第七節　團體決策

　　一個人作決定可能有考慮欠周或失之於專斷的現象，是不是由團體討論後做出的決定會比較合理呢？不見得。訴諸公決雖能彰顯民主，然而團體決策歷程往往有其常被忽略的兩大缺陷：團體極端化與集體思維。

一、團體極端化

　　一般人總認為，經由團體歷程作出的決定是相互妥協的結果，因此必定比較持平而中庸。研究發現(Myers & Lamm, 1976)，經由團體歷程可能使所作的決定向不同方向移動，「走向極端」是其中時常發生的現象。因此在團體討論時，一個比較優勢的觀點竟受到強化而向更為極端的方向移動，稱為**團體極端化**(group polarization)。為了證明這個現象，有一個研究(Myers & Bishop, 1970)先評量學生的種族偏見程度，依量表上的分數將他們分成高、中、低三個偏見組，然後要他們分組討論種族問題。討論後他們再次接受種族偏見的評量。結果一如所料，高種族偏見者的偏見程度變得更高，低種族偏見者的偏見程度變得更低。團體極端化現象多在團體討論「重大問題」時發生的(Kerr, 1992)。

　　為什麼團體討論反而產生極端化現象呢？主要的解釋有二：團體成員藉討論的機會交換彼此的看法，使許多成員發現自己的立場受到支持(Burnstein & Vinokur, 1977; Stasser, 1991)；當成員發現自己的觀點被接納

時，為了使他人喜歡己見，將觀點更突顯地表達出來(Hogg et al., 1990)。

二、集體思路

團體討論的另一個缺陷是有害討論結果的集體思路。 **集體思路**(groupthink)是團體成員為了使意見顯得一致，因而抹殺具有批判思考的活動(Janis, 1972, 1989)。於1986年，預定挑戰者號太空梭升空的那天氣候冰冷，負責人在經濟與公關的考量下強烈希望按時發射，專案工程師雖然懷疑火箭末端的護圈是否能夠頂住低溫，但在按時發射的壓力下不好表示異議，結果火箭在點火後73秒鐘發生大爆炸。我們也見證到許多政治、經濟、立法、文教機構的決策，由於集體思路的危害，使得「正義」難以伸張。

集體思路之所以造成決策的悲慘結果，傑尼斯(Janis, 1972)認為，在進行團體討論時有下列三種情況發生：（甲）雖是孤立但意見一致的少數人被授權作出決定；（乙）團體內外缺乏客觀與公正的領導；（丙）團體決策歷程中帶給成員高度的心理壓力。在這些情況下，團體成員容易變成心胸狹窄、理由充斥，並且自認無懈可擊，乃忽視或打擊異見、為己見護航，也終於導致「全體一致」而自我陶醉。

第八節　親社會與反社會行為

人類是既能助人也能傷人的靈長類。我們把助人的行為稱為親社會行為，把傷人的行為稱為反社會行為。到底為什麼人類有這兩種似乎相互矛盾的心理取向呢？

一、親社會行為

親社會行為(prosocial behavior)是指不管動機為何的一切助人行為。

多數親社會行為是互助與互惠的，也就是「你幫我、我幫你」的「有來有往」的互利行為。**利他行為**(altruistic behavior)是不計較得失而助人的行為，是一種「無私」的親社會行為。例如聞名的德國人辛德勒(Oskar Schindler)，在納粹時代居然冒生命危險窩藏猶太朋友與鄰居，是典型的利他行為。在社會裡，有人躍進急流中救溺，有人衝進火窟中營救他人，有人以無名氏慷慨解囊救濟他人，也有人充當義工造福人群。利他行為的特徵是：一則不計較自己的得失，一則所幫助的對象是陌生人。

　　為什麼有利他行為呢？世上有真正無私的利他行為嗎？我們知道，許多親社會行為是「行為親社會，動機親自己」。例如，同是捐款濟貧，有人是為自己的選舉鋪路，有人是為了增加知名度，也有人是為了助人快樂。即使是「助人快樂」，是否可能以協助他人為手段，以自己獲得快樂為目的？根據研究(Batson, 1998; Schroeder et al., 1995)，利他行為包括共情、心痛、行為常模等三個動機。**共情**(empathy)是指「人溺己溺」的共同感觸，人家的感受就是自己的感受；**心痛**(distress)是看見他人的困境，自己「心有戚戚」焉，只有助人，心裡的難受才能停止；**行為常模**(behavioral norm)是將助人當作社會所預期的道德行為，助人是「理所當然」「義不容辭」的行為。

二、反社會行為

　　在人際關係中採取不合作、敵視、仇恨、或攻擊，被稱為**反社會行為**(antisocial behavior)。**攻擊**(aggression)是試圖傷害他人的一種反社會行為。例如世界大戰、地區性戰爭、種族衝突、宗教仇殺、社會暴動、街道搶劫、家庭暴力、性強暴、警察動粗等都是人類攻擊行為的具體事例。攻擊可以分為仇視性與工具性兩類(Baron, 1977)。**仇視性攻擊**(hostile aggression)是指由於一時激怒，因而在情緒衝動下傷害他人，但無意從中獲利的攻擊性行為；　**工具性攻擊**(instrumental aggression)是指蓄意傷害他人，以便從被攻擊者身上獲利的攻擊性行為。前者如父母因孩子頂嘴，乃氣憤地掌摑孩子；後者如有人為了謀財（如詐取巨額保險費），不惜害

命（如傷害親人）。攻擊行為是生理、心理、環境三大因素交互影響的結果，茲分述於後。

1.生理因素

就以遺傳的生理基礎來說，有人估計(Miles & Carey, 1997)，幾達50%的人類攻擊行為是由基因規範的。攻擊是人類求生存與生命延續所必備的一種保護方式，它是人類共同的行為屬性。從生理歷程來看，神經傳導物功能的成效被認為與暴力行為有關。例如，研究發現(Brunner et al., 1993; Cadoret et al., 1997; Coccaro & Kavoussi, 1997)，血清緊素(serotonin)代謝功能的良莠可以成功地預測個人攻擊行為的有無。他如過高的男性激素或酒精的刺激也使攻擊行為因而增高(Bushman, 1993; Dabbs et al., 1995)。

2.心理因素

個人的人格特質與社會學習也是影響攻擊行為的重要因素。例如，有人生而容易衝動、缺乏同情心、或喜歡支配(Olweus, 1995)。同時，個人若從小挨他人體罰，也目睹父母間的暴力關係，則成年後更有可能使用暴力，甚至謀殺(Malinosky-Rummell & Hansen, 1993)。他如生長於暴力充斥的社區，觀看眾多的暴力電影或電視節目，承受許多的挫折經驗等，都與個人的攻擊行為有關聯(Beck & Tolnay, 1990; Osofsky, 1995)。

3.環境激發因素

不快的挫折、臭氣、酷熱、壞消息、擁擠、煩人的同事等負面刺激常引發攻擊或逃避的行為，至於採取攻擊或逃避，則視當時的情境與先前的處理結果而定(Berkowitz, 1983, 1989)。「高氣溫」也顯著地增添日常生活中的暴力行為(Anderson, 1989; Kendrick & MacFarlane, 1985; Reifman et al., 1991)。根據對既存研究的一項分析(Carlson et al., 1990)，憤怒時若瞥見刀槍在場，也增加攻擊的行為。管制槍枝至少可以減少不肖之

徒以槍枝壯膽妄為。

本章內容摘要

1. 社會心理學以科學方法研究個人的知覺、思考、行為、人際關係如何受到他人的影響，也如何影響他人。

2. 形成他人印象的歷程稱為人知覺，因屬於人際間的知覺，又稱社會知覺。人知覺的形成原則是：由個人的知覺來決定，受瞭解目的的影響，受情境內行為期望的影響、受自我知覺的影響。影響人知覺的主要因素是：相貌、認知結構、刻板印象。

3. 對他人與自己的行為動因作推論性的解釋，稱為歸因。根據海德的歸因論，人們對行為原因的推論可以分為兩類：內在歸因——又稱個性歸因，是將行為歸因於內在的個人屬性，如智能、人格特質、情緒等；外在歸因——又稱情境歸因，是將行為歸因於外在的情境因素，如環境的要求與限制。凱利認為行為歸因受到行為的一致性、一貫性、獨特性的影響。

4. 常見的歸因誤差有：基本歸因誤差——解釋他人的行為原因時，多傾向於「內在歸因」；行動者─觀察者效應——解釋自己的行為原因時，傾向於「外在歸因」；自我表揚偏差——將自己的成功歸功於自我因素，將自己的失敗歸咎於環境因素；自我殘障策略——將自己置於「殘障」的不幸境地，以便為預期的失敗找藉口；公平世界假設——認為在一個公平的世界裡，善有善報，惡有惡報；謙虛偏差——將自己的成功歸因於外在因素，把自己的失敗歸因於內在因素。

5. 態度是個人對他人、事物、環境所抱持的信念、情感、行為傾向。態度的形成除受基因的影響外，亦受父母、家庭、學校、同儕、鄰居、社會等環境因素的左右。態度的學習可能來自古典制約、操作制約、

模仿、認知學習、訊息處理等。態度與行為的相關不高，因此難以預測行為。態度的改變，受訊息來源、訊息內容、訊息收受者三方面互動的影響。

6. 費斯丁格提出認知失調論以解釋態度改變的原因與其方向。認知失調是個人的觀念或信念不一致或彼此衝突時所產生的緊張心理境界。排除認知失調所引起的緊張狀態，追求認知一致，成為個人改變態度的內在動機。

7. 偏見是對一團體或其成員所持的負面的刻板化印象，因此它是個人對另一群人所持的不公平態度。常見的偏見有種族偏見與性別偏見。若偏見付諸於行動，則其行為稱為歧視。

8. 人際吸引不僅來自生理與社會的本能需求，也受到鄰近性、相似性、平等、相貌等四大因素的影響。

9. 愛包括兩大因素：熱愛與友愛；史坦波格認為男女之間的愛應該包括三個因素：親暱、熱愛、承諾；愛可能呈現三種不同的依附方式：安全、逃避、焦慮—曖昧；愛的依存論認為個人必須判定親暱、性愛、承諾、情緒、友誼、智慧等何者於對方是重要的，每個需求能從雙方關係中獲得多少的滿足；演化論將愛看作種族在優勝劣敗、世代綿延的競存中所必須具備的本能。

10. 良好的婚姻關係所具有的特徵是：夫妻的態度與人格相當類似；雙方在性方面都滿足；兩人的工作與收入都穩定；丈夫對其職業感到自尊；妻子不在婚前懷孕；雙方的父母都有成功的婚姻。

11. 從眾是個人修改其行為，以便與群體的行為常模相互一致的歷程。影響從眾的因素有：團體的人數，團體的凝聚力，社會地位，常模的一致性，文化因素等。

12. 順應是個人改變自己的行為以迎合他人的請求的歷程。令他人修改行為以便順應的技巧有：正當化，互惠，低球法，足在門裡，面對門扇，不止於此，機會難得等。

13. 服從是個人改變行為以迎合權威訓令的歷程。解釋服從權威的理論有

二：人們對權威覺得有義務感，只要來自權威的命令，必定指認它是合理的；服從的參與者對整個情境缺乏真正的瞭解。

14.覺察他人在場或大家一起工作，個人的行為就產生變化，如：旁觀者效應——個人在人群中比在單獨時較少提供他人需要的協助；社會閒蕩——參與工作人數增加，其成員的工作努力程度因而相對地減低；非個人化——個人身處團體時的匿名意識與自我覺識的減低現象；社會促進——當他人出現時，個人的簡易與熟練行為因而有提升效率的現象。

15.團體決策歷程往往有兩大缺陷：團體極端化——在團體討論時，一個比較優勢的觀點竟受到強化而向更為極端的方向移動；集體思路——團體成員為了使意見顯得一致，因而抹殺具有批判思考的活動。

16.親社會行為是指不管動機為何的一切助人行為。多數親社會行為是互助與互惠的。利他行為是不計較得失而助人的行為，它包括共情、心痛、行為常模等三個動機。反社會行為包括不合作、敵視、仇恨、或攻擊等行為。攻擊可以分為仇視性攻擊與工具性攻擊兩類，此等行為是生理、心理、環境三大因素交互影響的結果。

第十六章
心理異常

　　在這個錯綜複雜的社會裡，個人不斷地適應與發展以求自我潛能的充分實現。雖然多數人都能日以繼夜、相當順利地過著正常的生活，然而有不少人由於先天遺傳的不足、後天環境的不良、或特殊個人經驗的結果，乃有相當長期的適應困難、認知扭曲、行為怪異、或難以被社會接受的問題。為介紹現代心理學如何看待這些問題，本章乃以下列主要問題為中心依次討論：

・心理學家如何界定與診斷心理異常？
・心理學家如何將心理異常予以分類？
・在解釋心理異常時，有哪些主要的不同觀點？
・焦慮症、體化症、解離症、情緒異常、精神分裂症、人格異常、性心理異常等的主要徵候是什麼？心理學家如何解釋它們的成因？
・心理異常與犯罪行為有無關聯？
・心理異常是跨文化的、抑或因文化而不同？

第一節　心理異常的界說與分類

　　在日常生活裡，我們偶爾會體驗到一些不平常的心理反應或行為，

這些短暫的「失常」現象是正常心理活動的一部分。例如，一個平時鎮定的人也會因要事偶而焦慮不安；一位樂觀的人也會因事故而憂鬱寡歡；一位平時信賴他人的商人可能因受騙而對人起疑；一個平時正經的球迷有可能突然奇裝異服地為自己的球隊打氣。但是我們不能將這些人一時「有異於平常」的行為視為心理異常。誠然，在社會上我們時常聽到「你怎麼神經兮兮的？」「你真是神經病！」「你精神有問題！」「你該上精神病院了！」「你吃錯藥了！」等調侃他人的言辭，但這些或許是關切、或許是指責的用語，並不代表人們對心理反應的嚴肅判定或診斷。

一、心理異常的界說

心理歷程或行為要被視為**心理異常**(psychological disorder)，至少必須符合下列標準的一部分或全部（參考Sternberg, 1998）：（甲）統計上屬於不平常者，包括不在平均的、多數的行為領域者，但不包括天才或奇才在內；（乙）適應上有困難者，包括在某些情境內個人的行為功能受到阻礙者（如無法集中思考、無法安眠、感覺焦慮）；（丙）知覺或認知有扭曲現象者，包括知覺或認知與客觀事實嚴重不符者，但不包括常見的自我成就歸因誤差；（丁）被所處社會文化視為奇異者，包括被社會大眾所不能容忍或接受的行為。

除上述標準之外，心理異常必須是相當持續與長期的、不是短暫的；同時，有些異常症候對個人是有腐蝕性與危險性的。例如，許多人格異常者是殘酷的連續殺人犯，許多精神分裂者可能傷害自己或危害他人。

二、心理異常的分類法

繼世界衛生組織於1948年出版《國際疾病分類》(*International Classification of Diseases*，簡稱ICD) 一書後，美國精神醫學會於1952年出版第一部《診斷與統計手冊》(*Diagnostic and Statistical Manual*，簡稱DSM)。最近的《國際疾病分類》是1992年的第十版(ICD–10)，最新的《診斷與統計手冊》是1994年的第四版(DSM–IV)。

臨床心理學家或精神醫師的診斷任務有二：（甲）先為患者的行為找出手冊中相當的症候，與（乙）為症候或症候群找出手冊中相稱的心理異常類別。DSM–IV列舉297個心理異常症候(symptoms)，它們分屬於五個主軸(axes)，如同五個方面(dimensions)。茲分別簡述於下。

主軸一(Axis I): **臨床症候**──包括最常見的身心功能逐漸敗壞的心理異常症候，如焦慮症、禁藥關聯症候、情緒異常、精神分裂、體化症、解離症、飲食異常、睡眠異常等。

主軸二(Axis II): **人格異常**──包括長期而嚴重的人際或社會適應困難症候，如逃避他人或反社會行為。

主軸三(Axis III): **一般疾病狀況**──包括與心理異常相關聯的病症，如糖尿病、過敏症、心臟病等。

主軸四(Axis IV): **心理─社會與環境問題**──包括足以引起或助長心理異常的社會與環境狀況，如心理壓力。

主軸五(Axis V): **功能的總體評量**──評量過去一年內身心功能的發揮程度，量表以1（症候最嚴重、危險）至90（症候輕，表現良好、快樂、高成就）代表嚴重程度。

一個心理異常患者可能具有一至四個主軸的症候。例如，有一個17歲的高中生，有相當嚴重的憂鬱症候，也曾經有過自殺的念頭，因此屬於主軸一；他時有心悸與腹瀉的現象，屬於主軸三；他父親經商失敗、無業在家，父母時常爭吵不已，這些環境中的心理壓力屬於主軸四；他在校的學業表現還算中等，他在主軸五的身心功能總評量結果是52，但有愈來愈糟的傾向。這一診斷結果，使心理症候的敘述有參照標準，也使不同的心理治療人員有共同的溝通詞彙。

然而，使用DSM–IV並不是沒有瑕疵(Iezzi & Adams, 1993)。首先，患者症候與手冊中的症候敘述是否密切配合是診斷的效度問題，它仍然有待調查與改進。其次，DSM–IV加入了一些屬於日常生活問題的新診

斷分類（如使用禁藥、病態性嗜賭、月經前焦慮症），是否妥善，有待商榷。

　　根據DSM–IV，心理異常可以分成以下主要類別：焦慮症、體化症、解離症、情緒異常、精神分裂症、人格異常、性心理異常、睡眠異常、飲食異常（如厭食症、暴食症）、衝動控制異常（如縱火症、嗜賭症、竊盜症）、藥物關聯症、病因性心理異常（如癲癇所引起的精神病）、發展性異常（如智障、學習異常、注意缺失）、失憶、痴呆症等。由於篇幅，本章將依序簡介七種主要心理異常。

三、解釋心理異常的不同觀點

　　凡事必有其因。心理異常因症候、類別、複雜程度的不同而牽涉不同的原因。到目前為此，經常被用來解釋心理異常現象的觀點或理論有：動力心理觀、學習觀、認知—行為觀、生理觀。在此先介紹各觀點的基本論點，以便你在閱讀各種心理症狀與其原因時，有認知上的準備。

1.動力心理觀

　　動力心理觀(psychodynamic perspectives)就是佛洛伊德為主的心理分析論，試圖以人格結構與其功能的互動來解釋心理的異常現象。其主要看法是：心理異常是個人早期（六歲以前）潛意識衝突的象徵性行為。因此我們所看的異常行為並非該行為本身的異常，而是代表潛意識裡內在衝突的動力關係。例如，丈夫對妻子的暴力行為，可能不是丈夫有意對太太施暴，而是小時缺乏母愛，乃將其憤怒的反應表達於對太太的暴行上。本我、自我、超我之間潛意識需求的衝突，被廣泛地用來解釋許多心理異常的動因。

2.學習觀

　　學習觀(learning perspectives)廣義地將所有異常行為視為學習的結果，其歷程包括古典制約、操作制約、社會學習（模仿）。根據此一觀點，

不論是正常或異常行為，都可以經由學習而獲得；也因此，行為可以習得，也可以消除。例如，恐懼症是制約刺激（如小鼠）與非制約刺激（如大聲）配合出現時所引起的制約反應（對小鼠恐懼）；憂鬱症是個人接受太少獎勵與過多懲罰所導致的行為意願缺乏的症候；小孩見父母因事焦慮不安、愁眉苦臉，自己遇到類似事件時，也學會以類似行為應對之。

3.認知─行為觀

認知─行為觀(cognitive-behavioral perspectives)認為，心理異常是由個人的扭曲思考與不當行為的結果。個人對自己、對環境常有不合理的評估與詮釋，也有不合理的適應行為。假如個人將自己的優點看成缺點，將友善的環境誤認為有害的環境，其行為將因而十分不合情理，即使陷入異常而不自覺。

4.生理觀

由於許多心理異常患者的神經系統或內分泌功能有異常的現象，因此持生理觀(biological perspectives)者認為，遺傳基因的異常是心理症候的主要原因。他們相當成功地舉出與焦慮症、憂鬱症、精神分裂症等症候相關的生理功能失衡現象。由於牽涉到生理功能的缺失，因此這個觀點又稱醫學觀(medical perspectives)。基因研究的神速進步，鎖定了許多與生理疾病或相關心理症候的基因，不僅有助於「病理」的客觀診斷，也開拓了根治病症的「基因治療」。

事實上，許多的心理異常不容易以單一觀點來解釋其原因。有鑑於此，有人綜合上述的不同觀點，將心理異常看作生理─心理─社會三方互動的結果(Oltmanns & Emery, 1998)。先天的生理缺陷、個人的人格弱點、特殊的環境壓力，使個人更容易成為心理異常的患者。

第二節　焦慮症

焦慮(anxiety)是面對威脅的適當反應。焦慮症(anxiety disorders)則是長期而過分的不適當焦慮反應。其主要心理症候有憂慮、緊張、恐懼、不安、焦急；其主要生理症候有顫抖、冒汗、心跳加速、血壓增高等交感神經系統的激盪。

一、各種焦慮症的症狀

雖然焦慮症有其共同特徵，但它可進一步細分為：恐懼症、驚慌症、泛慮症、強迫症、創後壓力症等不同症候。

1.恐懼症

我們平時對危險的或可怕的人、事、物產生恐懼，是適當的合理防衛行為。恐懼症(phobias)則是對毫無危險的人、事、物所產生的誇張與持續的不合理懼怕反應。恐懼症可因對象的不同而概分為三種：簡單恐懼症、社會恐懼症、廣場恐懼症。簡單恐懼症(simple phobias)是面對某特定事物或情境，如鼠、蛇、昆蟲、蝙蝠、高處、風暴、閉室、動物（貓、狗等），所產生的恐懼，這類恐懼症對象特定而清楚，因此容易診斷與治療；社會恐懼症(social phobias)是面對一群人時所產生的恐懼，這種恐懼可能是由於害怕當眾被人細察或評估，或害怕做出令人受窘或羞辱的事（如害怕當眾講演、示範、新人介紹、當眾飲食等）；廣場恐懼症(agoraphobias)是面對廣闊場所時，害怕一時無法逃離或不能獲得協助的恐懼感。在希臘文字中，它意謂「對市場或空曠地方的恐懼」，是成人中的普遍恐懼症，其中女患者又多於男患者。廣場恐懼症患者多不敢離家出門，也少有正常職業或社交生活。

2.驚慌症

驚慌症(panic disorder)是在沒有明顯的刺激情境下突然發生的強烈焦慮症候。它的主要症狀是呼吸短促、大量冒汗、顫抖、心跳急迫等；其他症狀可能包括嗆喉、頭昏、麻痺、臉紅、寒慄、失控感等。驚慌症發作的時間由幾分鐘到幾小時不等。由於上列症狀，有時患者誤以為是心臟病發作(Schmidt et al., 1997)。由於此症的發作缺乏明顯的刺激情境，患者唯恐症候有隨時發作的可能，因此多數停留在家、殊少外出；有些患者也因此被診斷為廣場恐懼症患者。

3.泛慮症

泛慮症(generalized anxiety disorder)是指任何事物或情境都有可能引起的持續性焦慮症候。由於任何事物或情境都可能引起焦慮，因此又被稱為游離性焦慮(free-floating anxiety)。患者的主要症候是肌體緊張、難以鬆弛、皺眉、忐忑不安、盜汗、口乾、心跳急速、頻尿、瀉肚、易分心、失眠、恐懼、有惡兆感、過度警覺等。泛慮症就是我們過去常說的神經質(neurosis)。

4.強迫症

強迫症(obsessive-compulsive disorder)包括強迫思想與強迫行為。強迫思想(obsessions)是重覆出現又揮之不去的不受歡迎的思想或心像；強迫行為(compulsions)是如同被迫的、不斷重覆的不合理行為。典型的強迫思想有：躺在床上，一夜在憂慮門窗是否忘了上鎖；整天掛念孩子，是否在校安全無恙。典型的強迫行為有：與人握手後頻頻洗手，唯恐細菌傳染；關好門窗上床就寢後，又頻頻起床，察看門窗，以確保居處安全。「清洗」與「查核」是最常出現的強迫行為。

5.創後壓力症

創後壓力症（posttraumatic stress disorders，簡稱PTSD）是指個人身經巨大災變或創傷後所經驗的長期與持續的焦慮症候。諸如火災、水災、風災、震災、巨爆、戰鬥、傷害、強暴等災害，常使一些當事人於事後引發焦慮、無助感、驚夢、慘痛記憶回閃等症候的持續出現；甚至目睹他人受傷或慘死也會導致此種症候(Davis & Breslau, 1994)。一九九九年臺灣的九二一集集大地震所帶來的巨大災變與創傷，使許多災民受到各種創後壓力症候的折磨。 這種焦慮容易被原來的災害或創痛重新引發(Moyers, 1996)。據統計，創後壓力症的患者中，男人多因參與激戰而引起，女人則多因小時被強暴而產生(Rodriguez et al., 1997)。

二、焦慮症的成因

1.動力心理觀的解釋

心理分析學派認為焦慮是個人早期心理衝突的結果。根據這個觀點，泛焦慮症便是個人試圖壓抑其衝動時的困難狀態，強迫思想是潛意識裡的衝動洩露到意識界的困境，強迫行為則是利用重覆行動來壓制衝動的出現。

2.學習觀的解釋

學習觀直截了當地指出，焦慮症是制約的結果。因被狗咬而怕狗，因從高處墜落而懼高，因被禁閉於小室內而有懼閉症，這些都是學習的結果。就以強迫行為而言，洗手後覺得乾淨，增強了洗手的行為；同理，迴避引起恐懼的刺激可以增強「焦慮的免除」。從社會學習觀來看，見他人焦慮、恐懼、或強迫行為，自己不知不覺之中也仿效下來。

3.認知—行為觀的解釋

認知—行為觀認為焦慮症的成因可能有二：一則在認知上以為自己缺乏處理某特定威脅的能力，一則個人已經習慣於以焦慮作為應付威脅的反應方式。因此，認知的扭曲使自己處於焦慮、不安、恐懼、壓力等負面反應之中，也支持自己不良反應症候的正當性。對焦慮症患者來說，他們集中注意於威脅的一面，沒有察覺自我能力的積極面(Foa et al., 1996)，也殊少尋求其他可行的正面應付方式。認知與行為彼此增強，焦慮症便難以消除。

4.生理觀的解釋

根據對雙生兒的研究(Torgersen, 1983)，同卵雙生者焦慮症發生的一致性高於異卵雙生者。因此，有人認為，有些人在遺傳上對威脅有引起焦慮的先天傾向(Mineka, 1991)。有些人的神經組織對壓抑焦慮的珈瑪胺基丁酸(GABA)反應敏度不足，因而有高度的焦慮症候，可以被解釋為焦慮症的生理遺傳傾向(Insell, 1986)。另外，演化論者認為，某些刺激（如蛇）與某些反應（如懼怕）的自然結合（恐懼症），是人類求生存的適應行為(Marks & Nesse, 1994)。

第三節　體化症

體化症(somatoform disorders)是由心理問題所引起的身體功能異常症候。體化症患者經常訴苦，說這裡痛、那裡麻，認為他們的病痛連醫生也搞不清楚，卻「沒有」病痛的生理基礎。請注意，體化症與**心因性身體異常**(psychosomatic disorders)不同，後者是由心理問題所引起的身體疾病症候，如由心理問題所導致的頭痛、過敏、氣喘、高血壓等，這

些疾病都有可診斷的生理基礎。

一、各種體化症的症狀

常見的體化症有：轉化症、慮病症、體畸症。茲分別簡述於後。

1.轉化症

轉化症(conversion disorder)是患者訴說有局部麻痺、失明、或失聰的症狀，但醫生無法找出確切的生理病理者。由於沒有確切的生理病理，卻有身體功能異常的症狀，乃認為它是心理問題「轉化」為生理病症的結果。在古希臘，它被稱為歇斯底里症（hysteria，即子宮），是屬於女人的病症，被認為是子宮游動所致。由於轉化症患者的確感受病症，因此它不是裝病的現象，而且有些人並不以它為懷，反而以淡漠態度(la belle indifference)處之。

2.慮病症

慮病症(hypochondriasis)是患者對自己的健康過度關懷，乃將輕度的身體反應（如咳嗽、皮膚瘀傷、略感冷暖不適、覺得心跳不勻等）看作嚴重病症的症候。患者如果不能從醫護人員證實其所關切的病症，他們從不因此輕易罷休。這些人不僅勤換醫生，而且聽診器、血壓器、體溫計、醫療書刊、維他命、補品、醫藥等樣樣齊備在家。

3.體畸症

體畸症(body dysmorphic disorder)，又稱想像醜樣症(imagined ugliness)，是有平均或中上面貌者，卻認為自己的面貌畸形，深感醜惡、難看。每照鏡子，就覺得眼睛、耳朵、或鼻子不堪目睹、無臉見人，因而不敢外出，也無法就業。不幸，許多患者竟因此求救於整形外科，希望化醜為美，不知癥結是屬於心理問題。

二、體化症的成因

1.動力心理觀的解釋

根據動力心理觀,體化症是性衝突引起的焦慮所轉化成的生理症狀。它是一種自我保護行為，藉生理症候的呈現來避免焦慮、內疚、羞恥、或心理壓力。根據此說，則一空軍飛行員的突然失明，是為防止被敵人砲火擊落的恐懼，或避免因射殺敵人而引起的內疚。

2.學習觀的解釋

學習論者認為，疾病可以用作迴避困境的藉口。因此，由病症引起的好處（如不必上課、上班、或交報告）「增強」了體化症的呈現；由病症引來他人的關懷與注意也增強了體化症的存在。換言之，個人學會以「生病」來迴避責任、引起注意、獲得同情。

3.認知—行為觀的解釋

新近的研究資料顯示(Barsky et al., 1993)，體化症患者有不切實際的健康標準，以為健康的人完全沒有任何疾病症候（如咳嗽、頭痛）或不適現象。這個錯誤的認知，使個人對內在的生理歷程過分注意，也對自己的生理訊息過分敏感。

4.生理觀的解釋

魏納(Weiner, 1992)指出，個人的遺傳特質若有高度反應的自律神經系統，則更容易罹患體化症。有一個研究(Gramling et al., 1996)，將受試者的腳放進冰水之內，結果體化症患者較一般人更怕冰冷，有更快的心跳，與更低的手溫。

第四節　解離症

正常的心理歷程是完整的、一致的，偶而在某些情況下（如壓力或焦慮）所呈現的不一致性是自然的，不必因而擔心。然而，**解離症**(dissociative disorders)是個人的思考、記憶、情緒、自我認同等完整心理歷程被暫時瓦解的症候。

一、各種解離症的症狀

本節介紹四種解離症：解離性健忘症、解離性迷遊症、解離性認同症（又稱多重人格症）、非個人化異常。

1.解離性健忘症

解離性健忘症(dissociative amnesia)是指沒有生理原因之下的失憶症候。我們在日常生活中，經常有記憶不全或無法回憶所學的正常現象。但是，若忘記自己的姓名、住址、生日等與自己相關的記憶，則是解離性健忘的特徵。此症患者，其一般知識（如國父紀念館的地點）與技能（如開車）並不致於遺忘。

2.解離性迷遊症

解離性迷遊症(dissociative fugue)是個人突然離家或離開工作崗位，「旅遊」到另外一個地方，並把自己的過去完全遺忘的症候。在迷遊時，患者顯得比過去外向；事過復原之後，患者並沒有任何迷遊的記憶。患者可能突然離開妻子兒女，到另外一個城市住下，忘了自己是誰，取個新姓名，找一份新工作，甚至結個新婚。幾個月過去，被人認出送回老家後，他竟完全不記得他有這一趟「新生活」的遊記。

3.解離性認同症

解離性認同症(dissociative identity disorder)原稱多重人格症(multiple personality disorder)，是個人具有二個或二個以上不同人格的異常狀態。患者的多重人格彼此互異，甚至極度相反。最令人驚奇的是，不同「人格」由同一身體出現時，居然會有不同的生理反應：如聲音音質、視力、腦波、血壓、皮膚過敏反應等(Kluft, 1996)。不同人格之間至少有一個人格不認識其他人格(Putnum et al., 1986)，其餘則有模糊的相互認知。解離性認同症患者多數是女性，其男女比率約是一比九；而且絕大多數（幾乎90%）患者在年幼時有性暴力、體罰、情緒性虐待等被羞辱的經驗(Boon & Draijer, 1993; Ross et al., 1990)。由於被診斷為此類患者的人數驟增，若不是醫生較為注意這個問題，便是有些不肖之徒冒充患者以便從中獲益(Weissberg, 1993)。

4.非個人化異常

非個人化異常(depersonalization disorder)是一種體外經驗(out-of-body experience)，個人持續感到自己離開軀體，成為自我個體的旁觀者。這如同我們常說的「魂不附體」一樣，因此是一種解離性異常。平常我們偶而會有注意分散的時刻，也有精神恍惚不定的現象，但是沒有這種嚴重的長期心理解離問題。

二、解離症的成因

1.動力心理觀的解釋

心理分析學家認為，大量地壓抑那些令人羞愧或不被社會接受的衝動，是解離性失憶或迷遊的主要原因；讓那些不能被他人接受的衝動經由另一個「面孔」出現，便是解離性認同症的成因。

2.學習觀的解釋

學習論者認為，解離症患者學會如何忘記不快的記憶或令人焦慮的衝動。沒有焦慮不安的境界「增強」了患者對衝動的忘記或對逆境的迴避。換言之，沒有焦慮是一種快感，迴避或忘記不良衝動是獲得這種快感的一種增強安排。

3.認知—行為觀的解釋

創傷性經驗的記憶，如幼時被強暴、體罰、或虐待，是個人最希望忘記的，也是個人覺得無奈與恥於面對的。有人甚至認為(Spanos, 1994, 1996)，解離性認同症患者以故意扮演不同角色的心理疾病方式，來挽回因失敗而喪失的面子。他慨嘆北美文化鼓勵人們去創新人格。

4.生理觀的解釋

失憶現象似與年齡有關，因此解離性失憶也許可以找出真正的生理基礎。同時，使用SLD一類的迷幻藥也引起與解離症相若的症候，暗示神經生化功能的變化對心理所產生的影響。

第五節　情緒異常

喜怒哀樂是人之常情，也是人生多彩多姿的主要動力。雨後天晴，顯得天色特別絢麗；哭後的歡笑，也令人覺得笑容特別甜美。然而許多人的情緒像長期的陰雨一般，沈悶得怕人；也有一些人的情緒像忽晴忽雨的惡劣氣候，一會兒狂妄、一會兒抑鬱。**情緒異常**(mood disorders)是指無特定事故卻罹患長期而嚴重的情緒紛擾症候。情緒異常可分為主要憂鬱症、情緒低沉、兩極症三類。

一、各類情緒異常的症狀

1.主要憂鬱症

　　主要憂鬱症(major depression)又稱**單極症**(unipolar disorder)，其主要
症候是哀傷、抑鬱、絕望。患者長期（從幾星期到數年不等）感到消極、
悲觀、內疚、易怒、興趣缺乏、缺乏自尊、無法專心、食慾不振、疲憊、
精神萎靡不振、動作遲緩、並有自殺念頭等。在美國有10%以上的人口
有主要憂鬱症，其中女的是男的兩倍(Kessler et al., 1994)，多自青春期開
始，至中年期達最高峰(Lewinsohn et al., 1986)，其中15%企圖自殺(APA,
1994)。過半患者癒後又重患，而且症狀既長又更嚴重(Maj et al., 1992)。
　　自殺對於長期受憂傷、抑鬱、絕望等折磨的患者來說，是可預期的
唯一「出路」或「結局」(Shneidman, 1996)。企圖自殺的比率女性是男性
的三倍，但自殺成功的比率男性是女性的三至四倍。這個差異主要是由
於男性自殺使用致命高的刀槍，女性則多使用過量的安眠藥。自殺多數
與憂鬱有關，而且「絕望」(hopeless)的心境是預測自殺的最佳單一變項
(Beck et al., 1990)。當人生的重大目的不能實現時，若個人責備自我，集
中注意於自己的不是，並為此感到悲痛與失望時，就會想出「以死求解
脫」的唯一結局，這便是導致自盡的無望境界(Baumeister, 1990)。幸而，
企圖自殺者事先常有一些行為跡象(Shneidman, 1996)：如個人在極度憂
傷之後，看似情況好轉時；個人提到「死亡」或「離去」時；顯示不期
然的作法時（如整理書信要文，停止先前的承諾，贈與他人自己珍惜的
貴重物品）；曾經自殺未遂等。

2.情緒低沉

　　情緒低沉(dysthymia)是比主要憂鬱症較為長期（一般兩年以上）但
輕微的憂鬱症候。其主要症狀有：食慾不振或過食、睡眠不足或過睡、
感覺疲憊、無法專心、失望、猶豫不決等。患者總覺得自己無用，即使

有了成就也不因而開心。其罹患期自兒童期至成年期不等。他們多數能過著正常的生活與單獨的工作。

3.兩極症

兩極症(bipolar disorder)過去稱為躁鬱症(manic depression disorder)，是狂躁與憂鬱交互出現的一種長期而嚴重的情緒紛擾症候。患者有一星期以上的狂躁症候，如歡騰、欣快、自信、行為亢進、語思飛快、容易分心、慷慨大方等；隨後可能有一段正常的情緒；然後突然出現相當時日的憂鬱症候，如憂傷、抑鬱、絕望等。

藝術天才是否與躁鬱症候有關呢？荷蘭畫家梵谷、德國作曲家舒曼與韓德爾、美國作家海明威與馬克吐溫等都是傑出的藝術家，也是兩極症的患者(Jamison, 1993; Ludwig, 1995)。他們在憂鬱深思時，思路得到了啟示；他們在狂躁時，是創造的巔峰期。事實上，藝術家的自殺率是常人的18倍，其主要憂鬱症罹患率是常人的8至10倍，其兩極症罹患率是常人的10倍以上(Jamison, 1997)。從生理基礎來看，藝術創作與情緒反應都是右腦的主要活動(Rathus, 1999)，兩者的關係不容忽視。

二、情緒異常的成因

1.動力心理觀的解釋

動力心理學認為，當個人失去所愛的人或物時，由於不堪其悲痛，反而指責離去者的不該與可恨（如「他們不該離我而去」）。個人的敵視與憤怒不得向外表達時，轉而內在化，自認無用與絕望，因而導致憂鬱症候。

2.學習觀的解釋

學習論者認為，憂鬱症患者自認為他們接受懲罰多於榮獲獎勵。對於憂鬱症患者來說，既然殊少受到獎勵，還有什麼快樂可言？況且，親

友們去探訪憂鬱症患者時，見他們哀怨、沈默、動作遲緩、精神萎靡，只好以憂鬱面貌與憐憫行動去勸慰，不敢以喜悅「衝擊」之，結果是憂鬱增強憂鬱。

3. 認知—行為觀的解釋

認知論者認為習得的無助感、扭曲的認知、負面的自我歸因取向等是憂鬱的肇因。個人一旦發現自己的行為不再能控制情境時（例如自己的作為沒有成效時），乃學會了無助(learned helplessness)，是心理上的無望(hopelessness)，結果個人只有冷漠、消極、不動(Seligman, 1975)。同時，憂鬱症患者多帶「有色眼鏡」去看自己與世界，他們只看到消極的一面，忽略積極的一面(Haaga et al., 1991)；他們不僅看不起自己，連親友也難免被貶抑(Gara et al., 1993)。至於他們對自己的失敗，多歸因於內在的（如能力差）、穩定的（如不可能改變的）、全面的（如整體生活的）因素(Abramson et al., 1989)。

4. 生理觀的解釋

同卵雙生兒的憂鬱症罹患率高達50%，異卵雙生兒的憂鬱症罹患率則只達20% (McGuffin et al., 1996)；同理，同卵雙生兒的兩極症罹患率高達72%， 但異卵雙生兒的兩極症罹患率只達12%或13% (Tsuang & Faraone, 1990)。 近來遺傳學家發現， 兩極症與第十八個染色體有關(MacKinnon et al., 1997)。由於抗憂鬱症的藥物（如Prozac）與治療兩極症的藥物（如lithium）的高度成效，也支持了生化功能失衡與情緒異常的關係。

第六節　精神分裂症

在許多心理異常的症候中，精神分裂症是最為嚴重的一類。**精神分裂症**(schizophrenic disorders)是指思想與認知嚴重扭曲、與現實世界脫節、言行怪異的症候。精神分裂症包括下列五個主要症狀：（甲）思想雜亂——思想組織紊亂、紛雜、注意無法集中、言語雜亂無章、喜造新字；（乙）富於妄想（不切實際的思想）——如自大妄想、迫害妄想、關係妄想（與某些名人、要事有重要關聯）；（丙）幻覺（沒有刺激卻有感覺）——聽幻覺、視幻覺、觸幻覺、嗅味幻覺；（丁）情緒紛擾——缺乏正常的面部表情、情緒鈍化、聲音單調、不敢正視他人、缺乏興趣；（戊）動作怪異——經常退縮、自言自語、奇腔怪調、比手劃腳、對牆致敬、斜身站立數小時等。

一些心理學家鑑於精神分裂患者與常態人員相比，在認知、情緒、行為上有的是過量的，稱為正面症狀；有的是有缺乏的，稱為負面症狀(Andreasen et al., 1995; McGlashan & Fenton, 1992)。**正面症狀**(positive symptoms)包括幻覺、妄想、思想飛舞、情緒紛擾、行為怪異；**負面症狀**(negative symptoms)包括情緒鈍化、社會退隱、注意減低、語言貧乏、行動遲緩。這種症狀的分類方式，或許有助於患者的診療。

精神分裂患者中，男女人數相當，但男子發病的年齡是18至25，女子發病的年齡是26至45，其發病時間上的差異原因，目前尚無令人信服的解釋。我們在此簡介精神分裂症的三種主要型式：妄想型精神分裂症、僵直型精神分裂症、錯亂型精神分裂症。

一、各種精神分裂症的症狀

1.妄想型精神分裂症

妄想型精神分裂症(paranoid schizophrenia)患者有高度的迫害妄想與自大妄想：以為自己地位重要，「敵人」不肯放過，懷疑敵人時刻設法謀害或壓迫自己，即使對親友或他人也因而多疑或敵視。

2.僵直型精神分裂症

僵直型精神分裂症(catatonic schizophrenia)患者有明顯的動作紛擾問題，不是毫不動彈地維持某一姿勢達數小時之久，就是如同蠟像地讓人隨意擺佈姿態。患者有時拒絕言談，有時變成好動與易激。

3.錯亂型精神分裂症

錯亂型精神分裂症(disorganized schizophrenia)患者的思考缺乏邏輯、言語前後不一致、情緒表達過分誇張、妄想與幻覺瑣碎不全、動作怪誕而幼稚、多自我獨語與嬉笑。

二、精神分裂症的成因

1.動力心理觀的解釋

精神分析學家認為精神分裂是「本我」被來自「慾我」的性慾與攻擊衝動傾覆的結果。本我在衝動的威脅下，產生強烈的內在衝突，並退化至口腔期的嬰兒行為方式，分不出現實與幻想，也開始有妄想與幻覺。

2.學習觀的解釋

學習論者認為精神分裂症候是經由制約與社會學習（模仿）而習得的。若兒童胡思亂想、行為古怪反而獲得成人的增強（如獲得注意或鼓

掌叫好)，若父母的謬論、胡言、怪行被兒女模仿，則不良家庭環境與不當的增強措施使舉家與精神分裂症有緣(Grove et al., 1991; Miklowitz, 1994)。同時，若個人的正常行為不受鼓勵，若所處環境懲處頻繁，則幻想與妄想有其增強價值。

3. 生理觀的解釋

從雙生者雙雙發病的比率來看，異卵雙生達17%，同卵雙生則高達48% (Gottesman, 1991)。研究顯示(Seeman et al., 1993; Wong et al., 1986)：治療精神病的藥物能壓抑多巴胺酸，也能減輕妄想、幻覺、怪行；使用安非他命提高多巴胺酸的活動，也使症候惡化。另外，早期大腦在發育中可能受到的傷害，也與精神分裂症的發病有關：許多患者生前在母胎內時，母體有過病痛(Goleman, 1996)；孕婦也有營養不良的現象(Susser & Lin, 1992)。

第七節　人格異常

人格異常(personality disorders)是個人的人格屬性缺乏彈性與適應不良的症候。由於它不是認知的紛亂、不是情緒的巨變、也不是行為的怪異，它是深植於個人的僵固而不適應的人格特徵。因此，患者本人習以為常，從不覺得有多大的不適，但周遭的人卻不以為然。

人格涵蓋廣泛，因此這類症候的診斷困難較多。DSM-IV將人格異常再分為妄想型、分離型、分裂型、邊際型、戲劇型、自娛型、迴避型、依賴型、強迫型、被動攻擊型、反社會型等十一種類型。限於篇幅，本節簡單地介紹妄想型、分離型、依賴型、邊際型、反社會型等症候。

一、各種人格異常類型的症狀

1.妄想型人格

妄想型人格(paranoid personality)指患者對他人善感且多疑，不輕易信賴他人，因此難以與人相處。患者的認知不像精神分裂症患者那樣地紛亂與失序，但由於覺得他人是威脅與受害的來源，乃拒絕相信他人，因此人際關係欠佳。如果你對朋友感嘆：「你這個人疑神疑鬼！」或「你真多疑！」你可能暗示他有妄想型人格。

2.分離型人格

分離型人格(schizoid personality)指患者對人際關係冷漠，情緒反應也非常鈍化。患者從未培養與人相處應有的溫暖與友善，因此是典型的孤獨者。這類人士少有朋友，甚至於孤單一輩子；只要工作上無須與他人來往，他們對事可以勝任愉快。

3.依賴型人格

依賴型人格(dependent personality)指患者無法自己一個人獨自作出決定，必須時刻依賴他人、處處仰仗他人。這些人很怕下錯決定，因此時常焦慮；也深恐他人離去時，自己難以支撐下去。顯然，患者深恐人生中的重要親友不接納他們或遺棄他們。

4.邊際型人格

邊際型人格(boarderline personality)指患者的自我意識、情緒、人際關係頗不穩定。其認知、情緒、行為表現近似精神分裂症患者，因而有「邊際」的稱呼。這種人不愛獨處、行為衝動，時常有傷害自己的行為，如在外拈花惹草、吸毒、酗酒、自殺等。

5.反社會型人格

反社會型人格(antisocial personality)指患者持續地侵犯他人的權利，做出違紀犯法之事，事後毫無憂傷、悔意、或內疚，即使嚴懲也無意改正。他們小時盜竊欺凌、無惡不作，長大後殘酷兇狠、甚至殺人分屍。這種人沒有良知，對受害者毫無同情或憐憫之心；在滿足自我慾望之後，將對方遺棄或殺害。平時雖然冷漠、衝動，卻能以甜言蜜語誘人入殼；喜歡控制擺佈，又善於欺詐。患者沒有人生觀，缺乏目標，沒有責任感，因此難有固定收入的工作。男女罹患此症的比例約是三比一。社會上時而報導的連續殺人犯(serial killers)，有的連續雇用工人並殺之，有的連續誘姦年輕女子並殺之，都屬於反社會型人格異常的患者。

二、人格異常的成因

1.動力心理觀的解釋

動力心理學家認為，「良知」或「超我」的發展有賴於「戀母情結」的順利解決，否則個人便缺乏指導行為的良知。研究發現(Baumeister et al., 1994)，兒童於早期缺乏父母的關愛，頻頻被懲罰或拒絕，自然不懂得關愛他人，也發展出反社會的人格。同時，反社會型人格異常者年幼時多數有情緒剝奪的痛苦經驗（沒有充分表達情緒的機會）。

2.學習觀的解釋

象徵人格異常的刻板與不適應的行為可能由學習而獲得。就以依賴型人格而言，若個人的依賴習慣因他人的增強而強固，顯示學習的效果；就以反社會人格而言，若個人的欺詐得逞，若個人的衝動獲益，則惡行重覆的機率因而增加，也證明學習的功能。同時，學習論也指出，許多人學會不合理的行為，卻從未學好守法、友愛、自律的美德。

3.認知—行為觀的解釋

個人對環境的不合理看法與對社會的曲解，導致行為的適應困難。例如，迴避型人格異常者總是假定對方會批評他們、拒絕他們，因而不與人來往，更談不上交友或婚嫁；自娛型人格異常者誇張自己的優美、重要、優越，把注意集中於自己身上，甚至於進行自我「性刺激」；反社會型人格異常者，將一切不合理的行為歸咎於他人或社會，他們將自己的行為看成是「以牙還牙」「以夷制夷」罷了。

4.生理觀的解釋

就以反社會人格而言，患者多數有學習的困難，因此難以學會「逃避懲罰」的行為。研究發現，患者在先天上有低於常人的神經激發功能(Lykken, 1982; Patrick, 1994)。也許因為如此（不靈敏），他們簡直是「天不怕、地不怕」(Rathus, 1999)；他們也因此時常尋求刺激。

第八節　性心理異常

社會不斷地演變的結果，人們的性觀念日益開放；相對地對「性異常」的界定也較為嚴謹。**性心理異常**(sexual disorders)是指個人在性功能、性滿足對象、或性別認同上的異常症候。主要的性心理異常有：性功能異常、錯愛症、性別認同異常三類。

一、各種性心理異常的症狀

1.性功能異常

性功能異常(sexual dysfunction)是缺乏正常的性生理反應。性功能異

常有下列各種不同的症候。

A.**勃起困難**(erectile disorder)：亦稱陽痿，於性行為時不能使陽具依願豎起。

B.**性興奮異常**(sexual arousal disorder)：性行為時不能維持性的興奮狀態。

C.**性慾異常**(sexual desire disorder)：對性行為缺乏興趣，甚至厭惡。

D.**性高潮異常**(orgasmic disorder)：有性行為的興趣，能維持應有的興奮狀態，卻無法達到性高潮。

E.**早洩**(premature ejaculation)：男子「過早」射精、無法抑制性高潮的現象。

2. 錯愛症

錯愛症(paraphilias)是從不尋常的對象或情境中獲得性興奮的性行為異常。以下是常見的錯愛症。

A.**戀物癖**(fetishism)：以異性的內衣褲、鞋襪等滿足性快感。絕大多數患者是男人，多自青春期開始。

B.**偷窺癖**(voyeurism)：偷看人家裸體或做愛，但對被窺視者並無性關係的意願。

C.**裸露癖**(exhibitionism)：於不當場合展露陰部。

D.**摩擦癖**(frotteurism)：於公車或人群裡，故意摩擦異性身體以獲得性興奮。

E.**戀童癖**(pedophilia)：以未達青春期的兒童為性愛對象。這是相當普遍的性異常行為。

F.**嗜動物癖**(zoophilia)：以動物為性愛對象。

G.**性虐待狂**(sexual sadism)：使性興奮與對方的身心痛苦相關聯，是性慾與攻擊相結合的一種症候。

H.**性受虐狂**(sexual masochism)：要接受外來的軀體或情緒的傷痛方能享受性興奮的症狀。

3.性別認同異常

一如其名， **性別認同異常**(gender-identity disorders)堅持自己是異性的症候，即男子認同女子，女子認同男子。例如，身為男孩不穿男裝，只跟女孩來往，只玩女孩玩具（如娃娃），便是性別認同異常的傾向。女孩亦復如此。由於此一症候開始於兒童期，許多患者於後來導向正常的性別認同，其餘一直罹患至成年期。有一種稱為**性別重新指定手術**(sexual reassignment surgery)，是使男變女、女變男的變性手術，結果相當良好，患者不再有焦慮或抑鬱的症候(Bodlund & Kullgren, 1996)。

二、性功能異常的成因

1.動力心理觀的解釋

動力心理學預測，兒童期創傷經驗的回憶導致性冷感或性厭惡等性興奮異常。 不快的童年經驗或早年喪失父母與難以達成性高潮有關(Raboch & Raboch, 1992)；焦慮或憤怒可能降低個人的性慾(Beck & Bozman, 1996)。

2.學習觀的解釋

學習論認為錯愛症是不尋常的學習結果——兒童在早期手淫時將性興奮與「不適當」刺激相聯結。

3.認知—行為觀的解釋

認知心理學認為，個人若相信性行為是不道德的或危險的（如懷孕或得愛滋病），則可以導致性功能異常(LoPiccolo, 1995)。事實上，個人若於性交時有過勃起困難的經驗，常引起性行為的**表現焦慮**(performance anxiety)；害怕表現欠佳會令對方失望或不快，反而加重恐懼程度，性勃起也因而愈加困難。既然勃起有困難，只好「退出」參與，扮演**觀眾角**

色(spectator role)，成為性行為的旁觀者(Masters & Johnson, 1970)。有戀物癖、偷窺癖、戀童癖、嗜動物癖的人，常唯恐性表現不足、取笑於人，乃以異常對象滿足性的需求。誤信性器的大小與性表現有關的人，自以為性器過小， 常產生表現焦慮， 乃有性功能異常的症候(Ackerman & Carey, 1995)。

4.生理觀的解釋

生理學家強調，與性功能異常有關的生理異常有：內分泌失調、長期患病、使用鎮痛劑或禁藥、患心臟病或糖尿病、血管輸血能力不足、神經系統受損、濫用煙酒等(Beck, 1995; Dupont, 1995; Kresin, 1993; Segraves, 1995, 1998)。使用威而剛(viagra)的結果，使勃起困難或性興奮異常的症狀大為改善，顯示血液循環系統的異常影響性功能。

第九節　心理異常、法律、文化

心理學研究人類的行為，法律則規範人類的行為；人類的行為受其文化特質的影響，法律的制定也由其文化來詮釋。當個人的行為逾越法律的規範時，我們稱之為「犯法」。到底犯法是否由於行為異常呢？世界各國的法律不盡相同，反映了各國的文化特質，心理異常是否也隨文化的不同而有診斷與症候的差異呢？本節簡單地介紹兩個主題：（甲）異常行為與犯罪行為的關聯與差異；（乙）心理異常的普遍性與文化差異性。

一、心理異常與犯罪行為

我們都知道：心理異常患者不一定有犯罪行為；有犯罪行為者不一定有心理異常症候。我們經常看到心理正常的人，或者一時貪圖非法利益，或者與人爭執時情緒失控，乃鋌而走險，因而觸犯法律。這些行為

既然違法，適當的法律制裁是無庸置疑的；它既能維護受害者的權益，又能維持社會治安與秩序。然而，為了毋枉毋縱地執法，法律必須探究在「觸法的行為」（如傷害他人）背後是否有「不良的動機」，這就牽涉到個人在作案時是否瞭解其行為及其後果的問題。

　　作案者是否瞭解其行為及其後果，是決定他們應否為其行為負責的決定因素，因此刑法上乃有「精神錯亂」的界定。**精神錯亂**(insanity)是一個法定狀態，是個人於行動時的心理病態，也因此個人無法為其行為負責。換言之，個人若是在精神錯亂狀態下犯案，是免於刑責的。問題是：到底精神錯亂與心理異常有何關聯呢？到底兩者有何差異呢？

　　事實上，由法院審理的精神錯亂與由心理學診斷的心理異常並不一定是有關聯的。心理異常症候是「長期的」心理狀態，也是一種診斷與敘述；精神錯亂則是「一時的」心理狀態，是辨別是非能力的判斷。因此，絕大多心理異常患者的行為並不在精神錯亂的範圍之內，只有那些有妄想症的心理異常患者，其紛擾的心理狀態可能與精神錯亂相關。例如，那些反社會型人格異常患者，其殺害他人是心理異常症候的不幸結果。

　　許多人於酒醉時喪失是非的辨別能力。若因酒醉而殺人，在法庭上常以酒醉而精神錯亂作答辯。但是，有不肖之徒在槍殺雙親以獲領巨額保險費後，試圖以受父母虐待過度而裝瘋，希望藉精神錯亂作辯護。所幸，法院經由心理學家、精神科醫師、社會工作者等通力合作，使那些想利用精神錯亂來卸罪的犯案者難以輕易得逞。畢竟不論何種行為都有一定的規律，訓練有素的專業人員可以成功地追蹤與透視那些「偽裝」或「包裝」的行為。

二、心理異常的普遍性與文化差異

　　文化對行為的影響是有目共睹的。但文化間的異同是否影響心理異常的診斷標準，對此目前有兩個不同的看法：泛文化觀與相對文化觀。**泛文化觀**(pancultural view)認為，心理異常的診斷標準是跨文化的、世界

一致的，世人對正常行為與異常行為的看法是共通的(Lewis-Fernandez & Kleinman, 1994)；**相對文化觀**(relativistic culture view)則認為，心理異常的診斷標準因文化不同而有很大的差異，人們對正常行為與異常行為的看法因文化殊異而不同(Frances et al., 1991)。

我們可以從不同文化中心理異常的分類類型、症候差異、患者比率來檢驗上述兩個觀點的正確性。根據報導(Butcher et al., 1993; Tseng et al., 1986)，精神分裂症、憂鬱症、兩極情緒症等嚴重心理異常，在每個文化裡都可以見到，因此是跨文化的；泛焦慮症、慮病症、自娛症、厭食症等較輕微的心理異常，在一些社會裡被視為「行為走樣」或「古怪」罷了，因此是因文化而異的。

同理，精神分裂症、憂鬱症、兩極情緒症等所包含的症候，不論何種文化，都是相當近似的(Draguns, 1990)；然而，文化差異也使一些心理異常症候只有在某些文化裡才能發現(Brislin, 1993)。例如，同是憂鬱症，在西方文化中的主要症候是自責與內疚，在東方文化中便充滿疲憊、背痛、頭痛等身體症候(Jenkins et al., 1991)。

至於患病率，幾乎所有文化裡都有1%的民眾是精神分裂症患者(Butcher et al., 1993)，也許這是由於精神分裂與生理失衡的人類共同缺陷有關(Weiten, 1998)；然而，許多其他異常症候的患病率則隨文化的不同而有很大的差異(Escobar, 1993)。

世界文化有共同點，也有差異之處，心理異常現象也是如此。可見，泛文化觀與相對文化觀對心理異常現象的解釋，各有其正確的一面。

本章內容摘要

1. 心理異常是：在統計上屬於不平常者；在適應上有困難者；在知覺或認知上有扭曲現象者；被所處社會文化中視為奇異者。

2. 根據DSM-IV，心理異常症候可分類為臨床症候、人格異常、一般疾病狀況、心理—社會與環境問題、功能的總體評量等五個主軸。其主要症候有：焦慮症、體化症、解離症、情緒異常、精神分裂症、人格異常、性心理異常、睡眠異常、飲食異常、衝動控制異常、藥物關聯症、病因性心理異常、發展性異常、失憶、痴呆症等。

3. 被用來解釋心理異常現象的主要觀點或理論有：動力心理觀——個人早期（六歲以前）潛意識衝突的象徵性行為；學習觀——由古典制約、操作制約、或模仿等學習的結果；認知—行為觀——個人的扭曲思考與不當行為的結果；生理觀——遺傳基因與生理功能異常的結果。

4. 焦慮症是長期而過分的不適當焦慮反應。主要焦慮症有：恐懼症——對毫無危險的人、事、物所產生的誇張與持續的不合理懼怕反應（如簡單恐懼症、社會恐懼症、廣場恐懼症）；驚慌症——在沒有明顯的刺激情境下突然發生呼吸短促、大量冒汗、顫抖、心跳急迫等強烈的焦慮症候；泛慮症——指任何事物或情境都有可能引起的持續性焦慮症候；強迫症——包括強迫思想與強迫行為，強迫思想是重覆出現又揮之不去的不受歡迎的思想或心像，強迫行為是如同被迫的、不斷重覆的不合理行為；創後壓力症——指個人身經巨大災變或創傷後所經驗的長期、持續的焦慮症候。

5. 心理分析學派認為焦慮是個人早期心理衝突的結果；學習觀指出焦慮症是制約的結果；認知—行為觀則認為焦慮症可能是由於個人在認知上以為自己缺乏處理某特定威脅的能力，或個人已經習慣於以焦慮作為應付威脅的反應方式；生理觀解釋焦慮症為生理的遺傳傾向；演化論者認為焦慮症是人類生存的適應行為。

6. 體化症是由心理問題所引起的身體功能異常症候。其中，轉化症是患者訴說有局部麻痺、失明、或失聰的症狀，但醫生無法找出確切的生理病理；慮病症是患者對自己的健康過度關懷，乃將輕度的身體反應看作嚴重病症的症候；體畸症又稱想像醜樣症，有平均或中上面貌者卻認為自己的面貌畸形。

7. 動力心理觀認為體化症是性衝突引起的焦慮所轉化成的生理症狀；學習論者認為個人利用疾病作為迴避困境的藉口；認知論者以為體化症是個人對內在的生理歷程過分注意、對自己的生理訊息過分敏感的結果；生理觀解釋體化症為個人在遺傳特質上若有高度反應的自律神經系統，則容易罹患體化症。

8. 解離症是個人的思考、記憶、情緒、自我認同等原來完整的心理歷程被暫時瓦解的症候。其中，解離性健忘症是指沒有生理原因之下的失憶症候；解離性迷遊症是個人突然離家或離開工作崗位，旅遊到另外一個地方，並把自己的過去完全遺忘的症候；解離性認同症原稱多重人格症，是個人具有二個或二個以上不同人格的異常狀態；非個人化異常是一種體外經驗，個人持續感到自己離開軀體，成為自我個體的旁觀者。

9. 心理分析學家認為大量地壓抑那些令人羞愧或不被社會接受的衝動，是解離性失憶或迷遊的主要原因；學習論者認為解離症患者學會如何忘記不快的記憶或令人焦慮的衝動；認知論者以為解離性認同症患者以扮演不同角色的心理疾病方式來挽回因失敗而喪失的面子；生理觀認為解離症者有其神經生化功能變化的生理基礎。

10. 情緒異常是指無特定事故卻罹患長期而嚴重的情緒紛擾症候，它包括主要憂鬱症——患者長期感到消極、悲觀、內疚、易怒、興趣缺乏、缺乏自尊、無法專心、食慾不振、疲憊、精神萎靡不振、動作遲緩、有自殺念頭等症候；情緒低沉——比主要憂鬱症較為長期但輕微的憂鬱症候，如食慾不振或過食、睡眠不足或過睡、感覺疲憊、無法專心、失望、猶豫不決等；兩極症——過去稱為躁鬱症，是狂躁與憂鬱交互出現的一種長期而嚴重的情緒紛擾症候。

11. 動力心理學認為個人的敵視與憤怒不得向外表達時轉而內在化，自認無用與絕望，因而導致憂鬱症候；學習論者認為憂鬱症患者自認他們接受懲罰多於榮獲獎勵；認知論者認為習得的無助感、扭曲的認知、負面的自我歸因取向等是憂鬱的肇因；生理觀解釋情緒異常為遺傳基

因與生理失衡的結果。

12.精神分裂症是指思想與認知嚴重扭曲、與現實世界脫節、言行怪異的
症候，其主要症狀有：思想雜亂，富於妄想，幻覺，情緒紛擾，動作
怪異等。妄想型精神分裂症患者有高度的迫害妄想與自大妄想，以為
自己地位重要，「敵人」不肯放過；僵直型精神分裂症患者有明顯的動
作紛擾問題，不是毫不動彈地維持某一姿勢達數小時之久，就是如同
蠟像地讓人隨意擺佈姿態；錯亂型精神分裂症患者思考缺乏邏輯、言
語前後不一致、情緒表達過分誇張、妄想與幻覺瑣碎不全、動作怪誕
而幼稚、且自我獨語與嬉笑。

13.精神分析學家認為精神分裂是「本我」被來自「慾我」的性慾與攻擊
衝動傾覆的結果；學習論者認為精神分裂症候是經由制約與社會學習
（模仿）而習得的；生理觀者認為精神分裂症有遺傳基礎，患者有嚴
重的生化失衡現象。

14.人格異常是個人的人格屬性缺乏彈性與適應不良的症候。其中，妄想
型人格指患者對他人善感且多疑，不輕易信賴他人，因此難以與人相
處；分離型人格指患者對人際關係冷漠，情緒反應也非常鈍化；依賴
型人格指患者無法自己一個人獨自作出決定，必須時刻依賴他人、處
處仰仗他人；邊際型人格指患者的自我意識、情緒、人際關係頗不穩
定；反社會型人格指患者持續地侵犯他人的權利，做出違紀犯法之事，
事後毫無憂傷、悔意、或內疚，即使嚴懲也無意改正。

15.動力心理學家認為個人缺乏指導行為的良知，因而造成不良的人際關
係，或形成反社會人格；學習觀認為人格異常的刻板與不適應行為可
能由學習而獲得；認知—行為觀認為個人對環境的不合理看法與對社
會的曲解，導致行為的適應困難；生理觀認為人格異常患者在先天上
有低於常人的神經激發功能。

16.性心理異常是指個人在性功能、性滿足對象、或性別認同上的異常症
候。主要的性心理異常有：性功能異常——是正常性生理反應的缺失，
如勃起困難、性興奮異常、性慾異常、性高潮異常、早洩等；錯愛症

——是從不尋常的對象或情境中獲得性興奮，如戀物癖、偷窺癖、裸露癖、摩擦癖、戀童癖、嗜動物癖、性虐待狂、性受虐狂等；性別認同異常——指自己是異性的堅持症候，即男子認同女子，女子認同男子。

17. 動力心理學預測，回憶兒童期的創傷經驗與性冷感或性厭惡等有關聯；學習論認為錯愛症是不尋常的學習結果；認知心理學認為個人若相信性行為是不道德的或危險的，則可以導致性功能異常；生理觀強調，內分泌失調、長期患病、使用鎮痛劑或禁藥、患心臟病或糖尿病、血管輸血能力不足、神經系統受損、濫用煙酒等與性功能異常有關。

18. 心理異常患者不一定有犯罪行為；有犯罪行為者不一定有心理異常症候。精神錯亂是一個法定狀態，是個人於行動時的心理病態，也因此個人無法為其行為負責。換言之，個人若是在精神錯亂狀態下犯案，是免於刑責的。心理異常症候是「長期的」心理狀態，也是一種診斷與敘述；精神錯亂則是「一時的」心理狀態，是辨別是非能力的判斷。法院經由心理學家、精神科醫師、社會工作者等通力合作，使那些想利用精神錯亂來卸罪的犯案者難以輕易得逞。

19. 文化對行為的影響是有目共睹的。文化間的異同是否影響心理異常的診斷標準，目前有兩個不同的看法：泛文化觀——認為心理異常的診斷標準是跨文化的、世界一致的，世人對正常行為與異常行為的看法是共通的；相對文化觀——認為心理異常的診斷標準因文化不同而有很大的差異，人們對正常行為與異常行為的看法因文化殊異而不同。

第十七章
治療法

　　身體有病必須看醫師，以恢復身體的正常功能；心理異常也應該求教於治療專家，以便克服心理適應上的困難。目前治療心理異常的方法很多，其中一些方法之所以能夠在臨床應用中生存，必有其合理的理論基礎與令人信服的治療功效。治療心理異常症候的方法可概分為心理治療與生理醫學治療兩類。兩類治療法目標相同，但過程互異。任何治療首重療效，但也不忽視其可能的副作用。心理異常的治療不單是個人的選擇與決定，而且是整體社會或社區應盡的保健義務。介紹不同的療法，有助於個人選擇適合個人及其症候的治療法；簡介治療方法的整合與社區心理保健的最近發展，有利於促進更加公平與普及的社區性治療服務。本章依序討論以下主要問題：

- 何謂心理治療？由何人提供心理治療？
- 有哪幾種主要心理治療法？各法的目的、過程、特點是什麼？心理治療的效益如何？
- 目前有哪幾種生物醫學治療法？各法的優缺點是什麼？生物醫學治療法的效益如何？
- 治療專家如何整合不同的治療法？
- 為何有社區心理健康中心的建立？其效果如何？
- 社區文化如何影響治療工作？

第一節　心理治療

　　心理治療(psychotherapy)是由受過專業訓練的治療人員,應用心理原則與心理技巧（以語言與行動為主）,以協助心理異常患者改善其思考、情緒、或行為。可見這類治療法是「心理」的,不是醫學或生理的。如果你一時心情不好,找個人傾訴或吐苦水,結果心情大為好轉,這就是「心理」的。從事心理治療的人員有: 臨床心理學家、精神科醫生、諮商心理學家、精神科社工人員等。

　　臨床心理學家(clinical psychologists)是獲得心理學方面的哲學或科學博士學位,通過臨床實習,經考試或檢覈及格,以從事治療或研究嚴重心理異常的專業人員。 精神科醫生(psychiatrists)是獲得精神科醫學博士,通過實習與住院服務,領有醫師執照,以從事於治療或研究嚴重精神疾病或心理異常的醫療人員。 諮商心理學家(counseling psychologists)是獲得心理學方面的哲學博士或教育學博士學位,通過臨床實習,經考試或檢覈及格,以從事於治療或研究較輕微的心理或行為困難的治療人員。精神科社工員(psychiatric social workers)是獲得社工方面的博士或碩士學位,通過實習課程,並接受心理諮商訓練,以從事於協助治療或研究心理異常的治療人員。在大醫院裡,上述四種治療人員(therapists)常組成一個團隊,以通力合作的方式處理複雜的心理異常診療問題;但是較小的診所或療養院可能就沒有那麼齊全的治療人員。

　　心理治療人員各有其不同的訓練與實習經驗,因此常代表不同的治療策略。雖然各色各樣的心理治療方法不下250種,但是主要的有四: 精神分析治療法、行為治療法、認知治療法、人本治療法。茲分別介紹各種治療法,並敘述團體治療法,然後探討心理治療的效益。

一、精神分析治療法

　　精神分析治療法(psychoanalytic therapy)是經由自由聯想與夢分析等技巧，藉患者對不快思想或記憶的抗拒或轉換現象，以探索尚未解決的潛意識衝突的一種治療法。精神分析治療師的任務是闡釋，其技巧是自由聯想與夢分析，其注意的轉機點是抗拒與移情，其目的是從不斷的闡釋中協助患者領悟現在行為的問題根源。因此，精神分析治療法是一種領悟治療法(insight therapy)。

　　自由聯想(free association)是讓患者仰臥在舒適的沙發上，在輕鬆的情況下說出自己想說的話，不論它們是真實的或虛構的、體驗的或想像的、正常的或古怪的，都可以隨意脫口直說，不予評斷，不加阻止，更不直接詮釋。治療者坐在背後傾聽，希望從片段敘述中找出整個問題的面貌。佛洛伊德把夢分成兩個層面：一是自睡眠醒來時所道出來的，稱為顯性內涵(manifest content)；一是構成該夢背後的思想、衝動、需求、衝突、慾念等，稱為隱性內涵(latent content)。「夢」是進入潛意識的主要通道。因此，從一個夢的顯性內涵試圖去窺視其隱性內涵，便是夢分析(dream analysis)的歷程。

　　在自由聯想的過程中，患者可能一時滔滔不絕，也可能突然不願繼續說下去。他們不是諉稱「忘記」，就是抗議治療者問那些「無聊的問題」，或是藉口不再接受治療。藉口遺忘或抗議治療過程，試圖迴避痛苦的、衝突的、引起焦慮的思考或記憶，稱為抗拒(resistence)。抗拒被認為是患者防止威脅性思考回到意識界的防衛性做法，因此治療者必須趁機從抗拒的「蛛絲馬跡」中，尋找干擾患者心理的潛伏「根源」。

　　在自由聯想或夢分析的過程中，若患者開始對治療師產生情感，這是精神分析治療法所謂的移情。移情(transference)是患者將他們與其父母或重要親屬間的情感關係「轉移」到他們與治療師之間。患者有時對治療師友善、熱情、或愛慕，就稱之正移情(positive transference)；有時則對治療師表現憤怒或憎恨，稱之為負移情(negative transference)。移情

與抗拒是治療師所特別注意與等待的時機，也是治療過程中的關鍵，如果處理不當，患者可能感到潛意識隱情外洩的威脅，乃退回到原來冗長的聯想過程。

精神分析治療師的重要任務是闡釋。**闡釋**(interpretation)是治療師對患者的思考、情緒、行為的「內在意義」予以解釋的歷程。闡釋的目的是協助患者增加對自己問題的領悟——使患者能從意識界去瞭解潛意識裡的衝突，從而勇於面對兒時親子間的關係，完全回憶被壓抑的往日經驗。潛意識裡的衝突若能被搬到意識界裡去重新面對、處理與解決，心理異常症候可以因而獲得「根治」。

傳統的精神分析治療法不僅費時（每週4至5次，每次50分鐘，達5年以上），而且近年來缺乏有效的研究報告，因此已逐漸式微。取而代之的是短期心理動力治療法。**短期心理動力治療法**(short-term psychodynamic therapies)，除承襲傳統治療法的重視潛意識的衝突外，治療的目的更為具體明確，時間也大為縮短（每週一次，數月中完成），患者與治療師改為面對面交談，治療師的作為也更加直接與積極，對患者現在的問題花更多的時間去解決(Bergin & Garfield, 1994; Binder et al., 1994)。

二、行為治療法

行為治療法(behavior therapies)根據學習原理直接改變患者的問題行為。此法與精神分析治療法完全相反，它假定所有心理異常症狀是由學習而獲得的。所謂治療，是將學來的異常行為予以改變、修正、或消止，或學習新的適應行為去取代舊的不適應行為。因此行為治療不外是古典制約、操作制約、模仿三種行為學習原理的應用。常用的行為治療法有：系統減敏法、洪瀑法、厭惡制約法、代幣法、模仿法、社會技巧訓練、生理反饋法。

1.系統減敏法

系統減敏法(systematic desensitization)是逐步消減恐懼症中焦慮部

分的一種治療法(Wolpe, 1958, 1990)。恐懼症是一種不合理的焦慮異常，系統減敏法的主要策略是以輕鬆取代焦慮。個人在面對引起恐懼的刺激時，不能同時有輕鬆與焦慮兩種不相容的反應。系統減敏法便利用這個原理，訓練患者於面對原來引起焦慮的刺激時，呈現輕鬆反應。換言之，它採用反制制約(counterconditioning)，使個體在面對同一刺激時，以新反應（輕鬆）逐漸取代舊反應（焦慮）。系統減敏法依循三個步驟進行：建立焦慮階梯、訓練放鬆、暴露與減敏。

A.建立焦慮階梯

首先，治療者協助恐懼症患者，將引發焦慮的刺激情境依其嚴重性由低而高排列。如懼高症者可將室內、室外、或野外的不同「高度」與「深度」的真實情境，依其引起焦慮的程度排成階梯式的清單，以便瞭解哪一類情境引起最微弱的焦慮，哪一類情境引起最強烈的焦慮，以便在治療時知道從何處著手。

B.訓練放鬆

既然要學習以輕鬆取代焦慮，患者必須親自體會如何放鬆。要一個人放鬆，說來容易；對一個飽受焦慮的恐懼症患者來說，談何容易。訓練時，要求患者先繃緊肌肉，然後放鬆肌肉，以體會什麼是「緊」什麼是「鬆」，直到他們能夠鬆緊自如。訓練部位包括前額、眉頭、眼皮、面頰、口腔、口唇、頸部、肩膀等肌肉，因為患者在焦慮時，這些部位的肌肉自然地緊繃起來，並不自覺。學會放鬆那些部位的肌肉當然有助於減敏的歷程。

C.暴 露

患者既然已經知道自己的焦慮階梯，也學會如何放鬆，現在必須身歷其境，由易而難依序地暴露自己於各種恐懼情境之中。為了減少衝擊，治療者採用「心像暴露」於先，「真實暴露」於後。心像暴露(imaginal exposure)是患者使用心像，設想將自己置身於恐懼情境之中；真實暴露(vivo exposure)是患者親身經歷實際的恐懼情境。有人使用電腦軟體，令患者可以在虛擬(virtual)的三度空間(3-D)的恐懼情境中學習減敏，結果

懼高症患者（大學生）的症候大為改善，令人鼓舞(Rothbaum et al., 1995)。

　　系統減敏法被廣泛地應用於治療各種恐懼症，效果也令人滿意。系統減敏法對怕狗、怕針、怕血、怕高、怕空曠、怕群眾、怕牙醫等恐懼症都有良好的治療效益(Marks, 1987)。事實上，由治療師伴隨患者逐步進行真實暴露，具有長期的減敏療效(Foa & Kozak, 1986)。

2. 洪澇法

　　系統減敏法採用漸進式治療歷程，但是洪澇法(flooding)要求患者直接面對高度的焦慮情境（一如洪水泛濫），若個體能「熬過」高恐懼情境的衝擊，則較弱的恐懼情境對個體來說不再產生焦慮。一次大減敏之後，較弱的恐懼情境也許已經「微不足道」了。例如，讓怕蛇的人天天去養蛇場餵蛇，讓怕狗的人上街捕捉被棄養的野狗，這些都是使用洪澇法，希望患者「劫」後的情緒更加泰然自若。然而使用此法必須審慎，必須考慮患者對焦慮的擔負能力，否則可能釀成「因噎廢食」。

3. 厭惡制約法

　　厭惡制約法(aversive conditioning)使用古典制約，使患者對產生異常行為的刺激感到厭惡，因而抑制異常行為的發生。例如，為了治療酒精中毒(alcoholism)，在酒裡摻入無害的藥物，使患者飲用後頭暈與嘔吐，幾次後見酒就感到厭惡而迴避它。　此法所採用的古典制約歷程見圖17-1。根據一項研究(Wien & Menustik, 1983)，採用厭惡制約法治療685位住院的酒精中毒者，結果63%的患者有一年不再飲酒，33%的患者有三年不沾滴酒。雖說短、中期效果不錯，但令患者對同一件事由喜歡變為厭惡，可以說是迫不得已的治療策略，應謹慎行之。

　　　　藥物（非條件刺激）→ 頭暈嘔吐（非條件反應）
　　　　　＋（伴隨）
　　　　酒　（條件刺激）　→ 頭暈嘔吐（條件反應）

圖17-1　治療酒精中毒的厭惡制約方式

4.代幣法

代幣法(token economy)是使用具有取代價值的籌碼或代幣作為增強物，以增強理想行為的一種治療法。由於籌碼或代幣具有十足的「幣值」，患者可以用來兌換糖果、學用品、休息時間、觀賞電視、特別房舍的優待等，因此既方便、又有增強功能。在醫院裡，它提升了精神分裂症患者的活動與合作行為(Navid et al., 1997)，　也改善了青少年罪犯的行為(Kazdin, 1982)。

5.模仿法

模仿法(modeling)是要求患者觀看他人的「合理行為」後，在類似或相同的情境中仿效之。經過觀察與模仿後，若患者覺得「人家能做的，我也能做」，則自我效能(self-efficacy)的期待提高了，適應相關刺激的能力也因而增強。因此，模仿法對治療恐懼症有很大的功效。

6.社會技巧訓練

社會技巧訓練(social skills training)是增強人際關係處理能力的一種治療法。有些人特別羞澀、拙於言談、面對群眾不知所措，常因而導致負面的人際壓力，產生焦慮或無助感。社會技巧訓練旨在教導患者如何清楚地表達自己、如何維持適當的眼接觸，如何保持人際關係。為此，它訓練患者觀察與模仿合理的人際關係模式，在各種模擬或實際情境下演練人際技巧，並且使用獎勵以增強社會技巧的學習。研究顯示(Benton & Schroeder, 1990)，精神分裂症患者在接受社會技巧訓練後，他們在公眾之前表現得更為舒適與安逸。這種訓練頗有助於改善憂鬱、羞澀、社會焦慮、精神分裂的症候(Becker, 1990; Penn & Mueser, 1996)。

自我維護訓練(self-assertiveness training)是一項重要的社會技巧訓練，它訓練個人表達其真實感情，保障其應有權益，並婉拒不合理的請求(Alberti & Emmons, 1986)。有些人在面對他人的要求時，只想成全他

人，因而委屈自己；不僅往往因而事違己願，事後也經常悔不當初。一個不能自我肯定的人，面對難以接受的要求時，不敢對他人說「不」；一旦承諾，不但要承受巨大的心理壓力，而且讓自尊蒙受極大的傷害。自我維護訓練的結果，個人不再做自己不願做的事，不再依他人臉色行事，不再忽視自己的權益，也不再有自己招來的心理壓力。

7. 生理反饋

生理反饋(biofeedback)使患者一面獲知自己的生理運作現況，一面學習控制自己的自律生理反應的治療法。此法將電子感應器貼在身體部位上（如胸部或頭部），另一端連接到接納器與信號擴大器上，然後由監視器將生理訊息顯現出來。患者可以藉此種裝置當場看到（或聽到）自己的心律、血壓、膚溫、肌肉緊張度、腸胃酸等生理活動。患者的任務是訓練自己（如放鬆、冥思、思想專一等）控制自己的生理活動，使異常的生理活動逐漸正常化。此法對治療高血壓、緊張性偏頭痛、背痛、胃潰瘍等有成效(Hatch et al., 1987)。

三、認知治療法

行為治療法對減輕心理異常的行為症狀著有成效。唯，許多心理學家對根本治療心理異常更為熱衷，認為「人們如何想便如何做」，因此若能矯正患者對事物的想法，必然影響患者的行為症候。認知治療法(cognitive therapies)要求患者認清並改變不適應的想法與信念(Beck, 1995; Mahoney, 1995)。根據此法，不適應的想法或信念一旦改變，其附隨行為也必因之改善。認知治療法也屬於領悟治療法，因為它要求患者對自己的扭曲思想能經由治療而徹悟過來。假如一個人認為「世界是絕對公平的」，便難以接受不公平的諸多事實，甚至於解釋自己的不幸是天譴的結果。這種「世界公平」的絕對想法，宜用認知治療法，使個人能更彈性與踏實地解釋「世界公平」的概念。目前比較著名的認知治療法有：貝克的認知治療法與艾理斯的理情治療法。

1.貝克的認知治療法

貝克(Beck, 1991, 1993)是曾經受過精神分析訓練的精神科醫師，但他對人們的「扭曲認知」感到興趣。他認為被扭曲的認知是不合理的，其相關行為也因此不能適應。例如，憂鬱症患者多以消極與悲觀的眼光看世界，認為「一切錯在自己」「我沒什麼希望」「我的成就太渺小」；焦慮症患者則誇大危險與疾病對自己傷害的可能性，低估自己應付危機的能力，因而憂心忡忡；驚慌症患者多懷疑自己隨時會有可怕的心臟病或腦溢血發生。其主要根源是：患者經由選擇性注意（只注意符合自己觀點的一面）、誇大（誇張負面後果）、過分類化（將少數案例予以大肆類推）、絕對思維（以為萬事絕對黑白分明）等方式將事實予以扭曲而不自覺。

貝克的**認知治療法**(cognitive therapy)是協助患者瞭解其認知的扭曲，並重新調整其對事物的解釋，以恢復正常適應行為的一種治療法。貝克採用循循善誘的方式提出問題，要求患者思索與回答，其問題如：「你這個想法有沒有事實作根據?」「這到底是事實，還是你對事實的解釋?」「對這個情境，你能不能提供另一種看法?」從患者的回答中可以發現他們扭曲認知的方式。例如，某大學生考壞了一科重要的期末考，竟認為自己念不成大學了，這是誇張負面後果所致。治療師可以將事實（考壞了一科重要的期末考）與他的解釋（念不成大學）相比較，看看這個解釋的陷阱，並找出更合理的推論。由於個人的認知方式相當穩定，不輕易改變，因此治療時必須耐心地分析與推論。

貝克除了要求患者對同一事件重新體驗與解釋之外，也要求患者寫日記——記下日常發生的事，解釋事件發生的因果，敘述自己的感受，以便作為日後治療時的討論資料。同時，治療師也可以採用**閱讀治療術**(bibliotherapy)，提供患者閱讀資料，希望藉由文章的閱讀，學習情緒紛擾的認知來源。 本治療法對許多心理異常症候的改善有顯著的效果(Robins & Hayes, 1993)。

2. 艾理斯的理情治療法

艾理斯(Ellis, 1962; 1989)原本也接受過精神分析的訓練，但他對理性與非理性行為感到興趣。根據艾理斯的觀點，心理的煩惱並非由於事故本身所引起，而是個人對事故的僵固而不合理的解釋所引發。他進一步特別指出我們的兩大非理性信念：(甲) 我們必須從與我們關係重要的人物中獲得愛與讚許；(乙) 我們必須證明我們十分能幹而有成就。或許我們多多少少有這些艾理斯所謂的非理性想法吧!

艾理斯使用A–B–C模式作為他的治療理論基礎。A (activating event) 是引發的事件，B (belief)是個人的信念對事件所作的解釋，C (emotional consequence)是由信念所導致的情緒後果。 假如你的情人突然與你分手（屬於A），你自責「瞎了眼」才會交上這個狠心人（屬於B），於是你為此傷心欲絕（屬於C）。在艾理斯看來，這種人簡直是「庸人自擾」「自討苦吃」；理性的世界，並非如此。

根據這個觀察與推論，他創用理情治療法。理情治療法(rational-emo-tive therapy，簡稱RET) 是鼓勵患者向自己的非理性信念挑戰的一種認知治療法。為此，治療者經由觀察後，直率地質問患者所持的不合理信念。例如「誰說你有錢就會幸福?」「難道你離開他就真活不了?」「天下真是樣樣都公平?」「你對老板那麼忠誠，他就不可能解雇你?」「愚公能移山，你是嗎?」是典型的挑戰問題。這是一種積極的、指導的治療法，促使患者看出不合理的信念導致不適應的行為。為了支持他的積極取向，他甚至要求患者走出他們的行為老套，做出從未幹過的事。例如，他要求一位害羞的婦女在地鐵車廂裡高歌一曲，市場裡與人搭訕，對情人打情罵俏等，看看會「羞」到哪裡去? RET的另一部分是心理教育(psychoeduca-tion)，要求患者平時閱讀有關情緒紛擾的講義，評論治療時所錄的影帶，並參閱一些自我協助(self-help)的書籍。

理情治療法被認為對治療後的適應有正面的效果(Engels et al., 1993)。現今的理情治療法(Albert Ellis Institute, 1997)不只改變非理性信

念，而且也落實行為的改變，此法已被改稱為**理情行為治療法**（rational-emotive behavior therapy，簡稱REBT）。

四、人本治療法

人本心理學強調「人」的自我觀與自我潛能的實現，主張給予個人溫暖、和睦、真摯、接納的環境，使他有自我實現的可能。基於這個樂觀的人性論，**人本治療法**(humanistic therapies)旨在反映個人的主觀感受，並提供自我實現的社會環境。認知治療法講「理」，人本治療法講「情」。目前著有成效的人本治療法有：個人中心治療法與完形治療法。

1.個人中心治療法

羅哲思(Rogers, 1951, 1974)以其人本心理學的觀點，創立以患者為中心的非指導性治療法。羅哲思的**個人中心治療法**(person-centered therapy)試圖提供溫暖與接納的環境，以利個人自我探索與自我表達。為達成這個目的，羅哲思認為治療性環境必須具備三個要素：（甲）**同情性理解**(empathic understanding)——確認個人的經驗與情感，以其觀點為出發點；（乙）**無條件積極關注**(unconditional positive regard)——真誠地接納與尊敬個人的價值與目標；（丙）**真摯**(genuineness)——開誠佈公、不做作、不虛假。

既然是以個人為中心的治療法，治療師就不該扮演指導員、導師、或參謀的角色，而是個人的促進師(facilitator)。既然是促進，治療歷程要讓個人在沒有恐懼、沒有分析、沒有批評、也沒有打斷的溫和與接納的氣氛中，瞭解自己在此時此地的真正感受，認清真實的自我，並看準自己的前程。在這種大前提之下，治療師要如同一面鏡子，真實地反映個人的感受。然而，在現實社會裡，個人已習於掩飾自己、偽裝自己以求他人的接受，因而不能看清真正的自我。有了上述治療過程，個人才能自由自在地看清自己、實現自我。

治療師聆聽個人的陳述、復述其陳述、或要求個人補充其陳述，這

樣是否太被動、太沒作為呢？不然。經由治療師的反映或釐清，個人可以聽到自己的聲音、瞭解自己的感受、肯定自己的陳述、看清真正的自我。假如一個人對治療師抱怨說：「我不喜歡媽媽！」治療師說：「你說不喜歡媽媽，但看你那麼痛苦，你只是不喜歡而已？」他立即改口說：「其實我討厭她！」可見使用「不喜歡媽媽」不是真情的陳述，經過治療師的復述與要求澄清，終於吐露「討厭她」的真實情感。在治療師與患者的對話中，羅哲思的話只佔29% (Raskin, 1996)，這反應了個人是治療的中心，治療師不是。

2.完形治療法

帕爾斯(Perls, 1969)與羅哲思一樣，認為治療的目的是在促使個人負起生長與發展的責任。他創立完形治療法(Gestalt therapy)，藉此激發患者表達真正的感觸，將人格互相衝突的部分重新統整，成為完整的一體。為此他毫不客氣地要個人真誠地對事件表態。例如他問：「你是需要那樣做，還是你願意那樣做？」「你非做不可，還是你自願選擇的？」「你沒法拒絕，還是不願拒絕？」「你說人們難以表達憤怒，為何不乾脆說你難以表達憤怒！」「每次提起性生活，看你全身緊張的樣子，還說你的性生活挺好的，真的嗎？」這類詢問，能大大地提升個人對感觸的體驗與覺識。如果一個人因沒有拒絕外來的請求而事後飽受情緒的傷害，他也不清楚當場是「不願」拒絕、還是「沒法」拒絕。在完形治療過程中，治療師若能指出這二者的矛盾出來，個人就有可能看出自己是「可以卻不願」拒絕，而不是沒法拒絕。由於完形治療法重視此時此地的個人感受，又直接向個人的陳述挑戰，也是相當富於指導性的。

五、團體治療法

團體治療法(group therapy)同時對一群患者在團體情境中進行治療。團體治療法因能同時治療多人，省時省事又省錢。更重要的是：團體成員可以感到自己不是唯一的受害者；可以分享經驗與感受；可以獲得社

會支持；可以安心地學習社會技巧；有機會模仿治癒者的適當行為。雖
說如此，有些個人重視隱私，有些患者需要專一的注意，對這一類的人
來說，團體治療法便不適宜。

　　團體的大小從四至十五人不等，但以八人最適當。團體成員以有共
同問題或症候者、年齡背景相似者較宜，但必要時應該考慮異質性成員
的參與。治療師的主要任務是選擇成員、確定治療目的、維持進程與秩
序、並且防止意外(Weiner, 1993)。由於團體成員扮演相當程度的治療工
作，他們應該坦述自己的問題、分享經驗、交換觀點、討論適應策略、
彼此接納與相互支持。

　　至於採用何種治療法，要看症候的性質與患者的人格特質。前面介
紹的精神分析治療法、行為治療法、認知治療法、人本治療法，可以單
獨採用，也可彈性地綜合使用。在此簡單介紹敏感訓練、夫妻治療、家
庭治療。

　　敏感訓練(sensitivity training)是提升個人對自己與他人的需求、 情
緒、看法的感應程度的一種治療法。社會上，許多商人只看準顧客的錢
包，父母只關心子女的學業成績，公司只管員工的生產力，夫妻只顧各
自角色的扮演，至於顧客、子女、員工、夫妻等的個人需求、感受、觀
點等多被無情地忽略，連自己也鈍化這些人生的基本要求了。敏感訓練
藉團體聚集的機會，抒發個人的對己與對人的感受，表達自我與對人的
需求，陳述對己與對人的觀點，使團體成員重新建立一個既瞭解自己、
又關切別人的團體。在我參加過的一次敏感訓練中，一位女同學突然禁
不住地哭泣起來，她訴說男同學蓋瑞冷漠地忽略她屢次送出的親近訊息。
蓋瑞一時愣住，一面否認他的冷漠，一面對自己的「遲鈍」表示抱歉。
訓練一結束，兩人便開懷地暢談起來。

　　夫妻治療(couple therapy)是改善夫妻間的溝通並協助解決夫妻間衝
突的一種治療方式(Markman et al., 1993)。夫妻間缺乏溝通或溝通困難是
婚姻問題的癥結之一。夫妻相處久了，彼此的語言溝通逐漸減少，誤會
也因此日漸增加。在溝通時，或者不能傾聽，或者時常打岔，彼此的訊

息溝通變成十分困難。因此，夫妻治療非常重視溝通上的訓練。夫妻相處的另一問題是彼此間的許多衝突。衝突或許難免，但它們可以經由適當的防範與處理技巧的改善，使衝突減少，使傷害減輕。夫妻治療也講求「權力」的平衡，因為權力弱的一方常是暴力的來源(Babcock et al., 1993)。為有效處理夫妻間的溝通與衝突，夫妻治療多數採用認知—行為治療法。

家庭治療(family therapy)以家庭為一個系統或單位作為治療的對象。有人誤以為只要找出家中的「敗類」並予以處置，家庭就可以平安無事。事實上，許多個人的心理問題是家庭功能瓦解的產物。家庭失和、夫妻反目、父母酗酒、子女乏人照顧等都可能影響家庭成員的心理健康。為此，家庭治療多採用系統策略(system approach)，觀察與分析家庭成員間的人際動力關係，提供較合理的家庭生活環境，以增進個人的生長與發展(Mikesell et al., 1995)。

六、心理治療的效果

以心理方法治療心理問題似乎是合乎邏輯的做法。到底心理治療是否有效呢？答案是肯定的。到底我們怎麼知道它們有效呢？要回答這個問題，首先要看懷疑者是怎麼說的。

早在1952年，艾森克(Eysenck, 1952)評析了24個心理治療的報告，認為雖然有三分之二的患者由治療獲得改善，但是也有三分之二等待接受治療的患者也同樣獲得改善。這就等於否定了心理治療的效果。然而後來有人發現(Bergin & Lambert, 1978)，那些等候治療的患者（控制組），本來就比受治療的患者要健康，其中有些人還獲得醫師處方後服了藥，他們的改善程度也比艾森克所想的差一些。

於1980年，史密斯等人(Smith et al., 1980)採用統計學的高層分析法(meta analysis)，統整475個出版的心理治療報告，比較其治療效果。結果發現，接受治療者比80%的未治療者獲得改善，其效果也遍及所有不同的症候；他們進一步發現，所有治療法都獲得同等的效果，彼此沒有優

劣之分。 這個令人鼓舞的結論受到後來另一個研究的支持。 塞利格曼
(Seligman, 1995)利用《消費者報告》(*Consumer Reports*)所主持的調查資
料，由22,000位讀者的回答資料中發現，86%的人接受心理治療後感到好
轉，89%的人對治療經驗感到滿意，所有治療師（精神科醫生、心理學
家、精神醫學社工員）都同等有效。當然這個屬於「調查」性質的報告，
立即受到不同程度的批評(Strupp, 1996)。

　　不論是哪一種症候、使用何種治療法、看哪一類治療師，都可獲得
心理治療的正面效果，到底是什麼因素使然？ 是「自然痊癒」或「安慰
劑效應」作祟？ 還是有效治療的共同特徵？

　　自然痊癒是自然現象，身體疾病如此，心理異常亦復如此。若心理
異常患者有一定的自然痊癒比率，則接受治療的患者與控制組患者同受
自然痊癒的好處，兩組比較之後就沒有心理治療受到「優惠」的現象。
要想突出心理治療的效果，必須正視常受醫療界矚目的安慰劑效應。**安
慰劑效應**(placebo effect)是指患者獲得醫師的藥物處方後，即使所服的處
方藥劑是毫無藥效的糖衣片（或代替物），也會感到症狀改善的現象。這
種心理現象與心理治療效果或許有重疊之處，是否可以因而將治療效果
與安慰劑效應矇混一起呢？ 不然。以症狀的改善率作比較，一個控制良
好的研究(Barker et al., 1988)顯示，在醫療上，安慰劑治療組高於未受治
療的控制組，真正治療組又高於安慰劑治療組。

　　心理治療的成效已被愈來愈多的實證所支持： 理情療法對焦慮與憂
鬱有療效(Haaga & Davison, 1993)； 認知療法對焦慮、憂鬱、人格異常、
精神分裂妄想症候等頗有助益(Beck & Freeman, 1990; Chadwick & Lowe,
1990; Robins & Hayes, 1993)； 認知─行為療法對改善焦慮、社會技巧、
自律、夫妻關係、家庭問題、煙癮、長期疼痛、暴食後嘔吐等有績效(Bau-
com et al., 1998; Compas et al., 1998)； 行為療法對住院的精神分裂症患者
與智障者的治療效果顯著(Spreat & Behar, 1994)。

　　心理治療果然有效，到底有效治療的共同特徵是什麼？ 綜合說來，
有效治療的共同特徵是： 治療師與患者的共同願望，治療師與患者間的

相互支持關係，心理治療所帶來的一線希望，心理治療所提供的宣洩機會。多年來心理治療師一直期待自己的專業能協助患者恢復應有的心理健康；心理異常患者也莫不希望經由專家的治療後，能早日「脫離苦海」、過正常的生活、回到事業的崗位上，以維護自己的尊嚴。心理治療在兩相情願與相互期許之下，使達成治療效果更加容易。治療師所提供的關懷、溫暖、信賴、接納、鼓勵等治療性環境，給予患者莫大的支持與激勵；患者以陳述、自我揭露、誠實答問等方式的提供充分的合作，使治療師的專技得以施展。心理治療對心理病患來說有如黑暗中的一盞明燈，是希望所寄，因此患者在參與治療活動時能全力配合。心理治療環境是最安全、最保密的情緒宣洩場所，患者將內心的感觸「一吐為快」之後，只有吐露後的快感，卻沒有反彈或後顧之憂。

第二節　生物醫學治療

　　心理異常症候固然可以使用心理方式治療，但於1950年代，有人嘗試使用鎮靜劑克伯瑪辛(chlorpromazine)治療精神分裂症(Delay & Deniker, 1952)，有人以鎮靜劑巴比妥酸鹽(barbiturates)治療焦慮症，結果有令人振奮的成效。以研究藥物如何影響心理歷程與心理異常的**心理藥理學**(psychopharmacology)，因而迅速地成長。現今，以生理醫學治療心理異常的方法可大別為三類：藥物治療、電療、心理外科手術。

一、藥物治療法

　　藥物治療(drug therapy)是利用藥物以改善心理異常症候。治療心理異常的藥物可歸納為五類：抗焦慮藥物、抗憂鬱藥物、穩定情緒藥物、抗精神病症藥物、增進性興奮藥物。

1.抗焦慮藥物

抗焦慮藥物(antianxiety drugs)是用以治療焦慮的鎮靜劑。 其主要作用是壓抑中央神經系統的活動，從而減少交感神經系統的影響。早期使用的鎮靜劑是巴比妥酸鹽(barbiturates)，雖有藥效，但一方面容易上癮，另一方面服用後會感到困頓與笨拙，因此已被其他藥物所取代。三種取代藥物的藥名及其商標名稱分別是diazepam (Valium)、 chlordiazepoxide (Librium)、 alprazolam (Xanax)。這三種藥都有理想的鎮靜效用，其上癮與困頓等副作用也比較輕微，因而成為被過分使用的鎮靜劑。這類藥物並不是沒有安全問題，若與酒精混合使用，有致命的可能；其副作用包括口乾、頭輕、語言不清、動作遲鈍等；停用後有短暫但強烈的反彈性焦慮(Julien, 1992)。晚近上市的buspirone (BuSpar)，藥性比較柔緩，副作用也更為輕微。規律性地使用抗焦慮藥物可以治療泛慮症。

2.抗憂鬱藥物

抗憂鬱藥物(antidepressants)是刺激大腦增加正腎上腺素(norepinephrine)、血清緊素(serotonin)、多巴胺酸(dopamine)等神經傳導物，以減輕憂鬱症候的藥物。 目前有兩種廣泛應用的抗憂鬱藥物： imipramine (Tofranil)與flouxetine (Prozac)。Tofranil可以增加正腎上腺素或血清緊素，以提升情緒反應、改善憂鬱症候，但有口乾、便秘、視覺模糊、疲憊等副作用。 Prozac可以阻止血清緊素離開神經觸處， 從而保持適度情緒反應、避免憂鬱症候。Prozac不僅治療憂鬱症，患者使用後也會感到比較快活、自信、樂於社交等意外的作用，因此醫師也讓那些非異常性憂鬱患者獲得處方， 難怪它是目前世界最廣泛使用的抗憂鬱藥物(Cowley, 1994)。

3.穩定情緒藥物

穩定情緒藥物(mood stabilizers)是使兩極（躁鬱）症患者不再有狂躁

與憂鬱交互出現的一種藥劑。多年以來，有一種金屬叫做鋰(lithium)，一直被用來治療兩極症，對穩定情緒有良好的成效(Schou, 1997)。服用成藥碳酸鋰(lithium carbonate)會有口渴、多尿、疲倦、顫抖、記憶喪失等副作用(Price and Heninger, 1994)。 根據一項新近的研究(Dixson & Hokin, 1998)，鋰有控制麩氨酸鹽(glutamate)的功能，以適量的麩氨酸鹽來維持正常的情緒，它的過量或缺乏分別引起狂躁或憂鬱的症候。有一種原用以治療癲癇症的藥物迪巴叩特(Depakote)，對碳酸鋰治療無效的兩極症患者有良好的療效(Jefferson, 1995)。

4.抗精神病藥物

抗精神病藥物(antipsychotic drugs)是逐漸減少過分活動、思想混淆、妄想、幻想等精神病症候的藥劑。克伯瑪辛是首次使用成功的抗精神分裂症藥物，它阻止與精神病症有關的多巴胺酸的活動。服用Thorazine（克伯瑪辛製劑）對缺乏面部表情、冷漠、不動彈、社會退縮等精神病的負面症狀並不發生效益，也產生顫抖、肌肉僵化、笨拙、體重增加、男性性無能等副作用。1990年發售的clozapine (Clozaril)雖然有效地改善精神病患症候，且無影響動作或活動的副作用，但對白血球卻有毒。1994年出廠的risperidone (Risperdal)兼具前述兩種藥物的優點而無其缺點，是目前最佳的抗精神病藥物。

5.增進性興奮藥物

威而剛(Viagra)的問世，給予許多有性勃起困難或性興奮異常的男性患者帶來了「性」福。對性生活失望或絕望的人士來說，威而剛雖然只提供症候的暫時舒解，不是根治，但它協助解決多年來困擾婚姻關係的棘手問題。使用威而剛後有感覺頭痛、臉紅、胃酸過多、或視覺困難等副作用；若與心臟療藥共用，可能致命。由於療效顯著，容易被誤認為壯陽藥，且有被濫用的可能。同時，它並不是對所有同類性異常患者都有療效。至目前為止，它並沒有提升女性性功能的具體證據。

6.藥物治療的展望

藥物的快速作用，使過去必須住院的心理異常患者可以在家或療養院治療，不僅節省大量的住院開支，患者也可以獲得親人的照顧與支持。一項抗憂鬱藥物與認知治療的比較研究(Elkin et al., 1989)顯示，兩者都獲得50%治療效率。但是，藥物治療今後所面臨的最大挑戰是：如何在改善症狀的同時避免藥物所引起的副作用。

近年來科學界已發現神經傳導物（如血清緊素、正腎上腺素、多巴胺酸等）有許多不同的接納器。例如，與情緒異常有關的血清緊素至少有15種不同的接納器，與精神分裂症有關的多巴胺酸至少有5種不同的接納器。目前已發展出的心理治療藥物，卻不加選擇地影響神經傳導物的所有接納器——該作用的雖然發揮了，不該作用的也進行了，因此有動作失控、記憶喪失、口乾、疲憊、增加體重或更嚴重的副作用。

二、電療法

電療法（electroconvulsive therapy，簡稱ECT）是使電流通過大腦時產生痙攣(convulsion)，以治療憂鬱症的一種生理醫學療法。電療法於1938年由義大利精神科醫生薩雷帝創用(Cerletti & Bini, 1938)。有些嚴重的憂鬱症患者對心理治療或藥物治療都沒有積極的反應，只好嘗試這種相當激進的療法(Thase & Kupfer, 1996)。經過不斷改善的結果，現行的ECT先使用麻醉劑與肌肉鬆弛劑（使患者不致於反應激烈而受傷），然後在患者大腦的右側施以極短暫的100伏特的電流，使大腦產生約一分鐘之久的意識喪失。患者喪失意識幾分鐘後逐漸蘇醒，不記得治療的過程，但有逆溯性失憶與短期意識混淆的現象。使用此法，約每星期三次，總共約十次結束。此法雖適用於治療憂鬱症，亦可用以治療兩極症(Mukher-jee et al., 1994)與精神分裂症的一些症候(Fink & Sackeim, 1996)。由於電療過程似乎「殘忍」（電流通過大腦時，患者面部肌肉扭曲，難以入目），其效能仍無清楚的解釋，有許多人為之卻步。

三、心理外科手術

心理外科手術(psychosurgery)是使用手術切割或移除部分大腦，以治療心理異常的一種生理醫學治療法。葡萄牙神經科專家莫尼茲(Egas Moniz)於1935年成功地進行大腦前額葉切割術(prefrontal lobotomy)，將大腦前額葉（專司心智活動）與視丘（負責轉承感官訊息）之間的通道予以切除，以平息患者的狂躁與暴亂。他的成就與他對心理外科的堅信，使他獲得1949年的諾貝爾醫學獎。

心理外科手術雖然獲得一時的讚揚，但是這一重大措施對患者的人格與健康可能有十分嚴重的改變。手術後的可能後果有：分心、過食、冷漠、退縮、情緒缺乏、學習與創造能力減弱、甚至死亡。難怪有人嘆道(Valenstein, 1986)：雖然千萬心理疾病患者在手術臺上被任意宰割，其治療目的與理論基礎卻非常模糊。藥物治療的快速進步已使心理外科手術的需求大為減低。同時，近年來外科技術的突破，已可使用超音波照射或以電流刺控大腦等取代開刀式手術，心理外科手術因此更趨安全。現今，心理外科手術是患者在心理與藥物治療均不見效時的另一選擇。由於手術後還原的困難，使一些患者及其親人非常猶豫。

四、生理醫學療法的效果

藥物療法雖然療效短暫，但是奏效快、功效顯著，使心理異常患者因症候受到控制，得以迅速恢復正常的生活與職業表現。由於心理治療的療效與藥物相當，它又可以增強個人的適應能力與問題解決能力，從長遠的治療目標看，治療應以心理為主、藥物為輔，以加速整體療效。今後藥物功能的不斷改善，副作用的免除，與患者排除「唯藥是賴」的習性，則藥物可以發揮其生理醫學療法應有的功能。

雖然電療與外科手術是比較激烈與爭議較多的療法，但對於那些心理治療或藥物治療均不見效的憂鬱症與精神分裂症患者來說，是個「最後的選擇」。當然，醫藥技術的快速進步，使原來近似殘忍的電療與外科

手術，得以減少患者在治療過程中的痛苦，也避免一些不良的後遺症。

第三節　療效的整合與提升

　　心理異常一如疾病，個人感受痛苦，社會也蒙受其害。為心理異常所發展出的不同治療法，雖各有利弊，但其目標卻相當一致：協助患者（或案主）改善症候，恢復正常的人生功能。然而從患者的角度來看，在眾多的治療法之中，到底選擇何者呢？到底上醫院或其他更適合的治療機構呢？治療師與患者文化背景的差異是否影響療效？為提升療效，本節試圖回答這三個患者的切身問題。

一、治療法的整合

　　我們已經從許多研究與分析報告中得到兩個重要的概念：(甲)所有治療法都有顯著而齊一的治療成效；(乙)個別治療法對某些症候有其較為優越的治療功能。然而從心理異常的分類法來看，若一個焦慮症患者（屬主軸一）有人際適應的困難（屬主軸二），有輕微的過敏症（屬主軸三），也有相當沈重的環境壓力（屬主軸四），其嚴重程度評分為40（屬主軸五），到底尋求何種治療法最為適當呢？既然認知治療法對減少焦慮已證明有療效，一個兼有四個不同主軸症候的焦慮症患者，能否由一位專精於認知治療法的治療師負責治療呢？答案是：或許有更佳的選擇。

　　雖然個別治療法對某些症候有較為優越的治療功能，有約40%的治療師稱他們自己的治療法為**中庸治療法**(eclectic therapy)，不認同於單一治療法(Smith, 1982)，並統合不同的治療觀點與技巧(Beitman et al., 1989)，為不同患者、不同症候、不同時機尋求最適當的治療策略。有四十年心理治療經驗的拉責勒斯(Lazarus, 1996)提示道，一個治療師應該選擇何時與如何指導、支持、反映、冷落、對峙、自我揭露、挑戰等。換

言之，一個治療師應該對心理治療有廣泛的認知，並靈活地運用各種治療技巧。即使那些倚重單一治療法的治療師，已不再固執於傳統做法。精神分析法變得更為指導化；認知治療法與行為治療法也揚棄前嫌而組合成認知—行為治療法；個人中心治療法增添指導的份量，行為治療法卻減少指導的份量。這些改變，使患者對治療法的選擇更加容易。

藥物治療法的經濟、方便、與速效，使許多患者求助於能開處方的治療師（主要是精神科醫師或家庭醫師）。從症狀的移除而言，藥物著實功不可沒。但是藥物的便捷也使一些患者只管症狀而不顧起因，只圖近功而捨遠利。畢竟心理出了問題要由心理來解決。因此藥物治療也開始配合心理治療的需求，使患者有一套既能治標、又能治本的問題解決策略。

二、從精神病院到社區心理健康中心

過去，心理異常患者多由公設機構集中治療，精神病院(mental hospitals)便是過去典型的治療場所。當時認為，只有患者在公立精神病院住院治療才能得到有效與人道的治療服務。雖然精神病院對心理病患的治療與復健有很大的貢獻，然而許多病院由於經費不足、職員訓練不夠、設備欠缺、病房擁擠、員工工作量過多等，治療服務品質因而不良，甚至幾乎淪為大型的監護所(Scull, 1990)。即使那些經費充足、服務良好的醫院，病人的角色是被動的，他們忽視其自己的生活責任，他們在職員的照顧下反而深恐出院，出院後的生活能力也反不如前。加之，病院殊少座落於人口密集的都市裡，因而服務地區涵蓋廣闊，多數患者必須離鄉背井接受治療，難得家人及親屬的就近支持，因此治療效果不如理想。

基於這些考慮，社區心理健康中心運動在甘迺迪總統的支持下，於1960年代蓬勃地開展。此一運動的目的有三：重視本地或社區的服務，減少對醫院的依賴，防止心理異常。於是，心理異常的防止與治療任務由近民與便民的社區心理健康中心負責。社區心理健康中心的服務偏重（甲）當地患者的短期治療，（乙）完整的門診服務，（丙）危機處理服

務，（丁）社區心理保健教育。可見，社區心理健康中心運動旨在補充精神醫院的不足，並加強各社區的心理保健工作。

醫院責任的減輕有助於服務品質的改善；社區心理健康中心的建立使治療效率提升、開銷下降。自從藥物治療成功地改善患者的症候之後，許多患者不再需要住院治療而改由門診，他們離開醫院後可以就地到附近的社區心理健康中心接受門診服務。然而不幸的是，許多離開醫院的患者既沒有家、也沒有適當的住所安排，若加上沒有謀生能力，只好流浪街頭。社區健康中心與其他社區慈善機構沒有充足的能力收容大量流向社區的心理病患，於是造成嚴重的社會衛生與治安問題。不少離院不久的病患又重新住院治療(Geller, 1992)。結果，一個由醫院走向社區健康中心的良好構想，卻與現實有很大的差異，只好眼看許多無助的心理異常患者在街頭流浪(Grob, 1994)。

三、文化與治療

固然心理異常患者都有權利受到適當的治療，既可以脫離症候所帶來的痛苦、恢復正常的生活，又可以重新為社會盡其所能。然而，許多患者不僅有前述醫院與社區心理健康中心之間服務上的脫節，又有其他阻礙有效治療的可能因素，文化便是重要因素之一。

人們受其文化的影響是根深蒂固的，若心理治療師與患者之間有很大的文化差異，治療便是一段難以預測結果的艱苦歷程。我用一段非嚴肅的心理諮商插曲來看文化差異問題吧！在一個無線電心理諮商廣播節目中，有位黑人男子打電話向全美知名的一位女心理治療師請教。該男子與一位華人女子相戀已兩年。該男子所不解的是：女子欣然應邀到男家會晤其父母，她卻拒絕讓男子去拜訪其父母，女子的說辭總是「慢慢來」。這位心理治療師不加細問，便直截地回答說：「如果她真的愛你，她不該拒絕你的請求。別傻了，你該立即甩開她！」這大概是美國白人文化中的典型諮商反應吧！這也代表那位治療師對文化差異的無知與不當反應。如果那位治療師對亞洲文化有較多的瞭解，就不至於有如此輕率

地回應。心理治療師與患者若能彼此分享文化,治療會有更佳的效果(Sue et al., 1994)。

　　在美國的華人如果有心理問題會得到適當的治療嗎?根據觀察(Penn et al., 1995),在美國的少數民族有問題時比較不尋求治療。其可能理由是: 不知道治療有用,缺乏專業治療的資訊,唯恐負擔不起,有語言障礙,怕對陌生的白人治療師公開自己的秘密,或覺得有其他宗教方式可以解決問題。其中亞裔因對心理異常有「敬而遠之」的文化取向,於是可能否認自己有問題並拒絕求治(Sue, 1991)。 前面所述的心理治療法鼓勵患者公開表達或吐露其感觸,以便詮釋、分析、或指導; 但新近亞裔移民仍約束自己、不輕易開口。即使接受治療,亞裔移民希望治療師給予具體的建議, 並不期望發展自己的解決辦法(Isomura et al., 1987)。 況且,許多亞裔將心理困難感覺成身體上的症候(Zane & Sue, 1991)。例如,亞裔若有焦慮或憂鬱症候時,他們不談焦慮,只說心悸與盜汗; 不提憂鬱,只覺得疲憊與乏力。可見,治療師與患者之間的治療關係必須建立在文化的相互瞭解、尊重、與合作的基礎上。

本章內容摘要

1. 治療心理異常症候的方法可大別為心理治療與生理醫學治療兩類。兩類治療法目標相同,但過程互異。

2. 心理治療是由受過專業訓練的治療人員,應用心理原則與心理技巧,以協助心理異常患者改善其思考、情緒、或行為。

3. 從事心理治療的人員有: 臨床心理學家、精神科醫生、諮商心理學家、精神科社會工作員等。

4. 精神分析治療法是經由自由聯想與夢分析等技巧,藉患者對不快思想或記憶的抗拒或轉換現象,以探索尚未解決的潛意識衝突的一種治療

法。自由聯想是讓患者在輕鬆的情況下說出自己想說的話；佛洛伊德把夢分成自睡眠醒來時所道出來的顯性內涵與構成該夢背後的思想、衝動、需求、衝突、慾念等隱性內涵。從一個夢的顯性內涵試圖去窺視其隱性內涵便是夢分析。患者藉口遺忘或抗議治療過程以迴避痛苦的、衝突的、引起焦慮的思考或記憶，稱為抗拒。移情是患者將他們與其父母或重要親屬間的情感關係「轉移」到他們與治療師之間，它有正移情（對治療師友善、熱情、或愛慕）與負移情（對治療師表現憤怒或憎恨）之分。闡釋是治療師對患者的思考、情緒、行為的「內在意義」予以解釋的歷程。

5. 短期心理動力治療法除承襲傳統治療法的重視潛意識衝突外，治療的目的更為具體明確，時間也大為縮短，患者與治療師面對面交談，治療師的作為也更加直接與積極，對患者現在的問題花更多的時間去解決。

6. 行為治療法根據學習原理直接改變患者的問題行為，它假定所有心理異常症狀是由學習而獲得的。所謂治療，是將學來的異常行為予以改變或修正，或學習新的適應行為去取代舊的不適應行為。系統減敏法是逐步消減恐懼症中焦慮部分的一種治療法，它包括焦慮階梯、訓練放鬆、暴露與減敏三個步驟。洪滂法要求患者直接面對高度的焦慮情境，使個體能熬過高恐懼情境的衝擊，對較弱的恐懼情境不再產生焦慮。厭惡制約法使用古典制約，使患者對產生異常行為的刺激感到厭惡，因而抑制異常行為的發生。代幣法是使用具有取代價值的籌碼或代幣作為增強物，以增強理想行為的一種治療法。模仿法是要求患者觀看他人的「合理行為」後，在類似或相同的情境中仿效之。社會技巧訓練是增強人際關係處理能力的一種治療法。自我維護訓練在訓練個人表達其真實感情，保障其應有權益，並婉拒不合理的請求。生理反饋使患者一面獲知自己的生理運作現況，一面學習控制自己的自律生理反應的治療法。

7. 認知治療法要求患者認清並改變不適應的想法與信念，不適應的想法

或信念一旦改變，其附隨行為也必因之改善。貝克的認知治療法是協助患者瞭解其認知的扭曲，並重新調整其對事物的解釋，以恢復正常適應行為的一種治療法。艾理斯創用理情治療法，鼓勵患者向自己的非理性信念挑戰的一種認知治療法。理情行為治療法不只改變非理性信念，而且也落實行為的改變。

8. 人本治療法反映個人的主觀感受，並提供自我實現的社會環境。羅哲思的個人中心治療法試圖提供溫暖與接納的環境，以利個人自我探索與自我表達。它包括同情性理解、無條件積極關注、真摯等三個要素。帕爾斯創立完形治療法，藉此激發患者表達真正的感觸，將人格互相衝突的部分重新統整，成為完整的一體。

9. 團體治療法同時對一群患者在團體情境中進行治療。敏感訓練是提升個人對自己與他人的需求、情緒、與看法的感應程度的一種治療法。夫妻治療是改善夫妻間的溝通並協助解決夫妻間衝突的一種方式。家庭治療以家庭為一個系統或單位作為治療的對象。

10. 心理治療的成效已被愈來愈多的實證所支持。有效治療的共同特徵是：治療師與患者的共同願望，治療師與患者間的相互支持關係，心理治療所帶來的一線希望，與心理治療所提供的宣洩機會。

11. 以生理醫學治療心理異常的方法可大別為三類：藥物治療、電療、心理外科手術。治療心理異常的藥物有五類：抗焦慮藥物、抗憂鬱藥物、穩定情緒藥物、抗精神病症藥物、增進性興奮藥物。電療法使電流通過大腦時產生痙攣以治療憂鬱症。心理外科手術使用手術切割或移除部分大腦，以治療心理異常。藥物療法雖然療效短暫，但是奏效快、功效顯著，使心理異常患者因症候受到控制，得以迅速恢復正常的生活與職業表現。

12. 雖然個別治療法對某些症候有較為優越的治療功能，有約40%的治療師採用中庸治療法，不認同於單一治療法，並統合不同的治療觀點與技巧，為不同患者、不同症候、不同時機尋求最適當的治療策略。藥物治療也開始配合心理治療的需求，使患者有一套既能治標、又能治

本的問題解決策略。

13.過去，心理異常患者都在公立精神病院住院以接受治療。然而由於經營不善、經費不足、院址孤處，許多病院的治療效果不如理想。基於這些考慮，社區心理健康中心運動於1960年代蓬勃地開展。社區心理健康中心的服務偏重當地患者的短期治療，完整的門診服務，危機處理服務，與社區心理保健教育。事實上，一個由醫院走向社區健康中心的良好構想，卻與現實有很大的差異，許多由醫院走出的心理異常患者，因無家可歸，竟流浪街頭。

14.若心理治療師與患者之間有很大的文化差異，治療便是一段難以預測結果的艱苦歷程。在美國的少數民族有問題時比較不尋求治療。其可能理由是：不知道治療有用，缺乏專業治療的資訊，唯恐負擔不起，有語言障礙，怕對陌生的白人治療師公開自己的秘密，或覺得有其他宗教方式可以解決問題。其中亞裔因對心理異常有「敬而遠之」的文化取向，於是可能否認自己有問題並拒絕求治。治療師與患者之間的治療關係必須建立在文化的相互瞭解、尊重、與合作的基礎上。

參考書目

Abramson, L. Y., Metalsky, G., & Alloy, L. B. (1989). Hopelessness depression: A theory-based subtype. *Psychological Review, 96*, 358–372.

Ackerman, M. D., & Carey, M. P. (1995). Psychology's role in the assessment of erectile dysfunction: Historical precedents, current knowledge, and methods. *Journal of Consulting and Clinical Psychology, 63*, 862–876.

Adelmann, P. K., Antonucci, T. C., Crohan, S. F., & Coleman, L. M. (1989). Empty nest, cohort, and employment in the well-being of midlife women. *Sex Roles, 20*, 173–189.

Ader, R., & Cohen, N. (1975). Behaviorally conditioned immunosuppression. *Psychosomatic Medicine, 37*, 333–340.

Adler, A. (1927). *The practice and theory of individual psychology*. New York: Harcourt, Brace & World.

Ainsworth, M. D. S. (1973). The development of infant-mother attachment. In B. Caldwell & H. Ricciuti (Eds.), *Review of child development research* (Vol. 3). Chicago: University of Chicago Press.

Ainsworth, M. D. S. (1989). Attachments beyond infancy. *American Psychologist, 44*, 709–716.

Ainsworth, M. D. S., Blehar, M. C., Water, E., & Wall, S. (1978). *Patterns of attachment: A psychological study of the Strange Situation*. Hillsdale, NJ: Erlbaum.

Ajzen, I. (1985). From intentions to actions: A theory of planned behavior. In J. Kuhl & J. Beckman (Eds.), *Action-control: From cognition to behavior*. Heidelberg: Springer.

Ajzen, I., & Fishbein, M. (1980). *Understanding attitudes and predicting behavior*. Englewood Cliffs, NJ: Prentice-Hall.

Akerstedt, T. (1988). Sleepiness as a consequence of shift work. *Sleep, 11*, 17–34.

Albert Ellis Institute (1997). Albert Ellis Institute for Rational Emotive Behavior Therapy Brochure, September '97–March '98. New York: Author.

Alberti, R. E., & Emmons, M. L. (1996). *Your perfect right: A guide to assertive living* 5th ed.). San Luis Obispo, CA: Impact Publishers.

Alexander, J. F., Holtzworth-Munroe, A., & Jameson, P. (1994). The process and outcome of marital and family therpy: Research review and evaluation. In A. E. Bergain & S. I. Garfield (Eds.), *Handbook of psychotherapy and behavior change*. New York: Wiley.

Alliger, G. M., Lilienfeld, S. O., & Mitchell, L. E. (1996). The susceptibility of overt and covert integrity tests to coaching and faking. *Psychological Science, 7*, 32–39.

Allport, G. W. (1937). *Personality: A psychological interpretation*. New York: Holt, Rinehart & Winston.

Allport, G. W. (1961). *Pattern and growth in personality*. New York: Holt, Rinehart & Winston.

Allport, G. W., & Odbert, H. S. (1936). Trait-names: A psychological study. *Psychological Monographs, 47*.

Ambady, N., Hallahan, M., & Rosenthal, R. (1995). On judging and being judged accurately in zero-acquaintance situations. *Journal of Personality and Social Psychology, 69*, 518–529.

American Psychiatric Association (1994). *Diagnostic and statistical manual of mental disorders* (4th ed.) Washington, DC: American Psychiatric Association.

Anastasi, A. (1988). *Psychological testing* (6th ed.). New York: Macmillan.

Andersen, B. L., Kiecolt-Glaser, J. K., & Glaser, R. (1994). A bio-behavioral model of cancer stress and disease course. *American Psychologist, 49*, 389–404.

Anderson, C. A. (1989). Temperature and aggression: Ubiquitous effects of heat on occurrence of human violence. *Psychological Bulletin, 106*, 74–96.

Anderson, J. R. (1995). *Learning and momory: An integrated approach*. New York: John Wiley & Sons.

Andreasen, N. C., Arndt, S., Alliger, R., Miller, D., & Flaum, M. (1995). Symptoms of schizophrenia: Methods, meanings, and mechanisms. *Archives of General Psychiatry, 52*, 341–351.

Anisfeld, M. (1991). Neonatal imitation. *Developmental Review, 11*, 60–97.

Antrobus, J. (1991). Dreaming: Cognitive processes during cortical activation of high afferent thresholds. *Psychological Review, 98*, 96–121.

Arlin, P. K. (1975). Cognitive development in adulthood: A fifth stage? *Developmental Psychology, 11*, 602–606.

Arlin, P. K. (1990). Wisdom: The art of problem finding. In R. J. Sternberg (Ed.), *Wisdom* (pp. 230–243). New York: Cambridge University Press.

Aron, A., & Westbay, L. (1996). Dimensions of the prototype of love. *Journal of Personality and Social Psychology, 70*, 535–551.

Aronson, E. (1980). Large commitments for small rewards. In L. Festinger (Ed.), *Retrospections on social psychology*. New York: Oxford University Press.

Asch, S. E. (1951). Effects of group pressure upon the modification and distortion of judgments. In H. Guetzkow (Ed.), *Groups, leadership, and men*. Pittsburgh, PA: Carnegie Press.

Atkinson, J. W. (1964). *An introduction to motivation*. New York: Van Nostrand.

Atkinson, J. W. (1982). Motivational determinants of thematic apperception. In A. J. Stewart (Ed.), *Motivation and society*. San Francisco: Jossey-Bass.

Atkinson, M. L. (1984). Computer-assisted instruction: Current state of the art. *Computers in the Schools, 1*, 91–99.

Atkinson, R. C., & Shiffrin, R. M. (1968). Human memory: A proposed system and its control processes. In K. W. Spence & J. T. Spence (Eds.), *The psychology of learning and motivation: advances in research and theory* (Vol. 2). New York: Academic Press.

Atkinson, R. L., Atkinson, R. C., Smith, E. E., Bem, D. J., & Nolen-Hocksema, S. (1996). *Introduction to psychology*. New York: Harcourt Brace.

Averill, J. R. (1983). Studies on anger and aggression: Implications for theories of emotions? *American Psychologist, 38*, 1145–1160.

Axinn, W. G., & Thornton, A. (1992). The relationship between cohabitation and divorce: Selectivity or causal influence? *Demography, 29*, 357–374.

Babcock, J. C., Waltz, J., Jacobson, N. S., & Gottman, J. M. (1993). Power and violence: The relation between communication patterns, power discrepancies, and domestic violence. *Journal of Consulting and Clinical Psychology, 61*, 40–50.

Baddeley, A. D. (1988). Cognitive psychology and human memory. *Trends in Neuroscience, 11*, 176–181.

Baddeley, A. D. (1990). *Human memory: Theory and practice*. Boston: Allyn & Bacon.

Baddeley, A. D. (1996). Short-term memory for word sequences as function of acoustic, semantic, and formal similarity. *Quarterly Journal of Experimental Psychology,*

18, 362–365.

Baddeley, A. D. (1992). Working memory. *Science, 255*, 356–559.

Bahrick , H. P., Hall, L. K., & Berger, S. A. (1996). Accuracy and distortion in memory for high school grades. *Psychological Science, 7*, 265–271.

Bailey, J. M., & Pillard, R. C. (1995). Genetics of human sexual orientation. *Annual Review of Sex Research, 6*, 126–150.

Ball, W., & Tronik, E. (1971). Infant responses to impending collision: Optimal and real. *Science, 171*, 818–820.

Bandura, A. (1965). Influence of models' reinforcement contingencies on the acquisition of imitative behaviors. *Journal of Personality and Social Psychology, 1*, 589–595.

Bandura, A. (1986). *Social foundations of thought and action: A social cognitive theory*. Eglewood Cliffs, NJ: Prentice-Hall.

Bandura, A. (1988). Self-regulation of motivation and action through goal systems. In V. Hamilton, G. H. Bower, & N. H. Frijda (Eds.), *Cognitive perspectives on emotion and Motivation*. Dordrecht, Netherlands: Kluwer Academic Publications.

Bandura, A. (1989). Regulation of cognitive processes through perceived self-efficacy. *Developmental Psychology, 25*, 729–735.

Bandura, A. (1991). Social cognitive theory of self-regulation. *Organizational Behavior and Human Decision Processes, 50*, 248–287.

Bandura, A. (1996). Failures in self-regulation: Energy depletion or selective disengagement? *Psychological Inquiry, 7*, 20–24.

Bandura, A. (1997). *Self-efficacy: The exercise of control*. New York: Freeman.

Bandura, A., Ross, D., & Ross, S. A. (1961). Transmission of aggression through imitation of aggressive models. *Journal of Abnormal and Social Psychology, 63*, 575–582.

Bard, P. (1934). On emotional expression after decortication with some remarks on certain theoretical views. *Psychological Review, 41*, 309–329.

Barker, S. L., Funk, S. C., & Houston, B. K. (1988). Psychological treatment versus nonspecific factors: A meta-analysis of conditions that engender comparable expectations for improvement. *Clinical Psychology Review, 8*, 579–594.

Barnes, M. L., & Sternberg, R. J. (1997). A hierarchical model of love and its prediction of satisfaction in close relationships. In R. J. Sternberg & M. Hojjat (Eds.), *Satisfaction in close relationships*. New York: Guilford Press.

Baron, R. A. (1977). *Human aggression*. New York: Plenum.

Barsky, A. J., Coeytaux, R. R., Srnie, M. K., & Cleary, P. D. (1993). Hypochondriacal patients' beliefs about good health. *American Journal of Psychiatry, 150*, 1085–1090.

Barthrop, R. W., Lazarus, L., Luckhurst, E., Kiloh, L. G., & Penny, R. (1977). Depressed lymphocyte function after bereavement. *Lancet, 1*, 834–839.

Batson, C. D. (1998). Who cares? When? Where? Why? How? *Contemporary Psychology, 43*, 108–109.

Baucom, D. H., Shoham, V., Mueser, K. T., Daiuto, A. D., & Stickle, T. R. (1998). Empirically supported couple and family interventions for marital distress and adult mental health problems. *Journal of Consulting and Clinical Psychology, 66*, 53–88.

Baumeister, R. F. (1989). The optimal margin of illusion. *Journal of Social and Clinical Psychology, 8*, 176–189.

Baumeister, R. F. (1990). Suicide as escape from the self. *Psychological Review, 97*, 90–113.

Baumeister, R. F., & Leary, M. R. (1995). The need to belong: Desire for interpersonal attachments as a fundamental human motivation. *Psychological Bulletin, 117*, 497–529.

Baumeister, R. F., Smart, L., & Boden, J. M. (1996). Relation of threatened egotism to violence and aggression: The dark side of high self-esteem. *Psychological Review, 103*, 5–33.

Baumeister, R. F., Stillwell, A. M., & Heatherton, T. F. (1994). Guilt. *Psychological Bulletin, 115*, 243–267.

Baumrind, D. (1967). Child care practices anteceding three patterns of preschool behavior. *Genetic Psychology Monographs, 75*, 43–88.

Baumrind, D. (1973). The development of instrumental competence through socialization. In A. Pick (Ed.) *Minnesota Symposium in Child Development* (Vol. 7). Minneapolis: University of Minnesota Press.

Baumrind, D. (1983). Rejoinder to Lewis's reinterpretation of parental firm control effects: Are authoritative families really harmonious? *Psychological Bulletin, 94,* 132–142.

Baumrind, D. (1991). Parenting styles and adolescent development. In J. Brooks-Gunn, R. Lerner, & A. C. Petersen (Eds.), *The encyclopedia of adolescence.* New York: Garland.

Bayliss, G. C., Rolls, E. T., & Leonard, C. M. (1985). Selectivity between faces in the responses of a population of neurons in the cortex in the superior temporal sulcus of the monkey. *Brain Research, 342,* 91–102.

Beck, A. T. (1991). Cognitive therapy: A 30-year retrospective. *American Psychologist, 46,* 368–375.

Beck, A. T. (1993). Cognitive therapy: Past, present, and future. *Journal of Consulting and Clinical Psychology, 61,* 94–198.

Beck, A. T., Brown, G., Berchick, R. J., Stewart, B. L., & Steer, R. A. (1990). Relationship between hopelessness and ultimate suicide: A replication with psychiatric outpatients. *American Journal of Psychiatry, 147,* 190–195.

Beck, A. T., & Freeman, A. (1990). *Cognitive therapy of personality disorders.* New York: Guilford.

Beck, E. M., & Tolnay, S. E. (1990). The killing fields of the Deep South: The market for cotton and the lynching of blacks, 1882–1930. *American Sociological Review, 55,* 526–539.

Beck, J. G. (1995). Hypoactive sexual desire disorder: An overview. *F. Cons. Clin. Psychol., 63,* 919–927.

Beck, J. G., & Bozman, A. (1996). Gender differences in sexual desire: The effects of anger and anxiety. *Arch. Sex. Behav., 24,* 595–612.

Beck, J. S. (1995). *Cognitive therapy: Basics and beyond.* New York: Guilford Press.

Becker, R. E. (1990). Social skills training. In A. S. Bellack & M. Hersen (Eds.), *Handbook of comparative treatments for adult disorders.* New York: Wiley.

Beitman, B. D., Goldfried, M. R., & Norcross, J. C. (1989). *The movement toward integrating the psychotherapies: An overview. American Journal of Psychiatry, 146,* 138–147.

Bell, A. P., Weinberg, M. S., & Mammersmith, S. K. (1981). *Sexual preference: Its development in men and women.* Bloomington: Indiana Universsity Press.

Bellezza, F. S. (1984). The self as a mnemonic device: The role of internal cues. *Journal of Personality and Social Psychology, 47*, 506–516.

Bellezza, F. S. (1992). Recall of congruent information in the self-reference task. *Bulletin of the Psychonomic Society, 30*, 275–278.

Bellezza, F. S. (1996). Mnemonic method to enhance storage and retrieval. In E. Bjork & R. Bjork (Eds.), *Handbook of perception and cognition* (Vol. 10). San Diego, CA: Academic Press.

Bellezza, F. S., & Hoyt, S. K. (1992). The self-reference effect and mental cueing. *Social Cognition, 10*, 51–78.

Bem, D. J., & Honorton, C. (1994). Does Psi exist? Replicable evidence for an anomalous process of information transfer. *Psychological Bulletin, 115*, 4–18.

Benson, H. (1975). *The relaxation response.* New York: Morrow.

Benson, H. (1993). The relaxation response. In D. Goleman & J. Gurn (Eds.), *Mind body medicine: How to use your mind for better health* (pp. 233–257). Yonkers, NY: Consumer Reports Biiks.

Benton, M. K., & Schroeder, H. E. (1990). Social skills training with schizophrenics: A meta-analytic evaluation. *Journal of Consulting and Clinical Psychology, 58*, 741–747.

Bergeman, C. S.; Chipuer, H. M.; Plomin, R.; Pedersen, N. L.; McClearn, G. E.; Nesselroade, J. R.; Costa, P. T., Jr.; & McCrae, R. R. (1993). Genetic and environmental effects on openness to experience, agreeableness, and conscientiousness: An adoption/twin study. *Journal of Personality, 61*, 159–179.

Bergin, A. E., & Garfield, S. L. (Eds.). (1994). *Handbook of Psychotherapy and behavior change* (4th ed.). New York: Wiley.

Bergin, A. E., & Lambert, M. J. (1978). The evaluation of therapeutic outcomes. In S. L. Garfield & A. E. Bergin (Eds.), *Handbook of psychotherapy and behavior change.* (pp. 139–189). New York: Wiley.

Berkman, L. F., Leo-Summers, L. & Horowitz, R. (1992). Emotional support and survival after myocardial infarction. *Annals of Internal Medicine, 117*, 1003–1009.

Berkowitz, L. (1983). Aversively stimulated aggression: Some parallels and differences in research with animals and humans. *American Psychologist, 38*, 1135–1144.

Berkowitz, L. (1989). Frustration-aggression hypothesis: Examination and reformulation. *Psychological Bulletin, 106*, 59–73.

Berscheid, E. (1988). Some comments on love's anatomy: Or, whatever happened to old-fashioned lust. In R. J. Sternberg & M. L. Barnes (Eds.), *The psychology of love*. New Haven, CT: Yale University Press.

Berscheid, E., & Walster, E. (1978). *Interpersonal attraction*. Reading, MA: Addison-Wesley.

Bilodeau, I. M. (1966). Information feedback. In E. A. Bilodeau (Ed.), *Acquisition of skill*. New York: Academic Press.

Binder, J. L.: Strupp, H. H.: & Henry, W. P. (1994). Psychodynamic therapies in practice: Time-limited dynamic psychotherapy. In B. Bongar & L. E. Beutler (Eds.), *Comprehensive textbook of psychotherapy: Theory and practice*. New York: Oxford University Press.

Bjorklund, D. F. (1995). *Children's thinking: Developmental function and individual differences*. Pacific Grove, CA: Brooks/Cole.

Bloom, B. S. (1964). *Stability and change in human characteristics*. New York: Wiley.

Bloom, B. S. (1976). *Human characteristics and school learning*. New York: McGraw-Hill.

Bodlund, O., & Kullgren, G. (1996). Transsexualism-General outcome and prognostic factors: A five-year follow-up-study of nineteen transsexuals in the process of changing sex. *Archives of Sexual Behavior, 25*, 303–317.

Boehm, L. E. (1994). The validity effect: A search for mediating variables. *Personality and Social Psychology Bulletin, 20*, 285–293.

Bond, M. H., & Smith, P. B. (1996). Cross-cultural social and organizational psychology. *Annual Review of Psychology, 47*, 205–235.

Bond, R., & Smith, P. B. (1996). Culture and conformity: A meta-analysis of studies using Asch's line judgment task. *Psychological Bulletin, 119*, 111–137.

Boon, S., & Draijer, N. (1993). Multiple personality disorder in the Netherlands: A a clinical investigation of 71 patients. *American Journal of Psychiatry, 150*, 489–294.

Borbely, A. (1986). *Secrets of sleep*. New York: Basic Books.

Bornstein, M. H., & Lanb, M. E. (1992). *Development in infancy: An introduction* (3rd ed.). York: McGraw-Hill.

Bouchard, T. J., Jr. (1994). Genes, environment, and personality. *Science, 26*, 1700–1701.

Bouchard, T. J., Jr. (1995). Longitudinal studies of personality and intelligence: A behavior genetic and evolutionary psychology perspective. In D. H. Saklofske & M. Zeidner (Eds.), *International handbook of personality and intelligence*. New York: Plenum.

Bouchard, T. J., Jr. (1996). IQ similarity in twins reared apart: Finding and responses to critics. In R. Sternberg & C. Grigorenko (Eds.), *Intelligence: Heredity and environment*. New York: Cambridge University Press.

Bouchard, T. J., Jr., Lykken, D. T., McGue, M., Segal, N. L., & Tellegen, A. (1990). Sources of human psychological differences: The Minnesota study of twins reared apart. *Science, 250*, 223–228.

Bouchard, T. J., Jr., & McGue, M. (1981). Familial studies of intelligence. *Science, 212*, 1055–1059.

Bouffard-Bouchard, T. (1990). Influence of self-efficacy on performance in a cognitive task. *Journal of Social Psychology, 130*, 353–363.

Bourne, L. E., & Russo, N. F. (1998). *Psychology: Behavior in context*. New York: Norton.

Bower, G. H. (1981). Mood and memory. *American Psychologist, 36*, 129–148.

Bowers, L. S., & Woody, E. Z. (1996). Hypnotic amnesia and the paradox of intentional forgetting. *Journal of Abnormal Psychology, 105*, 381–390.

Bray, G. A. (1986). Effects of obesity on health and happiness. In K. D. Brownell & J. P. Foreyt (Eds.), *Handbook of Eating Disorders*. New York: Basic Books.

Breland, K., & Breland, M. (1961). The misbehavior of organisms. *American Psychologist, 16*, 681–684.

Brennan, K. A., & Shaver, P. R. (1995). Dimensions of adult attachment, affect regulation, and romantic relationship functioning. *Personality and Social Psychology Bulletin, 21*, 267–283.

Brewer, W. F., & Treyens, J. C. (1981). Role of schemata in memory for places. *Cognitive Psychology, 13*, 207–230.

Brislin, R. (1993). *Understanding culture's influence on behavior*. Fort Worth: Harcourt Brace.

Bronfenbrenner, U., & Ceci, S. J. (1994). Nature-nurture reconceptualized in developmental perspective: A bioecological model. *Psychological Review, 101*, 568–586.

Brown, J. D. (1991). Staying fit and staying well: Physical fitness as a moderator of life stress. *Journal of Personality and Social Psychology, 60*, 555–561.

Brown, P., Keenan, J. M., & Potte, G. R. (1986). The self-reference effect with imagery encoding. *Journal of Personality and Social Psychology, 51*, 897–906.

Brownell, K. D., & Wadden, T. A. (1992). Etiology and treatment of obesity: Understanding a serious, prevalent, and refractory disorder. *Journal of Consulting and Clinical Psychology, 60*, 505–517.

Bruner, J. S. (1966). *Toward a theory of instruction*. Cambridge, MA: Harvard University Press.

Bruner, J. S. (1985). Vygotsky: A historical and conceptual perspective. In J. V. Wertsch (Ed.), *Culture, communication, and cognition: Vigotskian perspectives* (pp. 21–34). Cambridge: Cambridge University Press.

Brunner, D. P., Kijk, D. J., Tobler, I., & Borbely, A. A. (1990). Effect of partial sleep stages and EEG power spectra: Evidence for non-REM and REM sleep homeostasis. *Electroencephalography and Clinical Neurophysiology, 75*, 492–499.

Brunner, H. G., Nelen, M., Breakefield, X. O., Ropers, H. H., & van Oost, B. A. (1993). Abnormal behavior associated with a point mutation in the structural gene for monoamine oxidase A. *Science, 262*, 578–580.

Bryant, P. E. (1984). Piaget, teachers, and psychologists. *Oxford Review of Education, 10*, 251–259.

Buck, L., & Axel, R. (1991). A novel multigene family may encode odorant receptors: A molecular basis for odor recognition. *Cell, 65*, 175–187.

Buehler, R., Griffin, D., & Ross, M. (1994). Exploring the "planning fallacy": Why people underestimate their task completion times. *Journal of Personality and Social Psychology, 67*, 366–381.

Bumpass, L. L., & Sweet, J. A. (1989). National estimates of cohabitation. *Demography, 26*, 615–625.

Burgess, C., Morris, T., & Pettingale, L. W. (1988). Psychological response to cancer diagnosis–II. Evidence for coping styles. *Journal of Psychosomatic Research, 32*, 263–272.

Burnstein, E., & Vinokur, A. (1977). Persuasive arguments and social comparison as determinates of attitude polarization. *Journal of Experimental Social Psychology, 13*, 315–332.

Bushman, B. J. (1993). Human aggression while under the influence of alcohol and other drugs: An integrative research review. *Current Directions in Psychological Science, 2*, 148–152.

Buske-Kirschbaum, A., Kirschbaum, C., Stierle, H., et al. (1994). Conditioned manipulation of natural killer (NK) cells in humans using a discriminative learning protocol. *Biological Psychology, 38*, 143–155.

Buss, D. M. (1989). Sex differences in human mate preferences: Evolutionary hypotheses tested in 37 cultures. *Behavioral and Brain Sciences, 12*, 1–14.

Buss, D. M. (1994). *The evolution of desire*. New York: Basic Books.

Buss, D. M. (1996). The evolutionary psychology of human social strategies. In E. T. Higgins & A. W. Kruglanski (Eds.), *Social psychology: Handbook of basic principles*. New York: Guilford Press.

Butcher, J. N. (1990). *The MMPI-2 in psychological treatment*. New York: Oxford University Press.

Butcher, J. N., Narikiyo, T., & Vitousek, K. B. (1993). Understanding abnormal behavior in cultural context. In P. B. Sutker & H. E. Adams (Eds.), *Comprehensive handbook of psychopathology*. New York: Plenum Press.

Byrne, D. (1961). Interpersonal attraction and attitude similarity. *Journal of Abnormal and Social Psychology, 62*, 713–715.

Byrne, D. (1982). Predicting human sexaual behavior. In A. G. Kraut (Ed.), *The G. Stanley Hall Series*, (Vol. 2). Washington, DC. American Psychological Association.

Cadoret, R. J., Leve, L. D., & Devor, E. (1997). Genetics of aggressive and violent behavior. *Psychiatric Clinics of North America, 20*, 301–322.

Cahill, L. (1994). Beta-adrenergic activation and memory for emotional events. *Nature, 371*, 702–704.

Campbell, F. A., & Ramey, C. T. (1994). Effects of early intervention on intellectual and academic achievement: A follow-up study on children from low-income families. *Child Development, 65*, 684–698.

Cannon, W. B. (1929). *Bodily changes in pain, hunger, fear, and rage*. New York:

Branford.

Capron, C., & Duyme, M. (1989). Assessment of effects of socio-economic status on IQ in a full cross-fostering study. *Nature, 340*, 552–554.

Carew, T. J. (1996). Molecular enhancement of memory formation. *Neuron, 16*, 5–8.

Carlsmith, J. M., & Gross, A. (1969). Some effects of guilt on compliance. *Journal of Personality and Social Psychology, 11*, 232–240.

Carlson, M., Marcus-Newhall, A., & Miller, N. (1990). Effects of situational aggressive cues: A quantitative review. *Journal of Personality and Social Psychology, 58*, 622–633.

Carroll, J. M., & Russell, J. A. (1996). Do facial expressions signal specific emotions? Judging emotion from the face in context. *Journal of Personality and Social Psychology, 70*, 205–218.

Case, R. B., Moss, A. J., Case, N., McDermott, M., & Eberly, S. (1992). Living alone after myocardial infarction: Impact on prognosis. *Journal of the American Medical Association, 267*, 515–519.

Cattell, R. B. (1965). *The scientific analysis of personality*. Baltimore, MD: Penguin Books.

Cattell, R. B. (1971). *Abilities: Their structure, growth, and action*. Boston: Houghton Mifflin.

Cattell, R. B. (1987). *Intelligence: Its structure, growth and action*. Amsterdam: North-Holland.

Ceci, S. J. (1996). *On intelligence*. Cambridge, MA: Cambridge University Press.

Cerletti, U., & Bini, L. (1938). Unnuevo metodo di shockterapie "L'elettro-shock". *Boll. Acad. Med. Roma, 64*,136–138.

Chadwick, P. D. J., & Lowe, C. F. (1990). Measurement and modification of delusional beliefs. *Journal of Consulting and Clinical Psychology, 58*, 225–232.

Chen, C., & Stevenson, H. W. (1995). Motivation and mathematics achievement: a comparative study of Asian-American, Caucasian-American, and East Asian high school students. *Child Development, 66*, 1215–1234.

Cheng, P. W., Holyoak, K. J., Nisbett, R. E., & Olver, L. M. (1986). Pragmatic versus syntactic approaches to training deductive reasoning. *Cognitive Psychology, 18*, 293–328.

Cherry, E. C. (1953). Some experiments on the recognition of speech, with one and with two ears. *Journal of the Acoustical Society of America, 25*, 975–979.

Chess, S., & Thomas, A. (1987). *Know your child: An authoritative guide for today's parents.* New York: Basic Books.

Chomsky, N. (1959). Review of Skinner's verbal behavior. *Language, 35*, 26–58.

Chomsky, N. (1965). *Aspects of the theory of syntax.* Cambridge, MA: MIT Press.

Chomsky, N. (1986). *Knowledge of language: Its nature, origin and use.* New York: Praeger.

Cioffi, D., & Holloway, J. (1993). Delayed costs of suppressed pain. *Journal of Personality and Social Psychology, 64*, 274–282.

Clark, L. E. (1993). Stress and the cognitive-conversational benefits of social interaction. *Journal of Social and Clinical Psychology, 12*, 25–55.

Coats, E. J., & Feldman, R. S. (1996). Gender differences in nonverbal correlates of social status. *Personality and Social Psychology Bulletin, 22*, 1014–1022.

Coccaro, E. F., & Kavoussi, R. J. (1997). Fluoxetine and impulsive aggressive behavior in personality-disordered subjects. *Archives of General Psychiatry, 54*, 1081–1088.

Cohen, N. J., & Eichenhaum, H. (1993). *Memory, amnesia, and the hippocampal system.* Cambridge, MA: MIT Press.

Cohen, S., & Herbert, T. B. (1996). Health psychology: Psychological factors and physical disease from the perspective of human psychoneuroimmunology. *Annual Review of Psychology, 47*, 113–142.

Cole, M., Gay, J., Glick, J., & Sharp, D. W. (1971). *The cultural context of learning and thinking.* New York: Basic Books.

Coleman, R. M. (1986). *Wide awake at 3:00 a.m.: by choice or by chance?* New York: W. H. Freeman.

Collins, N. L., & Miller, L. C. (1994). Self-disclosure and liking: A meta-analytic review. *Psychological Bulletin, 116*, 457–475.

Collins, N. L., & Read, S. J. (1990). Adult attachment, working models, and relationship quality in dating couples. *Journal of Personality and Social Psychology, 71*, 644–663.

Colwill, R. M., & Rescorla, R. A. (1988). Associations between the discriminative stimulus and the reinforcer in instrumental learning. *Journal of Experimental Psychology: Animal Behavior Processes, 14*, 155–164.

Compas, B. E., Haaga, D. A. F., Keefe, F. J., Leitenberg, H., & Williams, D. A. (1998). Sampling of empirically supported psychological treatments from health psychology: Smoking chronic pain, cancer, and bulimia nervosa. *Journal of Consulting and Clinical Psychology, 66*, 89–112.

Comstock, G. W., & Partridge, K. B. (1972). Church attendance and health. *Journal of Chronic Disease, 25*, 665–672.

Cook, M., Mineka, S., Wolkenstein, B., & Laitsch, K. (1985). Observational conditioning of snake fear in unrelated rhesus monkeys. *Journal of Abnormal Psychology, 94*, 591–610.

Coopersmith, S. (1976). *The antecedents of self-esteem.* San Francisco: Freeman.

Corbetta, M., Miezin, F. M., Shulman, G., & Petersen, S. E. (1993). A PET study of visuospatial attention. *The Journal of Neuroscience, 13*, 1202–1226.

Cordes, C. L., & Dougherty, T. W. (1993). A review and integration of research on job burnout. *Academy of Management Review, 18*, 621–656.

Coren, S. (1996). *Sleep thieves: An eye-opening exploration into science and mysteries of sleep.* New York: Free Press.

Corr. C. A. (1993). Coping with dying: Lessons that we should and should not learn from the work of Elisabeth Kubler Ross. *Death Studies, 17*, 69–83.

Costa, P. T., Jr., & McCrae, R. R. (1994). Set like plaster? Evidence for the stability of adult personality. In T. F. Heatherton & J. L. Weinberger (Eds.), *Can personality change?* (pp. 21–40). Washigton, DC: American Psychological Association.

Costa, P. T., Jr., & McCrae, R. R. (1995). Solid ground in the wetlands of personality: A reply to Block. *Psychological Bulletin, 117*, 216–220.

Costa, P. T., Jr., & McCrae, R. R. (1997). Solid ground in the wetlands of personality. In R. Hogan, J. Johnson, & S. Briggs (Eds.), *Handbook of personality psychology.* New York: Academic Press.

Courtney, J. G., Longnecker, M. P., Theorell, T., & de Verdier, M. G. (1993). Stressful life events and the risk of colorectal cancer. *Epidemiology, 4*, 407–414.

Cowan, N. (1995). *Attention and memory: An integrated framework.* New York: Oxford University Press.

Cowley, G. (1994, February 7). The culture of Prozac. *Newsweek*, pp. 41–42.

Craik, F. I. M. (1979). Levels of processing: Overview and closing comments. In L. S. Cermak & F. I. M. Craik (Eds.), *Levels of processing in human memory* (pp. 447–461). Hillsdale, NJ: Erlbaum.

Craik, F. I. M., & Tulving, E. (1975). Depth of processing and the retention of words in episodic memory. *Journal of Experimental Psychology: General, 104*, 268–294.

Cramer, P. (1996). *Storytelling, narrative, and the Thematic Apperception Test*. New York: Guilford Press.

Crawford, H. J., Brown, A. M., & Moon, C. E. (1993). Sustained attentional and disattentional abilities: Differences between low and highly hypnotizable persons. *Journal of Abnormal Psychology, 102*, 534–543.

Crick, F. (1994). *The astonishing hypothesis: The scientific search for the soul*. New York: Scribner's.

Crick, F., & Mitchison, G. (1983). The function of dream sleep. *Nature, 304*, 111–114.

Crick, F., & Mitchison, G. (1986). REM sleep neural nets. *Journal of Mind and Behavior, 7*, 229–250.

Cronbach, L. J. (1951). Coefficient alpha and the internal structure of tests. *Psychometrika, 16*, 297–334.

Crowder, R. G. (1982). Decay of auditory memory in vowel discrimination. *Journal of Experimental Psychology: Learning, Memory, and Cognition, 8*, 153–162.

Croyle, R. T., & Cooper, J. (1983). Dissonance arousal: Physiological evidence. *Journal of Personality and Social Psychology, 45*, 782–791.

Csikszentmihalyi, M. (1990). *Flow: The psychology of optimal experience*. New York: Harper & Row.

Csikszentmihalyi, M. (1996). *Creativity: Flow and the psychology of discovery and invention*. New York: Harper-Collins.

Cummins, J. (1976). The influence of bilingualism on cognitive growth: a synthesis of research findings and explanatory hypothesis. *Working Papers on Bilingualism, 9*, 1–43.

D'Augelli, A. R. (1993). Preenting mental health problems among lesbian and gay college students. *The Journal of Primary Prevention, 13*, 245–261.

Dabbs, J. M., Jr., Carr, T. S., Frady, R. L., & Riad, J. K. (1995). Testosterone, crime, and

misbehavior among 692 male prison inmates. *Personality and Individual Differences, 18*, 627–633.

Darwin, C. (1872). *The expression of the emotions in man and animals*. London: John Murray.

Darwin, C. J., Turvey, M. T., & Crowder, R. G. (1972). An auditory analogue of the Sperling partial report procedure: Evidence for brief auditory storage. *Cognitive Psychology, 3*, 255–267.

Daum, I., & Schugens, M. M. (1996). On the cerebellum and classical conditioning. *Psychological Science, 5*, 58–61.

Davidson, D. (1994). Recognition and recall of irrelevant and interruptive atypical actions in script-based stories. *Journal of Memory and Language, 33*, 757–775.

Davidson, J. M., & Myers, L. S. (1988). Endocrine factors in sexual psychophysiology. In R. C. Rosen & J. G. Beck (Eds.), *Patterns of sexual arousal: Psychophysiological processes and clinical applications*. New York: Guilford.

Davidson, R. J. (1992). Emotion and affective style: Hemispheric substrates. *Psychological Science, 3*, 39–43.

Davidson, R. J. (1993). The neuropsychology of emotion and affective style. In M. Lewis & J. M. Haviland (Eds.), *Handbook of emotions* (pp. 143–154). New York: Guilford Press.

Davis, G. C., & Breslau, N. (1994). Post-traumatic stress disorder in victims of civilian and criminal violence. *Psychiatric Clinics of North America, 17*, 289–299.

Davis, S. F., & Palladino, J. J. (1997). *Psychology*. Upper Saddle River, NJ: Prentice-Hall.

de Castro, J. M. (1994). Family and friends produce greater social facilitation of food intake than other companions. *Physiology and Behavior, 56*, 445–455.

de Castro, J. M., & Brewer, E. M. (1992). The amount eaten in meals aby humans is a power function of the number of people present. *Physiology and Behavior, 51*, 121–125.

De Valois, R. L., & De Valois, K. K. (1993). A multi-stage color model. *Vision Research, 33*, 1053–1065.

Deary, I. J.; Ramsay, H.; Wilson, J. A.; & Riad, M. (1988). Stimulated salivation: Correlations with personality and time of day effects. *Personality and Individual Differ-*

ences, 9, 903–909.

Deary, I. J., & Stough, L. (1996). Intelligence and inspection time: Achievements, prospects, and problems. *American Psychologist, 51,* 599–608.

Deffenbacher, J. L. (1994). Anger and diagnosis: Where has all the anger gone? Paper presented at the meeting of the American Psychological Association, Los Angeles, CA.

Delay, J., & Deniker, P. (1952). *Trente-Huit cas de psychoses traitees par la cure prolongee et continue de 4560 RP.* Paris: Masson et Cie.

Delemater, A. R. (1995). Outcome-selective effects of intertrial reinforcement in a Pavlovian appetitive conditioning paradigm with rats. *Animal Learning and Behavior, 23,* 31–39.

Dement, W. C. (1976). *Some must watch while some must sleep.* New York: Norton.

Dement, W. C. (1992). *The sleepwatchers.* Stanford, CA: Stanford Alumni Association.

Deregowski, J. (1989). Real space and represented space: Cross-cultural perspectives. *Behavioral and Brain Science, 12,* 51–119.

Diener, E. (1980). Deindividuation: The absence of self-awareness and self-regulation in group members. In Paul B. Paulus (Ed.), *Psychology of group influence.* Hillsdale, NJ: Erlbaum.

Diener, E., & Diener, C. (1996). Most people are happy. *Psychological Science, 7,* 181–185.

Digman, J. M. (1990). Personality structure: Emergence of the five factor model. *Annual Review of Psychology, 41,* 417–440.

Dinges, D. F., Whitehouse, W. G., Orne, E. C., Powell, J. W., Orne, M. T., & Erdelyi, M. H. (1992). Evaluating hypnotic memory enhancement using multitrial forced recall. *Journal of Experimental Pychology: Learning, Memory, & Cognition, 18,* 1139–1147.

Dixon, M., Brunet, A., & Laurence, J. R. (1990). Hypnotizability and automaticity: Toward a parallel distributed processing model of hypnotic responding. *Journal of Abnormal Psychology, 99,* 336–343.

Dohrenwend, B., Pearlin, L., Clayton, P., Hamburg, B., Dohrenwend, B. P., Riley, M., & Rose, R. (1982). Report on stress and life events. In G. R. Elliott & C. Eisdorfer (Eds.), *Stress and human health: Analysis and implications of research* (A study by the Institute of Medicine/National Academy of Sciences). New York: Springer.

Draguns, J. G. (1990). Applications of cross-cultural psychology in the field of mental health. In R. Brislin (Ed.), *Applied cross-cultural psychology*. Newbury Park, CA: Sage.

Drigotas, S. M., & Rusbuilt, C. E. (1992). Should I stay or should I go? A dependence model of breakups. *Journal of Personality and Social Psychology, 62*, 62–87.

Dryer, D. C., & Horowitz, L. M. (1997). When do opposites attract?: Interpersonal complementarity versus similarities. *Journal of Personality and Social Psychology, 72*, 592–603.

Dubovsky, S. L. (1997). *Mind-body deceptions: The psychosomatics of everyday life.* New York: Norton.

Duclos, S. E., Laird, J. D., Sexter, M., Stern, L., & Van Lighten, O. (1989). Emotion-specific effects of facial expressions and postures on emotional experience. *Journal of Personality and Social Psychology, 57*, 100–108.

Dupont, S. (1995). Multiple sclerosis and sexual functioning: A review. *Clin. Rehab. 9*, 135–141.

Dywan, J., & Bowers, L. (1983). The use of hypnosis to enhance recall. *Science, 222*, 184–185.

Eagly, A. H.; Ashmore, R. D.; Makhijani, M. G.; & Longo, L. C. (1991). What is beautiful is good, but...: A meta-analytic review of research on the physical attractiveness stereotype. *Psychological Bulletin, 108*, 109–128.

Ebbinghaus, H. (1913). *Memory: A contribution to experimental psychology*. New York: Teacher College Press.

Edwards, K., & Smith, E. E. (1996). A disconfirmation bias in the evaluation of arguments. *Journal of Personality and Social Psychology, 71*, 5–24.

Eich, E. (1995). Mood as a mediator of place dependent memory. *Journal of Experimental Psychology: General, 124*, 293–308.

Ekman, P. (1992). Are there basic emotions? *Psychological Review, 99*, 550–553.

Ekman, P., Levenson, R. W., & Friesen, W. V. (1983). Autonomic nervous system activity distinguishes among emotions. *Science, 221*, 1208–1210.

Ekman, P., & O'Sullivan, M. (1991). Who can catch a liar? *American Psychologist, 46*, 913–920.

Elkin, I., et al. (1989). National Institute of Mental Health treatment of depression collaborative research program. *Archives of General Psychiatry, 46,* 971–983.

Elliot, A. J., & Church, M. A.(1997). A hierarchical model of approach and avoidance achievement motivation. *Journal of Personality and Social Psychology, 72,* 218–232.

Elliot, A. J., & Devine, P. G. (1994). On the motivational nature of cognitive dissonance: Dissonance as psychological discomfort. *Journal of Personality and Social Psychology, 67,* 382–394.

Ellis, A. (1962). *Reason and emotion in Psychotherapy.* New York: Lyle Stuart.

Ellis, A. (1989). Rational-emotive therapy. In R. J. Corcini & D. Wedding (Eds.), *Current Psychotherapies* (4th ed.). Itasca, IL: Peacock.

Engels, G. I., Garnefski, N., & Diekstra, R. (1993). Efficacy of rational-emotive therapy: A quantitative analysis. *Journal of Consulting and Clinical Psychology, 61,* 1083–1090.

Epstein, H. T. (1980). Brain growth and cognitive functioning. In D. R. Steer (Ed.), *The emerging adolescent: Characteristics and educational implications.* Columbus, OH: National Middle School Association.

Erikson, E. H. (1974). *Dimensions of a new identity: Jefferson Lectures.* New York: W. W. Norton.

Erikson, E. H. (1982). *The life cycle completed: A review.* New York: Simon.

Escobar, J. I. (1993). Psychiatric epidemiology. In A. C. Gaw (Ed.), *Culture, ethnicity, and mental illness.* Washington, DC: American Psychiatric Press.

Etnier, J. L., Salazar, W., Landers, D. M., Petruzzello, S. J., Han, M., & Nowell, P. (1997). The influence of physical fitness and exercise upon cognitive functioning: A meta-analysis. *Journal of Sport & Exercise Psychology, 19,* 249–277.

Evans, C. (1984). *Landscapes of the night: How and why we dream.* New York: Viking.

Everson, C. A. (1995). Functional consequences of sustained sleep deprivation in the rat. *Behavioral Brain Research, 69,* 43–54.

Eysenck, H. J. (1952). The effects of psychotherapy: An evaluation. *Journal of Consulting Psychology, 16,* 319–324.

Eysenck, H. J. (1982). *Personality, genetics, and behavior.* New York: Praeger.

Eysenck, H. J. (1990). Biological dimensions of personality. In Lawrence A. Pervin

(Ed.), *Handbook of personality: Theory and research*. New York: Guilford Press.

Falbo, T., & Poston, D. L. (1993). The academic, personality and physical outcomes of only children in China. *Child Development, 64*, 18–35.

Fantz, R. L. (1963). Pattern vision in newborn infants. *Science, 140*, 296–297.

Feder, H. H. (1984). Hormones and sexual behavior. *Annual Review of Psychology, 35*, 165–200.

Feeney, J. A., & Noller, P. (1990). Attachment style as a predictor of adult romantic relationships. *Journal of Personality and Social Psychology, 58*, 281–291.

Feingold, A. (1988). Cognitive gender differences are disappearing. *American Psychologist, 43*, 95–103.

Feingold, A. (1992). Good-looking people are not what we think. *Psychological Bulletin, 111*, 304–341.

Feldman, R. S. (1996). *Understanding psychology*. New York: McGraw-Hill.

Fernald, D. (1997). *Psychology*. Upper Saddle River, NJ: Prentice-Hall.

Festinger, L. (1957). *A theory of cognitive dissonance*. Stanford, CA: Stanford University Press.

Festinger, L., & Carlsmith, J. M. (1959). Cognitive consequences of forced compliance. *Journal of Abnormal and Social Psychology, 58*, 203–210.

Fiedler, F. E. (1981). Leadership effectiveness. *American Behavioral Scientist, 24*, 619–632.

Fink, M., & Sackeim, H. A. (1996). Convulsive therapy in schizophrenia? *Schizophrenia Bulletin, 22*, 27–40.

Fischer, L. W. (1987). Relations between brain and cognitive development. *Child development, 58*, 623–632.

Fiske, D. W., & Maddi, S. R. (1961). *The functions of varied experience*. Homewood, IL: Dorsey.

Flavell, J. H., Miller, P. H., & Miller, S. A. (1993). *Cognitive development* (3rd ed.). Englewood Cliffs, NJ: Prentice-Hall.

Flynn, J. R. (1987). Massive IQ gain in 14 nations: What IQ test really measure. *Psychological Bulletin, 101*, 171–191.

Foa, E. B., & Meadows, E. A. (1997). Psychosocial treatments for posttraumatic stress disorder: A critical review. *Annual Review of Psychology, 48*, 449–480.

Foa, E. B., Franklin, M. E., Perry, K. J., & Herbert, J. D. (1996). Cognitive biases in generalized social phobia. *Journal of Abnormal Psychology, 105*, 433–439.

Foa, E. B., & Kozak, M. J. (1986). Emotional processing of fear: Exposure to corrective information. *Psychological Bulletin, 99*, 20–35.

Fodor, E. M., & Smith, T. (1982). The power motive as an influence on group decision making. *Journal of Personality and Social Psychology, 42*, 178–185.

Fontana, A., & Rosenheck, R. (1994). Traumatic war stressors and psychiatric symptoms among World War II, Korean, and Vietnam War veterans. *Psychology and aging, 9*, 27–33.

Foreyt, J. P., Walker, S., Poston, C., II, & Goodrick, G. K. (1996). Future directions in obesity and eating disorders. *Addictive Behaviors, 21*, 767–778.

Fox, N. A. (1991). If it's not left, it's right: Electroencephalograph asymmetry and the development of emotion. *American psychologist, 46*, 863–872.

Fox, N. A., Coplan, R. J., Rubin, K. H., Porges, S. W., Calkins, S. D., Long, J. M., Marshall, T. R., & Stewart, S. (1995). Frontal activation asymmetry and social competence at four years of age. *Child Development, 66*, 1770–1784.

Frances, A. J., First, M. B., Widiger, T. A., Miele, G. M., Tilly, S. M., Davis, W. W., & Pincus, H. A. (1991). An A to Z guide to DSM-IV conundrums. *Journal of Abnormal Psychology, 100*, 407–412.

Freud, S. (1900). *The interpretation of dreams*. In Vols. 4 and 5 of the Standard edition. London: Hogarth.

Freud, S. (1946). *The ego and the mechanisms of defense*. New York: International Universities Press.

Freud, S. (1949). *A general introduction to psychoanalysis*. New York: Penguin.

Freud, S. (1954). *Interpretation of dreams*. London: Allen & Unwin. (Original work published 1900)

Freud, S. (1963). *Introductory lectures on psychoanalysis*. In *Stanford edition of the complete psychological works of Sigmund Freud* (Vols. 15, 16). (Original work published 1917)

Freud, S. (1964a). New introductory lectures. In *Standard edition of the complete psychological works of Sigmund Freud* (Vol. 21). London: Hogarth. (Original work published 1933)

Freud, S. (1964b). Three essays on the theory of sexuality. In *Standard edition of the complete psychological works of Sigmund Freud* (Vol. 7). London: Hogarth Press-Institute of Psychological Analysis. (Original work published 1905)

Friedman, H. S. (1991). *The self-healing personality*. New York: Henry Holt.

Friedman, M., & Roseman, R. F. (1974). *Type A behavior and your heart*. New York: Knopf.

Friedrich, J., Fetherstonhaugh, D., Cassy, S., & Gallapher, D. (1996). Argument integration and attitude change: Suppression effects in the integration of one-sided arguments that vary in persuasiveness. *Personality and Social Psychology Bulletin, 22*, 179–191.

Fuligni, A. J., & Stevenson, H. W. Time use and mathematics achievement among American, Chinese, and Japanese high school students. *Child Development, 66*, 830–842.

Funk, S. C. (1992). Hardiness: A review of theory and research. *Health Psychology, 11*, 335–345.

Furlow, F. B., & Thornhill, R. (1996, January/February). The orgasm wars. *Psychology Today*, pp. 42–46.

Fuster, J. M. (1995). *Memory in the cerebral cortex*. Cambridge, MA: MIT Press.

Gabrieli, J. D., Desmond, J. E., Demb, J. B., Wagner, A. D., Stone, M. V., Vaidya, C. J., & Glover, G. H. (1996). Functional magnetic resonance imaging of semantic memory processes in the frontal lobes. *Psychological Science, 7*, 278–283.

Gagne, E. D., Yekoyich., & Yekoyich, F. R. (1993). *The cognitive psychology of school learning*. New York: Harper Collins.

Galanter, E. (1962). Contemporary psychophysics. In R. Brown, E. Galanter, H. Hess, & G. Mandler (Eds.), *New directions in psychology*. New York: Holt, Rinehart & Winston.

Gallant, J. L., Braun, J., & Van Essen, D. C. (1993). Selectivity for polar, hyperbolic, and Cartesian gratings in macaque visual cortex. *Science, 259*, 100–103.

Galton, F. (1883). *Inquiries into human faculty and its development*. London: Dent.

Gara, M. A., Woolfolk, R. L., Cohen, B. D., Goldston, R. B., Allen, L. A., & Novalany, J. (1993). Perception of self and other in major depression. *Journal of Abnormal Psychology, 102*, 93–100.

Garber, H. L. (1988). *The Milwaukee Project: Preventing mental retardation in children at risk*. Washington, DC: American Association of Mental Retardation.

Garcia, J., & Koelling, R. A. (1966). The relation of cue to consequence in avoidance learning. *Psychonomic Science, 4*, 123–124.

Gardner, H. (1995). Perennial antinomies and perpetual redrawings: Is there progress in the study of mind? In R. L. Solso & D. W. Massaro (Eds.), *The science of the mind: 2001 and beyond*. New York: Oxford University Press.

Gardner, R. A., & Gardner, B. I. (1969). Teaching sign language to a chimpanzee. *Science, 165*, 664–672.

Gardner, R. A., & Gardner, B. T. (1978). Comparative psychology and language acquisition. *Annuals of the New York Academy of Science, 309*, 37–76.

Garner, D. M., & Wooley, S. C. (1991). Confronting the failure of behavioral and dietary treatments for obesity. *Clinical Psychology Review, 11*, 729–780.

Garnets, L., & Kimmel, D. (1990). Lesbian and gay dimensions in the psychological study of human diversity. Master lecture, American Psychological Association convention.

Garry, M., Manning, C. G., Loftus, E. F., & Sherman, S. J. (1997). Imagination inflation: Imagining a childhood event inflates confidence that it occurred. *Psychonomic Bulletin and Review*. In press.

Gathercole, S. E., & Baddeley, A. D. (1993). *Working memory and language*. Hove, Great Britain: Erlbaum.

Gawin, F. H. (1991). Cocaine addiction: Psychology and neurophysiology. *Science, 251*, 1580–1586.

Gazdar, G. (1993). The handling of natural language. In D. Broadbent (Ed.), *The simulation of human intelligence* (pp. 151–177). Oxford, United Kingdom: Blackwell.

Gazzaniga, M. S. (1967). The split brainin man. *Scientific American*, 24–29.

Geary, D. C., Salthouse, T. A., Chen, G-P., & Fan, L. (1996). Are East Asian versus American differences in arithmetical ability a recent phenomenon? *Developmental Psychology, 32*, 254–262.

Geen, R. G. (1984). Human motivation: New perspectives on old problems. In A. M. Rogers & C. J. Scheirer (Eds.), *The G. Stanley Hall Lecture Series* (Vol. 4). Washington, DC: American Psychological Association.

Geen, R. G., & Quanty, M. B. (1977). The catharsis of aggression: An evaluation of a hypothesis. In L. Berkowitz (Ed.), *Advances in experimental social psychology* (Vol. 10). New York: Academic Press.

Geller, E. S. (1992). It takes more than information to save energy. *American Psychologists, 47*, 814–815.

Gelman, R., & Baillargeon, E. E. (1983). A review of some Piagetian concepts. In J. H. Flavell & E. M. Markman (Eds.), *Handbook of child development: Vol III Cognitive development*. New York: Wiley.

Geranios, N. K. (1993, September 26). Chimps learn to sign, and in the process, teach humans a little. Associated Press release in Grand Rapids [Mich.] *Press*, p. A18.

Gibson, E., & Walk, R. D. (1960). The visual cliff. *Scientific American, 202*, 80–92.

Gibson, H. B. (1991). Can hypnosis compel people to commit harmful, immoral and criminal acts? A review of the literature. *Contemporary Hypnosis, 8*, 129–140.

Gibson, J. J. (1962). Observations on active tough. *Psychological Review, 69*, 477–491.

Gilligan, C. (1983). *In a different voice: Psychological theory and women's development*. Cambridge, MA: Harvard University Press.

Gilligan, C. (1986). On "In a difference voice" An interdisciplinary forum: Reply. *Signs, 11*, 324–333.

Ginty, D. D., et al. (1993). Regulation of CREB phosphorylation in the suprachiasmatic nucleus by light and a circadian clock. *Science, 260*, 238–241.

Gleicher, F., & Petty, R. E. (1992). Expectations of reassurance influence the nature of fear-stimulated attitude change. *Journal of Experimental Social Psychology, 28*, 86–100.

Gobet, F., & Simon, H. A. (1996). Recall of random and distorted chess positions: Implications for the theory of expertise. *Memory and Cognition, 24*, 493–503.

Goddard, H. H. (1917). Mental tests and immigrants. *Journal of Delinquency, 2*, 243–277.

Gold, P. E. (1993). *Cognitive enhancers in animal and humans: From hormones to brains*. Paper presented at the annual meeting of the American Psychological Society. Chicago, IL.

Goldberg, L. R. (1993). The structure of phenotypic personality traits. *American Psychologist, 48*, 26–34.

Goldsmith, H. H., & Harman, C. (1994). Temperament and attament: individuals and relationships. *Current Dietions in Psychological Science, 3*, 53–61.

Goleman, D. (1995). *Emotional intelligence.* New York: Bantam.

Goleman, D. (1998). *Working with emotional intelligence.* New York: Bantam.

Goleman, D. J. (1996, May 28). Evidence mounting for role of fetal damage in schizophrenia. *The New York Times*, pp. C1, C3.

Gortmaker, S. L., Must, A., Perrin, J. M., Sobol, A. M., & Dietz, W. H. (1993). Social and economic consequences of overweight in adolescence and young adulthood. *New England Journal of Medicine, 329*, 1008–1012.

Gottman, J. (1994). *Why marriage succeed or fail.* New York: Simon & Schuster.

Gottesman, I. I. (1991). *Schizophrenia genesis: The origins of medness.* San Francisco: W. H. Freeman.

Gould, J. L., & Marler, P. (1987). Learning by instinct. *Scientific American, 256 (1)*, 74–75.

Gouras, P. (1991). Color vision. In E. R. Kandel, J. H. Schwartz, & T. M. Jessell (Eds.), *Principles of neural science* (3rd ed.). New York: Elsevier.

Gramling, S. E., Clawson, E. P., & McDonald, M. K. (1996). Perceptual and cognitive abnormality model of hypochondriasis: Amplification and physiological reactivity in women. *Pychosomatic Medicine, 58*, 423–431.

Greeley, A. M. (1991). *Faithful attraction.* New York: Tor Books.

Greene, R. L. (1992). *Human memory: Paradigms and paradoxes.* Hillsdale, NJ: Erlbaum.

Gregory, R. L. (1987). Recovery from blindness. In R. L. Gregory (Ed.), *The Oxford companion to the mind.* Oxford: Oxford University Press.

Greig, G. L. (1990). On the shape of energy detection ROC curves. *Perception & sychophysics, 48*, 77–81.

Griffin, K. (1992, November-December). A whiff of things to come. *Health*, 34–35.

Grilo, C. M., & Pogue-Ceile, M. (1991). The nature if environmental influences in weight and obesity: A behavior genetic analysis. *Psychological Bulletin, 110*, 520–537.

Grinspoon, L., & Bakalar, J. B. (1993). *Marijuana, the forbidden medicine.* New Haven, CT: Yale University Press.

Grissmer, D. W., Kirby, S. N., Berends, M., & Williamson, S. (1994). *Student achievement and the changing American family*. Santa Monica, CA: RAND Corporation.

Grob, G. N. (1994). *The mad among us: A history of the care of America's mentally ill*. New York: Free Press.

Gross, J. J., & Levenson, R. W. (1997). Hiding feelings: The acute effects of inhibiting negative and positive emotion. *Journal of Abnormal Psychology, 106*, 95–103.

Grove, W. M., and others (1991). Familial prevalence and coaggregation of schizotypy indicators. *Journal of Abnormal Psychology, 100*, 115–121.

Guenther, R. K. (1998). *Human cognition*. Upper Saddle River, NJ: Prentice-Hall.

Guerin, B. (1986). Mere presence effects in humans: A review. *Journal of Experimental Social Psychology, 22*, 38–77.

Guilford, J. P. (1967). *The nature of human intelligence*. New York: McGraw-Hill.

Gulevich, G., Dement, W., & Johnson, L. (1966). Psychiatric and EEG observations on a case of prolonged wakefulness. *Archives of General Psychiatry, 15*, 29–35.

Gullette, E. C. D., Blumenthal, J. A., Babyak, M., Jiang, W., Waugh, R. B., Frid, D. J., O'Connor, C. M., Morris, J. J., & Krantz, D. S. (1997). Effects of mental stress on myocardial ischemia during daily life. *Journal of American Medical Association, 277*, 1521–1526.

Gur, R. C., Gur, R. E., Obrist, W. D., Hungerbuhler, J. P., Younkin, D., Rosen, A. D., Skilnick, B. E., & Reivich (1982). Sex and handedness differences in cerebral blood flow during rest and cognitive activity. *Science, 217*, 659–661.

Haaga, D. A. F., & Davison, G. C. (1993). An appraisal of rational-emotive therapy. *Journal of Consulting and Clinical Psychology, 61*, 215–220.

Haaga, D. A. F., Dyck, M. J., Ernst, D. (1991). Empirical status of cognitive theory of depression. *Psychological Bulletin, 110*, 215–236.

Haier, R. J., Siegel, B., Tang, C., Abel, L., & Buchsbaum, M. S. (1992). Intelligence and changes in regional cerebral glucose metabolic rate following learning. *Intelligence, 16 (3–4)*, 415–426.

Hakuta, K. (1986). *Mirror of language*. New York: Basic Books.

Haldeman, D. C. (1994). The practice and ethics of sexual orientation conversion therapy. *Journal of Consulting and Clinical Psychology, 62*, 221–227.

Hall, J. A., & Veccia, E. M. (1990). More "touching" observations: New insights on men, women, and interpersonal touch. *Journal of Personality and Social Psychology, 59*, 1155–1162.

Halpern, A. R. (1986). Memory for tune titles after organized or unorganized presentation. *American Journal if Psychology, 49*, 57–70.

Halpern, D. F. (1992). *Sex differences in cognitive abilities* (2nd ed.). Hillsdale, NJ: Erlbaum.

Hardin, C., & Banaji, M. R. (1993). The influence of language on thought. *Social Cognition, 11*, 277–308.

Hargadon, R., Bowers, K. S., & Woody, E. Z. (1995). Does counterpain imagery mediate hypnotic responding? *Journal of Abnormal Psychology, 104*, 508–516.

Harlow, H. F. (1971). *Learning to love*. San Francisco: Albion.

Hatch, J. P., Fisher, J. G., & Rugh, J. D. (1987). *Biofeedback: Studies in clinical efficacy*. New York: Plenum.

Hatfield, E. (1988). Passionate and companionate love. In R. J. Sternberg & M. L. Barnes (Eds.), *The psychology of love*. New Haven, CT: Yale University Press.

Hatfield, E., & Rapson, R. L. (1993). *Love, sex, and intimacy: Their psychology, biology, and history*. New York: HarperCollins.

Hathaway, S. R., & McKinley, J. C. (1943). *Manual for the Minnesota Multiphasic Personality Inventory*. New York: Psychological Corporation.

Havighurst, R. S. (1980). More thoughts on developmental tasks. *Personnel and Guidance Journal, 58*, 330–335.

Hayes, C. (1951). *The ape in our house*. New York: Harper.

Hazan, C., & Shaver, P. (1987). Romantic love conceptualized as an attachment process. *Journal of Personality and Social Psychology, 52*, 511–524.

Healy, A. F., & McNamara, D. S. (1996). Verbal learning and memory: Does the model still work? *Annual Review of Psychology, 47*, 143–172.

Heath, S. B. (1983). *Ways with words*. Cambridge, England: Cambridge University Press.

Heath, S. B. (1989). Oral and literate traditions among Black Americans living in poverty. *American Psychologist, 44*, 367–373.

Heider, F. (1958). *The psychology of interpersonal relations*. New York: Wiley.

Heiman, J. R. (1975, April). The physiology of erotica: Women's sexual arousal. *Psy-

chology Today, 90–94.

Heller, M. A., & Schiff, W. (Eds.). (1991). *The psychology of touch: Theory and application*. Hillsdale, NJ: Erlbaum.

Hellige, J. B. (1993). *Hemispheric asymmetry: What's right and what's left*. Cambridge, MA: Harvard University Press.

Helmes, E., & Reddon, J. R. (1993). A perspective on developments in assessing psychopathology: a critical review of the MMPI and MMPI–2. *Psychological Bulletin, 113*, 453–471.

Helmholtz, H. von. (1852). On the theory of compound colours. *Philosophical Magazine, 4*, 519–534.

Helms, J. E. (1992). Why is there no study of cultural equivalence in standardized cognitive ability testing? *American Psychologist, 47*, 1083–1101.

Hepper, P. (1989). Foetal learning: Implications for psychiatry? *British Journal of Psychiatry, 155*, 289–293.

Hering, E. (1878). *Outlines of a theory of the light sense*. Cambridge, MA: Harvard University Press.

Hernandez, L., Murzi, E., Schwartz, D. H., & Hoebel, B. G. (1992). Electrophysiological and neurochemical approach to a hierarchical feeding organization. In P. Bjorntorp & B. N. Brodoff (Eds), *Obesity* (pp. 171–183). Philadelphia: Lippincott.

Herrnstein, R. J., & Murray, C. (1994). *The bell curve: Intelligence and class structure in American life*. New York: Free Press.

Hilgard, E. R. (1965). *Hypnotic susceptability*. New York: Harcourt, Brace & World.

Hilgard, E. R. (1977). *Divided consciousness: Multiple controls in human thought and action*. New York: Wiley.

Hilgard, E. R. (1982). Hypnotic susceptibility and implications for measurement. *International Journal of Clinical and Experimental Hypnosis, 30*, 394–403.

Hilgard, E. R. (1992). Divided consciousness and dissociation. *Consciousness and Cognition, 1*, 16–31.

Hilgard, E. R., Morgan, A. H., & MacDonald, H. (1975). Pain and dissociation in the cold pressor test: A study of "hidden reports" through automatic key-pressing and automatic talking. *Journal of Abnormal Psychology, 84*, 280–289.

Hilgard, J. R. (1979). *Personality and hypnosis: A study of imaginative involvement*.

Chicago: University of Chicago Press.

Hill, C. A. (1987). Affiliation motivation: People who need people...but in different ways. *Journal of Personality and Social Psychology, 52*, 1008–1018.

Hobson, J. A. (1988). *The dreaming brain*. New York: Basic Books.

Hobson, J. A. (1989). *Sleep*. New York: Scientific American.

Hockenbury, D. H., & Hockenbury, S. E. (1997). *Psychology*. New York: Worth.

Hoffman, M. L. (1984). Empathy, its limitations, and its role in a comprehensive moral theory. In J. Gewirtz & W. Kurtines (Eds.), *Morality, moral development, and moral behavior* (pp. 283–302). New York: Wiley.

Hoffman, M. L. (1987). The contribution of empathy to justice and moral development. In N. Eisenberg & J. Strayer (Eds.), *Empathy and its development*. New York: Cambridge University Press.

Hogg, M. A., Turner, J. C., & Davidson, B. (1990). Polarized norms and social frames of reference: A test of the self-categorization theory of group polarization. *Basic and applied Social Psychology, 11*, 77–100.

Holland, A. J., Sicotte, N., & Treasure, J. (1988). Anorexia nervosa: Evidence of a genetic basis. *Journal of Psychosomatic Research, 32*, 561–571.

Holmes, D. S. (1984). Mediation and somatic arousal reduction: A review of the experimental evidence. *American Psychologist, 39*, 1–10.

Holmes, T. H., & Rahe, R. H. (1967). The Social Readjustment Rating Scale. *Journal of Psychosomatic Research, 11*, 213–218.

Holyoak, K. J., & Thagard, P. (1997). The analogical mind. *American Psychologist, 52*, 35–44.

Honts, C. R., Raskin, D. C., & Kircher, J. C. (1994). Mental and physical countermeasures reduce the accuracy of polygraph tests. *Journal of Applied Psychology, 79*, 252–259.

Horne, J. A. (1989). Sleep loss and "divergent" thinking ability. *Seep, 11*, 528–536.

Horner, M. (1970). Femininity and successful achievement: A basic inconsistency. In J. Bardwick, E. Douvan, M. Horner, & D. Guttman (Eds.), *Feminine personality and conflict*. Belmont, CA: Brooks/Cole.

Horney, K. (1937). *Neurotic Personality of our times*. New York: Norton.

Horney, K. (1945). *Our inner conflicts*. New York: Norton.

Howes, C., & Hamilton, C. E. (1992). Children's relationships with caregivers: Mothers and child care teachers. *Child Development, 63*, 859–871.

Hubel, D. H. (1988). *Eye, brain, and vision.* New York: Scientific American Library.

Hubel, D. H., & Wiesel, T. N. (1979). Brain mechanisms of vision. *Scientific American, 241*, 150–162.

Hughes, F. P., & Noppe, L. D. (1991). *Human development across the life span.* New York: Macmillan.

Hull, C. L. (1943). *Principles of behavior.* New York: Appleton-Century-Crofts.

Humphries, S. A., Johnson, M. H., 7 Long, N. R. (1996). An investigation of the gate control theory of pain using the experimental pain stimulus of potassium iontophoresis. *Perception and Psychophysics, 58*, 693–703.

Hunt, E. (1995). The role of intelligence in modern society. *American Scientist, 83*, 356–368.

Hunt, J. McV. (1961). *Intelligence and experience.* New York: Ronald Press.

Hunt, M. (1974). *Sexual behavior in the 1970s.* Chicago: Playboy Press.

Hunter, S., & Sundel, M. (Eds.) (1989). *Midlife myths: Issues, findings, and practice implications.* Newbury Park, CA: Sage.

Hyman, H. (1996, March/April). The evidence for psychic functioning: Claims vs. reality. *The Skeptical Inquirer*, 24–26.

Hyman, I., Husband, T., & Billings, F. (1995). False memories of childhood experiences. *Applied Cognitive Psychology, 9*, 181–198.

Hyman, R. (1994). Anomaly or artifact? Comments on Bem and Honorton. *Psychological Bulletin, 115*, 19–24.

Ibersich, T. J., Mazmanian, D. S., and Roberts, W. A. Foraging for covered and uncovered food in a radial maze. *Animal Learning and Bebavior*, 1988, 16, 388–394.

Iezzi, A., & Adams, H. E. (1993). Somatform and factitious disorders. In P. B. Sutker & H. E. Adams (Eds.), *Comprehensive handbook of psychopathology* (2nd ed.). New York: Plenum.

Inglehart, R. (1990). *Culture shift in advanced industrial society.* Princeton, NJ: Princeton University Press.

Insell, T. R. (1986). The neurobiology of aniety. In B. F. Shaw., Z. V. Segal, T. M. Wallis, & F. E. Cashman (Eds.), *Anxiety disorders.* New York: Plenum.

Ironson, G., et al. (1997). Posttraumatic stress symptoms, intrusive thought, loss, and immune function after Hurricane Andrew. *Psychosomatic Medicine, 59*, 128–141.

Isabella, R. A., Belsky, J., & von Eye, A. (1989). Origins of infant-mother attachment: An examination of interactional synchrony during the infant's first year. *Developmental Psychology, 25*, 12–21.

Isen, A. M., & Means, B. (1983). The influence of positive affect on decision-making strategy. *Social Cognition, 2*, 28–31.

Isomura, T., Fine, S., & Lin, T. (1987). Two Japanese families. *Canadian Journal of Psychiatry, 32*, 282–286.

Izard, C. E., Fatauzzo, C. A., Castle, J. M., Haynes, O. M., Raias, M. F., & Putnam, P. H. (1995). The ontogeny and significance of infants' facial expressions in the first 9 months of life. *Developmental Psychology, 31*, 997–1013.

James, W. (1884). What is an emotion? *Mind, 9*, 188–205.

Jamison, K. R. (1993). *Touched with fire: Manic-depressive illness and the artistic temperament*. New York: Free Press.

Jamison, K. R. (1997). Manic-depressive illness and creativity. *Scientific American mysteries of the mind, Special Issue Vol. 7*, No. 1, pp. 44–49.

Janis, I. L. (1972). *Groupthink*. Boston: Houghton Mifflin.

Janis, I. L.. (1989). *Crucial decisions: Leeadership in policy-making and crisis management*. New York: Free Press.

Jansari, A., & Parkin, A. J. (1996). Things that go bump in your life: Explaining the reminiscence bump in autobiographical memory. *Psychology and Aging, 11*, 85–91.

Jefferson, James W. (1995). Lithium: The present and the future. *Journal of Clinical Psychiatry, 56*, 41–48.

Jenkins, J. H., Kleinmna, A., & Good, B. J. (1991). Cross-cultural studies of depression. In J. Becker & A. Kleinman (Eds.), *Psychosocial aspects of depression*. Hillsdale, NJ: Erlbaum.

Jenkins, S. R. (1994). Need for power and women's careers over 14 years: Structural power, job satisfaction, and motive change. *Journal of Personality and Social Psychology, 66*, 155–165.

Jensen, A. R. (1969). How much can we boost IQ and scholastic achievement? *Harvard*

Educational Review, 39, 1–123.

Jensen, A. R. (1980). *Bias in mental testing*. New York: Free Press.

Johnson, E. J., & Tversky, A. (1983). Affect, generalization, and the perception of risk. *Journal of Personality and Social Psychology, 45*, 20–31.

Jones, E. E. (1990). *Interpersonal perception*. New York: Freeman.

Jones, E. E., & Nisbett, R. E. (1972). The actor and the observer: Divergent perception of the causes of behavior. In E. Jones, D. Kanouse, H. Kelley, R. Nisbett, S. Valins, & B. Wiener (Eds.), *Attribution: Perceiving the causes of behavior* (pp. 79-94). Morristown, NJ: General Learning Press.

Julien, R. M. (1992). *A primer of drug action* (6th ed.). New York: W. H. Freeman.

Kahneman, D., & Tversky, A. (1996). On the reality of cognitive illusions. *Psychological Review, 103*, 582–591.

Kahneman, D., Slovic, P., & Tversky, A. (Eds.) (1982). *Judgement under uncertainty: Heuristics and biases*. New York: Cambridge University Press.

Kalat, J. W. (1999). *Introduction to Psychology* (5th ed.). Belmont, CA: Wadworth.

Kalick, S. M., Zebrowitz, L. A., Langlois, J. H., & Johnson, R. M. (1998). Does human facial attractiveness honestly advertise health? *Psychological Science, 9*, 8–13.

Kalin, N. H. (1993, May). The neurobiology of fear. *Scientific American*, pp. 94–101.

Kamin, L. J. (1969). Selective association and conditioning. In N. J. Mackintosh & W. K. Honig (Eds.), *Fundamental issues in associative learning*. Halifax: Dahouse University Press.

Kamin, L. J. (1994). Behind the curve (Book review of *The Bell Curve*). *Scientific American, 241*, 67–76.

Kaplan, R. M., & Saccuzzo, D. P. (1997). *Psychological testing: Principles, applications, and issues* (4th ed.). Pacific Grove, CA: Brooks/Cole.

Kaprio, J., Koskenvuo, M., & Rita, H. (1987). Mortality after bereavement: A prospective study of 95, 647 widowed persons. *American Journal of Public Health, 77*, 283–287.

Karamatsu, A., & Hirai, T. (1969). An electroencephalographic study of the Zen Meditation (Zazen). *Acta Psychologica, 6*, 86–91.

Karau, S. J., & William, K. D. (1993). Social loafing: a meta-analytic review and theoretical integration. *Journal of Personality and Social Psychology, 65*, 681–706.

Kark, J. D., Shemi, G., Friedlander, Y., Martin, O., Manor, O., & Blondheim, S. H. (1996). Does religious observance promote health? Mortality in secular vs. religious kibbutzim in Israel. *American Journal of Public Health, 86*, 341–346.

Kassin, S. (1998). *Psychology*. Upper Saddle River, NJ: Prentice-Hall.

Kastenbaum, R. (1986). *Death, society, and the human experience*. Columbus, OH: Merrill.

Kastenbaum, R. (1992). *The psychology of death* (2nd ed.). New York: Springer.

Kazdin, A. E. (1982). The token economy: A decade later. *Journal of Applied Behavior Analysis, 15*, 431–445.

Keesey, R. E. (1995). A set-point model of weight regulation. In K. D. Brownell & C. G. Fairburn (Eds.), *Eating disorders and obesity* (pp. 46–50). New York: Guilford Press.

Keesey, R. E., & Powley, T. L. (1986). The regulation of body weight. *Annual Review of Psychology, 37*, 109–133.

Kelley, H. H. (1967). Attributional theory in social psychology. *Nebraska Symposium on Motivation, 15*, 192–241.

Kendel, L. R., & Schwartz, J. H. (1982). Molecular biology of learning: Modulation if transmitter release. *Science, 218*, 433–434.

Kenrick, D. T., Gutierres, S. E., & Goldberg, L. L. (1989). Influence of popular erotica on judgments of strangers and mates. *Journal of Experimental Social Psychology, 25*, 159–167.

Kenrick, D. T., & MacFarlane, S. W. (1984). Ambient temperature and horn-honking: A field study of the heat/aggression relationship. *Environment and Behavior, 18*, 179–191.

Kerr, N. L. (1992). Issue importance and group decision making. In S. Worchel, W. Wood, & J. A. Simpson (Eds.), *Group process and productivity*. Newbury Park, CA: Sage.

Kessler, R. C., McGonagle, K. A., Zhao, S., Nelson, C. B., Hughes, M., Eshleman, S., Wittchen, H. U., & Kendler, K. S. (1994). Lifetime and 12–month prevalence of DSM–III–R psychiatric disorders in the United States. *Archives of General Psychiatry, 51*, 8–19.

Kiecolt-Glaser, J. K., & Glaser, R. (1993). Mind and immunity. In D. Goleman & J.

Gurin (Eds.), *Mind body medicine* (pp. 39–61). Yonker, NY: Consumer Reports Books.

Kiecolt-Glaser, J. K., Glaser, R., and others (1985). Psychosocial enhancement of immunocompetence in a geriatric population. *Health Psychology, 4*, 25–41.

Kihlstrom, J. F. (1984). Conscious, subconscious, unconscious: A cognitive perspective. In K. S. Bowers & D. Meichenbaum (Eds.), *The unconscious reconsidered.* New York: Wiley.

Kihlstrom, J. F. (1985). Hypnosis. *Annual Review of Psychology, 36*, 385–418.

Kimchi, R. (1992). Primacy of wholistic processing and global/local paradigm: A critical review. *Psychological Bulletin, 112*, 24–38.

Kimura, D. (1992). Sex differences in the brain. *Scientific American, 267 (3)*, 118–125.

Kinsey, A. C., Pomeroy, W. B., & Martin, C. E. (1948). *Sexual behavior in the human male.* Philadelphia: W. B. Saunders.

Kinsey, A. C., Pomeroy, W. B., Martin, C. E., & Gebhard, P. H. (1953). *Sexual behavior in the human female.* Philadelphia: W. B. Saunders.

Kirsch, I., Montgomery, G., & Sapirstein, G. (1995). Hypnosis as an adjunct cognitive-behavioral psychotherapy: A meta-analysis. *Journal of Consulting and Clinical Psychology, 63*, 214–220.

Kitterle, F. L. (Ed.) (1991). *Cerebral laterality: Theory and research.* Hillsdale, NJ: Erlbaum.

Klatsky, R. A., & Lederman, S. J. (1992). Stages of manual exploration in haptic object identification. *Perception and Pyschophysics, 52*, 661–670.

Kleitman, N. (1963). *Sleep and wakefulness.* Chicago: University of Chicago Press.

Klivington, L. A. (1989). *The science of mind.* Cambridge, MA: MIT Press.

Kluft, R. P. (1996). Dissociative identity disorder. In L. K. Mischelson & W. J. Ray (Eds.), *Handbook of dissociation: Theoretical, empirical, and clinical perspectives* (pp. 337–366). New York: Plenum.

Kobasa, S. C. (1979). Stressful life events, personality, and health: An inquiry into hardiness. *Journal of Personality and Social Psychology, 37*, 1–11.

Kobasa, S. C., Maddi, S. R., & Kahn, S. (1982). Hardiness and health: A prospective study. *Journal of Personality and Social Psychology, 42*, 168–177.

Kohlberg, L. (1973). Continuities in childhood and adult moral development. In P. B.

Baltes & K. W. Schaie (Eds.), *Life-span development psychology: Personality and socialization*. New York: Academic Press.

Kohlberg, L. (1984). *Essays on moral development: Vol. 2. The psychology of moral development*. New York: Harper & Row.

Kohn, P. M., & Macdonald, J. E. (1992). The survey of recent life experiences: A decontaminated hassles scale for adults. *Journal of Behavioral Medicine, 15*, 221–236.

Kolb, B. (1989). Brain development, plasticity, and behavior. *American Psychologist, 44*, 1203–1212.

Koslowsky, M., & Babkoff, H. Meta-analysis of the relationship between total sleep deprivation and performance. *Chronobiology International, 9*, 132–136.

Kosslyn, S. M. (1994). *Image and brain: The resolution of the imagery debate*. Cambridge, MA: MIT Press.

Kramer, D. A. (1990). Conceptualizing wisdom: The primacy of affect-cognition relations. In R. J. Sternberg (Ed.), *Wisdom: Its nature, origins, and development* (pp. 279–313). New York: Cambridge University Press.

Kraus, S. J. (1995). Attitudes and the prediction of behavior: A meta-analysis of the empirical literature. *Personality and Social Psychology Bulletin, 21*, 58–75.

Krebs, D. L., & Denton, K. (1997). Social illusions and self-deception: The evolution of biases in person perception. In J. A. Simpson & D. T. Kenrick (Eds.), *Evolutionary social psychology*. Mahwah, NJ: Erlbaum.

Kresin, D. (1993). Medical aspects of inhibited sexual desire disorder. In W. O'Donohue & J. Geer (Eds.), *Handbook of sexual dysfunctions*. Boston: Allyn & Bacon.

Krosnick, J. A., Betz, A. L., Jussim, L. J., & Lynn, A. R. (1992). Subliminal conditioning of attitudes. *Personality and Social Psychology Bulletin, 18*, 152–162.

Kruger, L. (Ed.) (1996). *Pain and touch*. San Diego: Academic Press.

Kruglanski, A. W., & Webster, D. M. (1991). Group members' reactions to opinion deviates and conformists at varying degrees of proximity to decision deadline and of environmental noise. *Journal of Personality and Social Psychology, 61*, 212–225.

Krupa, D. J., Thompson, J. K., & Thompson, R. F. (1993). Localization of a memory trace in the mammalian brain. *Science, 260*, 989–991.

Kubler-Ross, E. (1975). *Death: The final stage of growth*. Upper Saddle River, NJ:

Prentice-Hall.

Kulik, J. A., Kulik, C-L., & Bangert-Drowns, R. L. (1985). Effectiveness of coputer-based education in elementary schools. *Computers in Human Behavior, 1*, 59–74.

Kurtines, W., & Grief, E. B. (1974). The development of moral thoughts: Review and evaluation of Kohlberg's approach. *Psychological Bulletin, 81*, 453–470.

Laird, J. D. (1974). Self-attribution of emotion: The effects of expressive behavior on the quality of emotional experience. *Journal of Personality and Social Psychology 33*, 475–486.

Laird, J. D. (1984). The real role of facial response in the experience of emotion: A reply to Tourangeau and Ellsworth and others. *Journal of Personality and Social Psychology, 47*, 909–917.

Lambert, W. E., Genesee, F., Holobow, N., & Chartrand, L. (1993). Bilingual education for majority English-speaking children. *European Journal of Psychology of Education, 8*, 3–22.

Lang, P. J. (1995). The emotion probe: Studies of motivation and attention. *American Psychologist, 50*, 372–385.

Lange, C. G., & James, W. (1927). *The emotions*. Baltimore: Williams & Wilkins.

Langlois, J. H., & Roggman, L. A. (1990). Attractive faces are only average. *Psychological Science, 1*, 115–121.

LaPiere, R. T. (1934). Attitude and actions. *Social Forces, 13*, 230–237.

Larsen, K. S. (1990). The Asch conformity experiment: Replication and transhistorical comparisons. *Journal of Social Behavior and Personality, 5*, 163–168.

Larsen, R. J., & Diener, E. (1992). Promises and problems with the circumplex model of emotion. *Review of Personality and Social Psychology, 13*, 25–59.

Lashley, K. S. (1950). In search of the engram. In *Symposium of the Society for Experimental Biology* (Vol. 4). New York: Cambridge University Press.

Latane, B., & Nida, S. (1981). Ten years of research on group size and helping. *Psychological Bulletin, 89*, 308–324.

Laumann, E. O., Gagnon, J. H., Michael, R. T., & Michaels, S. (1994). *The social organization of sexuality: Sexual practices in the United States*. Chicago: University of Chicago Press.

Lazar, I., & Darlington, R. (1982). Lasting effects of early education: A report from the

Consortium for Longitudinal Studies. *Monographs of the Society for Research in Child Development, 17*, 2–3.

Lazarus, A. A. (1996). Some reflections after 40 years of trying to be an effective psychotherapist. *Psychotherapy. 33*, 142–145.

Lazarus, R. S. (1984). On the primacy of cognition. *American Psychologist, 39*, 124–129.

Lazarus, R. S. (1991). Progress on a cognitive-motivational-relational theory of emotion. *American Psychologist, 46*, 352–367.

Lazarus, R. S. (1993). From psychological stress to the emotions: A history of changing outlooks. *Annual Review of Psychology, 44*, 1–21.

Lazarus, R. S., & Folkman, S. (1984). *Stress, appraisal, and coping.* New York: Springer.

Leadbeater, B. (1991). Relativistic thinking in adolescence. In R. M. Learner, A. C. Peterson, & J. Brooks-Gunn (Eds.), *Encyclopedia of adolescence.* New York: Garland Publishing.

Leavitt, F. (1995). *Drugs and behavior* (3rd ed.). Thousand Oaks, CA: Sage.

LeDoux, J. E. (1996). *The emotional brain: The mysterious underpinnings of emotional life.* New York: Simon & Schuster.

Leger, D. (1994). The cost of sleep-related accidents: A report for the National Commission on Sleep Disorders Research. *Sleep, 17*, 84–93.

Leibovic, K. N. (1990). *Science of vision.* New York: Springer-Verlag.

Leitenberg, H., & Henning, K. (1995). Sexual fantasy. *Psychological Bulletin, 117*, 469–496.

Leon, M. (1992). The neurobiology of filial learning. *Annual Review of Psychology, 43*, 377–398.

Levay, S. (1991). A difference in hypothalamic structure between heterosexual and homosexual men. *Science, 253*, 1034–1037.

Levenson, R. W., Ekman, P., Heider, K., & Friesen, W. V. (1992). Emotion and autonomic nervous system activity in the Minangkabau of West Sumatra. *Journal of Personality and Social Psychology, 62*, 972–988.

Levin, I. P., & Gaeth, J. (1988). How consumers are affected by the framing of attribute information before and after consuming the product. *Journal of Consumer Re-*

search, 15, 374–378.

Levine, J. M. (1989). Reaction to opinion deviance in small groups. In P. B. Paulus (Ed.), *Psychology of group influence* (pp. 187–231). Hillsdale, NJ: Erlbaum.

Levinson, D. J. (1986). A conception of adult development. *American Psychologist, 41,* 3–13.

Lewandowsky, S., & Li, S. C. (1995). Catastrophic interference in neural networks: Causes, solutions, and data. In F. N. Dempster & C. J. Brainerd (Eds.), *Interference and inhibition in cognition* (pp. 329–361). San Diego, CA: Academic Press.

Lewinsohm, P. M., Duncan, E. M., Stanton, A. K., & Hautzinger, M. (1986). Age at first onset for nonbipolar depression. *Journal of Abnormal Psychology, 95,* 378–383.

Lewis-Fernandez, R., & Kleinman, A. (1994). Culture, personality, and psychology. *Journal of Abnormal Psychology, 103,* 67–71.

Linville, P. W., Fischer, G. W., & Fischhoff, B. (1992). Perceived risk and decision-making involving AIDS. In J. B. Pryor & G. D. Reeder (Eds.), *The social psychology of HIV infection.* Hillsdale, NJ: Erlbaum.

Lipsitt, L. (1971, December). Babies: They are a lot smarter than they look. *Psychology Today,* p. 23.

Locke, E. A., & Latham, G. P. (1990). Work motivation and satisfaction: Light at the end of the tunnel. *Psychological Science, 1,* 240–246.

Lockhart, R. S., & Craik, F. I. M. (1990). Levels of processing: A retrospective commentary on a framework for memory research. *Canadian Journal of Psychology, 44,* 87–112.

Loftus, E. F., Levidow, B., & Duensing, S. (1992). Who remembers best? Individual differences in memory for events that occurred in a science museum. *Applied Cognitive Psychology, 6,* 93–107.

Loftus, E. F., & Palmer, J. C. (1974). Reconstruction of automobile destruction: An example of the interaction between language and memory. *Journal of Verbal Learning and Verbal Behavior, 13,* 585–589.

Logie, R. H. (1995). *Visuo-spatial working memory.* Hove, Great Britain: Erlbaum.

Logothetis, N. K., & Schall, J. D. (1989). Neuronal correlates of subjective visual perception. *Science, 245,* 761–763.

LoPiccolo, J. (1995). Sexual disorders and gender identity disorders. In R. J. Comer

(Ed.), *Abnormal psychology* (2nd ed.). New York: W. H. Freeman.

Lucy, J. A. (1992). *Language diversity and thought: A reformulation of the linguistic relativity hypothesis*. New York: Cambridge University Press.

Ludwig, A. M. (1995). *The price of greatness: Resolving the creativity and madness controversy*. New York: Guilford Press.

Lykken, D. T. (1982, September). Fearlessness: Its carefree charm and deadly risks. *Psychology Today*, pp. 20–28.

Lykken, D. T. (1989). Fearlessness. *Psychology Today, 16* (9), 20–28.

Lynch, G., & Staubli, U. (1991). Possible contributions of long-term potentiation to the encoding and organization of memory. *Brain Research Reviews, 16*, 204–206.

Maccoby, E. E., & Jacklin, C. N. (1974). *The psychology of sex differences*. Stanford, CA: Stanford University Press.

MacKinnon, D. F., Jamison, K. R., & DePaulo, J. R. (1997). Genetics of manic depressive illness. *Annual review of Psychology, 20*, 355–373.

Macmillan, M. (1997). *Freud evaluated*. Cambridge, MA: MIT Press.

Macuda, T., & Roberts, W. A. (1995). Further evidence for hierarchical chunking in rat spatial memory. *Journal of Experimental Psychology: Animal Behavior Processes, 21*, 20–32.

Maehr, M. L., & Braskamp, L. A. (1986). *The motivation factor: A theory of personal investment*. Lexington, MA: Lexington Books.

Mahoney, M. J. (Ed.) (1995). *Cognitive and constructive psychotehrapies: Theory, research, and practice*. New York: Springer.

Maj, M., Veltro, F., Pirozzi, R., Lobrace, S., & Magliano, L. (1992). Pattern of recurrence of illness after recovery from an episode of major depression: A prospective study. *Journal of Personality and Social Psychology, 62*, 795–800.

Major, B.; Carrington, P. I.; & Carnevale, P. J. (1984). Physical attractiveness and self-esteem: Attribution for praise from an other-sex evaluator. *Personality and Social Psychology Bulletin, 10*, 43–50.

Major, B., Schmidlin, A. M., & Williams, L. (1990). Gender patterns in social touch: The impact of setting and age. *Journal of Personality and Social Psychology, 58*, 634–643.

Malamuth, N. M. (1996). Sexually explicit media, gender differences, and evolutionary theory. *Journal of Communication, 46*, 8–31.

Malinosky-Rummell, R., & Hansen, D. J. (1993). Long-term consequences of childhood physical abuse. *Psychological Bulletin, 114*, 68–79.

Malkiel, B. G. (1995, June). Returns from investing in equity mutual funds 1971 to 1991. *Journal of Finance*, pp. 549–572.

Manuel, L. L., Retzlaff, P., & Sheehan, E. (1993). Policewomen personality. *Journal of Social Behavior and Personality, 8*, 149–153.

Markman, H. J., Renick, M. J., Floyd, F. J., Stanley, S. M., & Clements, M. (1993). Preventing marital distress through communication and conflict management training. *Journal of Consulting and Clinical Psychology, 61*, 70–77.

Marks, G. A., Shaffrey, J. P., Oksenberg, A., Speciale, S. G., & Roffwarg, H. P. (1995). A functional role for the REM sleep in brain maturation. *Behavioural Brain Research, 69*, 1–11.

Marks, I. M. (1987). *Fears, phobias, and rituals: Panic, anxiety, and their disorders*. New York: Oxford University Press.

Marks, I. M., & Nesse, R. M. (1994). Fear and fitness: An evolutionary analysis of anxiety disorders. *Ehtology and Sociobiology, 15*, 247–261.

Marsh, H. W. (1987). The big-fish-little-pond effect on academic self-concept. *Journal of Educational Psychology, 79*, 280–295.

Marsh, H. W. (1990). Influences of internal and external frames of reference on the formation of math and English self-concepts. *Journal of Educational Psychology, 82*, 107–116.

Marshall, E. L. (1996). *The Human Genome Project: Cracking the code within us*. New York: Franklin Watts.

Marshall, G. N., Wortman, C. B., Vickers, R. R., Kusulas, J. W., & Hewig, L. K. (1994). The five-factor model of personality as a framework for personality-health research. *Journal of Personality and Social Psychology, 48*, 278–286.

Maslow, A. H. (1968). *Toward a psychology of being*. New York: Van Nostrand.

Maslow, A. H. (1954, 1970). *Motivation and personality* (2nd ed.). New York: Harper & Row.

Masters, W. H., & Johnson, V. E. (1966). *Human sexual response*. Boston: Little, Brown.

Masters, W. H., & Johnson, V. E. (1970). *Human sexual inadequacy*. Boston: Little, Brown.

Matarazzo, J. D. (1992). Psychological testing and assessment in the 21st century. *American Psychologist, 47*, 1007–1018.

Matlin, M. W. (1998). *Cognition*. New York: Harcourt Brace.

Matsumoto, D. (1994). *People: Psychology from a cultural perspective*. Pacific Grove, Calif.: Brooks/Cole.

Matthews, D. A. (1997). Religion and spirituality in primary care. *Mind/Body Medicine, 2*, 9–19.

Matute, H. (1994). Learned helplessness and superstitious behavior as opposite effects of uncontrollable reinforcement in humans. *Learning and Motivation, 25*, 216–232.

McBurney, D. H. (1986). Taste, smell, and flavor terminology: Taking the confusion out of fusion. In H. Meiselman & R. S. Rivlin (Eds.), *Clinical measurements of taste and smell*. (pp. 117–125). New York: Macmillan.

McClelland, D. C. (1985). *Human motivation*. Glenview, IL: Scott, Foresman.

McClelland, D. C., Atkinson, J. W., Clark, R. A., & Lowell, E. (1953). *The achievement motive*. New York: Appleton-Century-Crofts.

McClelland, D. C., & Koestner, R. (1992). The achievement motive. In C. P. Smith, J. W. Atkinson, D. C. McClelland, & J. Veroff (Eds.), *Motivation and personality: Handbook of thematic content analysis* (pp. 143–152). New York: Cambridge University Press.

McClelland, D. C., Koestner, R., & Weinberger, J. (1989). How do self-attributed and implicit motives differ? *Psychological Review, 96*, 690–702.

McClelland, J. L., & Rumelhart, D. E. (1981). An interactive activation model of the efffect of context in perception: Part 1: An account of basic findings. *Psychological Review, 88*, 375–407.

McClelland, J. L., McNaughton, B. L., & O'Reilly, R. C. (1995). Why there are complementary learning systems in the hippocampus and neocortex: Insights from the successes and failures of connectionist models of learning and memory. *Psychological Review, 102*, 419–457.

McClelland, J. L., & Rumelhart, D. E. (1986). *Parallel distributed processing: explorations in the microstructure of cognition*. Cambridge, MA: MIT Press.

McConkey, K. M., & Sheehan, P. W. (1995). *Hypnosis, memory, and behavior in criminal investigation.* New York: Guilford Press.

McConnell, R. A. (1991). National academy of Science s opinion on parapsychology. *Journal of the American Society for Psychical Research, 85,* 333–365.

McCrae, R. R., & Costa, P. T., Jr. (1990). *Personality in adulthood.* New York: Guilford Press.

McCrae, R. R., & Costa, P. T., Jr. (1997). Personality trait structure as a human universal. *American Psychologist, 52,* 509–516.

McGlashan, T. H., & Fenton, W. S. (1992). The positive-negative distinction in schizophrenia: Review of natural history validators. *Archives of General Psychiatry, 49,* 63–72.

McGregor, D. (1960). *The human side of enterprise.* New York: McGraw-Hill.

McGue, M., Bouchard, T. J., Jr., Iacono, W. G., & Lykken, D. T. (1993). Behavioral genetics of cognitive ability: A life-span perspective. In R. Plomin & G. E. McClearn (Eds.), *Nature, nurture, and psychology.* Washington, DC: American Psychological Association.

McGuffin, P., Katz, R., Watkins, S., & Rutherford, J. (1996). A hospital-based twin register of the heritability of DSM–IV unipolar depression. *Archives of General Psychiatry, 53,* 129–136.

Meltzoff, A. N., & Moore, M. K. (1992). Early imitation within a functional framework: The importance of person identity, movement, and development. *Infant Behavior and Development, 15,* 479–505.

Melzack, R., & Wall, P. (1965). Pain mechanisms: A new theory. *Science, 150,* 971–979.

Melzack, R., & Wall, P. (1982). *The challenge of pain.* New York: Penguin Books.

Mento, A. J., Steel, R. P., & Karren, R. J. (1987). A meta-analytic study of the effects of goal setting on task performance: 1966–1984. *Organizational Behavior and Human Decision Processes, 39,* 52–83.

Mershon, D. H., & King, L. E. (1975). Intensity and reverberation as factors in the auditory perception of egocentric distance. *Perception and Psychophysics, 18,* 409–415.

Meyer, G. J., & Handler, L. (1997). The ability of the Rorschach to predict subsequent outcome: A meta-analysis of the Rorschach Prognostic Rating Scale. *Journal of Personality Assessment, 69*, 1–38.

Meyer-Bahlburg, H. F. L. (1995). Psychoneuroendocrinology and sexual pleasure: The aspect of sexual orientation. In P. R. Abramson & S. D. Pinkerton (Eds.), *Sexual Nature/Sexual Culture*. Chicago: The University of Chicago Press.

Mikesell, R. H., Lusterman, D., & McDaniel, S. (Eds.). (1995). *Family psychology and systems therapy*. Washington, DC: American Psychology and systems therapy.

Miklowitz, D. J. (1994). Family risk indicators in schizophrenia. *Schizophrenia Bulletin, 20*, 137–149.

Miles, D. R., & Carey, G. (1997). Genetic and environmental architecture of human aggression. *Journal of Personality and Social Psychology, 72*, 207–217.

Milgram, S. (1963). Behavioral study of obedience. *Journal of Abnormal and Social Psychology, 67*, 371–378.

Milgram, S. (1965). Some conditions of obedience and disobedience to authority. *Human Relations, 18*, 57–76.

Milgram, S. (1974). *Obedience to authority: An experimental view*. New York: Harper & Row.

Miller, G. A. (1956). The magical number seven plus or minus two: Some limits on our capacity for processing information. *Psychological Review, 63*, 81–97.

Miller, M. A., & Rahe, R. H. (1997). Life changes scaling for the 1990s. *Journal of Psychosomatic Research, 43*, 279–292.

Miller, N. E. (1995). Clinical-experimental interactions in the development of neuroscience: A primer for nonspecialists and lessons for young scientists. *American Psychologist, 50*, 901–911.

Miller, R. R., Barner, R. C., & Grahame, N. J. (1995). Assessment of the Rescorla-Wagner model. *Psychological Bulletin, 117*, 363–386.

Miller, T. Q., Smith, T. W., Turner, C. W., Guijarro, M. L., & Haller, A. J. (1996). A meta-analytic review of research on hostility and physical health. *Psychological Bulletin, 119*, 322–348.

Mineka, S. (1991, August). Paper presented to the annual meeting of the American Psychological Association, San Francisco. Cited in Turkington, C. (1991). Evolutionary memories may have phobia role. *APA Monitor, 22 (11)*, 14.

Mischel, W. (1973). Toward a cognitive social-learning reconceptualization of personality. *Psychological Review, 80*, 252–283.

Mischel, W. (1990). Personality dispositions revisited and revised: A view after three decades. In L. A. Pervin (Ed.), *Handbook of personality theory and research* (pp. 111–134). New York: Guilford Press.

Mischel, W., & Shoda, Y. (1995). A cognitive-affective system theory of personality: Reconceptualizing situations, dispositions, dynamics, and invariance in personality structure. *Psychological Review, 102*, 246–268.

Mitler, M. M., Aldrich, M. S., Koob, G. F., & Zarcone, Vi. I. (1994). Narcolepsy and its treatment with stimulants. *Sleep, 17*, 352–371.

Mobily, K. (1982). Using physical therapy activity and recreation to cope with stress and anxiety: A review. *American Corrective Therapy Journal, 36*, 77–81.

Moghaddam, F. M., Taylor, D. M., & Wright, S. C. (1993). *Social psychology in cross-cultural perspective*. New York: W. H. Freeman.

Montepare, J. M., & McArthur, L. Z. (1988). Impressions of people created by age-related qualities of their gait. *Journal of Personality and Social Psychology, 55*, 547–556.

Morgan, A. H., Hilgard, E. R., & Davert, E. C. (1970). The heritability of hypnotic susceptibility of twins: A preliminary report. *Behavior Genetics, I*, 213–224.

Morris, M. W., & Nisbett, R. E. (1993). Tools of the trade: Deductive schemas taught in psychology and philosophy. In R. E. Nisbett (Ed.), *Rules for reasoning* (pp. 228–256). Hillsdale, NJ: Erlbaum.

Moscovitch, M., & Winocur, G. (1992). The neuropsychology of memory and aging. In F. I. Craik & T. A. Salthouse (Eds.), *The handbook of aging and cognition* (pp. 315–372). Hillsdale, NJ: Erlbaum.

Moyers, F. (1996). Oklahoma City bombing: Exacerbation of symptoms in veterans with PTSD. *Archives of Psychiatric Nursing, 10 (1)*, 55–59.

Moynihan, J. A., & Ader, R. (1996). Psychoneuroimmunology: Animal models of disease. *Psychosomatic Medicine, 58*, 546–558.

Mukherjee, S., Sakheim, H. A., & Schnur, D. B. (1994). Electroconvulsive therapy of acute manic episodes: A review of 50 years' experience. *American Journal of Psychiatry, 151*, 169–176.

Muller, J. E., & Verrier, R. L. (1996). Triggering of sudden death–Lessons from an earthquake. *New England Journal of Medicine, 334*, 460–461.

Murphy, S. T., & Zajonc, R. B. (1993). Affect, cognition, and awareness: Affective priming with optimal and suboptimal stimulus exposures. *Journalof Personality and Social Psychology, 64*, 723–739.

Murray, H. A. (1938). *Explorations in personality*. New York: Oxford University Press.

Murray, H. A. (1943). *Thematic Apperception Test: Pictures and manual*. Cambridge, MA: Harvard University Press.

Mwamwenda, T. S. (1992). Cognitive development in African children. *Genetic, Social, and General Psychology Monographs, 118*, 7–72.

Myers, D. G. (1993). *The pursuit of happiness*. New York: Avon Books.

Myers, D. G. (1996). *Social psychology*, (5th ed.) New York: McGraw-Hill.

Myers, D. G. (1998). *Psychology*, (5th ed.) New York: Worth.

Myers, D. G. (1999). *Exploring psychology*, (4th ed.) New York: Worth.

Myers, D. G., & Bishop, G. D. (1970). Discussion effects on racial attitudes. *Science, 169*, 778–789.

Myers, D. G., & Diener, E. (1995). Who is happy? *Psychological Science, 6*, 10–19.

Myers, D. G., & Lamm, H. (1976). The group polarization phenomenon. *Psychological Bulletin, 83*, 602–627.

Nash, M. (1987). What, if anything, is regressed about hypnotic age regression? A review of the empirical literature. *Psychological Bulletin, 102*, 42–52.

Nathans, J., Davenport, C. M., Maumenee, I. H., Lewis, R. A, Hejtmancik, J. F., Litt, M., Lovrein, E., Weleber, R., Bachynski, B., Zwas, F., Klingaman, R., & Fishman, G. (1989, August 25), Molecular genetics of human blue cone monochromacy. *Science, 245*, 831–838.

Naylor, T. H. (1990). Redefining corporate motivation, Swedish style. *Christian Century, 107*, 566–570.

Neisser, U., & Harsch, N. (1992). Phantom flashbulbs: False recollections of hearing the news about Challenger. In E. Winograd & U. Neisser (Eds.), *Affect and accuracy in recall: Studies of "flashbulb" memories*. New York: Cambridge University Press.

Nevid, J. S., Rathus, S. A., & Greene, B. A. (1997). *Abnormal psychology in a changing world* (3rd ed.). Englewood Cliffs, NJ: Prentice-Hall.

Nickerson, R. S., & Adams, M. J. (1979). Long-term memory for a common object. *Cognitive Psychology, 11*, 287–307.

Niemi, R. G., Mueller, J., & Smith, T. W. (1989). *Trends in public opinion: A compendium of survey data*. New York: Greenwood Press.

Nilsson, L. G. (1992). Human learning and memory: A cognitive perspective. In M. R. Rosenzweig (Ed.), *International psychological science* (pp. 75–101). Washington, DC: American Psychological Association.

Nisbett, R. E., & Ross, L. (1980). *Human inference: Strategies and shortcomings of social judgment*. Englewood Cliffs, NJ: Prentice-Hall.

Nissani, M. (1990). A cognitive reinterpretation of Stanley Milgram's observations on obedience to authority. *American Psychologist, 45*, 1384–1385.

Noble, J., & McConkey, K. M. (1995). Hypnotic sex change: Creating and challenging a delusion in the laboratory. *Journal of Abnormal Psychology, 104*, 69–74.

Novy, D. M., Nelson, D. V., Francis, D. J., & Turk, D C. (1995). Perspectives of chronic pain: An evaluative comparison of restrictive and comprehensive models. *Psychological Bulletin, 118*, 238–247.

Oakman, J. M., & Woody, E. Z. (1996). A taxometric analysis of hypnotic susceptibility. *Journal of Personality and Social Psychology, 71*, 980–991.

O'Keefe, D. J. (1990). *Persuasion: Theory and research*. Newbury Park, CA: Sage.

Oliver, M. B., & Hyde, J. S. (1993). Gender differences in sexuality: A meta-analysis. *Psychological Bulletin, 114*, 29–51.

Olness, K. (1993). Hypnosis: The power of attention. In D. Goleman & J. Gurin (Eds.), *Mind body medicine* (pp. 277–290). Yonkers, New York: Consumer Reports Books.

Oltmanns, T. F., & Emery, R. E. (1998). *Abnormal psychology* (2nd ed.). Upper Saddle River, NJ: Prentice-Hall.

Olweus, O. (1995). Bullying or peer abuse at school: Facts and intervention. *Current Directions in Psychological Science, 4*, 196–200.

Oren, D. (1995). *How to beat jet lag*. New York: Henry Holt.

Orne, M. T. (1970). Hypnosis, motivation and the ecological validity of the psychological experiment. In W. J. Arnold & M. M. Page (Eds.), *Nebraska symposium on motivation*. Lincoln: University of Nebraska Press.

Orne, M. T. (1980). On the construct of hypnosis: How its definition affects research and its clinical application. In G. D. Bowers & L. Dennerstein (Eds.), *Handbook of hypnosis and psychosomatic medicine*. Amersterdam: Elsevier.

Ornstein, R., & Sobel, D. (1987). *The healing brain*. New York: Simon & Schuster.

Osofsky, J. D. (1995). The effects of exposure to violence on young children, *American Psychologist, 50*, 782–788.

Oxman, T. E., Freeman, D. H., Jr., & Manheimer, E. D. (1995). Lack of social participation or religious strength and comfort as risk factors for death after cardiac surgery in the elderly. *Psychosomatic Medicine, 57*, 5–15.

Paffenbarger, R. S., Jr., Hyde, R. T., Wing, A. L., & Hsieh, C-C. (1986). Physical activity, all-cause mortality, and longevity of college alumni. *New England Journal of Medicine, 314*, 605–612.

Paivio, A. (1995). Imagery and memory. In M. S. Gazzaniga (Ed.), *The cognitive neurosciences* (pp. 977–986). Cambridge, MA: MIT Press.

Pajares, F., & Johnson, M. J. (1996). Self-efficacy beliefs and the writing performance of entering high school students. *Psychology in the Schools, 33*, 163–175.

Pajares, F., & Kranzler, J. (1995). Self-efficacy beliefs and general mental ability in mathematical problem-solving. *Contemporary Educational Psychology, 20*, 426–443.

Palfai, T., & Jankiewicz, H. (1991). *Drugs and human behavior*. Dubuque, IA: William C. Brown.

Palmere, M., Benton, S. L., Glover, J. A., & Ronning, R. (1983). Elaboration and recall of main ideas in prose. *Journal of Educational Psychology, 75*, 898–907.

Pascual-Leone, J. (1990). An essay on wisdom: Toward organismic processes that make it possible. In R. J. Sternberg (Ed.), *Wisdom: Its nature, origins, and development* (pp. 244–278). New York: Cambridge University Press.

Patick, C. J. (1994). Emotion and psychopathy: Startling new insights. *Psychophysiology, 31*, 319–330.

Patrick, C. J., & Iacono, W. G. (1991). Validity of the control question polygraph test: The problem of sampling bias. *Journal of Applied Psychology, 76*, 229–238.

Patterson, F., & Linden, E. (1981). *The education of Koko*. New York: Holt, Rinehart & Winston.

Pedersen, N. L., Plomin, R., McClearn, G. E., & Friberg, L. (1988). Neuroticism, extraversion, and related traits in adult twins reared apart and reared together. *Journal of Personality and Social Psychology, 55*, 950–957.

Penn, D. L., & Mueser, K. T. (1996). Research update on the psychosocial treatment of schizophrenia. *American Journal of Psychiatry, 153*, 607–617

Penn, N. E., Kar, S., Kramer, J., Skinner, J., & Zambrana, R. E. (1995). Panel VI. Ethnic minorities, health care systems, and behaviors. *Health Psychology, 14*, 641–648.

Pepperberg, I. M. (1991). A communicative approach to animal cognition: A study of the conceptual abilities of an African grey parrot. In C. A. Ristau (Ed.), *Cognitive ethology: The minds of other animals* (pp. 153–186). Hillsdale, NJ: Erlbaum.

Pepperberg, I. M. (1994). Numerical competence in an African gray parrot. *Journal of Comparative Psychology, 108*, 36–44.

Perfetti, C. A. (1996). *Reading: Universals and particulars across writing systems*. Paper presented at the convention of the Eastern Psychological Association, Philadelphia, PA.

Perls, F. S. (1969). *Gestalt therapy verbatim*. Lafayette, CA: Real People Press.

Petty, R. E., & Cacioppo, J. T. (1979). Effects of forewarning of persuasive intent and involvement on cognitive responses and persuasion. *Personality and Social Psychology Bulletin, 5*, 173–176.

Petty, R. E., & Cacioppo, J. T. (1986). *Communication and persuasion: Central and peripheral routes to attitude change*. New York: Springer-Verlag.

Phillips, S. D., & Blustein, D. L. (1994). Readiness for career choices: Planning, exploring, and deciding. *The Career Development Quarterly, 43*, 63–75.

Piaget, J. (1952). *The origins of intelligence in children*. New York: International Universities Press.

Piaget, J. (1968). *On the development of memory and identity*. Worcester, MA: Clark University Press.

Piaget, J. (1969). *The mechanisms of perception*. London: Routledge & Kegan Paul.

Piaget, J. (1970). *Psychology and epistemology*. New York: Viking Press.

Piccione, C., Hilgard, E. R., & Zimbardo, P. G. (1989). On the degree of stability of measured hypnotizability over a 25–year period. *Journal of Personality and Social Psychology, 56*, 289–295.

Piechowski, M. M. (1991). Emotional development and emotional giftedness. In N.

Colangelo & G. A. Davis (Eds.), *Handbook of gifted education*. Boston: Allyn & Bacon.

Pillemer, D. B., Picariello, M. L., Law, A. B., & Reichman, J. S. (1996). Memories of college: The importance of educational episodes. In D. C. Rubin (Ed.), *Remembering our past: Studies in autobiographical memory* (pp. 318–337). New York: Cambridge University Press.

Pincus, H. A. (1997). Commentary: Spirituality, religion, and health: Expanding, and using the knowledge base. *Mind/Body Medicine, 2*, 49.

Pingitore, R., Dugoni, B. L., Tindale, R. S., & Spring, B. (1994). Bias against overweight job applicants in a simulated employment interview. *Journal of Applied Psychology, 79*, 909–917.

Pinker, S. (1990, September/October). Quoted by J. de Cuevas, "No, she held them loosely." *Harvard Magazine*, 60–67.

Pliner, P., & Chaiken, S. (1990). Eating, social motives, and self-presentation in men and women. *Journal of Experimental Social Psychology, 26*, 240–254.

Plomin, R. (1990). The role of inheritance in behavior. *Science, 248*, 183–188.

Plomin, R., & Rende, R. (1991). Human behavioral genetics. In M. R. Rosenzweig & L. W. Porter (Eds.), *Annual review of psychology* (Vol. 42, pp. 161-190). Palo Alto, CA: Annual Reviews.

Plomin, R., DeFries, J. C., McClearn, G. E., & Rutter, M. (1997). *Behavioral genetics*. New York: Freeman.

Plotnik, R. (1999). *Introduction to psychology*. Belmont, CA: Wadsworth.

Porte, H. S., & Hobson, J. A. (1996). Physical motion in dreams: One measure of three theories. *Journal of Abnormal Psychology, 105*, 329–335.

Porter, R. H., Makin, J. W., Davis, L. B., & Christensen, K. M. (1992). Breast-fed infants respond to olfactory cues from their own mother and unfamiliar lactating females. *Infant Behavior and Development, 15*, 85–93.

Posner, M. I., & Dehaene, S. (1994). Attentional networks. *Trends in Neuroscience, 17*, 75–79.

Premack, D. (1971). Language in chimpanzee? *Science, 172*, 808–822.

Price, L. H., & Heninger, G. R. (1994). Lithium in the treatment of mood disorders. *New England Journal of Medicine, 331*, 591–598.

Price-Williams, D. R., Gordo, W., & Ramirez, M. (1996). Skill and conservation. *Developmental Psychology, 1*, 769.

Putnam, F. W., Guroff, J. J., Silberman, E. K., Barban, L., & Post, R. M. (1986). The clinical phenomenology of multiple personality disorder: 100 recent cases. *Journal of Clinical Psychiatry, 47*, 285–293.

Quinn, P. C., Burke, S., & Rush, A. (1993). Part-whole perception in early infancy: Evidence for perceptual grouping produced by lightness similarity. *Infant Behavior and Development, 16*, 19–42.

Raboch, J., & Raboch, J. (1992). *Infrequent orgasm in women*. F. Sex Marital Ther., 18, 114-120.

Raming, K., Krieger, J., Strotman, J., Boekhoff, I., Kubick, S., Baumstark, C., & Breer, H. (1993). Cloning and expression of odorant molecules. *Nature, 361* 353–356.

Raskin, N. J. (1996). The case of Loretta: A psychiatric inpatient. In B. A. Farber, D. C. Brink, & P. M. Raskin (Eds.), *The psychotherapy of Carl Rogers: Cases and commentary* (pp. 44–56). New York: Guilford Press.

Rathus, S. A. (1999). *Psychology in the new millennium*. Fort Worth, TX: Harcourt Brace.

Rechtschaffen, A., & Bergmann, B. M. (1995). Sleep deprivation in the rat by the disk-over-water method. *Behavioural Brain Research, 69*, 55–63.

Reifman, A. S., Larrick, R. P., & Rein, S. (1991). Temper and temperature on the diamond: The heat-aggression relationship in major league baseball. *Personality and Social Psychology Bulletin, 17*, 580–585.

Reisenzein, R. (1983). The Schachter theory of emotion: Two decades later. *Psychological Bulletin, 94*, 239–264.

Rescorla, R. A. (1968). Probability of shock in the presence and absence of CS in fear conditioning. *Journal of Comparative and Physiological Psychology, 66*, 1–5.

Rescorla, R. A. (1988). Pavlovian conditioning: It's not what you think it is. *American Psychologist, 43*, 151–160.

Resnick, S. M. (1992). Positron emission tomography in psychiatric illness. *Current Directions in Psychological Science, 1*, 92–98.

Rips, L. J. (1975). Inductive judgments about natural categories. *Journal of Verbal Learning and Verbal Behavior, 14*, 665–681.

Ritter, P. L., & Dornbusch, S. M. (1989, March). *Ethnic variation in family influences on academic achievement*. Paper presented at the American Educational Research Association Meeting, San Francisco.

Roberts, W. A. (1984). Some issues in animal spatial memory. In H. L. Roitblat, T. G. Bever, & H. S. Terrace (Eds.), *Animal cognition* (pp. 425–443). Hillsdale, NJ: Erlbaum.

Robins, C. J., & Hayes, A. M. (1993). An appraisal of cognitive therapy. *Journal of Consulting and Clinical Psychology, 61*, 205–214.

Robinson, R. J., & Keltner, D. (1996). Much ado about nothing? Revisionists and traditionalists choose and introductory. English syllabus. *Psychological Science, 7*, 18–24.

Rock, I. (1986). The deccription and analysis of object and event perception. In K. R. Boff, L. Kaufman, & J. P. Thomas (Eds.), *Handbook of perception and human performance* (Vol. 2, pp. 33–71). New York: Wiley.

Rodriguez, N., Ryan, S. W., Kemp, H. V., & Foy, D. W. (1997). Posttraumatic stress disorder in adult female survivors of childhood sexual abuse: A comparison study. *Journal of Consulting and Clinical Psychology, 65*, 53–59.

Rogers, C. R. (1951). *Client-centered therapy*. Boston: Houghton Mifflin.

Rogers, C. R. (1961). *On becoming a person*. Boston: Houghton Mifflin.

Rogers, C. R. (1974). In retrospect: Forty-six years. *American Psychologist, 29*, 115–123.

Rogers, C. R. (1980). *A way of being*. Boston: Houghton Mifflin.

Rogers, T. B. (1983). Emotion, imagery, and verbal codes: A closer look at an increasingly complex interaction. In J. Yuille (Ed.), *Imagery, memory, and cognition* (pp. 285–305). Hillsdale, NJ: Erlbaum.

Rogers, T. B., Kuiper, N. A., & Kirker, W. S. (1977). Self-reference and the encoding of personal information. *Journal of Personality and Social Psychology, 35*, 677–688.

Rogoff, B., & Morelli, G. (1989). Perspectives on children's development from cultural psychology. *American Psychologist, 44*, 343–348.

Rorer, L. G. (1990). Personality assessment: A conceptual survey. In L. A. Pervin (Ed.), *Handbook of personality: Theory and research*. New York: Guilford Press.

Roseman, R. H., Brand, R. J., Jenkins, C. D., Friedman, M., Straus, R., & Wurm, M.

548

(1975). Coronary heart dsease in the Western Collaborative Group Study. *Journal of the American Medical Association, 233*, 872–877.

Rosenstein, D., & Oster, H. (1988). Differential facial responses to four basic tastes in newborns. *Child Development, 59*, 1555–1568.

Roskos-Ewoldsen, D. R., & Fazio, R. H. (1992). The accessibility of source likability as a determinant of persuasion. *Personality and Social Psychology Bulletin, 18*, 19–25.

Ross, C. A., Miller, S. D., Reagor, P., Bjornson, L., Fraser, G. A., & Anderson, G. (1990). Structured interview data on 102 cases of multiple personality disorder from four centers. *American Journal of Psychiatry, 147*, 596–601.

Ross, M. (1989). The relation of implicit theories to the construction of personal histories. *Psychological Review, 96*, 341–357.

Rothbaum, B. O., Hodges, L. F., Kooper, R., Opdyke, D., Williford, J. S., & North, M. (1995). Effectiveness of computer-generated (virtual reality) graded exposure in the treatment of acrophobia. *American Journal of Psychiatry, 152*, 626–628.

Rotter, J. B. (1966). Generalized expectancies for internal versus external control of reinforcement. *Psychological Monographs, 80* (Whole No. 609).

Rotter, J. B. (1990). Internal versus external control of reinforcement: A case history of a variable. *American Psychologist, 45*, 489–493.

Rozin, P., Millman, L., & Nemeroff, C. (1986). Operation of the laws of sympathetic magic in disgust and other domains. *Journal of Personality and Social Psychology, 50*, 703–712.

Rubin, D. C. (1995). *Memory in oral traditions: The cognitive psychology of epic, ballads, and counting-out rhymes*. New York: Oxford University Press.

Rubin, D. C., & Kozin, M. (1986). Vivid memories. *Cognition, 16*, 81–95.

Rubin, D. C., & Wenzel, A. E. (1996). One hundred years of forgetting: A quantitative description of retention. *Psychological Review, 103*, 734–760.

Rubonis, A. V., & Bickman, L. (1991). Psychological impairment the wake of disaster: The disaster-psychopathology relationship. *Psychological Bulletin, 109*, 384–399.

Ruderman, A. J., & Besbeas, M. (1992). Psychological characteristics of dieters and bulimics. *Journal of Abnormal Psychology, 101*, 383–390.

Rumbaugh, D. M. (1977). *Language learning by a chimpanzee: The Lana project*. New

York: Academic Press.

Rushton, J. P., & Ankney, C. D. (1996). Brain size and cognitive ability: Correlations with age, sex, social class, and race. *Psychonomic Bulletin & Review, 3*, 21–36.

Russell, J. A. (1980). A circumplex model of affect. *Journal of Personality and Social Psychology, 39*, 1161–1178.

Ryan, E. D. (1980). Attribution, intrinsic motivation, and athletics: A replication and extension. In C. H. Nadeau, W. R. Halliwell, K. M. Newell, & G. C. Roberts (Eds.), *Psychology of motor behavior and sport–1979*. Champaign, IL: Human Kinetics Press.

Ryckman, R. M., Robbins, M. A., Kazcor, L. M., & Gold, J. A. (1989). Male and female raters' stereotyping of male and female physiques. *Personality and Social Psychology Bulletin, 15*, 244–251.

Salovey, P. (1990, January/February). Interview. *American Scientist*, pp. 25–29.

Sansavini, A., Bertoncini, J., & Giovanelli, G. (1997). Newborns discriminate the rhythm of multisyllabic stressed words. *Developmental Psychology, 33*, 3–11.

Sary, G., Vogels, R., & Orban, G. A. (1993). Cue-invariant shape selectivity of mcaque inferior temporal neurons. *Science, 260*, 995–997.

Sattler, J. (1988). *Assessment of children*. Philadelphia: Saunders.

Savage-Rumbaugh, E. S. (1993). Language learnability in man, ape, and dolphin. In H. L. Roitblat, L. M. Herman, & P. E. Nachtigall (Eds.), *Language and communication: Comparative perspectives*. Hillsdale, NJ: Erlbaum.

Sax, L. J., Astin, A. W., Korn, W. S., & Mahoney, K. M. (1996). *The American freshman: National norms for Fall 1996*. Los Angeles, CA: Higher Education Research Institute, UCLA.

Scarr, S. (1990). Back cover comments on J. Dunn & R. Plomin (1990). *Separate lives: Why siblings are so different*. New York: Basic Books.

Schachter, S., & Singer, J. E. (1962). Cognitive, social, and physiological determinants of emotional state. *Psychological Review, 69*, 379–399.

Schacter, D. L. (1996). *Searching for memory: The brain, the mind, and the past*. New York: Basic Books.

Schacter, D. L., Reiman, E., Curran, T., Yun, L. S., Bandy, D., McDermott, K. B., & Roediger, H. L. (1996). Neuroanatomical correlates of veridical and illusory recognition memory: Evidence from positron emission tomography. *Neuron, 17*, 267–274.

Schaie, K. W. (1994). The life course of adult intellectual abilities. *American Psychologist, 49*, 304–313.

Scheerer, M. (1963, April). Problem solving. *Scientific American*, 118–128.

Scheier, M. F., & Carver, C. S. (1992). Effects of optimism on psychological and physical well-being: Theoretical overview and empirical update. *Cognitive Therapy and Research, 16*, 201–228.

Schenck, C. H. (1993). REM sleep behavior disorder. In M. A. Carskadon (Ed.), *Encyclopedia of Sleep and Dreaming* (pp. 499–505). New York: Macmillan.

Schiff, M., Duyme, M., Dumaret, A., Steward, J., Tomkiewicz, S., & Feingold, J. (1978). Intellectual status of working class children adopted early into upper middle-class families. *Science, 200*, 1503–1504.

Schmidt, N. B., Lerew, D. R., & Trakowski, J. H. (1997). Body vigilance in panic disorder. *Journal of Consulting and Clinical Psychology, 65*, 21.

Schneider, D. M., & Watkins, M. J. (1996). Response conformity in recognition testing. *Psychonomic Bulletin & Review, 3*, 481–485.

Schneider, W. (1993). Variety of working memory as seen in biology and in connectionist/control architectures. *Memory & Cognition, 21*, 184–192.

Schooler, J. W., Gerhard, D., & Loftus, E. F. (1986). Qualities of the unreal. *Journal of Experimental Psychology: Learning, Memory, and Cognition, 12*, 171–181.

Schooler, J. W., Ohlsson, S., & Brooks, K. (1993). Thoughts beyond words: When language overshadows insight. *Journal of Experimental Psychology: General, 122*, 166–183.

Schou, M. (1997). Forty years of lithium treatment. *Archives of General Psychiatry, 54*, 9–13.

Schroeder, C. M., & Prentice, D. A. (1995). *Pluralistic ignorance and alcohol use on compus II: Correcting misperceptions of the social norm*. Unpublished manuscript, Princeton University.

Schroeder, D. A., Penner, L. A., Dovidio, J. F., & Piliavin, J. A. (1995). *The psychology of helping and altruism: Problems and puzzles*. New York: McGraw-Hill.

Schunk, D. H. (1989). Self-efficacy and cognitive skill learning. In C. Ames and R.

Ames (Eds.), *Research on motivation in education*. Vol. 3, *Goals and cognitions* (pp. 13–44). San Diego: Academic.

Schwartz, M. S., et al. (1995). *Biofeedback: A practitioner's guide* (2nd ed.). New York: Guilford Press.

Schwarz, N., & Clore, G. L. (1983). Mood, misattribution, and judgments of well-being: Informative and directive functions of affective states. *Journal of Personality and Social Psychology, 17*, 513–523.

Scoville, W. B., & Milner, B. (1957). Loss of recent memory after bilateral hippocampal lesions. *Journal of Neurology, Neurosurgery, and Psychiatry, 20*, 11–19.

Scull, A. (1990). Deinstitutionalization: Cycles of despair. *The Journal of Mind and Behavior, 11*, 301–312.

Searleman, A., & Herrmann, D. (1994). *Memory from a broader perspective*. New York: McGraw-Hill.

Sedikides, C., Campbell, W. K., Reeder, G. D., & Elliot, A. J. (1998). The self-serving bias in relational context. *Journal of Personality and Social Psychology, 74*, 378–386.

Seeman, P., Guan, H-C., & Van Tol, H. M. (1993). Dopamine D4 receptors elevated in schizophrenia. *Nature, 365*, 441–445.

Segall, M. H., Campbell, D. T., & Herskovits, J. M. (1966). *Influence of culture on visual perception*. Indianapolis: Bobbs-Merrill.

Segall, M. H., Dasen, P. R., Berry, J. W., & Poortinga, Y. H. (1990). *Human behavior in global perspective: An introduction to cross-cultural psychology*. New York: Pergamon.

Segraves, R. T. (1995). Psychopharmacological influences on human sexual behavior. In J. M. Oldham & M. B. Riba (Eds.), *American Psychiatric Press review of psychiatric* (Vol. 14). Washington, DC: American Psychiatric Press.

Seligman, M.E.P. (1975). *Helplessness: On depression, development, and death*. San Franciso: W. H. Freeman.

Seligman, M. E. P. (1991). *Learned optimism*. New York: Knopf.

Seligman, M. E. P. (1995). The effectiveness of psychotherapy: The Consumer Reports Study. *American Psychologist, 50*, 565–974.

Seligman, M. E. P., & Maier, S. F. (1967). Failure to escape traumatic shock. *Journal of*

Experimental Psychology, 74, 1–9.

Selye, H. (1976). *The stress of life*. New York: McGraw-Hill.

Serpell, R. (1994). The cultural construction of intelligence. In W. J. Lonner & R. S. Malpass (Eds.), *Psychology and culture*. Boston: Allyn & Bacon.

Service, R. F. (1994). Will a new type of drug make memory-making easier? *Science, 266*, 218–219.

Shah, P., & Miyake, A. (1996). The separability of working memory resources for spatial thinking and language processing: An individual differences approach. *Journal of Experimental Psychology: General, 125*, 4–27.

Shapley, R. (1990). Visual sensitivity and parallel retinocortical channels. *Annual Review of Psychology, 41*, 635–658.

Shaughnessy, J., & Zechmeister, E. (1992). Memory monitoring accuracy as influenced by the distribution of retrieval practice. *Bulletin of the Psychonomic Society, 30*, 125–128.

Shearn, D., Bergman, E., Hill, D., Abel, A., & Hinds, L. (1990). Facial coloration and temperature responses in blushing. *Psychophysiology, 27*, 687–693.

Shedler, J., Mayman, M., & Manis, M. (1993). The illusion of mental health. *American Psychologist, 48*, 1117–1131.

Sheppard, W. D., II, Staggers, F. J., Jr., & John, L. (1997). The effects of a stress management program in a high security government agency. *Anxiety, Stress, and Coping, 10*, 341–350.

Shneidman, E. S. (1996). *The suicidal mind*. New York: Oxford University Press.

Shore, B. M., Koller, M., & Dover, A. (1994). More from the water jars: A reanalysis of problem solving performance among gifted and nongifted children. *Gifted Child Quarterly, 38*, 179–183.

Shulman, H. G. (1970). Encoding and retention of semantic and phonemic information in short-term memory. *Journal of Verbal Learning and Verbal Behavior, 9*, 499–508.

Sibersweig, D. A., Stern, E., & Frackowaik, R. S. J. (1995, November 9). A functional neuroanatom of hallucinations in schizophrenia. *Nature, 387*, 176–184.

Siegel, J. M. (1990). Stressful life events and use of physician services among the elderly. *Journal of Personality and Social Psychology, 58*, 1081–1086.

Siegel, R. K. (1989). *Intoxication: Life in pursuit of artificial paradise*. New York: Dutton.

Siero, F. W., & Doosje, B. J. (1993). Attitude change following persuasive communication: Integrating social judgment theory and the Elaboration Likelihood Model. *European Journal of Social Psychology, 23*, 541–554.

Silva, A. J., & Giese, K. P. (in press). Gene targetting: A novel window into the biology of learning and memory. In J. L. Martinez, Jr., & R. P. Kesner (Eds.), *Neurobiology of learning and memory*. Orlando, FL: Academic Press.

Silveira, J. (1971). *Incubation: The effect of interruption timing and length on problem solution and quality of problem processing*. Unpublished doctoral dissertation. University of Oregon, Eugene.

Silverman, K., Evans, S. M., Strain, E. C., & Griffiths, R. R. (1992). Withdrawal syndrome after the double-blind cessation of caffeine consumption. *New England Journal of Medicine, 327*, 1109–1114.

Simon, H. A. (1957). *Models of man*. New York: Wiley.

Simon, H. A. (1989). The scientist as a problem solver. In D. Kiahr and K. Kotovsky (Eds.), *Complex information processing: The impact of Herbert Simon*. Hillsdale, NJ: Erlbaum.

Simpson, J. A., Rholes, W. S., & Phillips, D. (1996). Conflict in close relationships: An attachment perspective. *Journal of Personality and Social Psychology, 71*, 899–914.

Sinha, D. (1983). Human assessment in the Indian context. In S. H. Irvine & J. W. Berry (Eds.), *Human assessment and cultural factors*. New York: Plenum.

Skinner, B. F. (1938). *The behavior of organisms*. New York: Appleton-Century-Crofts.

Skinner, B. F. (1948). "Superstition" in the pigeon. *Journal of Experimental Psychology, 38*, 168–172.

Skinner, B. F. (1957). *Verbal behavior*. New York: Appleton-Century-Crofts.

Slamecka, N. J., & Graf, P. (1978). The generation effect: Dilineation of a phenomenon. *Journal of Experimental Psychology: Human Learning and Memory, 4*, 592–604.

Smith, B. A., & Blass, E. M. (1996). Taste-mediated calming in premature, preterm, and full-term human infants. *Developmental Psychology, 32*, 1084–1089.

Smith, D. (1982). Trends in counseling and psychotherapy. *American Psychologist, 37*,

802–809.

Smith, M. L. Glass, G. V., & Miller, T. I. (1980). *The benefits of psychotherapy*. Baltimore: Johns Hopkins University Press.

Smith, P. B., Tayeb, M. (1989). Organizational structure and processes. In M. Bond (Ed.), *The Cross-cultural challenge to social psychology*. Newbury Park, CA: Sage.

Smith, R. W., & Kounios, J. (1996). Sudden insight: All-or-none processing revealed by speed-accuracy decomposition. *Journal of Experimental Psychology: Learning, Memory, and Cognition, 22*, 1443–1462.

Smith, T. W. (1996). American sexual behavior: Trends, sociodemographic differences, and risk behavior. National Opinion Research Center GSS Topical Report No. 25.

Spangler, W. D., & House, R. J. (1991). Presidential effectiveness and the leadership motive profile. *Journal of Personality and Social Psychology, 60*, 439–455.

Spanier, G. B., Lewis, R. A., & Cole, C. L. (1975). Marital adjustment over the family life cycle: The issue of curvilinearity. *Journal of Marriage and the Family, 37*, 263–275.

Spanos, N. P. (1987-1988). Past-life hypnotic regression: A critical review. *Skeptical Inquirer, 12*, 174–180.

Spanos, N. P. (1994). Multiple identity enactments and multiple personality disorder: A sociocognitive perspective. *Psycholoical Bulletin, 116*, 143–165.

Spanos, N. P. (1996). *Multiple identities and false memories: A sociocognitive perspective*. Washington, DC: American Psychological Association.

Spanos, N. P., James, B., & de Groot, H. P. (1990). Detection of simulated hypnotic amnesia. *Journal of Abnormal Psychology, 99*, 179–182.

Spearman, C. (1927). *The abilities of man*. London: Macmillan.

Spencer, D. G., Yaden, S., & Lal, H. (1988). Behavioral and Physiological detection of classically-conditioned blood pressure reduction. *Psychopharmacology*, 25–28.

Sperling, G. (1960). The information available in brief visual presentations. *Psychological Monographs, 74*, 1–29.

Sperry, R. W. (1968). Hemisphere deconnection and unity in conscious awareness. *American Psychologist, 23*, 723–733.

Spiegel, D., Bloom, J. R., Kraemer, H. C., & Gottheil, E. (1989, October 14). Effect of psychosocial treatment on survival of patients with metastatic breast cancer. *The Lancet*, pp. 888–891.

Spreat, S., & Behar, D. (1994). Trends in the residential (inpatient) Treatment of individuals with a dual diagnosis. *Journal of Consulting and Clinical Psychology, 61*, 43–48.

Sprinthall, N. A., & Sprinthall, R. C. (1987). *Educational psychology: A developmental approach*. New York: Random House.

Squire, L. R. (1987). *Memory and brain*. New York: Oxford University Press.

Squire, L. R. (1992). Memory and the hippocampus: A synthesis from findings with rats, monkeys, and humans. *Psychological Review, 99*, 195–231.

Squire, L. R., Knowlton, B., & Mussen, G. (1993). The structure and organization of memory. *Annual Review of Psychology, 44*, 453–495.

Stark, E. (1984, October). To sleep, perchance to dream. *Psychology Today*, p. 16.

Stasser, G. (1991). Pooling of unshared information during group discussion. In S. Worchel, W. Wood, & J. Simpson (Eds.), *Group process and productivity*. Beverly Hills, CA: Sage.

Steele, C. M., & Aronson, J. (1995). Stereotype threat and the intellectual test performance of African Americans. *Journal of Personality and Social Psychology, 69*, 797–811.

Stelmack, R. M.; Houlihan, M., & McGarry-Roberts, P. A. (1993). Personality, reaction time, and event-related potentials. *Journal of Personality and Social Psychology, 65*, 399–409.

Stepper, S., & Strack, F. (1993). Proprioceptive determinants of emotional and nonemotional feelings. *Journal of Personality and Social Psychology, 64*, 211–220.

Stern, G. S., McCants, T. R., & Pettine, P. W. (1982). Stress and illness: Controllable and uncontrollable life events' relative contributions. *Personality and Social Psychology Bulletin, 8*, 140–143.

Sternberg, R. J. (1981). Intelligence and nonentrenchment. *Journal of Educational Psychology, 73*, 1–16.

Sternberg, R. J. (1986). Inside intelligence. *American Scientist, 4*, 137–143.

Sternberg, R. J. (1988). Applying cognitive theory to the testing and teaching of intelligence. *Applied Cognitive Psychology, 2*, 231–255.

Sternberg, R. J. (1998). *In search of the human mind*. Fort Worth, TX: Harcourt Brace.

Sternberg, R. J., & Davidson, J. E. (Eds.) (1995). *The nature of insight*. Cambridge, MA: MIT Press.

Sternberg, R. J., Wagner, R. K., Williams, W. M., & Horvath, J. A. (1995). Testing common sense. *American Psychologist, 50*, 912–927.

Stice, E., & Shaw, H. E. (1994). Adverse effects of the media portrayed thin-ideal on women and linkages to bulimic symptomatology. *Journal of Social and Clinical Psychology, 13*, 288–308.

Stockton, M. C., & Murnen, S. K. (1992). Gender and sexual arousal in response to sexual stimuli: a meta-analytic review. Presented at the American Psychological Society convention.

Stone, A. A., Neale, J. M., Cox, D. S., Napoli, A., Valdimarsdottir, H., & Kennedy-Moore, E. (1994). Daily events are associated with a secretory immune response to an oral antigen in men. *Health Psychology, 13*, 440–446.

Strack, F., Argyle, M., & Schwarz, N. (Eds.) (1991). *Subjective well-being*. London: Pergamon.

Strupp, H. H. (1996). The tripartite model and the Consumer Reports study. *American psychologist 51*, 1017–1024.

Stunkard, A. J., Harris, J. R., Pedersen, N. L., & McClearn, G. E. (1990). The body-mass index of twins who have been reared apart. *New England Journal of Medicine, 332*, 1483–1487.

Sue, S. (1991). In J. D. Goodchilds (Ed.), *Psychological perspectives on human diversity in America*. Washington, DC: American Psychological Association.

Sue, S., Zane, N., & Young, K. (1994). Research on psychotherapy with culturally diverse populations. In A. E. Bergin & S. L. Garfield (Eds.), Handbook of psychotherapy and behavior change (4th ed., pp. 783–820). New York: Wiley.

Suh, E., Diener, E., & Fujita, F. (1996). Events and subjective well-being: Only recent events matter. *Journal of Personality and Social Psychology, 70*, 1091–1102.

Sullivan, R. M., Taborsky-Barbar, S., Mendoza, R., Itino, A., Leon, M., et al. (1991). Olfactory classical conditioning in neonates. *Pediatrics, 87*, 511–518.

Suls, J., & Fletcher, B. (1983). Social comparison in the social and physical sciences: An archival study. *Journal of Personality and Social Psychology, 44*, 575–580.

Susser, E. S., & Lin, S. P. (1992). Schizophrenia after prenatal exposure to the Dutch Hunger Winter of 1944–1945. *Archives of General Psychiatry, 49*, 983–988.

Swann, W. B., Jr., Gill, M. J. (1997). Confidence and accuracy in person perception: Do we know what we know about our relationship partners? *Journal of Personality and Social Psychology, 73*, 747–757.

Swets, J. A. (1992). The science of choosing the right decision threshold in high-stakes diagnostics. *American Psychologist, 47*, 522–532.

Swick, D., & Knight, R. T. (1997). Event-related potentials differentiate the effects of aging on work and nonword repetition in explicit and implicit memory tasks. *Journal of Experimental Psychology: Learning, Memory and Cognition, 23*, 123–142.

Symons, C. S., & Johnson, B. T. (1997). The self-reference effect in memory: A meta-analysis. *Psychological Bulletin*. In press.

Tan, D. T. Y., & Singh, R. (1995). Attitudes and attraction: A developmental study of the similarity-attraction and dissimilarity-repulsion hypotheses. Personality and Social *Psychology Bulletin, 21 (9)*, 975–986.

Tassinary, L. G., & Cacioppo, J. T. (1992). Unobservable facial actions and emotion. *Psychological Science, 3*, 28–33.

Tavris, C. (1989). *Anger: The misunderstood emotion* (2nd ed.). New York: Simon & Schuster/Touchstone.

Taylor, J. A., & Sanderson, M. (1995). A reexamination of the risk factors for the sudden infant death syndrome. *Journal of Pediatrics, 126 (6)*, 887–891.

Taylor, S. E. (1990). Health psychology: The science and the field. *American Psychologist, 45*, 40–50.

Terman, L. M. (1925, 1926, 1930, 1947, 1959). *Genetic studies of genius*. Stanford, CA: Stanford University Press.

Terman, L. M., & Merrill, M. A. (1960). *The Stanford Intelligence Scale*. Boston: Houghton Mifflin.

Terrace, H. S. (1986). *Nim: A chimpanzee who learned sign language*. New York: Columbia University Press.

Tett, R. P., & Palmer, C. A. (1997). The validity of handwriting elements in relation to self-report personality trait measures. *Personality and Individual Differences, 22*, 11–18.

Thase, M. E., & Kupfer, D. J. (1996). Recent developments in the pharmacotherapy of mood disorders. *Journal of Consulting and Clinical Psychology, 64*, 646–659.

Thayer, R. E. (1987). Energy, tiredness, and tension effects of a sugar snack versus moderate exercise. *Journal of Personality and Social Psychology, 52*, 119–125.

Thessing, V. C., Anch, A. M., Muelbach, M. J., Schweitzer, P. K., & Walsh, J. K. (1994). Two- and 4–hour bright-light exposure differentially affect sleepiness and performance the subsequent night. *Sleep, 17*, 140–145.

Thompson, J. K. (Ed.) (1996). *Body image, eating disorders, and obesity*. Washington, DC: American Psychological Association.

Thompson, R. A. (1986). Temperament, emotionality, and infant social cognition. In J. V. Lerner & R. M. Lerner (Eds.), *Temperament and social interaction in infants and children*. New Direction for Child Development, No. 31. San Francisco: Jossey-Bass.

Thorndike, E. L. (1911). *Animal intelligence: Experimental studies*. New York: Macmillan.

Thorndike, E. L., et al. (1921). Intelligence and its measurement: A symposium. *Journal of Educational Psychology, 12*, 123–247.

Thorndike, R. L., Hagen, E. P., & Sattler, J. M. (1986). *Technical manual for the Stanford-Binet Intelligence Scale: Fourth edition*. Chicago: Riverside.

Thurstone, L. L. (1938). *Primary mental abilities*. Chicago: University of Chicago Press.

Tizard, I (1992). *Immunology: An introduction* (3rd ed). Philadelphia: Saunders.

Tobias, S. (1985). Computer-assisted instruction. In M. C. Wang & H. J. Walberg (Eds.), *Adapting instruction to individual differences*. Berkeley, CA: McCutchan.

Tolman, E. C. (1948). Cognitive maps in rats and men. *Psychological Review, 55*, 189–208.

Tolman, E. C., & Honzik, C. H. (1930). Introduction and removal of reward, and maze performance in rats, *University of California Publication in Psychology, 4*, 257–275.

Torgersen, S. (1983). Genetic factors in anxiety disorders. *Archives of General Psychiatry, 40*, 1085–1089.

Torrance, E. P. (1967). The Minnesota studies of creative behavior: National and internaional extensions. *Journal of Creative Behavior, 1*, 137–154.

Totterdell, P., Spelten, E., Smith, L., Barton, J., & Folkard, S. (1995). Recovery from work shifts: How long does it take? *Journal of Applied Psychology, 80*, 43–57.

Triandis, H. (1990). Cross-cultural studies of individualism and collectivism. In J. Berman (Ed.), *Nebraska Symposium on Motivation*, 1989 (41–133). Lincoln: University of Nebraska Press.

Triandis, H. (1994). *Culture and social behavior*. New York: McGraw-Hill.

Tseng, W. S., Di, X., Ebata, K., Hsu, J., & Yuhua, C. (1986). Diagnostic pattern for neuroses in China, Japan, and the United States, *American Journal of Psychiatry, 43*, 1010–1014.

Tsuang, M. T., & Faraone, S. V. (1990), *The genetics of mood disorders*, Baltimore, MD: Johns Hopkins University Press.

Tulving, E. (1985). How many memory systems are there? *American Psychologist, 40*, 385–398.

Tulving, E. (1993). What is episodic memory? *Current Direction in psychological Science, 2*, 67–70.

Tulving, E., Kapur, S., Markowitch, H. J., Craik, F. I. M., Habib, R., & Houle, S. (1994). Neuroanatomical correlates of retrieval in episodic memory: Auditory sentence recognition. *Proceedings of the National Academy of Sciences, USA, 91*, 2012–2015.

Turner, T. J., & Ortony, A. (1992). Basic emotions: Can conflicting criteria converge? *Psychological Review, 99*, 566–571.

Uchino, B. N., Cacioppo, J. T., & Kiecolt-Glaser, J. K. (1996). The relationship between social support and physiological processes: A review with emphasis on underlying mechanisms and implications for health. *Psychological Bulletin, 119*, 488–531.

Umilta, C., Simion, F., & Valenza, E. (1996). Newborn's preference for faces. *European Psychologist, 1*, 200–205.

Valenstein, E. S. (1986). *Great and desperate cures: the rise and decline of psychosurgery and other radical treatments for mental illness*. New York: Basic Books.

Vauclair, J. (1996). *Animal cognition: An introduction to modern comparative psychology*. Cambridge, MA: Harvard University Press.

Vincent, K. R., & Harman, M. J. (1991). The Exner Rorschach: An analysis of its clinical validity. *Journal of Clinical Psychology, 47*, 596–599.

Vitz, P. S. (1990). The use of stories in moral development: New psychological reasons for an old education method. *American Psychologist, 45*, 709–720.

Voyer, D., Voyer, S., & Bryden, M. F. (1995). Magnitude of sex difference in spatial abilities: A meta-analysis and consideration of critical variables. *Psychological Bulletin, 117*, 250–270.

Vygotsky, L. S. (1956). *Mind in society: The development of higher psychological processes.* Cambridge, MA: Harvard University Press.

Vygotsky, L. S. (1962). *Thought and language.* Cambridge, MA: MIT Press.

Wallace, R. K., & Benson, H. (1972). The physiology of meditation. *Scientific American, 226*, 84–90.

Wallach, M. A., & Kogan, N. (1965). *Models of thinking in young children.* New York: Holt, Rinehart & Winston.

Walters, E., Wippman, J., & Sroufe, L. A. (1979). Attachment, positive affect, and competence in the peer group: Two studies in construct validation. *Child Development, 50*, 821–829.

Walton, G. E., Bower, N. J. A., & Bower, T. G. R. (1992). Recognition of familiar faes by newborns. *Infant Behavior and Development, 15*, 265–269.

Warm, J. S., Dember, W. N., & Parasuraman, R. (1991). Effects of olfactory stimulation on performance and stress in a visual sustained attention task. *Journal of Society of Cosmetic Chemists, 42*, 199–210.

Wason, P. C. (1960). On the failure to eliminate hypotheses in a conceptual task. *Quarterly Journal of Experimental Psychology, 12*, 129–140.

Watson, D. (1982). The actor and the observer: How are their perceptions of causality divergent? *Psychological Bulletin, 92*, 682–700.

Waugh, N. C., & Norman, D. A. (1965). Primary memory. *Psychological Review, 72*, 89–104.

Wechsler, D. (1939). *The measurement of adult intelligence.* Baltimore: Williams & Wilkins.

Wegner, D. M. (1989). *White bears and other unwanted thougths: Suppression, obsession, and the psychology mental control.* New York: Viking.

Wegner, D. M. (1994). Ironic processes of mental control. *Psychological Review, 101*, 34–52.

Weil, A., & Rosen, W. (1993). *From chocolate to morphine: Everyday mind-altering drugs*. Boston: Houghton Mifflin.

Weiner, H. (1992). *Perturbing the organism: The biology of stressful experience*. Chicago: University of Chicago Press.

Weiner, M. F. (1993). Role of the leader in group psychotherapy. In H. I. Kaplan & B. J. Sadock (Eds.), *Comprehensive group psychotherapy*. Baltimore: Williams & Wilkins.

Weingartner, H., Rudorfer, M. V., Buchsbaum, M. S., & Linnoila, M. (1983). Effects of serotonin on memory impairments produced by ethanol. *Science, 221*, 472–473.

Weisberg, R. W. (1992). Metacognition and insight during problem solving: Comment on Metcalfe. *Journal of Experimental Psychology: Learning, Memory, and Cognition, 18*, 426–431.

Weissberg, M. (1993). Multiple personality disorder and iatrogenesis: *The cautionary tale of Anna O. International Journal of Clinical and Experimental Hypnosis, 41*, 15–34.

Weiten, W. (1998). *Psychology: Themes and variations*. New York: Brooks/Cole.

Wells, B. L. (1986). Predictors of female nocturnal orgasms: A multi-variate analysis. *Journal of Sex Research, 22*, 421–437.

Werner, E. E. (1995). Resilience in development. *Current Directions in Psychological Science, 4*, 81–85.

Westen, D. (1998). Unconscious thought, feeling, and motivation: The end of a century-long debate. In R. F. Bornstein & J. M. Masling (Eds.), *Empirical perspectives on the psychoanalytic unconscious*. Washington, DC: American Psychological Association.

Wever, E. G. (1949, 1970). *Theory of hearing*. New York: Wiley.

Wever, E. G., & Bray, C. W. (1937). The perception of low tones and the resonance-volley theory. *Journal of Psychology, 3*, 101–114.

White, P. H., Kjelgaard, M. M., & Harkins, S. G. (1995). Testing the contribution of self-evaluation to goal-setting effects. *Journal of Personality and Social Psychology, 69*, 69–79.

Whorf, B. L. (1956). Science and Linguistics. In J. B. Carroll (Ed.), *Language, thought, and reality: Selected writings of Benjamin Lee Whorf* (pp. 207–219). Cambridge, MA: MIT Press.

Wickens, C. D. (1992). *Engineering psychology and human performance* (2nd ed.). New York: Harper Collins.

Wiebe, D. J., & Smith, T. W. (1997). Personality and health: Progress and problems in psychosomatics. In R. Hogan, J. Johnson, & S. Briggs (Eds.), *Handbook of Personal Psychology*. New York: Academic Press.

Wiens, A. N., & Menustik, C. E. (1983). Treatment outcome and patient characteristics in an aversion therapy program for alcoholism. *American Psychologist, 38*, 1089–1096.

Wiggins, J. S. (Ed.) (1996). *The five-factor model of personality: Theoretical perspectives*. New York: Guilford Press.

Wilson, E. O. (1975). *Sociobiology: The new synthesis*. Cambridge, MA: Belkap Press if Harvard University Press.

Wilson, S. C., & Barber, T. X. (1978). The creative imagination scale as a measure of hypnotic responsiveness: Applications to experimental and clinical hypnosis. *The American Journal of Clinical Hypnosis, 20*, 235–249.

Winter, D. G. (1991). A motivational model of leadership: Predicting long-term management success from TAT measures of power motivation and responsibility. *Leadership Quarterly, 2*, 67–80.

Winter, D. G. (1993). Power, affiliation, and war: Three tests of a motivational model. *Journal of Personality and Social Psychology, 65*, 532–545.

Winter, D. G., & Stewart, A. J. (1978). Power motivation. In H. London & J. Exner (Eds.), *Dimensions of personality*. New York: Wiley.

Witelson, S. F. (1989). Hand and sex differences in the isthmus and genu of the human corpus callosum. *Brain, 112*, 799–835.

Wolpe, J. (1958). *Psychotherapy by reciprocal inhibition*. Stanford, CA: Stanford University Press.

Wolpe, J. (1990). *The practice of behavior therapy*. Elmsford, NY: Pergamon Press.

Wong, D. F., and others (1986). Positron emission tomography reveals elevated D–2 dopamine receptors in drug-naïve schizophrenics. *Science, 234*, 1558–1563.

Wood, W., Wong, F. Y., & Chachere, J. G. (1991). Effects of media violence on viewers' aggression in unconstrained social interaction. *Psychological Bulletin, 109*, 371–383.

Wu, K. K., & Lam, D. J. (1993). The relationship between daily stress and health: Replicating and extending previous findings. *Psychology and Health, 8*, 329–344.

Yamamoto, J., & Lin, K.-M. (1995). Psychopharmacology, ethnicity, and culture. In J. M. Oldham & M. B. Riba (Eds.), *Review of psychiatry* (Vol. 14, pp. 529–541). Washington, DC: American Psychiatric Association.

Yantis, S. (1993). Stimulus-driven attentional capture. *Current Directions in Psychological Science, 2*, 156–161.

Young, J. E. (1982). Loneliness, depression, and cognitive therapy. In L. A. Peplau & D. Perlman (Eds.), *Loneliness: A sourcebook of current theory, research and therapy*. New York: Wiley.

Young, T. (1802). On the theory of light and colors. *Philosophical Transactions of the Royal Society of London, 92*, 12–48.

Ysseldyke, J. E., & Algozzine, B. (1995). *Special education: A practical approach for teachers*. Boston: Houghton Mifflin.

Zajonc, R. B. (1976). Family configuration and intelligence. *Science, 192*, 227–236.

Zajonc, R. B. (1980). Compresence. In P. Paulus (Ed.), *The psychology of group influence*. Hillsdale, NJ: Erlbaum.

Zajonc, R. B. (1984). On the primacy of affect. *American Psychologist, 39*, 117–123.

Zajonc, R. B., & Mullally, P. R. (1997). Birth order: Reconciling conflicting effects. *American Psychologist, 52*, 685–699.

Zajonc, R. B., Murph, S. T., & Inglehart, M. (1989). Feeling and facial efference: Implications of the vascular theory of emotion. *Psychological Review, 96*, 395–416.

Zane, N., & Sue, S. (1991). Culturally responsive mental health services for Asian Americans. In H. F. Myers and others (Eds.), *Ethnic minority perspectives on clinical training and services in psychology* (pp. 49–58). Washington, DC: American Psychological Association.

Zebrowitz, L. A. (1996). *Reading faces*. Boulder, CO: Westview Press.

Zebrowitz, L. A., Voinescu, L., & Collins, M. A. (1996). "Wide-eyed" and "crooked-face": Determinants of perceived and real honesty across the life span. *Personality and Social Psychology Bulletin, 22*, 1258–1269.

Zeki, S. (1992). The visual image in mind and brain. *Scientific American, 267*, 68–76.

Zhang, S. D., & Odenwald, W. F. (1995). Misexpression of the white (w) gene triggers male-male courtship in Drosophila. *Proceedings of the National Academy of Sciences of the United States of America, 92*, 5525–5529.

Zigler, E., & Muenchow, S. (1992). *Head Start: The inside story of America's most successful educational experiment*. New York: Basic Books.

Zillman, D. (1989). Effects of prolonged consumption of pornography. In D. Zillman & J. Bryant (Eds.), *Pornography: Research advances and policy considerations*. Hillsdale, NJ: Erlbaum.

Zimbardo, P. G., & Gerrig, R. J. (1996). *Psychology and life*. New York: Harper Collins.

Zuwerink, J. R., & Devine, P. G. (1996). Attitude importance and resistance to persuasion: It's not just the thought that counts. *Journal of Personality and Social Psychology, 70*, 931–944.

漢英對照索引

—— 十二劃 ——

心理學辭典　溫世頌／編著

　　本辭典革新國內同類辭典的編排方式，專為國人查閱國語辭典之閱讀習慣設計，以部首索引、注音索引、英漢名詞對照三種索引方式，協助讀者更方便、更迅速地獲得心理學知識，徹底解決詞條查詢不易的缺點。辭典內共收錄 15,589 條詞條，涵蓋領域最新最廣闊；詞條釋義清晰，搭配豐富插圖，徹底釐清心理學概念。書末並附有 268 位西方著名心理學家簡介，帶領您一窺心理學大師風采。

心理與教育統計學　余民寧／著

　　一般統計學書籍多流於艱澀，但本書作者藉周密的架構、淺顯的文字與難易適中的範例，帶領讀者完整認識常用的統計工具，輕鬆理解初等統計學的精義，掌握研究數據背後所隱含的概念與意義。搭配書中電腦習作、練習作業，及自我測驗的學習診斷評量，更能輕易使用這個研究行為的量化利器！讓統計學協助您掌握心理學第一手的研究結果，成為您無往不利的左右手。

教育概論　張鈿富／著

　　本書根據最新的教育法規與內容重新修訂，全書共分五篇，分別探討教育學風貌、優良教師的特質與教師角色、師資培育與專業發展、時代轉變下的學生特質與教師管教問題，並探討當前教育政策的改革現況；末篇以十六個重要教育問題為延伸探討，是觸發讀者思考教育問題的最佳素材。本書並收錄國內教育主要規約、政府施政方案主軸、以及教育專業科目相關試題，以期讀者對教育具有基本的認識，並對於教育問題產生更進一步的思考。